Karin Böllert · Peter Hansbauer · Brigitte Hasenjürgen
Sabrina Langenohl (Hrsg.)

Die Produktivität des Sozialen – den sozialen Staat aktivieren

Karin Böllert · Peter Hansbauer
Brigitte Hasenjürgen
Sabrina Langenohl (Hrsg.)

Die Produktivität des Sozialen– den sozialen Staat aktivieren

Sechster Bundeskongress
Soziale Arbeit

VS VERLAG FÜR SOZIALWISSENSCHAFTEN

Bibliografische Information Der Deutschen Nationalbibliothek
Die Deutsche Nationalibliothek verzeichnet diese Publikation in der
Deutschen Nationalbibliografie; detaillierte bibliografische Daten sind im Internet über
<http://dnb.d-nb.de> abrufbar.

1. Auflage August 2006

Lektorat: Stefanie Laux

Der VS Verlag für Sozialwissenschaften ist ein Unternehmen von Springer Science+Business Media.
www.vs-verlag.de

Umschlaggestaltung: KünkelLopka Medienentwicklung, Heidelberg
Redaktion: Natascha Lembeck
Druck und buchbinderische Verarbeitung: Krips b.v., Meppel
Gedruckt auf säurefreiem und chlorfrei gebleichtem Papier
Printed in the Netherlands

ISBN-10 3-531-15150-9
ISBN-13 978-3-531-15150-2

Vorwort

Vom 22. bis zum 24. September 2005 fand der Sechste Bundeskongress Soziale Arbeit unter dem Thema „Die Produktivität des Sozialen – Den sozialen Staat aktivieren" in Münster statt. Mit der Wahl des Kongressthemas macht der Initiativkreis deutlich, dass sich auch die Soziale Arbeit der Frage nach ihrer Produktivität, also dem Sinn und Nutzen für die Gesellschaft neu stellen möchte. Zugleich kann der Titel als kritische Anfrage gelesen werden, ob diese Gesellschaft ohne den sozialen Staat vorstellbar, vor allem aber, ob sie wünschenswert ist. Das Thema des Kongresses stößt somit eine (selbst-)kritische Bestandsaufnahme an und wagt den Versuch, die Entwicklung eines sozialen und gerechten Staats kritisch zu begleiten und perspektivisch voranzubringen.

Eingebunden in gesellschaftliche Wandlungs- und Modernisierungsprozesse gerät auch die Soziale Arbeit immer stärker unter Legitimationsdruck und ist daher gefordert, ihre Ziele und Methoden in Abstimmung zwischen öffentlichen Erwartungen, Politik und Ökonomie, sozialpädagogischer Praxis und Wissenschaft offen zu legen und ihren gesellschaftlichen Nutzen transparent zu machen. Gegenwärtig beansprucht das Wirtschaftssystem in wachsendem Maße die Definitionsmacht darüber, nach welchen Kriterien gesellschaftliche Produktivität – auch die der Sozialen Arbeit – zu definieren sei. Die Soziale Arbeit eng an von Außen gesetzten Wirtschaftlichkeitskriterien auszurichten, muss aber fast zwangsläufig in Konflikt mit ihren funktionalen Aufgaben geraten. In den vergangenen Jahrzehnten war die Soziale Arbeit immer auch ein Seismograph gesellschaftlicher Veränderungen und hat es verstanden, auf neu entstehende Notlagen flexibel zu reagieren. Die Fähigkeit, Probleme wahrzunehmen und angemessen zu handeln, setzt aber Handlungsspielräume voraus, in denen Innovationen vorbereitet, weiterentwickelt und umgesetzt werden können, d.h. es greift fehl, den Wert der Sozialen Arbeit auf Kostenaspekte zu verengen. Ganz bewusst setzte der Kongress dazu einen Kontrapunkt.

Doch auch die Soziale Arbeit muss Rechenschaft über ihr Handeln ablegen und begründen, weshalb sie für diese Gesellschaft von Nutzen ist und mit welchen Mitteln sie dieser Aufgabe gerecht wird. Gleichermaßen muss sie sich selbst immer wieder als Profession und Disziplin reflexiv gegenübertreten und sich fragen, ob und in wie weit sie selbst dazu beiträgt, soziale Probleme zu erzeugen, die ohne sie nicht bestünden. Als Beispiele seien Städte genannt, in denen immer deutlicher Segregationsprozesse entlang von ökonomischen, sozialen und ethnischen Kriterien erfolgen und ganze Stadtteile dauerhaft ins Abseits zu geraten drohen. So richtig es ist, hier möglichst früh Hilfen anzubieten, um die Handlungskompetenzen der Betroffenen zu erweitern und solche Stadtteile in besonderer Weise zu fördern, so gefährlich ist es zugleich dies zu tun. Denn je früher soziale Hilfen einsetzen und je mehr Sozialarbeit sich an einem Ort konzentriert, desto größer wird das Risiko, dass sich Stigmatisierungsprozesse verstärken . Mehr Soziale Arbeit ist daher nicht immer die Lösung für wachsende soziale Probleme, vielmehr muss dieses Mehr auch mit anderen Formen der Hilfe einhergehen.

So notwendig die kritische Auseinandersetzung mit der eigenen Profession auch ist, so wichtig es ist, sich der eigenen Handlungsgrundlagen und -motive immer wieder zu vergewissern, so wenig genügt es, sich damit zu begnügen. In einer Gesellschaft, in der es in zunehmendem Maße zu Exklusionsprozessen kommt und sich die Inklusionsmöglichkeiten für Teile der Bevölkerung verengen – so verstärken sich z.B. Verteilungskämpfe zwischen Erwerbstätigen im ersten Arbeitsmarkt und langfristig Arbeitslosen, zwischen Individuen und Gruppen mit hoher und niedriger Bildungsbeteiligung etc., wird die politische „Lobbyfunktion" wieder wichtiger. Dem trägt der Untertitel des Bundeskongresses „Den sozialen Staat aktivieren" Rechnung. Auch perspektivisch soll damit ein Weg gewiesen werden, der über die Sozialstaatsdebatten vorangegangener Jahrzehnte hinausreicht. Gerade die im Untertitel vorgenommene Fokussierung des Kongressthemas auf den „sozialen Staat" – und eben nicht auf den Sozialstaat – macht deutlich, dass sich eine Neupositionierung Sozialer Arbeit im gesellschaftlichen Raum nicht alleine über die Rückgewinnung sozialer Gestaltungsmacht durch den Staat bewerkstelligen lässt. Nach wie vor ist zwar die öffentliche Infrastruktur eine konstitutive Bedingung für den „sozialen Staat" – der Diskurs um den „sozialen Staat" umfasst aber gleichermaßen aktuelle Diskussionen um die Zukunft der Bürgergesellschaft, die Einbindung von Nutzern als Ko-Produzenten Sozialer Arbeit oder die Frage nach der Realisierung von Menschenrechten in einer Einwanderungsgesellschaft und international.

Unter dem weit gespannten Thema „Die Produktivität des Sozialen – Den sozialen Staat aktivieren" diente der Bundeskongress sowohl dem Wissenstransfer zwischen Theorie und Praxis Sozialer Arbeit als auch der Verständigung von Disziplin und Profession über die gegenwärtigen gesellschaftlichen Probleme und Unsicherheiten, über ihre je spezifischen Äußerungsformen und über die Aufgaben, die der Sozialen Arbeit daraus erwachsen. Der Sechste Bundeskongress reihte sich damit in die „Traditionslinie" der vorangegangenen Bundeskongresse ein, die angesichts immer riskanter werdenden sozialen Ungleichheitslagen zu einem unverzichtbaren Forum für die theoretische Vergewisserung und Reflexion geworden sind.

Mit insgesamt rund 1500 Teilnehmern und Teilnehmerinnen sowie Aktiven erfreute sich der Sechste Bundeskongress eines regen Zuspruchs unter Praktikern und Theoretikern der Sozialen Arbeit. Insgesamt fanden während des Kongresses vierzehn Symposien, vier Foren, ein Sozialpolitisches Forum, acht Vorträge und 78 Arbeitsgruppen statt. Dies sind beeindruckende Zahlen, die unterstreichen, wie vielfältig die Themen waren, die auf dem Kongress diskutiert wurden. Hinzu kommt, dass es durch die Einbeziehung ausländischer Referentinnen und Referenten, aber auch durch Besucher aus dem benachbarten Ausland gelungen ist, das Kongressthema über den nationalen Rahmen hinaus zu öffnen und Impulse und Erfahrungen aus dem europäischen Ausland in bundesdeutsche Diskussionen einzubringen.

Von der Vielfalt dieser Diskussionen kann der hier nun vorliegende Sammelband nur einen kleinen Ausschnitt zeigen. Der Band beginnt mit dem Eröffnungsvortrag, in dem *Karin Böllert* das Thema des Kongresses in die Debatten um die Rolle der Sozialen Arbeit im aktivierenden Sozialstaat einbettet. Sie zeigt, welchen Schwierigkeiten die Soziale Arbeit in diesem neuen Sozialstaatsverständnis, das mit einem neuen Menschenbild einhergeht, gegenübersteht und formuliert die daraus resultierende Herausforderung, „die Soziale Arbeit als Aktivierung eines sozialen Staates zu positionieren".

Im ersten Teil des Bandes wenden sich die Beiträge der Frage zu, wie die Produktivität des Sozialen durch Soziale Arbeit gestaltet werden kann. *Michael May* diskutiert die Produktivität des Sozialen im Hinblick auf das Verhältnis von Sozialem und Ökonomie vor dem Hintergrund der Produktionsmittel und Produktionsverhältnisse sowie der Unterscheidung von ‚toter' und ‚lebendiger' Arbeit und leitet konzeptionelle Konsequenzen aus seinen Überlegungen ab.

Rainer Treptow stellt neun Thesen zum Verhältnis von Bildung und Sozialer Arbeit und damit zum Verhältnis von Bildung und Hilfe zur Diskussion und untersucht dieses besonders für den Zusammenhang von Bildung zur Kinder- und Jugendhilfe sowie zum Sozialstaat. *Michael Galuske* formuliert ebenfalls Thesen, hier zum Thema „Zukunft der Arbeit", vor dem Hintergrund der Annahme, dass die momentanen ökonomischen und politischen Trends anhalten und zeichnet ein Bild der Prekarisierung und des Schwindens von Arbeit.

Der Beitrag von *Karl-Heinz Boeßenecker* wendet sich der Entwicklung der „Wohlfahrtsverbände als Produzenten des Sozialen" zu. Er zeichnet vier Phasen seit den 60iger Jahren nach und geht für die Zukunft von einer verstärkten Kooperation sowie einer nicht aufzuhaltenden Zunahme der Wettbewerbssituation aus.

Silvia Staub-Bernasconi beschreibt die Überfrachtung der Zivilgesellschaft mit Erwartungen und warnt vor den Folgen des Rückzugs eines starken Sozial- und Rechtsstaates: Anhand der Berichte von Fadela Amara aus den französischen Banlieues zeichnet sie die Gefahr eines erstarkenden religiösen Fundamentalismus nach und analysiert dieses Phänomen über religiöse sowie staatliche Grenzen hinweg. Daran anknüpfend verdeutlicht sie gesellschaftliche Reaktionsmöglichkeiten und formuliert Herausforderungen für die Soziale Arbeit.

An diese Diskussion schließt *Annette Treibel* aus soziologischer Sicht an, indem sie sich sozialwissenschaftlichen Erkenntnissen über die Bedeutung des Islams für MigrantInnen in Deutschland zuwendet und besonders die Geschlechternormen hinterfragt. Sie kommt zu dem Schluss, dass es keinen zwangsläufigen Zusammenhang zwischen Islam und Segregation gibt, fordert aber gleichzeitig einen Abschied von der bequemen Scheintoleranz der Mehrheitsgesellschaft.

Das Thema der Produktivität des Sozialen wird von *Ulrike Gschwandtner* besonders aus dem Blickwinkel der Ökonomisierung des Sozialen aufgegriffen und im Bezug auf die Auswirkungen dieser Prozesse auf eine Verschärfung der Geschlechterhierarchie untersucht. Durch Aktivierungs- und Flexibilisierungsstrategien werden Leistungen vom öffentlichen in den privaten Dienstleistungssektor oder in die private Sphäre verlagert, was Frauen überproportional häufig trifft.

Die Beiträge von Uta Klein und Gaby Lenz thematisieren ebenfalls Geschlechterverhältnisse, hier aber besonders im Hinblick auf die durch die europäische Integration ausgelösten Veränderungen. *Uta Klein* untersucht die politisch-rechtliche Integration, die Markt- und die kulturelle Integration. *Gaby Lenz* stellt die unterschiedlichen europäischen Wohlfahrtsstaatsmodelle und die darin eingebettete Soziale Arbeit dar und analysiert die Auswirkungen der jeweiligen Konstellationen auf das Geschlechterverhältnis.

Ulrike Werthmanns-Reppekus widmet sich der Frage der Beziehung zwischen Sozialpädagogen und Sozialpädagoginnen in der Kinder- und Jugendarbeit unter dem spezifischen Blickwinkel der Generationenbeziehung und den hierin begründeten professionellen Herausforderungen. Die folgenden drei Beiträge greifen das von Ulrike Werthmanns-Reppekus angesprochene Thema Generation dann aus der Sicht der älteren Generation auf.

Gerhard Naegele konzentriert sich besonders auf die Potentiale älterer Menschen und rekurriert auf die momentane Konjunktur der Frage nach der Produktivität der älteren Generation. Aus der gerontologischen Perspektive beleuchtet Naegele sowohl die individuellen als auch die sozialen Effekte einer Produktivität des Alters, die mit einer „(Wieder-) Verpflichtung des gesellschaftlich entpflichteten Alters" (Naegele 1993) einhergeht und warnt gleichzeitig vor einer Instrumentalisierung der Potentiale älterer Menschen.

Ulrich Otto analysiert das Thema der alternden Gesellschaft im Hinblick auf die Professionalität der Sozialen Arbeit. Ausgehend von der These, dass Soziale Arbeit aufgrund ihres Technologiedefizits besonders geeignet für die Arbeit mit älteren Menschen sei, formuliert er Entwicklungschancen durch Multiprofessionalität, Kontextualisierung und Koproduktion.

Auch *Karin Stiehr* beschäftigt sich mit der Gestaltung der Altersphase und greift die Diskussion um freiwilliges Engagement als Gestaltungsoption auf, warnt aber gleichzeitig davor, das Engagement der jungen Alten als eine mögliche Lösung für die Belastungen anzusehen, die der Gesellschaft aus dem demographischen Wandel entstehen. Für die Soziale Arbeit stelle dies eine Herausforderung dar, einerseits den Freiwilligen ein selbstbestimmtes Engagement zu ermöglichen, andererseits aber auch der Gefahr zu begegnen, dass hauptamtliche Stellen gefährdet und Qualitätsstandards unterlaufen werden.

An die bei Karin Stiehr eröffnete Debatte um das freiwillige Engagement knüpft *Annette Zimmer* in ihrem Beitrag an. Sie legt besonderen Wert auf die begriffliche Abgrenzung des bürgerschaftlichen Engagements als ein Engagement ‚von unten' und lenkt den Blick auf die Konjunktur des Themas und aktuelle Forschungsergebnisse zum bürgerschaftlichen Engagement, vor allem zu den Fragen der Motivation, der Engagementsektoren und des Stiftungswesens. In einem Ausblick stellt sie die Schwierigkeiten der Einbeziehung bisher weniger engagierter Bevölkerungsgruppen dar.

Piotr Salustowicz analysiert ausgehend von einem eng gefassten Begriff des Empowerment-Ansatzes dessen kritisches Potenzial für die Soziale Arbeit in einem aktivierenden Sozialstaat und verdeutlicht dies an einem Beispiel aus Manila. Für westliche Gesellschaften sieht er aufgrund fehlender sozialstaatlicher Rahmenbedingungen wenig Chancen, die emanzipatorische Produktivität des Empowerments umzusetzen.

Einen anderen Blick auf die Produktivität des Sozialen nimmt *Susanne Maurer* ein, indem sie die Sozialen Bewegungen in den Mittelpunkt ihrer Betrachtungen stellt und damit deren Möglichkeiten, soziale Teilhabechancen zu verändern. Aus gouvermentalistischer Perspektive reflektiert sie, wie oppositionelle Soziale Bewegungen möglich sind und wo sich Kritik entfalten kann.

Im zweiten Teil des Kongressbandes „Den Sozialen Staat durch Soziale Arbeit aktivieren" wird der Blick stärker auf sozialpolitische Perspektiven gelenkt und Forderungen an eine zukünftige Soziale Arbeit aufgestellt. *Dietrich Lange* und *Hans Thiersch* leiten diesen Teil des Bandes mit ihrem Beitrag zum Thema Solidarität des Sozialen Staates ein. Dabei setzen sie sich mit den vielfältigen Implikationen des Begriffs Solidarität – u.a. in seinem Verhältnis zu Hilfe – auseinander und diskutieren den gesellschaftlichen Wandel und die damit einhergehenden Veränderungen des Solidaritätskonzeptes als sozialethisches Prinzip.

Ingrid Burdewick lenkt den Blick auf die politische Partizipation Jugendlicher. Auf Basis einer qualitativen Studie stellt sie dar, dass Jugendliche sich von der politischen Welt der Erwachsenen nicht wahrgenommen fühlen, rekonstruiert die Äußerungen der Mitglieder eines Jugendparlamentes mit Hilfe der Anerkennungstheorie von Axel Honneth und entwickelt in einem Ausblick Herausforderungen für die Soziale Arbeit in pädagogischer, politischer und wissenschaftlich-theoretischer Hinsicht.

Timm Kunstreich beginnt seinen Beitrag mit einer begrifflichen Abgrenzung und inhaltlichen Auseinandersetzung mit den Termini ‚Klientin', ‚Kundin', ‚Nutzerin', ‚Genossin'. Er plädiert für die Einführung des genossenschaftlichen Prinzips in der Sozialen Arbeit als zwingend notwendige Methode, sozialen Ausschluss zu bekämpfen und stellt drei Beispiele solcher Sozialgenossenschaften vor.

Walter Lorenz widmet sich der europäischen Perspektive der Sozialen Arbeit als angewandte Sozialpolitik. Nachdem er die Zusammenhänge und Verstrickungen zwischen Sozialer Arbeit und Sozialpolitik aufzeigt, fordert er eine Positionierung Sozialer Arbeit in europäischer Perspektive in Bezug „auf die präzise Ausarbeitung des Verhältnisses der sozialarbeiterischen Methodik zu politischen Prozessen".

Auch *Danuta Urbaniak-Zając* wendet sich dem Thema Europa und Soziale Arbeit zu, richtet ihren Blick aber besonders auf die Folgen der Osterweiterung. Ausgehend von der Erfahrung, dass in Polen weder die Disziplin noch die Profession diesem Zusammenhang eine große Relevanz zuweisen, untersucht sie die durch den polnischen EU-Beitritt veränderten Rahmenbedingungen und konzentriert sich auf den Rückzug des Staates aus der Gestaltung des Sozialen und die daraus resultierenden Veränderungen für die Soziale Arbeit.

In dem letzten Beitrag warnt *Hans-Uwe Otto* vor einer zu starken Anpassungsbereitschaft der Sozialen Arbeit an sozialpolitische Vorgaben und entwirft ein Professionalisierungskonzept, in dem sich die Soziale Arbeit an der Erweiterung der Möglichkeitsspielräume für die Bürgerinnen und Bürger orientiert.

Zum Schluss möchten wir allen danken, die zur erfolgreichen Durchführung des Kongresses beitragen haben. Hier sind neben zahlreichen weiteren Sponsoren das Bundesministerium für Familie, Senioren, Frauen und Jugend, die nordrhein-westfälischen Ministerien für Gesundheit, Soziales, Frauen und Familien und für Schule, Jugend und Kinder sowie die Gewerkschaften GEW und ver.di zu nennen. Weiterhin wäre ohne die Unterstützung der Hochschulen in Münster eine Realisation des Kongresses nicht möglich gewesen. Wir danken an dieser Stelle der Westfälischen-Wilhelms-Universität, der Fachhochschule Münster und der Katholischen Fachhochschule NW für die materielle sowie ideelle Unterstützung.

Die Mitglieder des Initiativkreises für den Bundeskongress Soziale Arbeit sowie der Förderverein sind mit ihrem ehrenamtlichen Engagement die treibenden Kräfte hinter den Bundeskongressen. Nicht zu vergessen sind ebenfalls die Mitglieder des lokalen Organisationsteams vor Ort: Prof. Dr. Karin Böllert (Uni Münster), Prof. Dr. Marcellus Bonato (FH Münster), Prof. Dr. Peter Hansbauer (FH Münster), Prof. Dr. Brigitte Hasenjürgen (KFH Münster), Prof. Dr. Helmut Lambers (KFH Münster), Prof. Dr. Helmut Mair (Uni Münster), Prof. Dr. Christine Rohleder (KFH Münster), Prof. Dr. Hiltrud von Spiegel (FH Münster), Prof. Dr. Hans-Hermann Wickel (FH Münster), Prof. Dr. Norbert Wieland (FH Münster), Prof. Dr. Margherita Zander (FH Münster) und die Mitarbeiterinnen des Kongressbüros: Silke Karsunky, Sabrina Langenohl und Sabine Schröer.

Ohne die helfenden Hände der vielen studentischen Hilfskräfte wäre ein Kongress dieser Größenordnung nicht denkbar, stellvertretend für die über 50 Hilfskräfte auf dem Kongress nennen wir hier die MitarbeiterInnen, die uns in verschiedenen Funktionen über ein Jahr in der Vor- und Nachbereitung unterstützt haben: Tim Berg, Renate Elbert, Annika Klein, Ilja Koschembar, Natascha Lembeck, Sören Möller und Maren Schwickerath.

Und natürlich gilt unser Dank auch den über 350 Referentinnen und Referenten, die zusammen mit den Teilnehmerinnen und Teilnehmern des Kongresses diesem seine inhaltliche Qualität gegeben haben!

Die Produktivität des Sozialen – den sozialen Staat aktivieren

Karin Böllert

Das Kongressthema des Sechsten Bundeskongresses Soziale Arbeit ‚Zur Produktivität des Sozialen – den sozialen Staat aktivieren' ist mehr als eine Wortspielerei, die unterschiedliche Interpretationen ermöglicht. Die in der Thematik zum Ausdruck kommende Brisanz reicht weit über Tagesaktualitäten und kurzfristige politische Schwerpunktsetzungen hinaus. Sie bedarf allerdings einer möglichst umfassenden und zügigen Bearbeitung. Schließlich geht es um nicht Weniger als um die zukünftige Gestaltung des Sozialen und die damit einhergehenden Herausforderungen für die Soziale Arbeit.

1 Das Soziale in Zeiten der Globalisierung

Die Soziale Arbeit befindet sich gegenwärtig in einer ausgesprochen paradoxen Situation. Auf der einen Seite werden ihre Vertreter und Vertreterinnen – und damit zentral auch der Initiativkreis Bundeskongress Soziale Arbeit – nicht müde, die Bedeutung der Sozialen Arbeit für eine sozial gerechte Gesellschaft hervorzuheben. Ja, es wird sogar prognostiziert, dass angesichts tiefgreifender gesellschaftlicher Wandlungsprozesse und deren Folgen von einem Bedeutungszuwachs Sozialer Arbeit ausgegangen werden muss. Auf der anderen Seite dienen dieselben gesellschaftlichen Wandlungsprozesse nicht Wenigen dazu, den Stellenwert der Sozialen Arbeit in Frage zu stellen und ihren Umbau, wenn nicht sogar deren Abbau zu fordern. So kommen Lothar Böhnisch, Wolfgang Schröer und Hans Thiersch (2005:9) zu dem Schluss, dass zu Beginn des 21. Jahrhunderts sozialpädagogische Herausforderungen „als Aufgaben der Beratung, der Bildung, der Kompetenzentwicklung, aber auch der Grundsicherung des Lebens und der Pflege in einer bisher nicht gekannten Form" freigesetzt werden. Dagegen fordert Wolfgang Kersting ganz neoliberal, dass „der traditionellen wohlfahrtsstaatlichen Strategie der Daseinswattierung (...) ein Ende bereitet werden (muss); sie muss durch eine bürgerethische, liberale Einstellung ersetzt werden, die den leviathanischen Sozialstaat zurückdrängt und den Individuen ihr Leben mit allen Eigenverantwortlichkeitsrisiken zurückgibt und die staatlichen Leistungen auf die solidarische Sicherung einer steuerfinanzierten und einkommensunabhängigen Grundversorgung für Bedürftige beschränkt" (2000:248).

Drei Krisenszenarien bzw. Begrifflichkeiten sind gleichermaßen die Stichwortgeber für einen immer radikaler eingeklagten Sozialabbau: die Globalisierung bzw. der digitale Kapitalismus, die Krise der Arbeitsgesellschaft und die Krise des Sozialstaates. Gemeint sind damit Dynamiken, die Prozesse in Gang setzen, an deren Ende die zentralen Modalitäten für Integration und Ausschluss, für Umverteilung und soziale Gerechtigkeit neu geregelt sein sollen (Butterwegge 2005; Sommerfeld, 2004). Für die Soziale Arbeit geht es vor diesem Hintergrund in erster Linie um die Konfrontation mit Interessen, die die endgültige Durchsetzung des Vorrangs der Ökonomie vor dem Sozialen durchsetzen wollen.

In seiner Kultur des neuen Kapitalismus hat Richard Sennett (2005) die entsprechenden Entwicklungen beschrieben. Seine Überlegungen sollen den Gedanken nahe legen, dass die Strukturen des Kapitalismus des 20. Jahrhunderts bald nostalgische Erinnerungen sein werden. Zunächst beschreibt er den Machtwechsel in den Großunternehmen von den Managern zu den Anteilseignern, die immer schneller nach Möglichkeiten der Geldanlage suchen. Die mächtig gewordenen Investoren wünschen zudem kurzfristige Ergebnisse statt langfristige Erfolge. Maßstab für das sog. ‚ungeduldige Kapital' ist nicht mehr die Dividende, sondern der Aktienkurs. Damit geraten die Unternehmen unter den gewaltigen Druck – so Sennett (2005:36) – „in den Augen vorbei schlendernder Betrachter schön auszusehen". Konstitutive Merkmale des industriegesellschaftlichen Erwerbssektors werden in ihr Gegenteil verkehrt. Stabilität wird zum Zeichen von Schwäche und mangelnder Innovationsfreudigkeit, institutionelles Beharrungsvermögen gilt als negatives Investitionskriterium. Neue Informations- und Kommunikationstechnologien haben wirtschaftliche Globalisierungsprozesse dynamisiert und beschleunigt, die Ortlosigkeit der weltweiten Kapitalzirkulation verschärft. Insbesondere für die Beschäftigungsverhältnisse haben diese Entwicklungen einschneidende Konsequenzen. Arbeit wird von sozialen Bindungen zunehmend abstrahiert. Automatisierungsprozesse machen bestimmte Tätigkeitsformen überflüssig. Weitreichende Rationalisierungsmaßnahmen und die Verlagerung von Arbeitsplätzen ins Ausland verschärfen die angespannte Arbeitsmarktsituation. Diese findet auf der einen Seite in der anhaltend hohen Massenarbeitslosigkeit ihren unübersehbaren Ausdruck. Auf der anderen Seite reicht vielfach die Ankündigung von Massenentlassungen schon dafür aus, die entsprechenden Aktienkurse steigen zu lassen. Betriebsinterne Hierarchisierungen zwischen einem kleiner werdenden Kern der Stammbelegschaft und einer größer werdenden Gruppe von Erwerbstätigen in prekären Beschäftigungsverhältnissen lassen den Kollegen zum potentiellen Konkurrenten werden. Konzernpolitische Entscheidungen sind immer häufiger durch soziale Bindungs- und Verantwortungslosigkeit geprägt (Negt 2001). Die Ökonomie ist insgesamt sozial entbettet (Böhnisch 2005). Sie erklärt immer unverblümter ihren umfassenden Machtanspruch. Aus der Perspektive bspw. von Rolf. E. Breuer, dem ehemaligen Sprecher der Deutschen Bank, sind die Finanzmärkte nach den Medien die fünfte Gewalt im Staat und effektive Sensoren für Fehlentwicklungen in einem schlecht regierten Land. „Die berechtigten Interessen in- und ausländischer Investoren" – so Breuer (2000) – „der Wunsch der Finanzmarktteilnehmer nach Rechtssicherheit und Stabilität müssen respektiert werden.

Diese Wünsche stehen freilich nicht im Gegensatz zu den Grundorientierungen einer an Wohlstand und Wachstum orientierten Politik, sondern sind mit ihnen identisch. Offene Finanzmärkte erinnern Politiker allerdings vielleicht etwas häufiger und bisweilen etwas deutlicher an diese Zielsetzungen, als die Wähler es vermögen". Spätestens seit dem letzten Wahlsonntag steht Breuer mit dieser Wählerschelte nicht alleine da und um so eindringlicher muss Friedhelm Hengsbach (2003) zugestimmt werden, der darauf hingewiesen hat, „dass nicht die globalen Finanzmärkte tauglich sind, die Demokratie zu steuern, sondern dass sie selbst erst demokratiefähig gemacht werden müssen". Um so eindringlicher muss aber auch immer wieder betont werden, dass die Massenarbeitslosigkeit nichts daran ändert, dass die Teilhabe am Arbeitsmarkt für immer mehr Menschen nicht nur die zentrale materielle Lebensgrundlage darstellt. Sie ist nach wie vor das zentrale Medium sozialer Integration und Anerkennung (Galuske 2002).

In dem Maße wie der internationale Globalisierungsprozess seine Auswirkungen immer deutlicher zeigt, gerät dann schließlich der nationale Sozialstaat zunehmend unter Druck – die Aufrechterhaltung des bisherigen Systems sozialer Sicherheit wird zu einem den Wirtschaftsstandort Deutschland gefährdenden Risiko. Massenarbeitslosigkeit und die dadurch wesentlich mit bedingten Finanzierungsschwierigkeiten der sozialen Sicherungssysteme sind in dieser Perspektive dann eben nicht die Folge ökonomischer Wandlungsprozesse. Stattdessen wird das Soziale zum Verursacher sozialer Folgeprobleme der Ökonomisierung erklärt. Der Wohlfahrtsstaat selbst wird zum Problem. Sein Abbau erscheint in dieser Logik als quasi naturwüchsige Konsequenz. Begründet wird dies mit der Behauptung seiner zu hohen Kosten, der zu freigiebigen Leistungsvergabe bei mangelnder Leistungsfähigkeit. Statt Leistungsgerechtigkeit zu fördern, würde er durch zu hohe Sozialabgaben die Leistungsbereitschaft untergraben, die persönliche Freiheit wird eingeschränkt und die Selbstverantwortung der Menschen ausgehöhlt. Schließlich würden sozialstaatliche Sicherungssysteme die Arbeitskraft nur unnötigerweise verteuern; auf dem globalen Markt ist diese dann letztendlich nicht mehr wettbewerbsfähig. Und weiter: die Idee der Verteilungsgerechtigkeit führe im Wohlfahrtsstaat lediglich dazu, das Netz der sozialen Hängematte noch enger zu knüpfen. Statt dessen sollen soziale Ungleichheiten zum Antriebsmotor einer forcierten ökonomischen Entwicklung werden und zu mehr Eigeninitiative der Betroffenen führen. Das Soziale erscheint in dieser Perspektive doppelt unproduktiv: zum einen verhindert es die Produktivität des Privaten und zum anderen die des Ökonomischen. „Es ist nicht sozial, sondern ungerecht, (...) die Menschen durch Dauersubventionen abhängig zu machen, statt ihre Eigeninitiative und Eigenvorsorge zu stärken. Es gefährdet schließlich den Wohlstand und die soziale Sicherheit aller, wenn der Standort Deutschland wegen mangelnder Flexibilität seine Wettbewerbsfähigkeit verliert" – so der ehemalige Präsident der Bundesbank Hans Tietmeyer (2001).

Wie kann nun angesichts solch massiver und keinesfalls vereinzelter Angriffe auf den Wohlfahrtsstaat dennoch an der im Kongressthema hervorgehobenen Produktivität des Sozialen festgehalten, wie kann diese dargelegt und begründet werden? Hingewiesen werden muss zunächst darauf, dass der soziale Sektor in den zurückliegenden Jahrzehnten enorm expandiert ist. Allein die Organisationen der freien Wohlfahrtspflege verzeichnen dabei weit höhere Beschäftigungszuwächse als die Erwerbswirtschaft und der öffentliche Sektor. Die Bruttowertschöpfung ihrer Träger hat sich im Zeitraum von 1970 bis 2000 vervierfacht, ihr Anteil am Bruttosozialprodukt hat sich im selben Zeitraum verdoppelt (Ottnad, u.a. 2000). Gelänge es außerdem die Produktivität der privaten Wohlfahrt familialer und lokaler Netzwerke in den Berechnungen des Bruttosozialproduktes mit zu berücksichtigen, dann würde dieses um ein Vielfaches höher ausfallen müssen, als es dies ohne solche Berechnungen tut. International vergleichende OECD-Daten veranschaulichen zudem, dass in den westlichen Industrienationen mit ausgebautem Wohlfahrtsstaat und deutlich geringeren Arbeitslosenquoten der Anteil der im Bereich personenbezogener sozialer Dienstleistungen Beschäftigter deutlich höher ist als der in der Bundesrepublik (Opielka 2004). Arbeitsplätze in diesen Bereichen unterliegen nicht den Bedingungen des internationalen Wettbewerbs, die Produktion personenbezogener sozialer Unterstützungs- und Hilfeleistungen kann weder ins Ausland verlagert werden, noch spielt sie in den Interessenkalkülen von Anlegern eine Rolle.

Die Produktivität des Sozialen – so kann geschlussfolgert werden – entfaltet sich ausschließlich am Ort ihrer Entstehung. Bei aller Bedeutsamkeit dieser Daten und Fakten ist allerdings von einem noch größeren Stellenwert für die Soziale Arbeit, dass die sozialen Folgen des Globalisierungsprozesses nicht weniger Wohlfahrtsstaat erforderlich machen, sondern ein Mehr an sozialer Sicherheit und Unterstützung notwendig erscheinen lassen. Der Idealmensch des globalen Zeitalters muss nämlich mindestens drei Herausforderungen bewältigen können. Die erste betrifft die Zeit, die zweite die Qualifikation, die dritte die Bereitschaft, Gewohnheiten aufzugeben und sich von Vergangenem zu lösen. D.h. der Idealmensch muss in der Lage sein, mit kurzfristigen Beziehungen auszukommen, von einer Aufgabe zur nächsten, von einem Job zum anderen zu wandern; er muss seine Biographie improvisieren können. Außerdem hat er sich darauf einzustellen, dass nicht die rückwärtsgewandte Erinnerung an einmal erworbene Fertigkeiten und Kompetenzen oder an vergangene Leistungen lohnenswert ist. Vielmehr gilt es, den Blick auf potenzielle Fähigkeiten zu richten. Daraus folgt dann letztendlich, dass bereits gemachte Erfahrungen an Wert verlieren; an deren Stelle tritt die mehr oder weniger permanente Suche nach Neuem. Richard Sennett (2005:10), der diesen Idealmenschen charakterisiert hat, geht schließlich davon aus, dass ein

> „kurzfristig orientiertes, auf mögliche Fähigkeiten konzentriertes Ich, das vergangene Erfahrungen bereitwillig aufgibt, (...) eine ungewöhnliche Sorte Mensch (ist). Die meisten Menschen sind nicht von dieser Art. Sie brauchen eine durchgängige Biographie, sind stolz darauf, bestimmte Dinge gut zu können, und legen Wert auf die Erfahrungen, die sie in ihrem Leben gemacht haben. Das von den neuen Institutionen erhobene Ideal verletzt viele der in ihnen lebenden Menschen."

Die Entgrenzung von Statusübergängen der Lebensphasen Jugend und Alter, die Auflösung von Normalbiographien, die zunehmende soziale Segmentierung, Arbeitslosigkeit oder die Angst davor, arbeitslos zu werden, weltweite Migrationsprozesse, die gewachsenen Anforderungen an das Aufwachsen von Kindern und Jugendlichen, Ansprüche einer lebenslangen Bildung, die Herauslösung aus vertrauten sozialen Milieus und Kontexten, Forderungen nach Anpassungsbereitschaft, beruflicher Mobilität und einer Flexibilität der Lebensführung – die Liste der zu bewältigenden Herausforderungen des gesellschaftlichen Wandels ließe sich weiter verlängern und ausdifferenzieren. Dass diese Herausforderungen nicht zu Überforderungen für immer mehr Menschen werden, setzt voraus, dass ihre Bewältigung sozialstaatlich abgesichert und durch eine soziale Infrastruktur personenbezogener Dienstleistungen unterstützt wird. Nicht der Vorrang des Ökonomischen ist der Garant für die Produktivität des Sozialen, erst die sozialstaatlich abgesicherte Ermöglichung des Sozialen ist die Grundlage einer ökonomisch und sozial gerecht gestalteten Gesellschaft. Aber: welche Voraussetzungen sind hierfür gegeben?

2 Soziale Arbeit im aktivierenden Sozialstaat

Auch das tradierte System sozialer Sicherung und damit ebenso die Soziale Arbeit sind mit erheblichen Veränderungsnotwendigkeiten konfrontiert. Und tatsächlich hat es ja in den letzten Jahren einschneidende Modernisierungsbestrebungen gegeben, die unter der programmatischen Formel des aktivierenden Sozialstaates zusammengefasst worden sind. Dieser Staat, dessen Sozialpolitik von seinen Protagonisten als alternativlos, gerecht, zeitgemäß und modern charakterisiert wird, will eine auf Bürgersinn aufbauende aktive Gesellschaft durch die staatliche Inszenierung einer Zivilgesellschaft schaffen. Er baut effiziente Strukturen in den Institutionen auf, fördert den Wettbewerb zwischen den Trägern Sozialer Arbeit, will der Gesellschaft Raum dafür schaffen, ihre Belange selbst regeln zu können und den Beitrag jedes Einzelnen zur Gestaltung des eigenen und des gesellschaftlichen Lebens einfordern. Er sieht den Umbau vom Leistungsstaat zum Gewährleistungsstaat vor. Nicht Verteilungs- und Befähigungs- bzw. Verwirklichungsgerechtigkeit sind sein Anliegen, sondern Chancengerechtigkeit. Vorrang haben solche Maßnahmen, die für eine Teilnahme am Arbeitsleben qualifizieren. Den Erhalt von Leistungen macht er von Gegenleistungen abhängig, nur Teilnahme gewährleistet auch Teilhabe (Dahme/ Wohlfahrt, 2002; Hengsbach 2004; Opielka 2003).

Der paradigmatische Wechsel im System der sozialen Sicherung, der hierin zum Ausdruck kommt, hat im Fördern und Fordern des SGB II – auch Hartz IV genannt – seinen deutlichsten Widerhall gefunden. Im Vergleich zu seinem Vorgänger verspricht der aktivierende Sozialstaat zusammengefasst nicht Mehr und nicht Weniger als effektiver, bürgernäher, dienstleistungsorientierter, wettbewerbsfreudiger, vor allem aber billiger zu sein. Die von Fabian Kessl und Hans-Uwe Otto (2002) als neosoziale Neuprogrammierung des Sozialen analysierten Strategien des aktivierenden Staates setzen ein Selbstversorgersubjekt voraus – ein Subjekt, das als Unternehmer seiner selbst agiert. Im Mittelpunkt steht ein Menschenbild, dass getragen ist von der Selbstverpflichtung der Bürger und Bürgerinnen zu einer marktkonformen Lebensführung.

Anders formuliert: die Produktivität des Sozialen wird im aktivierenden Sozialstaat abhängig von der privaten Produktionsbereitschaft des Einzelnen statt von ihrer sozialstaatlichen Einbindung. Die Folgenhaftigkeit des eigenen Handelns muss von jedem Einzelnen selbst kalkuliert und verantwortet werden und zwar jenseits der Problematisierung ungleicher Ausgangsbedingungen und unterschiedlicher Handlungsfähigkeiten (Kessl/ Otto 2004). Aktivierung erfolgt als top-down-Modell, eine von oben geförderte und geforderte Zivilgesellschaft suggeriert, dass – Verantwortungsübernahme vorausgesetzt – die sozialen Probleme durch die Betroffenen selbst gelöst werden können (Kessl 2001; Opielka 2003; Sommerfeld 2004).

Der damit einhergehende Rückzug des Staates ist von Eckhard Hansen (2005) zutreffend mit dem Bild eines Staates beschrieben worden, der nicht mehr rudert, sondern vorgibt, sich auf das Steuern zu konzentrieren. Für die Soziale Arbeit kommt ihre Verankerung in einem aktivierenden Sozialstaat einem Drahtseilakt gleich. Die Strategien ihrer Indienstnahme sind subtiler geworden. Ihre Auseinandersetzung mit dem aktivierenden Sozialstaat ist uneinheitlich, widersprüchlich und offenbart differente Positionierungen. Semantisch knüpft der aktivierende Sozialstaat an Konzepte und Handlungsansätze der Sozialen Arbeit wie bspw. der Hilfe zur Selbsthilfe, dem Empowerment, der Stadtteil- und Netzwerk- sowie der Gemeinwesenarbeit an und macht sie so für seine Programmatik empfänglich. Die Umsetzung der entsprechenden Programme und Methoden offenbart dann allerdings allzu häufig, dass diese Strategien oft des professionellen Kerns einer Sozialen Arbeit beraubt worden sind.

Vier kurze Beispiele sollen dies veranschaulichen. Schon seit längerem gibt es innerhalb der Sozialen Arbeit ein Einverständnis darüber, dass in spezifischen Handlungsfeldern ausgearbeitete Verfahren und Kriterien einer sozialpädagogischen Diagnostik zwingend erforderlich sind (11. Kinder- und Jugendbericht, 2002:254ff; Merchel 2003, Staub-Bernasconi 2005, Uhlendorff 2005). Aufwändige und im Übrigen sehr anspruchsvolle sozialpädagogische Diagnoseverfahren sind dementsprechend entwickelt worden. Das, was sich in der Praxis der Sozialen Arbeit statt dessen als weniger zeit- und kostenintensiv durchzusetzen beginnt, sind fachfremde, klinischtherapeutische Verfahren, die zu einer Standardisierung der Problemwahrnehmung führen und eine Parzellierung sozialer Problemlagen zur Folge haben (Heiner 2005, Kindler 2005).

Ein weiteres Beispiel ist die Methode des Casemanagement, die neuerdings auch als Caremanagement bezeichnet wird, um den stigmatisierenden Eindruck des Managens von Fällen bzw. Personen statt den des Managements von Situationen und Leistungen zu vermeiden. Ihr Einsatz verspricht die Gewährleistung von Dienstleistungskontinuität. Die Gesamtheit des Betreuungsablaufs soll gewahrt bleiben und eine Klammer zwischen den im Hilfeprozess eingebundenen Personen und Institutionen gebildet werden. Doppelbetreuungen gilt es zu vermeiden. Diese positiven Erwartungen an das Casemanagement können aber nicht immer den neoliberalen Hintergrund kaschieren, mit dem diese Methode durch ein formalisiertes, mehrstufiges Unterstützungsmanagement kostengünstig Bedarfslagen mit vorhandenen Leistungsangeboten in Einklang bringen soll (Hansen 2005).

Ein besonderes Augenmerk hat im Kontext des aktivierenden Sozialstaates darüber hinaus die Sozialraumorientierung erlangt, u.a. bedingt durch die Auflage entsprechender Bund-Länder-Programme (Krummacher, u.a. 2003). Für die einen ist die „soziale Stadt" Ausdruck der Akteursperspektive, die vom Opfer- und Defizitdenken Abschied nimmt, die Menschen dazu befähigt, sich für ihre eigenen Interessen einzusetzen (Lutz, 2005). In Stadtteilen mit besonderem Entwicklungsbedarf sollen Ressourcen so aktiviert werden, dass sie für Alle erkennbar sind. Bewohner und Bewohnerinnen werden in Form einer neuen

Nachbarschaftshilfe zu den Gestaltern ihrer eigenen Umwelt. Demgegenüber wird von den Kritikern einer solchermaßen institutionalisierten Sozialraumorientierung hervorgehoben, dass auf der einen Seite zwar Elemente einer lokalen Integration erhalten bleiben und stabilisiert werden. Vermisst werden auf der anderen Seite aber Entwicklungspotentiale, die den Übergang aus problematischen Stadtteilen in die sog. erste Stadt eröffnen würden (Evers, u.a. 2000). Nicht die soziale oder geographische Mobilität der Bewohner und Bewohnerinnen benachteiligter Gebiete wird angestrebt, sondern ihre Aktivierung in vorgegebenen Grenzen. Letztendlich besteht dadurch die Gefahr der Schließung sozialer Räume, die von Hans-Uwe Otto und Holger Ziegler (2004; 2005) als Territorialisierung des Sozialen, als aktivierender Sozialraumorientierung statt aktiver Sozialstaatsorientierung beschrieben worden ist. Die Adressaten und Adressatinnen der Sozialen Arbeit in ihren Sozialräumen sind dann in erster Linie nicht Mitglieder einer demokratisch verfassten Gesellschaft mit Teilhaberechten, sondern primär Bewohner und Bewohnerinnen marginalisierter Stadtteile mit Teilnahmeverpflichtungen (Anhorn/ Bettinger 2005; Kessl/ Otto; 2004; Wohlfahrt 2004). Der Grundgesetzanspruch auf die Gleichwertigkeit der Lebensbedingungen in allen Landesteilen wird insofern bereits auf der Ebene des lokalen Raums aufgegeben.

Schließlich gewinnen Fragen des Wirksamkeitsnachweises im Kontext der Sozialen Arbeit einen immer größeren Stellenwert. Der Welle einer Verbetriebswirtschaftlichung der Profession folgt nun eine Auseinandersetzung darüber, welche Wissensbestände und damit auch welche empirischen Erkenntnisse eine passgenaue und rationale Dienstleistungsproduktion begünstigen. Nun ist die Beschäftigung mit unterschiedlichen Wissensbeständen in der Professionalisierungsdebatte der Sozialen Arbeit keineswegs neu (Dewe 2005). Kritisch hinterfragt werden muss aber, ob die Wissensproduktion und der Wissensgebrauch einer „evidenzbasierten Praxis" zu einer Verkürzung bzw. Instrumentalisierung professionellen Wissens im Interesse fachfremder Erfolgskriterien führt. Das aber hätte zur Folge, dass die erreichten Standards einer reflexiven und am Fallverstehen orientierten Profession aufgegeben würden.

Bei aller Unterschiedlichkeit dieser vier Beispiele und ihrer je spezifischen Blickwinkel auf die Soziale Arbeit haben sie doch einen gemeinsamen Kern. Sie verdeutlichen eine der zentralen Problematiken der Sozialen Arbeit im aktivierenden Sozialstaat: die Adressatinnen und Adressaten werden in der Aktivierungsperspektive auf das Menschenbild ökonomisch rational handelnder und selbstverantwortlicher Individuen reduziert, sie werden ihrer Biographie entkleidet und der strukturellen Verursachung ihrer Problemlagen beraubt. Dies ist die eigentliche Dramaturgie einer Ökonomisierung des Sozialen. Die Soziale

Arbeit als Bestandteil einer derartigen Aktivierungsstrategie begibt sich selbst auf einen gefährlichen Weg.

Es ist kein Zufall, dass Kürzungen und Streichungen in ihren Leistungsbereichen zuallererst bei den Bevölkerungsgruppen ansetzen, die dem genannten Menschenbild am wenigsten entsprechen, von denen eine marktkonforme Lebensführung nicht erwartet werden kann bzw. die hierzu nicht bereit sind (Lutz/ Ziegler 2005). Erste Opfer des aktivierenden Sozialstaates sind Drogenabhängige, Wohnungslose, Flüchtlinge und Asylbewerber, Langzeitarbeitslose, chronisch Kranke und psychisch Beeinträchtigte. Am Ende des Abbaus des Sozialstaates steht nicht nur die dauerhafte Ausgrenzung immer breiterer Bevölkerungsgruppen, am Ende steht auch die institutionelle Spaltung der Sozialen Arbeit: Hilfe für diejenigen, die aktivierungsbereit, anpassungsfähig, mobil und flexibel sind, Kontrolle und Reglementierung an den immer breiter werdenden gesellschaftlichen Rändern.

Soziale Arbeit ist damit in doppelter Hinsicht herausgefordert: auf der einen Seite sieht sie sich qualitativ und quantitativ veränderten Problemlagen ihrer Adressatinnen und Adressaten gegenüber, auf der anderen Seite begrenzen Einschnitte in das soziale Sicherungssystem ihre sozialstaatlich begründeten Gestaltungsoptionen. Will Soziale Arbeit in dieser Situation perspektivisch nicht auf ihre längst überwunden geglaubte Funktion der repressiven Fürsorge zurückgedrängt werden, muss sie sich gegenüber entsprechenden Vereinnahmungsstrategien des aktivierenden Sozialstaates neu positionieren. Dies ist eine Aufgabe, die trotz aller weltweiten Globalisierungsprozesse eine nationalstaatliche Herausforderung bleibt und das nicht nur, weil ein soziales Europa allenfalls erst in Anfängen erkennbar ist. Nur: Wie kann eine solche Neupositionierung der Sozialen Arbeit aussehen?

3   Den sozialen Staat aktivieren

Soziale Arbeit war und ist in zweifacher Hinsicht auf den Sozialstaat bezogen. Zum einen ist sie Repräsentantin und zentraler Bestandteil sozialstaatlicher Leistungssysteme. Die unübersehbare Vervielfältigung und Ausdifferenzierung ihrer Handlungsfelder, ihrer Zuständigkeiten und ihrer Arbeitsformen, ihre Etablierung als sozialpädagogische Disziplin und ihr enormes Beschäftigungspotential für unterschiedliche Berufsgruppen verdankt sie zentral einer Expansion sozialstaatlicher Leistungsbereiche. Erst vor diesem Hintergrund konnte die Entwicklung der Sozialen Arbeit weg von einer fürsorgerischen Eingriffsverwaltung hin zu einem professionellen, dienstleistungsorientiertem Bestandteil einer sozialen Infrastruktur gelingen. Zum anderen ist die Soziale Arbeit aber

auch zivilgesellschaftliches Moment einer kritischen und selbstreflexiven Auseinandersetzung mit sozialstaatlichen Regulationen. Sie ist Repräsentantin der
Anliegen, Bedürfnisse und Interessenlagen ihrer Adressaten und Adressatinnen.
Erst in dieser Doppelung Sozialer Arbeit als Teil des Sozialstaates *und* als
distanzierte Kritikerin desselben, kann die Soziale Arbeit ihr eigentliches Potential entfalten. Gerade die zivilgesellschaftliche Positionierung der Sozialen Arbeit scheint ihr in der letzten Zeit allerdings zunehmend mehr abhanden ge-
kommen zu sein. In der Praxis ist sie konfrontiert mit der Konkurrenz der Leis-
tungserbringer, eingebunden in einen Wettbewerb um knapper werdende Mittel.
In den Hochschulen ist sie Teil der unternehmerischen Umstrukturierung von
Wissenschaft und eingebunden in die Anforderungen der Etablierung neuer
Ausbildungsstrukturen.

Beides zusammengenommen führt zumindest ansatzweise dazu, dass sie
mehr mit sich selbst, denn mit ihren eigentlichen Aufgaben der Produktion des
Sozialen beschäftigt ist. Für eine Bestandssicherung des erreichten Ausbaus der
Sozialen Arbeit und für die Bewältigung neuartiger Herausforderungen wird in
Zukunft der Verweis auf über eine Millionen Beschäftigte, auf die Vielzahl der
Träger der Sozialen Arbeit, auf ihre Normalisierung im Sinne einer Inanspruch-
nahme durch breite Bevölkerungsgruppen allein nicht mehr ausreichend sein.
Hinzukommen muss die Entdeckung und Nutzung des damit einhergehenden
gesellschaftlichen Gestaltungs- und Machtpotentials.

Nicht die Adressaten und Adressatinnen gilt es zu aktivieren. Es gilt, die
Soziale Arbeit als Aktivierung eines sozialen Staates zu positionieren, als eines
Staates der seinen Gestaltungsaufgaben wieder nachkommt. Ein solcher sozialer
Staat ist dabei durch die kollektive Sicherung sozialer Teilhabe statt durch die
Aktivierung individueller Selbstsorge charakterisiert (Kessl 2001). Er anerkennt
die Vielfalt von Lebensmustern und Lebensformen und stellt Spielräume für
deren Verwirklichung zur Verfügung. Er ermöglicht Handlungsoptionen für die
Bewältigung des gesellschaftlichen Wandels. Insofern verhilft er der Biographie
der Bürger und Bürgerinnen zu ihrem Recht. Er fördert nicht die Privatisierung
des Bewältigungshandelns der Betroffenen, sondern trägt zu einer neuen Sozial-
politisierung struktureller Problemlagen bei (Böhnisch/ Schröer/ Thiersch
2005). In seinem Kern institutionalisiert er Strategien der Änderung von Verhältnissen und ersetzt diese nicht durch die bloße Beeinflussung von Verhalten.

Erst hierdurch können dann auch auf der lokalen Ebene echte und demokratisch legitimierte Gestaltungsspielräume entstehen, in denen sich das Soziale
produktiv und selbstbestimmt entfalten kann. Die Soziale Arbeit verfügt über
nicht zu unterschätzende Ressourcen für diese dringend erforderliche Reformu-
lierung einer gestaltungsorientierten Politik. Globalisierungsprozesse sind international, ihre Folgen sind national zu bearbeiten, ansonsten gefährden sie den

sozialen Zusammenhalt einer Gesellschaft und überfordern die Betroffenen. Hierüber gilt es die Bedeutung und den Stellenwert der Sozialen Arbeit hervorzuheben und einzufordern. Sie kann dabei auf eine breite Zustimmung bauen, die der Sozialstaat trotz aller Diskreditierungen in der Bevölkerung immer noch genießt.

Die entsprechenden Potentiale zu erkennen und zu nutzen, ist zum einen die Aufgabe einer disziplinären Selbstvergewisserung der Sozialen Arbeit. Zum anderen ist es die konstitutive Rahmung für eine selbstbewusste und kritische Praxis als Politik des Sozialen.

Der Bundeskongress Soziale Arbeit bietet hierfür eine einzigartige Plattform. In der breiten Mischung von Wissenschaft, Ausbildung, Politik und Praxis der Sozialen Arbeit will er heute und in den kommenden zwei Tagen in über 100 Veranstaltungen die Grundlagen sozialpädagogischen Handelns analysieren und einen Eindruck von der Vielfältigkeit der Handlungsfelder Sozialer Arbeit vermitteln. Er setzt sich außerdem mit den unterschiedlichsten Facetten der Lebenssituationen der Adressatinnen und Adressaten Sozialer Arbeit auseinander und will so verdeutlichen, wie die Produktivität des Sozialen durch die Soziale Arbeit verantwortet wird. Am Ende können Perspektiven erkennbar geworden sein, wie ein sozialer Staat gestaltet werden kann und welchen Beitrag die Soziale Arbeit hierzu leisten muss.

Ich wünsche uns allen im diesem Sinne im Namen des lokalen Organisationsteams spannende und weiterführende Debatten, Erfolg im Interesse der Sache und viel Spaß in Münster.

Literatur

Anhorn, Roland/ Bettinger, Frank (Hrsg.) (2005): Sozialer Ausschluss und Sozialer Arbeit. Positionsbestimmungen einer kritischen Theorie und Praxis Sozialer Arbeit. Wiesbaden.

Böhnisch, Lothar/ Schröer, Wolfgang/ Thiersch, Hans (2005): Sozialpädagogisches Denken. Wege zu einer Neubestimmung. Weinheim und München.

Böhnisch, Lothar (2005): Die Kapitalismusdebatte, der Sozialstaat und die Soziale Arbeit. In: Sozial Extra, 29. Jahrgang, 2005, Heft 7 – 8, S. 6 – 9

Breuer, Rolf-E. (2000): Die fünfte Gewalt. Herrscht die Wirtschaft über die Politik? Nein! Aber freie Finanzmärkte sind wirkungsvollste Kontrollinstanz staatlichen Handelns. In: Die ZEIT vom 27.04.2000

Bundesministerium für Familie, Senioren, Frauen und Jugend (Hrsg.) (2002): 11. Kinder- und Jugendbericht. Bericht über die Lebenssituation junger Menschen und die Leistungen der Kinder- und Jugendhilfe in Deutschland. Bonn.

Butterwegge, Christoph (2005): Krise und Zukunft des Sozialstaates. Wiesbaden.

Butterwegge, Christoph/ Michael Klundt (Hrsg.) (2003): Kinderarmut und Generationengerechtigkeit. Familien- und Sozialpolitik im demographischen Wandel. Opladen.

Dahme, Heinz-Jürgen/ Wohlfahrt, Norbert (2002): Aktivierender Staat. Ein neues sozialpolitisches Leitbild und seine Konsequenzen für die Soziale Arbeit. In: neue praxis, 32. Jahrgang 2002, Heft 1, S. 10 – 32

Deppe, Frank (2005): Globalisierung und Ausgrenzung. In: Anhorn/ Bettinger (2005): S. 45 – 56

Dewe, Bernd: Perspektiven gelingender Professionalität. In: neue praxis, 35. Jahrgang, 2005, Heft 3, S. 257-266

Evers, Adalbert, u.a. (2000): Soziales Kapital mobilisieren. Gemeinwesenorientierung als Defizit und Chance lokaler Beschäftigungspolitik. Dortmund

Galuske, Michael (2002): Flexible Sozialpädagogik. Elemente einer Theorie Sozialer Arbeit in der modernen Arbeitsgesellschaft. Weinheim und München.

Eckhart Hansen (2005): Das Case-Caremanagement. Anmerkungen zu einer importierten Methode. In: neue praxis, 35. Jahrgang 2005, Heft 2, S. 107 – 125

Heiner, Maja (2005): Konzeptionelle und methodische Ansätze der Diagnostik in der Sozialen Arbeit. In: neue praxis, 35. Jahrgang 2005, Heft 5, S. 535-539

Hengsbach, Friedhelm (2003): Gerechtigkeit ist nur ein Wort. In: Butterwegge/ Klundt (Hrsg.) (2003): S.22ff

Hengsbach, Friedhelm (2004): Politische Deformation von Gerechtigkeit und Solidarität. Grundwerte schmelzen nicht von allein dahin. In: Jugendhilfe, 42. Jahrgang 2004, Heft 2, S. 74 – 82

Kersting, Wolfgang (2000): Politische Philosophie des Sozialstaates. Weilerswist.

Kessel, Fabian (2001): Teilnahme ohne Teilhabe? Anmerkungen zur Debatte um die zivilgesellschaftlichen Potentiale des modernen Wohlfahrtsstaates. In: neue praxis, 31. Jahrgang 2001, Heft 2, S. 129 – 144

Kessel, Fabian (2001): Teilnahme ohne Teilhabe? Anmerkungen zur Debatte um die zivilgesellschaftlichen Potentiale des modernen Wohlfahrtsstaates. In: neue praxis, 31. Jahrgang 2001, Heft 2, S. 129 – 144

Kessel, Fabian/ Otto, Hans-Uwe (2004): Soziale Arbeit und die Neugestaltung des Sozialen. In: Kessel/ Otto (2004).): S. 7 – 20

Kessl, Fabian/ Otto, Hans-Uwe (Hrsg.) (2004): Soziale Arbeit und Soziales Kapital. Zur Kritik lokaler Gemeinschaftlichkeit. Wiesbaden.

Kessel, Fabian/ Otto, Hans-Uwe (2002): Aktivierende Soziale Arbeit. Anmerkungen zu neosozialen Programmierungen Sozialer Arbeit. In: neue praxis, 32. Jahrgang 2002, Heft 5, S. 444 – 456

Kindler, Heinz (2005): Evidenzbasierte Diagnostik in der Sozialen Arbeit. In: neue praxis, 35. Jahrgang 2005, Heft 5, S. 540-545

Krummacher, Michael/ Kulbach, Roderich/ Waltz, Viktoria/ Wohlfahrt, Norbert (2003): Soziale Stadt, Sozialraumorientierung, Quartiersmanagement. Revitalisierung lokaler Sozialpolitik oder lokalpolitisch flankierter Sozialstaatsumbau. In: neue praxis, 33. Jahrgang 2003, Heft 6, S. 569 – 584

Lutz, Ronald (2005): Erschöpfte Sozialarbeit? Eine Rekonstruktion ihrer Rahmungen. In: neue praxis, 35. Jahrgang 2005, Heft 2, S. 126 – 144

Lutz, Tilman/ Ziegler, Holger (2005): Soziale Arbeit im Post-Wohlfahrtsstaat – Bewahrer oder Totengräber des Rehabilitationsideals? In: Widersprüche, 25. Jahrgang 2005, Heft 97, S. 123 – 134

Merchel, Joachim (203): „Diagnose" in der Hilfeplanung: Anforderungen und Problemstellungen. In: neue praxis, 33. Jahrgang 2003, Heft 6, S. 527 – 542

Negt, Oskar (2001): Arbeit und menschliche Würde. Göttingen.

Opielka, Michael (2004): Sozialpolitik. Grundlagen und vergleichende Perspektiven. Reinbek bei Hamburg.

Opielka, Michael (2003): Was spricht gegen die Idee eines aktivierenden Sozialstaates? Für Neubestimmung von Sozialpädagogik und Sozialpolitik. In: neue praxis, 33. Jahrgang 2003, Heft 6, S. 543 – 557

Ottnad, Adrian/ Wahl, Stefanie/ Miegel, Reinhard (2000): Zwischen Markt und Mildtätigkeit. Die Träger der Freien Wohlfahrtspflege im Umbruch. München.

Otto, Hans-Uwe/ Ziegler, Holger (2004): Sozialraum und Sozialer Ausschluss. Die analytische Ordnung neo-sozialer Integrationsrationalitäten in der Sozialen Arbeit. In: neue praxis, 34. Jahrgang 2004, Heft 2 und Heft 3, S. 117 – 135, S. 271 – 291

Otto, Hans-Uwe/ Ziegler, Holger (2005): Sozialraum und Sozialer Ausschluss. Die analytische Ordnung neo-sozialer Integrationsrationalitäten in der Sozialen Arbeit. In: Anhorn/ Bettinger (2005): S. 115 – 146

Sennett, Richard (2005): Die Kultur des Neuen Kapitalismus. Berlin.

Sommerfeld, Peter (2004): Sind gesellschaftliche Probleme gemeinschaftlich lösbar? Soziale Arbeit und der zivilgesellschaftliche Umbau des Wohlfahrtsstaates. In: Kessel/ Otto (2004): S. 225 – 250

Staub-Bernasconi, Silvia (2005): Diagnose als unverzichtbares Element von Professionalität. In: neue praxis, 35. Jahrgang, 2005, Heft 5, S. 530-534

Tietmeyer, Hans (2001): Dieser Sozialstaat ist unsozial. Nur mehr Freiheit schafft mehr Gerechtigkeit. Zur Verteidigung der Initiative Neue Soziale Marktwirtschaft. In: Die ZEIT vom 31.10.2001

Uhlendorff, Uwe (2005): Sozialpädagogische Diagnosen: Traditionslinien und aktuelle Herausforderungen. In: neue praxis, 35. Jahrgang 2005, Heft 5, S. 524-529

Wohlfahrt, Norbert (2004): Bürgeraktivierung statt Nutzerorientierung? Das Quartier im Mittelpunkt managerieller Verwaltungsmodernisierung. In: Kessel/ Otto (2004): S. 123 – 138

I. Die Produktivität des Sozialen durch Soziale Arbeit gestalten

Woher kommt die Produktivität des Sozialen? Ansätze zu einer Analyse ihrer Produktivkräfte

Michael May

1 Zum gesellschaftlich-historischen Kontext dieser Frage

Die Produktivität des Sozialen im Allgemeinen und der professionellen Sozialen Arbeit im Besonderen sind nicht erst heute zu einem Thema geworden, an dem selbst ein Bundeskongress Sozialer Arbeit nicht vorbei kann. Sie wurden schon einmal in den 70er Jahren sehr heiß diskutiert. Damals wie heute lässt sich ein doppelter Hintergrund identifizieren:

- zum einen die trotz vielfach erwiesener gesellschaftlicher Notwendigkeit immer wieder politisch in Zweifel gezogenen Legitimität Sozialer Arbeit;

- zum anderen das damit korrespondierende gebrochene Selbstbewusstsein der im Bereich Sozialer Arbeit professionell Tätigen.

Damals in den 70er Jahren wurde im akademischen Bereich heftig darüber gestritten, ob es sich bei Hausarbeit und professioneller Sozialer Arbeit um in Marx' werttheoretischem Verständnis produktive (= mehrwertschaffende) oder unproduktive Arbeiten handelt. Bezogen auf die professionelle Soziale Arbeit ging es in dieser sehr ökonomistisch ausgerichteten Debatte eigentlich um die Frage, ob und wie sich gesellschaftsverändernde Absichten mit beruflichen Strategien in Einklang bringen lassen. Der Titel des Buches von Adrian Gaertner und Christoph Sachße von 1978 „Politische Produktivität der Sozialarbeit" kann in diesem Zusammenhang sicher als ein Zugewinn an (Selbst-)Reflexivität gewertet werden.

Heute geht es bei der Debatte um die Produktivität Sozialer Arbeit üblicherweise um eine mehr betriebswirtschaftliche Legitimation. Nicht der Gebrauchswert der geleisteten Sozialen Arbeit, sondern deren Wirtschaftlichkeit steht im Vordergrund. Argumentiert wird, dass durch Einführung von Marktprinzipien sich die Effizienz Sozialer Arbeit steigern ließe.

Unabhängig von der Frage, ob sich Soziale Arbeit überhaupt marktförmig organisieren lässt, wurde wiederholt schon auf die Nichthaltbarkeit der weit verbreiteten Überzeugung verwiesen, dass Märkte Leistungswettbewerbe organisierten (vgl. z.B. Neckel/ Dröge 2002). Da der Markt ja nicht nach dem Prinzip der Leistungsgerechtigkeit, sondern nach dem der günstigsten Preise verteilt, lässt sich Soziale Arbeit durch Einführung solcher Prinzipien zwar verbilligen, nicht unbedingt jedoch in ihrer Effizienz steigern.

Selbst wirtschaftssoziologische Arbeiten, die ja eher zu einer normalisierenden Interpretation des Marktgeschehens neigen (vgl. die zusammenfassende Bilanzierung bei Neckel 2003), haben den illusionären Charakter all jener jetzt auch in der aktuellen Debatte immer wieder bemühten ökonomischen Handlungsmodelle (vgl. Becker 1993) nachweisen können. Diese gehen ja von der Annahme eines rationalen Akteurs aus, der durch informierte Entscheidungen seinen individuellen Nutzen vermehrt. Selbst technische Innovationen im Bereich der Warenwirtschaft wären jedoch kaum denkbar, wenn die Marktakteure tatsächlich den Modellen der ökonomischen Theorie (effizienter Einsatz zweckrationaler Mittel) folgten. Und erst Recht können Kooperationsprobleme sogar in der kapitalistischen Ökonomie nur dann gelöst werden, wenn auf die Realisierung größtmöglicher individueller Vorteile verzichtet wird.

Kritiker argumentieren, dass allein deshalb schon auf eine andere (Produktions-)Logik des Sozialen geschlossen werden müsse. Häufig bilden die Analysen des Wirtschaftshistorikers Karl Polanyi den Hintergrund solcher Argumentation. Dieser hat die moderne Wirtschaftsgeschichte als eine Art Doppelbewegung zweier Organisationsprinzipien von Ökonomie beschrieben. Das eine sei die – wie er es nennt – „krasse Utopie" (1978: 19) eines sich selbst regulierenden Marktes. Wenn diese nicht mehr 'eingebettet' sei in übergreifende soziale Beziehungen, führe dies zu einem materialistischen Individualismus und damit zur Vernichtung der „menschliche(n) und natürliche(n) Substanz von Gesellschaften" (ebd.: 19f.). Ihre Qualität als Gegenkraft zu dem – wie Polanyi es auch nennt – 'frivolen Experiment' der Anpassung aller Produktionsfaktoren an das reine Marktregime gewinnen jene übergreifenden sozialen Beziehungen für ihn dadurch, dass in ihnen Prinzipien einer anderen, eben sittlichen Ökonomie sich durchtragen – wie Reziprozität, Redistribution und Haushaltssicherung.

In Fortführung dieser Argumentation wird in der kritischen Diskussion um eine neoliberale Restrukturierung des Sozialen, wie auch auf diesem Bundeskongress, vielfach die Forderung erhoben, die Eigenlogik einer Produktion des Sozialen und die mit ihr verbundenen humanen Werte und sozialen Bezüge wieder stärker zu akzentuieren. Auf diese Weise solle versucht werden, den ‚entfesselten Kapitalismus' politisch und sozial wieder einzuhegen. Bourdieu ging in diesem Zusammenhang sogar so weit, dass die fast vollständige Entkopplung von Gesellschaft und einer strikt utilitaristisch organisierten Ökonomie eine „Verteidigung des Staates" (1998: 49) erzwinge.

Nur allzu leicht gerät solche Argumentation jedoch in Gefahr, die (neo-) liberale Programmatik einer Trennung von Politik und Ökonomie theoretisch zu reproduzieren. Diese Trennung ist indessen – wie z.b. Foucault (vgl. 2000) in seinen historischen Arbeiten überzeugend gezeigt hat – selbst ein politischer Prozess. „Was in die Zuständigkeit des Staates gehört und was nicht in die Zuständigkeit des Staates gehört, was öffentlich ist und was privat ist, was staatlich ist und was nicht staatlich ist" (Foucault 2000a: 66) muss demnach als ein Ausdruck historisch sich wandelnder „Taktiken des Regierens" (ebd.) interpretiert werden. Und auch 'das Soziale' erscheint aus dieser Perspektive dann nicht mehr als eine bloß „zeitlose Existenzform menschlicher Sozialität" (Rose 2000: 75). Vielmehr kommt in den Blick, wie es eingebunden ist in diese Taktiken des Regierens – weit über das hinaus, was herkömmlicher Weise als Sozialstaat bezeichnet wird.

Im Anschluss an die Arbeiten Foucaults hat Nikolas Rose die These formuliert, dass „die entscheidende Voraussetzung für die Abgrenzung einer besonderen sozialen Sphäre" (ebd.: 89) der Wandel von der Wirtschaft zur Volkswirtschaft auch im Zusammenhang mit der Herausbildung eines Begriffs von 'Nationalökonomie' gewesen sei. Ohne Zweifel haben Rose und Foucault Recht, dass sich mit der 'politischen Ökonomie' eine neue Wissenschaft herausbildete, die sich mit Methoden befasste, durch welche das vielfältige Netz von Bezügen zwischen Bevölkerung, Territorium und Reichtum optimiert werden konnte – im Sinne einer gezielten Entwicklung der Produktivkräfte, wie zu ergänzen wäre.

Dies brachte in der Folge eine zunehmende Unterscheidung zwischen Ökonomie und Sozialem mit sich, die zuvor in dem auf die Produktionsweise des 'Ganzen Hauses' bezogenen Begriff des Wirtschaftens noch nicht getrennt waren (vgl. May 2004 a: 136ff.). Selbst nach der Differenzierung beider Sphären folgte deren 'Regierung' jedoch – wie Rose zu Recht betont – noch dem Grundsatz wechselseitiger Optimierung. Vom Prinzip her gilt dies für das gesamte Akkumulationsregime des Fordismus. Etwas aus dem Blick verlieren Foucault und Rose meiner Ansicht nach jedoch, dass in diesen Begriffs- und Diskursverschiebungen sich zunächst einmal signifikante Veränderungen im Verhältnis zwischen Produktivkräften und den Produktionsverhältnissen der Gesellschaft reflektierten und die Herausbildung einer eigenen 'Sphäre des Sozialen' vor allem diesen geschuldet war.

Zwar lässt sich am aktuellen gesellschaftspolitischen Wandel vom *welfare state* zum *workfare state* nur allzu genau studieren, wie die Ökonomie heute „nicht mehr mit Berufung auf das Soziale regiert" (Rose 2000: 93) wird. Ja, das Verhältnis zwischen Ökonomischem und Sozialem stellt sich im herrschenden Diskurs als ein geradezu antagonistisches dar. Demgegenüber gewinnen jedoch im heutigen Kapitalismus sowohl in der verarbeitenden, als auch dienstleistenden Arbeit im Vergleich zu „den wissenschaftlich technischen Kenntnissen derer, die sie leisten" (Gorz 2004: 19), immer stärker Formen sog. 'immaterieller Arbeit' an Bedeutung. Gorz zufolge beruhen diese im Wesentlichen auf der Fähigkeit, „sich mit anderen zu verständigen und zu kooperieren" (ebd.). Obgleich die kapitalistisch wertschaffende Produktion mit ihren Verwertungszwängen also einer systematischen Entfaltung des Sozialen eher zuwider zu laufen scheint, bedarf sie immer stärker der lebendigen Arbeit kooperativer Vermögen. Und vor dem Hintergrund dieses Widerspruchs muss meiner Ansicht auch die Frage nach den Produktivität und den Produktivkräften des Sozialen diskutiert werden.

Was meint nun in diesem Zusammenhang Produktivität, wie lässt sich das Soziale fassen und welches sind dann die Produktivkräfte des Sozialen?

2   Zur Frage der Produktivität des Sozialen

Andre Gorz schreibt im Vorwort zur deutschen Ausgabe seines Buches „Wissen, Wert und Kapital", dass der Kapitalismus gegenwärtig „seine wichtigsten Kategorien – Arbeit, Wert und Kapital – neu zu bestimmen" (2004: 9) suche. Gorz ist sich mit vielen anderen Autoren darin einig, dass im gegenwärtigen Kapitalismus – mit welchem Präfix er auch immer ausgestattet werden mag – nicht mehr 'formelles Fachwissen', sondern vielmehr „Formen lebendigem Wissens … zur Hauptquelle von Wert und Profit und folglich … zur Hauptform von Arbeit und Kapital" (ebd.: 31) werden. Gorz wertet dies als eine Bestätigung der schon von Marx in seinen Grundrissen formulierten Prognose, dass „Reichtum weniger abhängen (wird), ´von der Arbeitszeit und dem Quantum angewandter Arbeit`, als ´vom allgemeinen Stand der Wissenschaft und dem Fortschritt der Technologie`"(ebd.: 15). Bekräftigt sieht er dies selbst durch Aussagen aus dem Kreis derjenigen, die früher als 'Agenten des Kapitals' bzw. dessen 'Charaktermasken' bezeichnet worden wären. So z.B. wenn der Personalchef von Daimler-Chrysler hervorhebt, dass für die Bewertung der Leistung letztlich die „soziale und emotionale Kompetenz des Mitarbeiters" (ebd.: 17) entscheidend sei.

Jene gerne allgemein als 'Humankapital' (vgl. Becker 1993) oder auch als 'kulturelles Kapital' (vgl. Bourdieu 1983) bezeichneten Vermögen lassen sich aber nicht so einfach in eine Ware verwandeln und sind damit auch nicht vollständig kapitalisierbar. Sie eignen sich auch nicht dazu, als Privateigentum behandelt zu werden. So verlieren ihre Inhaber dieses 'Kapital' nicht, wenn sie es weitergeben oder mit anderen teilen. Ganz im Gegenteil steigern sie es häufig dadurch sogar. Und als Resultat von Bildungsprozessen fließt in diese Kompetenzen so auch ein hohes Quantum gesamtgesellschaftlicher Arbeit mit ein.

Schon allein deshalb, aber auch weil in diese sog. 'immaterielle Wissensarbeit' in der Nichtarbeitszeit vollzogene unsichtbare Selbstentfaltungs- und Bildungszeit mit eingeht, ist ihre auf Kreativität und innovative Ideen gegründete Arbeitsleistung kaum mehr quantifizierbar. Die heute wichtigste Quelle von Wertschöpfung und Produktivität ist folglich nicht mehr in Arbeitsstunden messbar. Das bedeutet auch, dass Arbeit, Wert und Kapital – als die drei fundamentalen Kategorien der politischen Ökonomie – nicht mehr rechnerisch erfasst werden können. Die Rede von Mehrarbeit, Mehrwert und Wertgesetz wird somit zu einer rein theoretischen.

Ich will hier die Debatte nicht weiter verfolgen, auf welche unlösbaren Schwierigkeiten selbst die Umwandlung formalisierbaren Wissens in (Geld-) Kapital stößt. Nur so viel: Zwar ist es möglich, durch die Patentierung eines solchen formalisierbaren Wissens eine Monopolrente (vgl. Gorz 2004: 41 f.) zu erzielen. Da die auf Wissen und Kreativität gegründete Arbeitsleistung aber nicht mehr quantifizierbar ist, hängt der an der Börse dotierte Kurs von der Höhe der erwartbaren Rente ab. Gorz sieht darin den eigentlichen Grund für die Spekulationsblase der Endneunziger Jahre und deren spätere Implosion (vgl. ebd.: 65 f.).

Interessanter für mein Ansinnen einer Analyse der Produktivität und der Produktivkräfte des Sozialen ist Gorz Aufgreifen der französischen Diskussion um eine 'Ausbeutung zweiten Grades'. Dieser Begriff bezieht sich auf genau solche „nicht quantifizierbare(n), … nicht auf dem Markt tauschbare(n)" (ebd.: 68) Ressourcen, wie z.B. einen 'general intellect'. 'Ausbeutung zweiten Grades' meint die kostenlose Nutzung dieser – wie es in der französischen Debatte heißt – 'positiven Externalität', welche sich – wie Gorz schreibt – quasi „von selbst produziert hat und sich fortwährend weiter produziert" (ebd.: 20). Freilich geschieht diese Produktion nicht aus dem Nichts und auch nicht rein individuell, sondern „aufgrund einer allgemeinen Kultur und eines allgemeinen Wissens, die in der primären Sozialisation weiter gegeben werden" (ebd.).

Hier also liegt die 'alte', schon in der sog. Hausarbeitsdebatte der 70er Jahre (vgl. Beer 1984) herausgearbeitete, wie auch 'neue' Produktivität des Sozialen. Das neue in der Produktivität der nur sozial herstellbaren menschlichen Vermögen lebendigen Wissens liegt Gorz zufolge darin, dass sie zwar als *Quelle* des Reichtums wie Produktivkräfte wirken, allerdings „*ohne allein das zu sein*, und ohne ein notwendiges Produktions*mittel* werden zu müssen" (ebd.: 63). Gorz´ Analyse zufolge stellen sie als „Sinnquelle und Selbstzweck" (ebd.) bereits selbst einen Reichtum da. Damit sieht er geschichtlich sich etwas ankündigen, was Marx in den 'Grundrissen' als Kennzeichen der Überwindung des Kapitalismus anführte, dass nämlich „die menschlichen Kräfte und Fähigkeiten

(...) nicht mehr Mittel zur Produktion von Reichtum" (ebd.: 68) sind, sondern selbst zum 'Reichtum' werden.

Auf jeden Fall spitzt sich in dieser Weise der mit dem Kapitalismus gesetzte Widerspruch zwischen Produktivkräften und Eigentumsverhältnissen weiter zu. Bloch sah dessen objektive Erscheinungsform in einer „verhinderten Zukunft" (1979: 119): „die verhinderte neue Gesellschaft, womit die alte in ihren Produktivkräften schwanger geht" (ebd.: 122). Gorz könnte als aktueller Zeuge dieser These gelten. Seiner Analyse zufolge bringe die sich anbahnenden Wissensökonomie die Entfaltung der Produktivkräfte an eine Grenze, jenseits welcher der Kapitalismus „sich selbst überwinden müsste, um sein Potenzial auszunützen" (ebd.: 68). Allerdings hat der Kapitalismus mit dem Abschied vom Besitz des fixen Kapitals und den verschiedenen Strategien zur Erzielung einer möglichst hohen Monopolrente, ebenso wie mit den Konzepten des Arbeitskraftunternehmers (Voß/ Pongratz 1998) bzw. der Ich-AG in einem weiteren Sinne diesbezüglich durchaus wirksame Strategien entwickeln können, um sich weiter zu reproduzieren.

Der sehr viel größere Widerspruch zeigt sich von daher in meinen Augen (vgl. May 2004 b: 91 f.) darin, dass die 'Formen lebendigem Wissens', welche heute „zur Hauptquelle von Wert und Profit" (Gorz 2004: 31) werden, nach kapitalistischer Logik nicht hergestellt und gerade deshalb nur sekundär ausgebeutet werden können. Zusammen setzen sich solche Formen aus generell nicht akkumulierbaren Eigenschaften wie Spontaneität und Sensibilität sowie kooperativen und mimetischen Vermögen. Diese entstehen selbstreguliert (vgl. May 2004 bes. 144ff.) aus der Unmittelbarkeit von Beziehungsverhältnissen – sowohl im Binnenverhältnis einer Person, wo assoziativ z.B. eine neue Idee entsteht, als auch im mimetischen Beziehungsverhältnis zu Objekten der äußeren (zweiten) Natur. Dass diese Vermögen sich selbst regulieren, bedeutet, dass sie sich letztlich auch einer Selbst- und Fremdregierung (vgl. Kessl 2005) entziehen. Von sich selbst oder jemand anderem zu fordern, kreativer oder spontaner zu sein, bewirkt bekanntermaßen eher das Gegenteil.

Deren Selbstregulierung entsteht als lebendige 'Arbeit' dadurch, dass sich zwei Eigentätigkeiten mit verschiedenen Bewegungsgesetzen berühren. Die 'Arbeit', die sich in dieser Weise vollzieht, ist jedoch nicht eine im üblichen Sinne. 'Arbeit' wird von mir hier (vgl. May 2004: 26) vielmehr zunächst einmal in einem – fast wäre ich geneigt zu sagen – rein ´physikalischem` Sinne als Prozess (in der Physik = 'Weg') verschiedenster Wechselwirkungen (in der Physik = 'Kraft') verstanden. Da sich in entsprechenden Arbeitsvermögen jedoch – wie Marx gezeigt hat – immer auch menschliche Geschichte ausdrückt, werden von mir diese sich selbst regulierenden Wechselwirkungen im Unterschied zur klassischen Physik und zur Theorie der Autopoiesis (vgl. Maturana/

Varela/ Uribe 1974) nicht mechanistisch, sondern dialektisch zu fassen versucht. Dabei beansprucht das 'materialistische Werkzeug' (vgl. Negt/ Kluge 1981: 241) der Dialektik, auf das ich hierbei zurückgreife (vgl. May 2004: 9ff & 2005: 69ff.), als Methode den realen Bewegungsverhältnissen der Formgestalt des zusammenhängenden materiellen gesellschaftlichen Prozesses 'abgelesen' (ebd.: 240) zu sein, die nach je eigenen Gesetzen sich selbst regulieren.

Durch und in diesem zusammenhängenden materiellen gesellschaftlichen Prozess gewinnt auch 'das Soziale' jeweils historisch konkret seine Gestalt als Gemeinwesen. Und an ihm bilden sich dann auch die Einzelnen als 'wirkliche individuelle Gemeinwesen' – wie Marx (vgl. MEW Bd. 40:539) sie nennt. Nur ein dialektischer Begriff von Selbstregulierung als eines „Zusammenhangs von lebendiger Arbeit" (Negt/ Kluge 1981: 69) ermöglicht meiner Ansicht nach (vgl. May 2004: 12ff. & 2005: Kap. 3.) die realen Bewegungsverhältnisse, in der der Elementcharakter solcher sozialer Organisierungen sich konkret verändert, in ihrer Eigengesetzlichkeit, ja Eigensinnigkeit, zu fassen. Diese lassen sich weder subjektivistisch auf soziale Willensakte, noch objektivistisch auf gesellschaftliche Strukturen reduzieren. 'Die wirklichen Beziehungen', auf die mein Begriff des Sozialen (vgl. May 2005: 87ff. & 2005 a: 37ff.) zielt, 'tauchen' vielmehr „durch Ich und gesellschaftliches Ganzes (das als Produktionsprozeß nur eine Vorstellung ist) hindurch" – wie Negt/ Kluge (vgl. 1981:87) dies im Anschluss an den Marxschen Begriff der 'Subjektivität gegenständlicher Wesenskräfte' (vgl. MEW BD. 40: 577) formuliert haben.

Marx argumentiert, dass

„wenn der wirkliche, leibliche... Mensch seine wirklichen, gegenständlichen Wesenskräfte durch seine Entäußerung als fremde Gegenstände setzt,... nicht das Setzen Subjekt (ist): es ist die Subjektivität gegenständlicher Wesenskräfte, deren Aktion daher auch eine gegenständliche sein muß" (ebd.).

Ich interpretiere dieses zugegeben etwas kryptische Theorem dahingehend, dass Marx die Dialektik der Subjekt/ Objekt-Beziehung nicht auf dem ohnmächtigen Gegensatz von denkendem Individuum und gesellschaftlichem Ganzen aufzubauen versucht, sondern auf den Subjekteigenschaften der organisierten gesellschaftlichen Erfahrung, in die alle Auseinandersetzung mit äußerer und innerer Natur hineingezogen werden.

Genau auf diese – wie Negt/ Kluge (1981: 79) sie im Anschluss an Marx genannt haben – „wirkliche Beziehung zwischen den äußeren und inneren Gestalten der Subjektivität gegenständlicher Wesenskräfte..., also ihr *wirkliches Verhältnis* insgesamt", bezieht sich auch mein Begriff des Sozialen (vgl. May 2005: 87ff. & 2005 a: 37ff.). Diese 'wirklichen', im Sinne von wirkenden Beziehungen werden – so interpretiere ich Marx – nicht von irgendeinem höheren

Subjekt reguliert, sondern regulieren sich selbst. Sie bilden dabei aus den einzelnen im Menschen praktisch arbeitenden Eigenschaften ein „innere(s) Gemeinwesen, also eine Gesellschaft unterhalb der Person, die mit der Gesellschaft außerhalb der Person verkehrt" (ebd.).

Dieses 'innere Gemeinwesen' integriert – um nur das Wesentlichste zu nennen – „nicht nur die 5 Sinne, sondern auch die sogenannten geistigen Sinne, die praktischen Sinne (Wille, Liebe etc.)", wie Marx (MEW Bd. 40: 542) sie bezeichnet. Dabei haben individuelles inneres Gemeinwesen und die Beziehungsgesellschaft konkreter Sozialitäten permanent zu tun mit der Außengesellschaft und Menschheitsgeschichte. Letztlich hat jene diese wirklichen Eigenschaften, Vermögen und Wesenskräfte, wie Marx gezeigt hat, erst hervorgebracht. Als in dieser Weise 'soziale' stehen solche gesellschaftlichen Eigenschaften und (Arbeits-)Vermögen in gewisser Weise jede für sich und deshalb auch sich nur äußerlich in getrennten Menschen gegenüber.

3   Zur Analyse der Produktivkräfte des Sozialen

Die zur Verwirklichung dieser menschlichen Wesenskräfte notwendigen sachlichen Bedingungen sind den Arbeitenden im Kapitalismus jedoch in einer Weise entfremdet, dass sie als mit eigenem Willen und eigener Seele begabte Fetische erscheinen. Allem Augenschein nach gilt dies von der Tendenz her auch für die sozialen Bedingungen des gesellschaftlichen Lebens. Zum Ausdruck kommt dies auch in jenen in letzter Zeit so populären Versuchen der Ausformulierung eines Begriffes von 'Sozialem Kapital' (vgl. May 2004 b): So z.B., wenn Sonja Haug (2000: 102) das 'Gesamt-Sozial-Kapital der Gesellschaft' nur als unbeabsichtigtes Ergebnis der Handlungsstrategien individueller Akteure zu betrachten vermag. Diese Sichtweise wird in ähnlicher Weise auch von Burt (1992), Flap (1988) und Portes/ Landolt (1996) geteilt. In ihr spiegelt sich bloß – ohne dass dies von den entsprechenden AutorInnen reflexiv eingeholt wird –, dass im Kapitalismus der gesellschaftliche Zusammenhang über die Realisierung von Privatarbeiten unter Bedingungen des Privateigentums an Produktionsmitteln konstituiert wird. Ihr Begriff von sozialem Kapital bringt also in mystifizierter Form zum Ausdruck, dass in kapitalistischen Gesellschaften gesellschaftliche Vermögen zur Kommunikation und Kooperation auf privatistischem Niveau gehalten werden.

Demgegenüber wird in der von Putnam eingenommenen Makroperspektive dem 'Gesamt-Sozial-Kapital der Gesellschaft' sogar insofern eine Art eigener Produktivität zugeschrieben, als es als effektive und einzigartige Lösung für verschiedene Versionen des Dilemmas kollektiven Handelns präsentiert wird (vgl. Putnam 1993: 167). Wie beim ökonomischen Kapital nicht der 'Wert' selbst arbeitet, bewirken jedoch auch im Falle des sozialen Kapitals die 'Werte' (in Form generalisierten Vertrauens, persönlicher Pietäts-Verpflichtungen, Regeln und anderer Normen) für sich genommen gar nichts, sondern erst indem sie durch lebendige Beziehungsarbeit (re-)produziert werden – möglicherweise sogar in erweiterter Form. Und so handelt es sich bei jenen 'features of social life' ('networks, norms, and trust'), die Putnam (1995: 664) als 'soziales Kapital' fasst, ebenso wie bei jenen 'sozialstrukturellen Gebilde', die Coleman (1991) darüber hinaus noch diesem Begriff zuordnet (wie z.b. Verpflichtungen und Erwartungen; Informationspotential; wirksame Sanktionen; Herrschaftsbeziehungen; zielgerichtete und auch übereignungsfähige soziale Organisationen), allesamt um nichts anderes als im Marxschen Sinne 'tote Arbeit'. Hervorgegangen sind sie aus je unterschiedlichen Formen, in denen sich lebendige Arbeit bei der Herstellung von Beziehungen anwendet. Und ohne die Hinzufügung solch lebendiger Arbeit bewirkt jene tote Arbeit dessen, was als soziales Kapital bezeichnet wird, überhaupt nichts. Gleiches gilt übrigens auch für das sog. „methodische Handwerkszeug der sozialen Arbeit" (Rauschenbach/ Züchner 2002: 843) und deren verschiedene Institutionen, bei denen es sich allesamt ebenfalls um tote Arbeit handelt, die aus sich selbst heraus nichts bewirkt.

Umgekehrt vermögen aber entsprechende Arbeitsvermögen in Beziehungsverhältnissen die eigene lebendige Unmittelbarkeit und das, was sie an Zuverlässigkeit leisten wollen, auch nicht ohne eine solch vorausgegangene Produktion ihres spezifischen Ausdrucksvermögens zu gewährleisten. D.h., sie müssen ein Stück toter Beziehungsarbeit, die zuvor Standardsituationen und Rituale für die Beziehungen hergestellt hat, in sich aufnehmen. Ja, ihre Verwirklichung in entsprechenden Beziehungen ist geradezu eine konstitutive Voraussetzung der Entwicklung und Kultivierung entsprechender Beziehungsarbeitsvermögen. Dabei unterliegen diese Arbeitsvermögen der Herstellung von Beziehungen subtilen gesellschaftlichen Prägungen – selbst dann wenn sie daran ausgerichtet sein sollten, die Bedürfnisse des Gegenübers ganz unmittelbar zu stillen (vgl. May 2004: Kap. 5). Auch für das Beziehungsarbeitsvermögen gilt, was Marx ganz allgemein hinsichtlich der „im ersten Beginn als naturwüchsig erscheinen(den)" (1974: 18) Bedingungen und Voraussetzungen der Produktion ausführte: Durch den Prozess der Produktion selbst werden diese „aus naturwüchsigen in geschichtliche verwandelt" (ebd.).

Das Verhältnis zwischen der Herausbildung entsprechender Beziehungsarbeitsvermögen und dem, wie sich Soziales in unterschiedlichen Formen gesellschaftlich manifestiert, ist somit ein dialektisches. In mystifizierter Form bringt dies die Theorie des Sozialkapitals zumindest dadurch zum Ausdruck, dass sie diese Kapitalart als eine Ressource charakterisiert, die durch erhöhte Nachfrage

und Nutzung eher anwüchse als abnähme und bei Nichtnutzung sogar ganz
verschwände (vgl. May 2004 b: 85).

Analytisch ist in dieser Hinsicht jedoch streng zu unterscheiden zwischen
jenen historisch bereits konstituierten Aspekten der Sozialstruktur, die als Sozialkapital thematisiert werden, und dem, wie das Soziale in der Verwirklichung
entsprechender Arbeitsvermögen selbst konstituiert wird. Beziehungsarbeit ist
dabei stets – wie Negt/ Kluge (1981: 893) herausgearbeitet haben – durch einen
in ihr arbeitenden Widerspruch gekennzeichnet „zwischen lebendig sein und der
Unmöglichkeit, auf tote Arbeit verzichten zu können". Von zentraler Bedeutung
ist somit die Frage, ob in dem jeweiligen Konstitutionsprozess die lebendige
oder die tote Arbeit den Ausschlag gibt. Denn tote Arbeit, wenn sie die Macht
über die lebendige gewinnt, tendiert immer dazu, jene Bedingungen zu reproduzieren, aus denen heraus sie entstand. Vor diesem Hintergrund gewinnt dann
auch die Theorie selbstreferentieller Systeme (vgl. Luhmann 1984) ihre Plausi-
bilität. Allerdings misslingen Selbstregulierungen im aktuellen Beziehungsverhältnis häufig, wenn die tote Arbeit die Macht über die lebendige gewinnt. In
der psychoanalytischen Pädagogik wird dies als 'szenisches Verstehen' des
unbewussten Zusammenspiels von Übertragung und entsprechender Gegenüber-
tragungsbereitschaft zum Ausdruck gebracht (vgl. Trescher 1985: 134ff.), was
bei mangelnder Aufklärung von den so Agierenden i.d.R. lediglich als nur eine
weitere Bekräftigung ihres (Beziehungs-)Musters verarbeitet wird.

Unabhängig ob also die tote oder die lebendige Arbeit den Ausschlag gibt,
schlage ich vor (vgl. May 2005 a: 40), 'das Soziale' als Produkt eines Arbeits-
prozesses zu betrachten, in dem entsprechende Beziehungsarbeitsvermögen
dadurch zur Realisierung kommen, dass sie sich entsprechender 'Produktionsmittel' des Sozialen bedienen, wie z.b. Rituale, Normen, Gesprächs- und Mode-
rationstechniken, Methoden, Institutionen etc., die historisch aus ihrer lebendigen Arbeit bereits hervorgegangen sind. Im Produktionsprozess des Sozialen
wirken also lebendiges Beziehungsarbeitsvermögen und die aus ihm bereits
hervorgegangene tote Arbeit entsprechender 'Produktionsmittel' in einem je
eigenen Verhältnis als soziale Produktivkräfte zusammen. Dies gilt für die
´privaten` Beziehungsverhältnisse ebenso wie für die professionellen.

Nun wird im Bereich der Diskussion um eine 'evidence based practice'
(vgl. Booth/ Brice 2004) der Eindruck erweckt, dass bestimmte Methoden und
Programme an sich pädagogisch bzw. therapeutisch wirksam wären. Dieser
Ansatz verzichtet damit zwischen Produktionsmitteln und Produktivkräften zu
unterscheiden, sondern setzt zumindest implizit beide gleich. Die Absurdität
dieses mangelnden analytischen Unterscheidungsvermögens wird an einer Ana-
logiebildung sofort deutlich: Sicher eröffnete die Erfindung des Presslufthäm-
mers gegenüber der Arbeit mit Hammer und Meisel in bestimmten Produktions-

bereichen, wie z.b. dem Bergbau, eine ungleich höhere Produktivität. Von sich aus leistet dieses Produktionsmittel allerdings gar nichts. Und bei unsachgemäßer Anwendung bewirkt es vielleicht sogar mehr Schaden als Nutzen. Entsprechend bedarf es eines Unterscheidungsvermögens, wo auf den Presslufthammer und wo besser auf die klassische Technik zurückzugreifen ist. Z.B. wird ein Bildhauer für Feinarbeiten immer noch eher auf die klassischen Produktionsmittel von Hammer und Meisel zurückgreifen.

Damit kein Missverständnis entsteht: Nichts liegt mir ferner, als Soziale Arbeit mit Bildhauertätigkeit zu vergleichen. Die Analogie sollte nur verdeutlichen, wie problematisch es ist, wenn in der Diskussion um eine 'evidence based practice' der Eindruck erweckt wird, die 'tote Arbeit' entsprechender Techniken, Methoden und Programme könne geradezu von allein etwas bewirken. Bestritten wird von mir damit noch nicht, dass auch im Bereich Sozialer Arbeit, ebenso wie in Pädagogik und Therapie effektivere Methoden entwickelt wurden. Allerdings erfordert deren Anwendung meiner Ansicht nach auch ein höheres Maß an Erfahrung und (Selbst-)Reflexivität und lässt sich nicht einfach in zertifizierten Kursen als bloße Technologie vermitteln.

4 Zum Verhältnis von Produktivkräften und Produktionsverhältnissen in der Produktion des Sozialen

Relevant werden können historisch bereits konstituierte Aspekte des Sozialen, wie z.b. bestimmte Organisationsformen Soziale Arbeit allerdings nicht nur als (Produktions-)Mittel, sondern auch als Bedingung im Sinne spezifischer Produktionsverhältnisse des Sozialen (vgl. May 2004 b: 89 & 2005 a: 40). So bedeutet es z.b. einen gravierenden Unterschied für das, was sich an Sozialem entfalten kann,

- ob eine Frau ihre eigenen Kinder betreut;

- ob sie nachbarschaftlich verbunden oder ehrenamtlich die Kinder anderer betreut;

- ob sie dies auf der Grundlage von Hartz IV im Rahmen eines 1-Euro-Jobs

- oder einer Festeinstellung als Sozialassistentin, Erzieherin, Sozial- oder Diplompädagogin tut; und

- ob sie dann bei einer staatlichen Behörde oder bei einem Verein beschäftigt ist, der von den Eltern der Kinder selbst getragen wird.

Solch höchst unterschiedliche Bedingungen, unter denen Menschen jeweils ihre sozialen (Beziehungs-)Verhältnisse produzieren, sind in entscheidendem Maße durch gesellschaftliche Produktionsverhältnisse vorbestimmt. Besonders in der Art und Weise, in der sie die Verfügbarkeit auch solcher Produktionsmittel regeln, wie z.b. Sozialkompetenzen und soziale Organisationsstrukturen, üben sie entscheidenden Einfluss darauf aus, was sich in ihrem Rahmen sozial entfalten kann. Von daher ist das Verhältnis zwischen der Herausbildung entsprechender Beziehungsarbeitsvermögen und dem, wie das Soziale unter jeweils spezifischen Produktionsverhältnissen gesellschaftlich produziert wird, nicht allein ein wie von mir bisher analysiert dialektisches, sondern zugleich auch ein hierarchisches (vgl. May 2004 b: 89 & 2005 a: 41).

Damit einher geht eine soziokulturell höchst unterschiedliche Verteilung des Beziehungsarbeitsvermögens. Beispielsweise zeigen von Bierhoff-Alfermann (1989: 79ff.) gesichtete Untersuchungen, aus dem Bereich der Androgynieforschung, dass die Fähigkeit, in einer unstrukturierten Interaktionssituation „sich variabel auf Interaktionspartner einzustellen" (ebd.: 85), in bildungsorientierten Milieus sehr viel stärker als in anderen verbreitet ist. Dies betrifft allerdings nun nicht nur die im Rahmen der Theorie des Sozialkapitals eventuell (z.B. bei Bourdieu 1983) mit gesehene Quantität der als tote Arbeit zur Verfügung stehenden Beziehungsmuster. Berührt davon wird auch der Anteil lebendiger Arbeit mimetischen Vermögens. Und darüber vermittelt geht es fernerhin um die Verteilung der Fähigkeit, angemessen mit jenem in der Beziehungsarbeit ständig arbeitenden Widerspruch umgehen zu können „zwischen lebendig sein und der Unmöglichkeit, auf tote Arbeit verzichten zu können" (Negt/ Kluge 1981: 893).

Was sich jedoch im Zusammenwirken lebendiger Beziehungsarbeitsvermögen mit jenen sozialen Produktionsmitteln in Gestalt „mehr oder weniger institutionalisierte(r) *Beziehungen* gegenseitigen Kennens und Anerkennens" (Bourdieu 1983: 190 f.) jeweils situativ an Sozialem entfaltet, ist allerdings nicht einfach eine bloße Funktion entsprechender Produktionsverhältnisse. Vielmehr können solche sozialen Produktionsprozesse im Einzelfall sogar in Gegensatz zu jenen Verhältnissen treten. Und umgekehrt darf auch nicht einfach eine unproblematische Art der Aktualisierung der Beziehungsarbeitsvermögen in entsprechend seinen Prinzipien strukturierten Praxisformen des Sozialen unterstellt werden, wie dies in Bourdieus Habitus-Konzept zumindest implizit anklingt.

So ist zwar die Ausbildung kollektiver, gesellschaftlicher Fähigkeiten in der Entwicklung der Produktivkräfte auch unserer nach wie vor kapitalistischen Gesellschaft angelegt. Da der gesellschaftliche Zusammenhang sich hier aber über die Realisierung von Privatarbeiten unter Bedingungen des Privateigentums an Produktionsmitteln konstituiert, werden sie im Herrschaftsinteresse auf privatistischem Niveau gehalten. Wie ich schon zu erläutern versucht habe (s.o.), wird dies im Begriff von sozialem Kapital zumindest in mystifizierter Form zum Ausdruck gebracht.

Auch in den Produktionsverhältnissen, unter denen professionelle Soziale Arbeit geleistet wird, schlägt sich dies in spezifischer Art und Weise nieder, sind diese doch ganz zentral durch die Struktur bürgerlichen Rechts geprägt. Demnach sind auch sozialstaatliche Verbürgungen – wie Habermas (vgl. 1981: 531) verdeutlicht hat – „als individuelle Rechtsansprüche für genau spezifizierte Tatbestände zu formulieren". Durch diesen bürokratischen Vollzug der Ansprüche und den Zwang zur administrativen Umdefinition von Alltagssituationen tragen solche Verbürgungen, wie er hervorhebt, zugleich den Charakter von Eingriffen.

Recht gut verdeutlichen lässt sich dies z.B. am § 36 (2) des KJHG. Dort wird geregelt, dass der „zusammen mit dem Personensorgeberechtigten und dem Kind oder dem Jugendlichen" aufzustellende Hilfeplan „Feststellungen über den Bedarf, die zu gewährende Art der Hilfe sowie die notwendigen Leistungen" zu enthalten hat. Probleme und Interessen von Heranwachsenden sind dabei so umzudefinieren, dass sie in dem rechtlichen Rahmen des KJHG passen und den administrativen Vollzügen der Jugendhilfe entsprechen. Nancy Fraser (1994) hat eine solche, wie sie es nennt 'Politik der Bedürfnisinterpretation' als Teil 'sozialpolitischer Normalitätsproduktion' analysiert. Dabei werden, wie sie eindrucksvoll zeigt, das gesellschaftliche Zusammenleben betreffende, im Grunde politische Fragen in juristische, administrative, sozialpädagogische und therapeutische Probleme umdefiniert.

Mit der Ausgrenzung in die Privatheit der Familie bzw. die speziellen Organisations- und Institutionalisierungsformen professioneller Sozialer Arbeit, werden aber die dort als Produktionsmittel zur Reproduktion der Gattung im allgemeinen und der Ware Arbeitskraft im besonderen zur Geltung kommenden (Beziehungs-)Arbeitsvermögen von ihren Verwirklichungsbedingungen getrennt. Denn als befriedigendes Vermögen und vollständiger Prozess kann sich der historisch vor allem in der weiblichen Arbeitskraft akkumulierte Beziehungsreichtum nur selbstreguliert verwirklichen, wenn er das Ganze der Gesellschaft in einer neuen Form von Öffentlichkeit ergreift (vgl. May 2004 b: 90 f.). Gleiches gilt für die Formen 'immaterieller (Wissens-)Arbeit' die Andre Gorz in seinem Buch analysiert hat.

Obgleich die kapitalistische Produktion mit ihren Verwertungszwängen auf diese Weise einer systematischen Entfaltung jener lebendigen Vermögen zuwider läuft, ist sie doch auf deren Wirken im Arbeitsprozess angewiesen. Allerdings sind diese Vermögen in den instrumentellen Qualifikationen – auch denen der professionellen Sozialen Arbeit – weitgehend durch den schematischen Blick der Mittel-Zweck-Perspektive verdeckt. Die Mehrzahl der in der Arbeitskraft als tote Arbeit habituierten Produktionsinstrumente können – vom Verwertungsprozess ergriffen – durchaus eine Abstrahierung erfahren (vgl. May 2004: 144ff.). Demgegenüber setzt sich die lebendige Arbeit – wie erläutert (s.o.) – vor allem aus solchen nicht akkumulierbaren Eigenschaften wie Spontaneität und Sensibilität sowie kooperativen und mimetischen Vermögen zusammen, die deshalb nicht im kapitalistischen Produktionsprozess selbst, sondern nur aus der Unmittelbarkeit von Beziehungsverhältnissen produziert werden können.

5   Konzeptionelle Konsequenzen

Professionelle Soziale Arbeit muss daher mit einem ständig in ihr arbeitenden Widerspruch umgehen: zwischen einerseits nicht nur lebendig sein zu wollen, sondern es im Grunde auch zu müssen, und der Unmöglichkeit andererseits, auf tote Arbeit verzichten zu können (vgl. May 2005 a: 43). Zu diesen gehören als Produktionsmittel ja spezifische Methoden ebenso, wie der kompetente Umgang mit gesetzlichen und administrativen Grundlagen. Im Unterschied zu den technizistischen Visionen einer 'evidence based practice' kann Soziale Arbeit in diesem Zusammenhang aber konzeptionell gesehen nichts anderes bedeuten als eine Stärkung jener „eigentätigen Kräfte, die die Gravitation zwischen toter Arbeit und lebendigen Arbeiten immer dann ausmachen, wenn der Zusammenhang lebendiger Arbeit zu sich selbst findet, den Ausschlag gibt" (Negt/ Kluge 1981: 69). Denn auch die Produktivkräfte des Sozialen entwickeln sich meiner Ansicht nach nicht in erster Linie durch angeblich effektivere bzw. effizientere Produktionsmittel, wie z.B. entsprechende Methoden und Programme. Der entscheidende '(Wirk-)Faktor' scheint mir vielmehr zu sein, in wie weit in den unterschiedlichen Produktionsweisen des Sozialen, die dessen verschiedenen Produktionsverhältnissen Rechnung tragen, Selbstregulierungen gelingen.

Zugleich ist professionelle Soziale Arbeit auch in den Widerspruch zwischen Produktivkräften und Produktionsverhältnissen eingespannt (vgl. May 2005 a: 43). Sie kann sich dabei nicht allein auf die Entwicklung der Produktivkräfte des Sozialen konzentrieren, sondern muss – damit der Zusammenhang lebendiger Arbeit zu sich selber findet – auch auf eine entsprechende Veränderung der Produktionsverhältnisse hinzuwirken versuchen. Der innerhalb von www.links-netz.de entwickelte und diskutierte Vorschlag einer 'Sozialpolitik' – ich würde es bevorzugen, lieber von 'Sozialstaatlichkeit' zu reden – 'als Infrastruktur' geht in diese Richtung (vgl. Widersprüche Heft 97/ 2005).

Für die Professionellen in der Soziale Arbeit wäre in diesem Zusammenhang ein weiteres Ziel, dass ihre Verantwortlichkeit gegenüber den Trägern ersetzt wird durch eine Verantwortlichkeit gegenüber den AdressatInnen (vgl. May 2005 a: 43). Bis heute beherzigen die 'Organizer' in der Tradition von Saul Alinsky dies in der Art und Weise, wie sie sich finanzieren lassen. Für Professionelle, welche bei nach wie vor sozialbürokratisch orientierten Trägern beschäftigt sind, dürften Strategien, wie sie im angelsächsischen Bereich als 'user-involvement' diskutiert werden, vermutlich realistischer und auch richtungweisender sein (vgl. Oelerich/ Schaarschuch 2005).

Ein weiterer diesbezüglicher Schritt könnte die Einrichtung kommunaler Ressourcenfonds sein, für die wir in der Widersprüche-Redaktion im Rahmen der Programmatik einer 'Politik des Sozialen' schon öfters plädiert haben (vgl. Widersprüche Heft 66/ 1997: Kap. III). Dabei geht es darum, dass Initiativen, die sich um solche Gelder bewerben, selber einen Modus der Verteilung finden. Sie können damit in der Diskussion mit Konkurrenten sich nicht allein mehr darauf beschränken, ihr Interesse 'gruppenegoistisch' zu vertreten. Vielmehr müssen sie sich auf ein 'Gemeinwohl' beziehen, das durch diesen Prozess politisch an Konturen gewinnt. So geht es bei dieser Idee nicht nur um eine Veränderung der Produktionsverhältnisse Sozialer Arbeit. Impliziert ist damit auch eine analoge Entwicklung der Produktivkräfte des Sozialen.

All diesen Vorschlägen ist gemein, dass sie zugleich darauf zielen, in der professionellen Sozialen Arbeit davon wegzukommen, in unangemessener Art und Weise – wie es nun systemtheoretisch heißt (vgl. Scherr 2000: 75) – 'Hilfsbedürftigkeit' zu beobachten, besonders wenn sich diese auf sog. „direkte und indirekte negative Folgeeffekte von Exklusionsgefährdungen" bezieht. Dies allein schon deshalb, weil es deutliche Hinweise darauf gibt, dass Menschen ihre Lebensinteressen zunehmend in sozialen Verbindungen organisieren, die deutlich jenseits der instituierten Strukturen ablaufen.

In der französischen Debatte einer sozialwissenschaftlich-kritischen Institutionenanalyse ist dies mit dem Begriff der 'Transversalität' zu fassen versucht worden (vgl. Kunstreich 1997:15ff.). Solche transversalen Kommunikations- und Kooperationsgeflechte liegen als praktische Kritik der funktional ausdifferenzierten gesellschaftlichen Teilsysteme quer zu den herrschenden Institutionen. Sie werden deshalb nicht nur in den Untersuchungen über 'Soziales Kapital' häufig übersehen. Auch in der Tradition Luhmanns lassen sie sich nur schwerlich beobachten, geschweige denn theoretisch fassen (vgl. May 2000: 110).

Demgegenüber hat Timm Kunstreich (1998: 404ff.) im Rahmen des von ihm entfalteten 'Arbeitsprinzips Partizipation' dafür plädiert, die „Responsivität postfordistischer, bürokratischer Rationalisierung, deren Ausdruck die diskursive Praxis des ´neuen Steuerungsmodells` ist" (ebd.: 410), mit Hilfe transversaler Strategien antihegemonial umzudefinieren. Transversalität meint dabei nicht einfach eine bloße Negation der Organisationen. Sie entfaltet sich vielmehr vermittels der Fähigkeit, deren Ressourcen und Funktionsweisen quasi 'umzuleiten' in quer zu den herrschenden Institutionen liegende Sozialformen.

Auf den ersten Blick hin scheint es große Parallelen zu geben, zwischen diesem von Kunstreich vorgeschlagenen professionellen Handlungsmodus und dem Konzept von Empowerment. Wenn jedoch auch Ziel sein soll, der lebendigen Arbeit der Selbstregulierung die Chance zu geben, wieder die Überhand über die tote Arbeit verkrusteter und herrschaftsförmiger Strukturen zu gewinnen, dann langt dies nicht aus (vgl. May 2005: 223ff.). Denn selbst wenn transversale Sozialitäten das Produkt eines auf Lebensinteressen bezogenen Produktionsprozesses des Sozialen sind, handelt es sich bei ihnen keineswegs um lebensweltliche Oasen herrschaftsfreier Kommunikation (vgl. May 2000: 111). Es muss professioneller Sozialer Arbeit deshalb zumindest auch darum gehen, im überschaubaren Umkreis eigener Erfahrungen der Betroffenen überprüfbar zu machen, worin der Befreiungsgehalt lebendiger demokratischer Selbstorganisation und eines auf Lebensinteressen bezogenen politischen Handelns besteht gegenüber der Vorherrschaft der toten Arbeit institutionalisierter Strukturen und Handlungsroutinen.

Literatur

Becker, G.S. (1993): Der ökonomische Ansatz zur Erklärung menschlichen Verhaltens. Tübingen
Beer, U. (1984): Theorien geschlechtlicher Arbeitsteilung. Frankfurt/ New York
Bierhoff-Alfermann, D. (1989): Androgynie. Möglichkeiten und Grenzen der Geschlechterrollen. Opladen
Bloch, E. (1979): Erbschaft dieser Zeit. Frankfurt
Booth, A./ Brice, A. (ed.) (2004): Evidence based practice for information professionals: a handbook. London
Bourdieu, P. (1983): Ökonomisches Kapital, kulturelles Kapital, soziales Kapital. In: Kreckel, R. (Hrsg.) (1983): S. 183 – 198
Bourdieu, P. (1998): Gegenfeuer. Wortmeldungen im Dienste des Widerstands gegen die neoliberale Invasion. Konstanz
Bröckling, U./ Krasmann, S./ Lemke, T, (Hrsg.) (2000): Gouvernementalität der Gegenwart. Studien zur Ökonomisierung des Sozialen. Frankfurt
Burt, R. (1992): Structural Holes. The Social Structure of Competition, Cambridge
Coleman, J.S. (1991): Grundlagen der Sozialtheorie Bd. 1: Handlungen und Handlungssysteme, München
Flap, H. (1988): Conflict, Loyalty, and Violence, Frankfurt

Fraser, N. (1994): Widerspenstige Praktiken. Macht, Diskurs, Geschlecht. Frankfurt

Foucault, M. (2000): Die Gouvernementalität. In: Bröckling, U./ Krasmann, S./ Lemke, T, (Hrsg.) (2000): S. 7ff.

Foucault, M. (2000 a): Staatsphobie. In: Bröckling, U./ Krasmann, S./ Lemke, T, (Hrsg.) (2000): S. 68ff.

Gaertner, A./ Sachße, Ch. (Hrsg.). (1978): Politische Produktivität der Sozialarbeit. Frankfurt

Gorz, A. (2004): Wissen, Wert und Kapital. Zur Kritik der Wissensökonomie. Zürich

Habermas, J. (1981): Theorie des kommunikativen Handelns, 2 Bd. Frankfurt

Haug, S. (2000): Soziales Kapital und Kettenmigration. Italienische Migranten in Deutschland. Opladen

Honneth, A. (Hrsg.) (2002): Befreiung aus der Mündigkeit. Paradoxien des gegenwärtigen Kapitalismus. Frankfurt/ New York

Kessl, F. (2005): Der Gebrauch der eigenen Kräfte. Eine Gouvernementalität Sozialer Arbeit. Weinheim/ München

Kessl, F./ Otto, H.-U. (Hrsg.) (2004): Soziale Arbeit und soziales Kapital. Zur Kritik lokaler Gemeinschaftlichkeit. Wiesbaden

Kreckel, R. (Hrsg.) (1983): Soziale Ungleichheiten, Soziale Welt Sonderband 2, Göttingen

Kunstreich, T. (1997 & 1998): Grundkurs Soziale Arbeit. Sieben Blicke auf Geschichte und Gegenwart Sozialer Arbeit. Bd. I & II. Hamburg

Lindenberg, M./ Peters, L. (Hrsg.) (2004): Die gelebte Hoffnung der Gemeinwesenökonomie. Bielefeld

Luhmann, N. (1984): Soziale Systeme. Grundriß einer allgemeinen Theorie. Frankfurt

Marx, K. (1974): Grundrisse der Kritik der politischen Ökonomie. Berlin

Marx, K. (1978): Ökonomisch-philosophische Manuskripte, MEW Bd. 40

Maturana, H.R./ Varela, F./ Uribe, R. (1974): Autopoiesis: The organisation of living systems, its characterization and a model. In: Biosystems 5, p. 187 – 196

May, M. (2000): Wider den Zynismus einer Luhmannisierung der Theorie Sozialer Arbeit – Eine Antwort auf Albert Scherr. In: Widersprüche Heft 78, S. 95 – 112

May, M. (2004): Selbstregulierung. Eine neue Sicht auf die Sozialisation. Gießen

May, M. (2004 a): Transformation der Gesellschaft: Auswirkungen der gemeinwesenökonomischen Praxis in der Gesellschaft. In: Lindenberg, M./ Peters, L. (Hrsg.) (2004): S. 135 – 160

May, M. (2004 b): Versuch einer Entmystifizierung sozialen Kapitals. Zur unterschiedlichen begrifflichen Fassung sozialen Kapitals. In: Kessl, F./ Otto, H.-U. (Hrsg.) (2004): S. 79 – 96

May, M. (2005): Wie in der Sozialen Arbeit etwas zum Problem wird. Versuch einer pädagogisch gehaltvollen Theorie sozialer Probleme. Münster

May, M. (2005a): Was ist Soziale Arbeit? Ansatz einer alternativen Begriffsbestimmung. In: Jenseits von Status und Expertise: Soziale Arbeit als professionelle Kultur. Widersprüche Heft 96, S. 35 – 48

Neckel, S./ Dröge, K. (2002): Die Verdienste und ihr Preis: Leistung in der Marktgesellschaft. In: Honneth, A. (Hrsg.) (2002): S. 93 – 116

Neckel, S. (2003): Die Marktgesellschaft als kultureller Kapitalismus. In: Institut für Sozialforschung: Mitteilungen Heft 14, S. 7 – 21

Negt, O./ Kluge, A. (1981): Geschichte und Eigensinn, Frankfurt

Oelerich, G./ Schaarschuch, A. (Hrsg.) (2005): Soziale Dienstleistungen aus Nutzersicht – Zum Gebrauchswert Sozialer Arbeit. München

Polanyi, K. (1978): The Great Transformation. Politische und ökonomische Ursprünge von Gesellschaften und Wirtschaftssystemen. Frankfurt

Portes, A./ Landolt, P. (1996): The Downside of Social Capital. In: The American Prospect 94: p. 18 –21

Putnam, R.D. (1993): Making Democracy Work. Civic Traditions in Modern Italy. Princeton

Putnam, R.D. (1995): Tuning In, Tuning Out: the Strange Disappearance of Social Capital in America. In: Political Science and Politics XXVIII, 4: p. 664 – 683

Rauschenbach, Th./ Züchner. I. (2002): Sozialarbeit/ Sozialpädagogik. In: DV: Fachlexikon der sozialen Arbeit. Frankfurt, S. 842 – 846

Rose, N. (2000): Tod des Sozialen? Eine Neubestimmung der Grenzen des Regierens. In: Bröckling, U./ Krasmann, S./ Lemke, T, (Hrsg.) (2000): S. 72ff.

Scherr, A. (2000): Was nützt die soziologische Systemtheorie für eine Theorie der Sozialen Arbeit? In: Widersprüche Heft 77, S. 63 – 80

Trescher, H.-G. (1985): Theorie und Praxis der Psychoanalytischen Pädagogik. Frankfurt/ New York

Voß, G./ Pongratz, H.J. (1998): Der Arbeitskraftunternehmer. Eine neue Grundform der Ware Arbeitskraft? In: Kölner Zeitschrift für Soziologie und Sozialpsychologie, 50 Jg., S. 131ff.

Widersprüche Heft 66 (1997): Gesellschaft ohne Klassen? Politik des Sozialen wider Ausgrenzung und Repression. Bielefeld

Widersprüche Heft 97 (2005): Politik des Sozialen – Alternativen zur Sozialpolitik. Umrisse einer Sozialen Infrastruktur. Bielefeld

Bildung für alle – Zum Bildungsauftrag der Sozialen Arbeit

Rainer Treptow

Thesen zum Forum 'Bildung für alle'

Internationale Studien zeigen, wie tiefgreifend der Zusammenhang zwischen sozialer Herkunft, Bildung und Lebenschancen ist. Forderungen nach Bildungsinvestitionen für Menschen in belasteten Lebenssituationen werden laut. Der Bildungsauftrag der Sozialen Arbeit als Beitrag zur Lebenskompetenz gewinnt an Aktualität. Dabei gerät nicht nur das gesamte Spektrum der Berufsfelder in den Blick, also Bildungsprozesse in Kindertagesstätten, in der Jugend-, Familien- oder Altenhilfe. Auch die Bestrebungen zur Einführung der Ganztagsschule stellen neue Herausforderungen dar. Sie könnten auf eine gravierende Veränderung des Verhältnisses zwischen Jugendhilfe und Schule hinaus laufen. Letztlich würde darin auch die Beziehung zwischen Sozialpolitik und Bildungspolitik berührt. Darüber hinaus steht – in der gegenwärtigen Reform der Studiengänge – die Zukunft der akademischen Bildung von SozialpädagogInnen selbst auf der Tagesordnung. Zugleich werden in diesen unterschiedlichen Diskursen Bildungsverständnisse sichtbar, deren Angemessenheit und Erwartungshorizonte auch in Frage stehen, etwa durch Argumente der Neurobiologie. Wie also kann Soziale Arbeit ihr Aufgaben ihr eigenständiges Bildungsprofil entwickeln und deutlich machen? In welchem Verhältnis stehen Bildung und Hilfe? Oder werden solche Themen – im Zeichen des Umbauprozess des Sozialstaates, von Finanzierungsproblemen und eines schwächer werdenden öffentlichen Interesses an Sozialer Arbeit – von ganz anderen Problemstellungen überlagert? Verkommt die Rede von der Bildung für alle in der Wissensgesellschaft zum schönen Schein? Dazu einige Thesen zum Diskurs über das Verhältnis zwischen Bildung und Sozialer Arbeit :

1. Der Zugang zu Bildung und zu Bildungseinrichtungen ist eine Soziale Frage. Die Antworten auf diese Soziale Frage haben ebenso Auswirkungen auf die Lebensführung und Lebensbewältigung von Menschen wie auf die Qualität ihrer Beziehungen untereinander und auf die Qualität ihrer Gemeinwesen. Dieses ist nicht nur eine Behauptung, sondern in verschiedenen internationalen Vereinbarungen kodifiziert. Bildung und Soziale Entwicklung müssen also in einem internationalen Bezugsrahmen gesehen werden, der über eine von der

OECD bzw. von PISA geprägten Internationalität von Bildung hinausreicht. Dazu zwei Beispiele:
Erstens: Die Allgemeine Erklärung der Menschenrechte der Generalversammlung der Vereinten Nationen vom 10. Dezember 1948 schreibt das Recht auf Bildung in Artikel 26 fest. Außerdem findet sich die Formulierung 'Recht auf Bildung' findet sich in Artikel 14 der „Charta der Grundrechte der Europäischen Union" aus dem Jahre 2000.
Zweitens: Internationale Untersuchungen wie etwa der „Weltentwicklungsbericht" der Weltbank machen auf die elementare Bedeutung von Bildung, Wissen und Lebensführung in Armutsgebieten aufmerksam, und zwar in allen Bereichen gesundheitlicher, materieller und kommunikativer Selbsthilfe: „Zahlreiche Studien" so der Bericht

> „haben gezeigt, dass das Maß an Bildung, das Mädchen und Frauen zuteil wird, eine wichtige Determinante für die Gesundheit der Kinder ist. Eine Studie in 45 Entwicklungsländern hat ergeben, dass die durchschnittliche Sterblichkeitsrate bei Kindern unter 5 Jahren bei 144 von 1000 Lebendgeburten lag, wenn die Mütter keine Schulbildung hatten, bei 106 von 1000, wenn sie die Grundschule besucht hatten, und bei 68 von 1000, wenn sie eine höhere Schule besucht hatten"[1].

2. Es gibt einem Zusammenhang von Bildung und Hilfe. Kompetente Hilfe und Helferkompetenz sind von spezifischen Bildungsvoraussetzungen abhängig, die nicht nur die allgemeinen kognitiven und instrumentellen Fähigkeiten umfassen, die in der Schule erworben werden, sondern ebenso die moralisch-ethischen Haltungen der Verantwortung und des angemessenen Umgangs mit Gefühlen wie Sorge, Mitleid, Abwehr, eigenem Leid.

3. Bezogen auf die sich über den gesamten Lebenslauf erstreckenden Handlungsfelder Sozialer Arbeit reicht der Zusammenhang von Bildung und Hilfe über Kindheit und Jugend hinaus, insbesondere in die Felder der Familienbildung und der Altenarbeit, so dass hier das Verhältnis Bildung und Betreuung anders zu bestimmen ist.

4. Bildung im sozialpädagogischen Sinne zielt auf die Unterstützung von Adressaten bei der eigenständigen Gestaltung der Lebenskompetenz, und zwar im Kontext der Ausweitung und Differenzierung kognitiver und emotionaler Fähigkeiten. Sie stehen im Wechselverhältnis der sozialen Beziehungen eines Individuums. Soziale Arbeit hat sich dem entsprechend der Untersuchung und Gestaltung der „sozialen Bedingung der Bildung und der Bildungsbedingungen des sozialen Lebens" (Paul Natorp) zu widmen.

---

[1] The World Bank (Hrsg.): Weltentwicklungsbericht 1998/ 99. Entwicklung durch Wissen. Mit ausgewählten Kennzahlen der Weltentwicklung. Frankfurt/ M.1999.S. 21f.

5. Bildung ist eine Voraussetzung Sozialer Arbeit. Aber sie kommt nicht zu sich und zu ihren originären Aufgaben, wenn sie sich selbst nur als Beitrag zum Bildungsgeschehen, zum Bildungssystem, zur Bildungsbiographie, zur Bildungsökonomie und zur Bildungspolitik begreift – ebenso wenig wie sie in Sozialpolitik, Sozialverwaltung, Steuerung, Management und Kontrolle aufgehen kann. Der Eigensinn Sozialer Arbeit besteht in der Verbindung zwischen Vermittlung von Bildungs- und Bewältigungsbiographie. Und Bewältigung ist nicht nur abhängig von der Subjektleistung sondern von der strukturellen, sozial- und bildungspolitisch hergestellten Rahmung der Lebensläufe. Soziale Arbeit kann sich durch die Struktur ihrer Aufgaben als Hilfe zur Lebensbewältigung begründen, die auf zwar auf Bildung angewiesen ist. Aber sie hat auch genügend Eigensinn und Aufgabenstellungen, die sie als einen Teil des Sozialstaates ausweisen, der sich nicht über den Bildungsbezug grundsätzlich zu definieren braucht. Aber: um sich durch sich selbst begründen zu können, bedarf sie ihrerseits der Bildung – nämlich der Hochschulbildung, der Fort- und Weiterbildung, der Selbstverortung im Bildungssystem. Soziale Arbeit steht damit in der Überlappung zwischen Sozialstaat und Bildungsstaat (s.u.).

Das Kinder- und Jugendhilfegesetz beruht auf der Annahme, dass die Fachkräfte der Sozialen Arbeit in der Lage sind, seine Grenzen und vor allem seine Möglichkeiten realistisch beurteilen und ausgestalten zu können. Das heißt: das KJHG geht von Voraussetzungen aus, von Fachkräften, die im Blick auf die Gestaltung und Weiterentwicklung der Aufgaben nicht nur ausgebildet, also qualifiziert, sondern gebildet, also im Horizont *kritischer* Urteils- und Gestaltungsfähigkeit handeln können. Was bedeutet dieser Anspruch zum Beispiel für die Jugendhilfeplanung, die Familienhilfe, die Erziehungs- und Lebensberatung, die Arbeit in Kindertagesstätten? Er verlangt, dass

- die *Jugendhilfeplanung* den Sinnzusammenhang zwischen Bedarfserhebung, Bedarfsdeckung und Teilhabe der Kinder, Jugendlichen und Eltern nicht nur begreifen, sondern das zivilgesellschaftliches Verhältnis zwischen Verwaltungsbehörden und den Bürgerinnen tatsächlich erfahrbar machen kann. Das ist mehr als nur die Erwartung, dass eine Verwaltungsvorschrift, ein Paragraph 'vollzogen' wird. Er verlangt zivilgesellschaftliche Bildung der SozialpädagogInnen.

- Der Bildungsanspruch verlangt, dass die *Familienhilfe* die Beziehung zwischen Familiengeschichten unter den gegebenen gesellschaftlichen Bedingungen, den Bedürfnissen von Kindern und Jugendlichen, der Erwachsenen und des Verwandtschafts- und Nachbarschaften nicht nur begreifen, sondern in kluger Weise mit den Unterstützungsmöglichkeiten der Familienhelferinnen vermitteln können. Sie verlangt also nicht nur eine familiendynamische Ausbildung, sondern eine Bildung, die über den unmittelbaren Bezugsrahmen einzelner Familien hinaus reicht.

• Der Bildungsanspruch verlangt, dass die *Erziehungs- und Lebensberatung*, sich nicht in Anwendung beraterischer Methoden erschöpfen, sondern diese in den Kontext sich wandelnder Konzepte der Lebensführung, der wirtschaftlichen und kulturellen Zwänge und der Zumutung zur selbst bestimmten Konfliktregulierung stellen kann. Sie verlangt einen lebensgeschichtlichen Bildungshorizont, der Beratungsmethoden auf die jeweilige Situationsangemessenheit einzuschätzen vermag und eben nicht ein bestimmtes Methodenwissen absolut setzt.

• Der Bildungsanspruch verlangt, die Arbeit in *Kindertagesstätten,* die sich nicht nur als Bereitstellung eines kindgemäßen Betreuungs- sondern vor allem eines Bildungsraums begreift. Der damit gesetzte Anspruch vertraut auf pädagogisches Fachpersonal, das selbst den Verlauf frühkindlicher Selbstbildungsprozesse begleiten kann, also einen Raum bietet, der in den Bereichen Spielen und Gestalten, Bewegung, Sprache, sowie Natur und kultureller Umwelt Anregungen für Eigentätigkeiten bietet. Diese Arbeit verlangt einen Bildungshorizont, der die Konzepte zur Unterstützung kindlicher Selbstbildungsverläufe aber auch kritisch daraufhin zu beurteilen mag, in welcher Weise pädagogisch gewichtet wird – zwischen dem 'Recht des Kindes auf Gegenwart' und der Funktionalisierung frühkindlicher Bildungsprozesse für Zukunft, etwa für den Übergang in die Grundschule und damit einer Einengung auf Schulfähigkeit. Dass diese Frage seit einiger Zeit wieder an Bedeutung gewonnen hat, braucht hier nicht betont zu werden. Bildungspolitisch sind inzwischen Entscheidungen gefällt worden. So beauftragt z.B. die gerade erschienene so genannte Bildungsvereinbarung des Ministeriums für Schule, Jugend und Kinder des Landes Nordrhein-Westfalen die Kindertagesstätten ausdrücklich damit, auf den Übergang zur Grundschule intensiv vorzubereiten.[2]

6. „Deutschland muss sich zwischen zwei Wegen entscheiden", so das Fazit des Experten für Sozialpolitik Stephan Leibfried [3], „wobei der derzeit begangene 'dritte Weg' eine erwiesene Sackgasse ist". Und welcher Weg führte nach Leibfrieds Auffassung in die Sackgasse? Im internationalen Vergleich unterscheidet er die jeweilige finanzielle Gewichtung, die sich zwischen Bildung und

---

[2] Vgl.: Ministerium für Schule, Jugend und Kinder des Landes Nordrhein-Westfalen (Hrsg.): Bildungsvereinbarung NRW. Fundamente stärken und erfolgreich starten, Düsseldorf 2003.
[3] Leibfried, S. „Umspecken" statt „Abspecken". Bildungspolitik im Umbau des Sozialstaats: Nachwuchssicherung betonen. In: Erziehung und Wissenschaft, Heft 6/ 2003, S. 12-13.

Soziales entwickelt hat. Demnach finden wir in angelsächsischen Ländern USA und Großbritannien die Option 'Bildungs- statt Sozialstaat', also eine einseitige starke Gewichtung des Bildungsmomentes: „Dort wird (immer schon) Bildung als Teil von Sozialpolitik gesehen, wird Bildung auch stärker als die soziale Sicherung betont und entsprechend öffentlich (wie privat, aber öffentlich begünstigt) vorrangig finanziert." (ebd.).

Dieser einseitigen Gewichtung 'Bildungs- *statt* Sozialstaat' setzt Leibfried die skandinavische Position gegenüber: 'Bildungs- *statt* Sozialstaat':

> „Dort ist trotz allem neueren Sozialstaats-Umbau eine Ellipse mit zwei *gleichgewichtigen* öffentlichen Investitions-Brennpunkten festzustellen: Sozialversicherungen, auch Alterssicherung, einerseits und öffentliche Investitionen in Bildung andererseits." (ebd.)

Nach der Option 'Bildungs- *statt* Sozialstaat' und der Option 'Bildungs- *und* Sozialstaat' folgt nun jener Entwicklungspfad, den Leibfried für nicht weiterführend hält: 'Sozial- *statt* Bildungsstaat':

> „Auf diesem Pfad finden wir Deutschland derzeit. (...) Betont werden die Ausgaben für Sozialversicherungen, nicht die Investitionen in junge Menschen": „Deutschland scheint, wie weiland Buridans Esel, paralysiert zwischen einem angelsächsischen und einem skandinavischem Heuhaufen zu stehen. Wohin? Die dritte Position – das unentschiedene 'Dazwischen' – wird damit zur natürlichen: das Verharren in der Pfadabhängigkeit des 'Weiter-so-Deutschland'. (...) Wir haben uns damit in unseren Standortnachteil gewissermaßen einzementiert. 'Umspecken' in die eine oder andere internationale Richtung – eigentlich wäre dies das Panier" (ebd.)

7. Im Verhältnis zwischen Bildungs- und Sozialstaat ist es mit dem 12. Kinder- und Jugendbericht endlich gelungen, die längst überfällige Thematisierung des Zusammenhangs von Erziehung, Betreuung und Bildung auf eine fachlich tragfähige und sozialpolitisch ideen- und perspektivenreiche Grundlage zu stellen. Denn mit dem 12. Kinder- und Jugendbericht geraten Kernaufgaben der deutschen Gesellschaft in den Blick, deren Bearbeitung im nationalen und im internationalen Maßstab wenn nicht als vernachlässigt, so doch als stark verbesserungsfähig bezeichnet werden kann. In der Kontinuität der Kinder- und Jugendberichte zu den Themen 'Kultur des Aufwachsens' und 'Erziehung und Bildung in öffentlicher Verantwortung' stehend, schließt die Expertenkommission nun einen beträchtlichen Teil einer sozial- und bildungspolitischen Diskurslücke. Sie entstand durch eine jahrzehntelang dominierende und einseitig auf Schule verengte Auffassung von Bildung und durch eine auf Familie verengte Auffassung von Betreuung und Erziehung. So ist es nichts weniger als eine sehr kluge Feststellung, wenn die Kommission ihre Kritik daran zu dem Fazit verdichtet, „dass am Ende beides stimmt: ‚Bildung ist mehr als Schule' und ‚Schule ist mehr als Bildung'".

Damit wird eine wichtige Voraussetzung für die Neugestaltung jener Bildungsräume vor und neben der Schule geschaffen, die bislang in mehrfacher Weise aus dem teils fachlichen, teils gesellschaftlichen Diskurs darüber, wo denn Bildung stattfindet und wo nicht, fast ausgeblendet worden ist: für den Bereich der Kindertagesstätten, dessen – jedenfalls im Westen – lange Jahre herrschende Geringschätzung sich in Statuszuweisung und Ausbildungsformen von Erzieherinnen widerspiegelt, für den Bereich der Jugendarbeit, die sich selbst kaum noch als Bildungsort verstehen konnte (oder es nicht wollte) und schließlich für den Bereich der Bildungsprozesse von Kindern und Jugendlichen selber, deren Selbsttätigkeit von früh auf als die entscheidende Grundlage dafür anzuerkennen ist, ob sie tatsächlich als Bildungssubjekte oder lediglich als Lernende, die auf Wissensaneignung und Bewältigungsfähigkeit beschränkt bleiben, aufgefasst werden. Dies ist nicht unerheblich für die Antwort auf die Frage, was denn eine Wissensgesellschaft von einer Bildungsgesellschaft unterscheidet.

8.   Dass die bildungstheoretische Rahmung des Ganzen den Anschluss an die Kompetenzdebatte sucht, indem kulturelle, instrumentelle, soziale und personale Kompetenzen unterschieden werden, mag ebenso Einsprüche hervorrufen wie gewisse Engführungen in der Beschreibung von Qualitätssicherung. Gleichwohl sollte nicht übersehen werden, dass ein Kinder- und Jugendbericht, soll er denn den Differenzierungen von Lern- und Bildungsorten, von professionellen und ehrenamtlichen Leistungen, von Bildungs- und Ausbildungsstrukturen, von Organisationen und Institutionen und nicht zuletzt von Lebenslagen der Adressaten einigermaßen gerecht werden, die Verbindung von Bildungstheorie und heterogener Praxis geradezu suchen muss. Anders als reine Bildungstheorie, die an ihrem äußersten Ende sogar den perspektivischen Fluchtpunkt blanker Utopie beheimatet, vielleicht auch das Bildungskapital von Eliten zu sichern trachtet, wird ein solcher Bericht nicht die glatte Passung zur Bildungstheorie, auch nicht zur Pragmatik selbstreferentieller Institutionen und auch nicht nur zur Kindern- und Jugendlichen und ihren Familien anstreben. Vielmehr wird er auf einer Spannung beharren, die das kritische Korrektiv des Bildungsbegriffs im Verhältnis zu den überlieferten Einrichtungen, aber auch zu Praktiken der Verzerrung, Verengung, Vernachlässigung von Bildung anmahnt. Ein solches Vorgehen bietet gute Kriterien für Verständigungsmöglichkeiten im öffentlichen Diskurs darüber an, wo und wie Bildungsprozesse stattfinden, welche Chancen sie haben und welche Grenzen ihnen gesetzt sind.

9.   Ob und wie diese interessante Spannung zwischen Bildungstheorie, Kompetenzbegriffen und Bildungsprozessen von den Akteuren der Fachöffentlichkeit und der Politik als tatsächlich produktive Herausforderung begriffen wird,

dürfte davon abhängen, in welcher Weise der Gestaltungsdruck ausgeprägt ist, der durch die gegenwärtigen und zukünftigen Reformprojekte – Ausbau der Kindertagesstätten, Ganztagsschule u.a.- erzeugt wird. Er wird dazu führen, dass sich Kooperationen z.b. zwischen Familien und Erzieherinnen, zwischen der Lehrerschaft und Mitarbeitern der Jugendhilfe entwickeln, die Bildung und Hilfe in ein neues Verhältnis zueinander setzen. Dabei wird mit einem durchaus selektiven Interesse an den Ergebnissen des 12. Kinder- und Jugendhilfeberichts zu rechnen sein. Gerade wenn Kooperationen zwischen Schule und Jugendhilfe angestrebt werden, wäre es dem Bericht zu wünschen, dass außer der sozialpädagogischen Fachöffentlichkeit vor allem Lehrerinnen und Lehrern sich mit dem erweiterten Bildungsverständnis vertraut machen. Denn dieses ist, neben der Neugestaltung von Bildung, Betreuung und Erziehung, gleichsam der zweite 'Nachholbedarf' im Lande.

Literatur

The World Bank (Hrsg.) (1999): Weltentwicklungsbericht 1998/ 99. Entwicklung durch Wissen. Mit ausgewählten Kennzahlen der Weltentwicklung. Frankfurt/ M..S. 21f

Ministerium für Schule, Jugend und Kinder des Landes Nordrhein-Westfalen (Hrsg.) (2003): Bildungsvereinbarung NRW. Fundamente stärken und erfolgreich starten, Düsseldorf

Leibfried, S. (2003): „Umspecken" statt „Abspecken". Bildungspolitik im Umbau des Sozialstaats: Nachwuchssicherung betonen. In: Erziehung und Wissenschaft, Heft 6/ 2003, S. 12-13

Zukunft der Arbeit

Michael Galuske

Aussagen über die Zukunft stehen in einer doppelten Gefahr, nämlich sich entweder in den Selbstverständlichkeiten und Normalitätsvorstellungen des Gestern und Heute zu verfangen und das Morgen als einfache Hochrechnung des Gestern zu begreifen, oder aber sich zu weit aus dem Fenster zu lehnen und eventuell den Wunsch zur Wirklichkeit zu erklären. Auch ob eine Prognose letztlich eintrifft oder nicht, sagt paradoxerweise wenig über ihre Qualität aus, kann es doch geradezu ein Gütesigel sein, so eindringlich auf mögliche Gefahren hingewiesen zu haben, dass diese schließlich vermieden wurden. Soziale Zukunft ist gemachte Zukunft, gestaltete Zukunft, veränderbare Zukunft und wir bauen derzeit an der Unsrigen.

Wenn ich im Folgenden also in vier knappen Thesen eine mögliche Zukunft der Arbeit und der Arbeitsgesellschaft skizziere, so geht dieses Szenario von der vergleichsweise phantasielosen Annahme aus, dass sich die ökonomischen, technologischen und vor allem politischen Trends der letzten 30 Jahre fortsetzen. Bedingt durch technologische Entwicklungen, insbesondere in der Informationstechnologie, durch die Globalisierung von Kapital-, Handels- und neuerdings auch Arbeitsmärkten, vor allem aber durch eine umfassende, aggressive neoliberale Deregulierungspolitik gerieten die Nationalstaaten, ihre Arbeitsmärkte und ihre sozialstaatliche Verfasstheit unter nachhaltigen und anhaltendem Druck (vgl. zusammenfassend Galuske 2002). In Bezug auf die Lohnarbeit lässt sich konstatieren:

These 1: Lohnarbeit wird immer produktiver und schwindet.
Produzierte ein Arbeitender im Jahr 1960 in einer Stunde Güter und Dienstleistungen im Wert von rund 9 Euro, so erwirtschaftete er rund 40 Jahre später schon einen Gegenwert von ca. 32 Euro. 1980 erforderte die Produktion einer Tonne Stahl in einem amerikanischen Stahlwerk rund 10 Stunden menschlicher Arbeit, 20 Jahre später nur noch zwei Stunden (vgl. Reich 2002, S. 122). Menschliche Arbeit ist immer erfolgreicher – und schwindet deshalb. Dabei sind die rund 5 Millionen offiziellen Arbeitslosen nur die Spitze des Eisbergs. Deutlicher wird die Dramatik, wenn man die Abnahme der gesamtgesellschaftlich geleisteten Arbeitsstunden betrachtet. Zwischen 1960 und 1995 sank die Menge der erbrachten Arbeitsstunden um rund 1/ 5, zwischen 1995 und 2003 ging sie

nochmals um 6,7% zurück (vgl. www.sozialpolitik-aktuell.de, Tabelle IV.46). Der langfristige Trend zeigt, dass es sich dabei nicht um ein konjunkturell bedingtes Phänomen handelt, sondern um ein strukturelles.

These 2: Die Arbeit der Zukunft ist flexibel, mobil und flüchtig
Auch die verbleibende Arbeit verändert massiv ihre Gestalt. Sie legt ihr in den 50er, 60er und 70er Jahren des letzten Jahrhunderts angelegtes Kleid des Normalarbeitsverhältnisses ab, das durch Dauerhaftigkeit und tarif-, arbeits- und sozialrechtlichen Schutz gekennzeichnet war und gerät in den Bann der „unumschränkten Herrschaft der Flexibilität" (Bourdieu 1998, S. 112). Flexible, mobile Beschäftigungsformen wie befristet Beschäftigung, Projektarbeit, Leih- bzw. Zeitarbeit (in den USA ist die Leiharbeitsfirma Manpower bereits der landesweit größte Arbeitgeber), gering entlohnte Dienstbotentätigkeiten (z.B. in Form von 1-Euro-Jobs, Mini-Jobs u.ä.), (Schein-)Selbständige bzw. Unternehmer in eigener Sache, Ich-AGs, Teilzeitbeschäftigung, kapazitätsorientierte Arbeitszeitregelungen sind heute schon allgegenwärtig und werden in Zukunft weit deutlicher den Arbeitsalltag prägen. Nach Berechnungen von Beck u.a. ist der Anteil der im klassischen Sinne Vollbeschäftigten in Deutschland von über 80% in den 70er Jahren auf knapp über 60% in den 90er Jahren zurückgegangen. In England vollzog sich die Entwicklung von einem ähnlichen Ausgangssockel noch rapider. Dort sind nur noch ca. 1/ 3 'Normalbeschäftigt'. Viele Arbeitsplätze sind in Wirklichkeit nur noch Arbeitsplätzchen, so Ulrich Beck (1997) salopp.

These 3: Arbeit entgrenzt sich
Kurz gesagt ist es wie mit allen knappen Gütern: Je knapper, desto begehrter und bedeutsamer werden sie, zumal dann, wenn es sich um ein lebensnotwendiges Gut handelt. Entgrenzung der Arbeit meint in der hier gebotenen Begrenzung ein Doppeltes. Zum einen dehnt sich die Sphäre der Lohnarbeit in Bereiche aus, die bislang eher der Privatsphäre bzw. der Netzwerkökonomie zugerechnet wurden: Fast jede Tätigkeit kann zu Lohnarbeit werden, wenn es einen Markt dafür gibt. Angesichts des Schwundes an bezahlter Arbeit im Produktions- und auch im etablierten Dienstleistungssektor, und dort vor allem in den Segmenten für gering Qualifizierte, suchen neoliberale Think-Tanks nach Feldern für neue Beschäftigungswunder. Glaubt man den unterschiedlichen Zukunftskommissionen und einschlägigen Prognostikern, so liegt die Perspektive des High-Tech-Standortes Deutschland offenbar in den einfachen, personen- und haushaltsbezogenen Dienstleistungen. Meinhard Miegel, prominenter Sozialwissenschaftler und Vordenker der CDU, beklagte vor kurzem in einem Interview mit dem Spiegel, dass man Tätigkeiten wie Schuhputzen und Koffertragen ihre Würde und Wirtschaftlichkeit genommen hätte. Das hat zur Folge, so Mie-

gel, „dass alte, gebrechliche Leute ihre Koffer selber schleppen und hochquali-
fizierte Arbeitskräfte ihre Schuhe selbst putzen. Das könnte sich jetzt wieder
ändern." (Miegel 2005, S. 66). Die fast drohend klingende Andeutung am
Schluss zeigt an, wohin der Zug der Arbeitsgesellschaft zu fahren scheint. Nicht
etwa High-Tech-Gewinnerjobs im Kapitalgewerbe oder der IT-Branche kennzeichnen die Perspektiven des modernen Arbeitsmarktes, sondern sie sucht ihr
Heil in der Umwandlung von bislang privat erbrachten Dienstleistungen in einfache, gering qualifizierte, gering entlohnte, und sozial schlecht geschützte
Dienstbotentätigkeiten.

Zum anderen entgrenzt sich die Bedeutung von Lohnarbeit für die Alltags-
und Lebensbewältigung der Menschen jeden Alters. Wenn Arbeit weniger und
flüchtiger wird, gleichzeitig die sozialen Schutzschichten der Gesellschaft immer weniger Wärme vermitteln und die Menschen immer unvermittelter auf den
Markt verwiesen werden, dann wird die individuelle Bedeutung von Lohnarbeit
notwendig wachsen. Um den neuen Anforderungen zu entsprechen, bedarf es
eines angepassten Menschenbildes, das der öffentliche Diskurs bereits kräftig
propagiert: der Mensch als Ich-AG oder Marke-Ich, der unternehmerische
Mensch bzw. der Arbeitskraftunternehmer, mobil, flexibel, auf ständige Optimierung seiner Marktgängigkeit bedacht, eigenverantwortlich im Erfolg wie im
Scheitern (vgl. Meschnig/ Stuhr 2003).

Richard Sennett nennt drei zentrale Herausforderungen, denen sich der
Mensch der flexiblen Arbeitsgesellschaft stellen muss. 1. „Er muss mit kurzfristigen Beziehungen und mit sich selbst zu Rande kommen, während er von einer
Aufgabe zur anderen, von einem Job zum nächsten, von einem Ort zum anderen
wandert." (Sennett 2005, S. 8). 2. Er muss sich darauf einstellen, dass seine
Fertigkeiten und Fähigkeiten in der Turbomoderne immer schneller ihren
Marktwert verlieren. Insofern muss er ständig auf die Pflege seines 'Kapitals'
bedacht sein. 3. Er muss die Bereitschaft zeigen, Gewohnheiten aufzugeben und
sich von der Vergangenheit lösen. Sennett resümiert: „Ein kurzfristig orientier-
tes, auf mögliche Fähigkeiten konzentriertes Ich, das vergangene Erfahrungen
bereitwillig aufgibt ist – freundlich ausgedrückt – eine ungewöhnliche Sorte
Mensch." (ebd., S. 10). Die Patchwork-Identität des allseits marktorientierten
und marktangepassten Menschen wird dann bestenfalls noch durch self-
branding, durch die Marke-Ich zusammengehalten.

These 4: Die Arbeitswelt der Zukunft ist geprägt durch zunehmende soziale Ungleichheit, Ausgrenzung und Unsicherheit

Alles self-brandig und alle Optimierung der individuellen Marktgängigkeit
ändert nichts an der Tatsache, dass die moderne Arbeitsgesellschaft nicht mehr
genügend existenzsichernde Lohnarbeit zur Verfügung stellt. Nach Ralf Dah-

rendorf kann zwar von einem absehbaren Ende der Arbeitsgesellschaft keine Rede sein, „Wohl aber stößt die Arbeitsgesellschaft an ihre Grenzen. Art und Menge der verfügbaren Arbeit reichen nicht mehr aus, um Gesellschaften zu strukturieren" (Dahrendorf 2003, S. 63). Viele Menschen werden überhaupt nicht mehr benötigt. „Die wahrhaft Benachteiligten werden schlicht nicht mehr gebraucht (so Ulrich Beck 2005, S. 49), sie müssen nicht einmal mehr wie früher ausgebeutet werden. Die Reichen können heute auch ohne Ausbeutung reicher werden, die Regierungen auch ohne die Stimmen der Ärmsten gewählt werden, und die Wirtschaft kann wachsen, ohne dass sich am Schicksal der Armen und Arbeitslosen etwas ändert."

Die intensivierte „Produktion nutzloser Menschen" (Zygmunt Baumann 2005, S. 12) lässt das „Gespenst der Nutzlosigkeit" (Richard Sennett 2005) zur allgegenwärtigen Bedrohung werden. Soziale Unsicherheit, so der französische Soziologe Robert Castel, wird zum zentralen Merkmal der Zweiten Moderne. „Die soziale Unsicherheit (so Castel) schafft … nicht nur Armut. Wie ein Virus, der das Alltagsleben durchdringt, die sozialen Bezüge auflöst und die psychischen Strukturen der Individuen unterminiert, wirkt sie auch demoralisierend, als Prinzip sozialer Auflösung" (Castel 2005, S. 38). Für Richard Sennett (2005, S. 149) ist diese Unsicherheit „keineswegs nur eine unerwünschte Folge der unsteten Märkte. Vielmehr ist sie in das neue, institutionelle Modell einprogrammiert. Das heißt, die Unsicherheit ist kein ungewolltes, sondern ein gewolltes Element der Bürokratie neuen Stils."

Für Ulrich Beck (2005, S. 33) ist das Herausragende

„die Ausbreitung des Prekären, Diskontinuierlichen, Flockigen, Informellen hinter den Fassaden der immer gespenstischer werdenden offiziellen Beschäftigungsstatistik. Im Zentrum Deutschlands breitet sich ein sozialstruktureller Flickenteppich aus, will sagen: die Vielfalt, Unübersichtlichkeit und Unsicherheit von Arbeits-, Biographie- und Lebensformen, wie sie für den südlichen Teil unseres Globus charakteristisch ist."

Eine der entscheidenden Fragen der zukünftigen Politik ist demnach: „Wie können Menschen sinnvoll leben, auch wenn sie keine Arbeitsplätze finden?" (Beck 2005, S: 42). Oder abschließend in der Formulierung Richard Sennetts (2005, S. 80): „Das Gespenst der Nutzlosigkeit ist eine Herausforderung für den Sozialstaat, der sich im weitesten Sinne um die Bedürftigen kümmern. Was kann er für Menschen tun, die nicht mehr gebraucht werden?"

Literatur

Baumann, Z (2005).: Verworfenes Leben. Die Ausgegrenzten der Moderne. Hamburg

Beck, U. (1997): Was ist Globalisierung? Frankfurt a.M.

Beck, U. (2005): Was zur Wahl steht. Frankfurt a.M.

Bourdieu, P. (1998): Gegenfeuer. Wortmeldungen im Dienste des Widerstands gegen die neoliberale Invasion. Konstanz.

Castel, R. (2005): Die Stärkung des Sozialen. Leben im neuen Wohlfahrtsstaat, Hamburg

Dahrendorf, R. (2003): Auf der Suche nach einer neuen Ordnung. Eine Politik der Freiheit für das 21. Jahrhundert, München

Galuske, M. (2002): Flexible Sozialpädagogik. Elemente einer Theorie Sozialer Arbeit in der modernen Arbeitsgesellschaft, Weinheim/ München

Meschnig, A./ Stuhr, M. (Hrsg.) (2003): Arbeit als Lebensstil, Frankfurt a.M.

Miegel, M. (2005): „Wir sind alt, müde und satt", in: Der Spiegel 35/ 2005, S. 64 – 66.

Reich, R.B. (2002): The Future of success. Wie wir morgen arbeiten werden. München/ Zürich

Sennett, R. (2005): Die Kultur des neuen Kapitalismus, Berlin

Freie Träger – Wohlfahrtsverbände als Produzenten des Sozialen?

Karl-Heinz Boeßenecker

Ich will mich dem Thema behutsam nähern und beginne mit einer Retrospektive. Ich unterscheide vier Phasen: Die 1960er/ 1970er Jahre, die 1980er Jahre, die 1990er Jahre und das beginnende 21. Jahrhundert. In meiner Zusammenfassung werde ich dann zuspitzen.

1 Die 1970er Jahre – Fundamentalkritik an den Wohlfahrtsverbänden:

Die Einschätzung gipfelte im Vorwurf, aufkeimende Protestbewegungen und Formen der Selbstorganisationen zu befrieden und überfällige Reformen in der Sozialen Arbeit zu blockieren. Wohlfahrtsverbände reproduzierten sich als Sachverwalter eigener Interessen, insbesondere die konfessionellen Verbände verteidigten ihren subsidiären Bestandsschutz und ständen in entschiedener Gegnerschaft zum Konzept einer offensiven und öffentlich auszuweitenden Sozialpolitik.

In der Tat gilt es daran zu erinnern: nicht die Wohlfahrtsverbände setzten überfällige Reformen auf die tagespolitische Agenda, sondern andere Akteure. Ich nenne nur einige Beispiele: die Heimkampagne, die selbstorganisierte Jugendzentrumsbewegung, die Kinderladenbewegung sowie die Konflikte um die Unterbringung in Landeskrankenhäusern. Die Kritik wurde handlungspraktisch in Form von zahlreichen Gegen- und Protestbewegungen formuliert, und fand in der Neokorporatismusthese ihren theoretischen Ausdruck. In diesem Verständnis erwiesen sich die Verbände unlösbar verstrickt mit dem politisch-administrativen Herrschaftssystem. Weder wurde ihnen ein positiver Beitrag zur Produktion des Sozialen zugeschrieben, noch wurde ein solcher von ihnen erwartet.

2 Die 1980er Jahre – Wohlfahrtsverbände zwischen Beharrung und Veränderung:

Gebeutelt von der Kritik einer scheinbar mächtigen linken Sozialarbeiterbewegung – zumindest war man sehr lautstark – reagierten die Wohlfahrtsverbände sehr unterschiedlich. Die Spannbreite reicht von Integration, Adaption bis hin zu einer vorsichtigen Modernisierung und Öffnung der Verbände. Hauptprofiteur dieser Entwicklung war der DPWV, der sich als neue Heimat für viele Basis- und Initiativgruppen anbietet. Auch die AWO griff die neuen Reformimpulse auf und realisierte diese in verschiedenen Bundes-Modellprojekten, aber auch in vielen örtlichen Gliederungen. Am DRK gingen diese Entwicklungen fast spurlos vorüber; soziale Arbeit zeigte sich hier eben doch nicht mehr ist als ein Appendix der Rettungs- und Katastrophenhilfe. Unbeeinflusst in diesen Jahren bleibt ebenfalls der jüdische Wohlfahrtsverband, der quantitativ gesehen nur eine marginale Rolle hat. Unterschiedlich ist das Verhalten der konfessionellen Verbände. Die katholische Caritas bleibt zunächst reformresistent – wen wunderts. Hier bleibt die Kirche im Dorf, oder anders ausgedrückt der Verband fest am Zügel der kontrollierenden Mutterkirche. Jene die reformpolitisch ambitioniert sind, suchen entsprechende Betätigungsfelder i.d.R. außerhalb des Verbandes. Bei Sozialarbeitern nicht unüblich ist der Wechsel zur AWO oder zu Mitgliedsorganisationen des Paritätischen, aber auch zur Diakonie. Damit bin ich bei der protestantischen Schwesterorganisation. Als konfessioneller Wohlfahrtsverband steht dieser zwar ebenso unter einem Evangelisierungsauftrag, ist jedoch aufgrund der eigenständigen Landes- und Gliedkirchen dezentral konstituiert. Die schillernde Ausprägung der mehr als 20 Mitgliedskirchen der EKD (aktuell sind es 24) spiegelt sich auch in den Diakonischen Werken und Einrichtungen wieder. Die Palette reicht von pietistischer Frömmigkeit bis hin zu einem gesellschaftspolitisch sich einmischenden Protestantismus.

Bezogen auf die Phase der 1980er Jahre nach dem Beitrag der Wohlfahrtsverbände zur Produktion des Sozialen gefragt, ergibt sich keineswegs eine klare Antwort. Je nach dem wohin man blickt, lässt sich ein reformerischer Beitrag zur Produktion des Sozialen ebenso konstatieren, wie das Verharren in alten Strukturen.

3 Die 1990er Jahre – Annäherungen und Widersprüche:

Sofern sie überlebten, haben sich viele der früheren Selbstverwaltungs- und Basisprojekte inzwischen normalisiert. Der Institutionalisierungsprozess sozialer Bewegungen zeigt Folgen, Projekte professionalisieren sich und werden den bislang kritisierten Strukturen immer ähnlicher. Phasenweise schien es, als würde mit dem 1990 verabschiedeten Kinder- und Jugendhilfegesetz der große reformpolitische Sprung gelingen, als wäre es flächendeckend möglich, die bislang erhobenen Forderungen nach größerer Fachlichkeit, Klientensouveränität, präventiver Sozialpolitik etc. in die Tat umzusetzen. Die Kluft zwischen den früheren Gegnern ist zwar nicht eingeebnet, dennoch wird sie kleiner. Das alte Gegensatzpaar, hier die innovativen Basis- und Selbsthilfeprojekte, dort die bürokratisierten Wohlfahrtsverbände, verliert zunehmend an Deutungskraft. Auch erzwingt der stärker werdende Veränderungsdruck die Wohlfahrtsverbände zu ersten Modernisierungsprozessen. Als neue Bedrohungsszenarien gelten die Öffnung des europäischen Binnenmarktes und die Zulassung privatgewerblicher Träger. Alle Verbänden stimmten zunächst in den Kassandraruf ein, es drohe ein Sozialdumping und der Ausverkauf der deutschen Sozialstaatlichkeit. Was sich innerhalb der deutschen Wohlfahrtsverbandsszene formiert, ist ein neuer Protektionismus, der auf einen fortgesetzten Ausschluss gewerblicher Träger zielt.

Gleichzeitig geraten die Verbände immer stärker unter Legitimationsdruck. Was fehlt ist ein gemeinsamer Überbau der freien Wohlfahrtspflege, durch den ein gesellschaftlicher Funktionsnachweis präsentiert und wissenschaftlich begründet werden kann. Die deutschen Sozialwissenschaften und deren Protagonisten kamen hierfür zunächst nicht in Frage, waren sie doch in der Vergangenheit die Hauptkritiker der Verbände. Unerwartete Hilfe kommt aus Nordamerika. Mit dem Johns Hopkins Comparativ Nonprofit Sector Project internationalisiert sich nämlich ein zunächst US-amerikanisch begrenztes Begriffsverständnis von nicht-staatlichen und nicht-marktbasierenden Dienstleistungsorganisationen. Der neue Terminus heißt 'Dritte-Sektor-Organisationen', der nach anfänglichen Zögerlichkeiten immer stärker von den Wohlfahrtsverbänden aufgegriffen und als neue Identitätskrücke instrumentalisiert wird. Auch sie sind jetzt Dritte-Sektor-Organisationen, was bedeutet, hierüber einen eigenständigen gesellschaftlichen Handlungs- und Schutzraum zu propagieren. Auch ein anderes Theoriekonstrukt wird handlungspragmatisch und interessengeleitet durch die Verbände aufgegriffen Parallel und in kritischer Abgrenzung zur US-amerikanischen Dritter-Sektor-Forschung formulieren u.a. die Kollegen Backhaus-Maul und Olk eine funktionale Theorie über die Wohlfahrtsverbände als multifunktionale Organisationen. Folgt man dieser Sicht, so nehmen die Verbände vier gleichzeitige Funktionen wahr,, die es im Kontext neuer Rahmenbedingungen neu auszubalancieren gilt: Es geht 1. um sozialanwaltliche Interessenvertretung, 2. die Integration unterschiedlicher Mitgliedschaftsinteressen, 3. Dienstleistungen für Dritte und 4. weltanschauliche Sinnstiftung. In der Kombination von Dritter-Sektor-Forschung und mulitfunktionaler Orientierung generieren die Wohlfahrtsverbände in der Folgezeit eine neue Begründung für ihre eigene Existenz. Sie verknüpft sich unmittelbar mit dem Anspruch unverzichtbarer Teil des deutschen, ja generell des Sozialstaates zu sein. Die Produktion des Sozialen wäre ohne ihre Existenz schlichtweg nicht möglich!

4 Das 21. Jahrhundert – Widersprüche spitzen sich zu:

Natürlich müsste der Verweis auf das Dritter-Sektor-Konstrukt und die Theorie der Verbände als multifunktionale Organisationen ergänzt werden um weitere Debatten. Hierzu ist jetzt nicht die Zeit. Fragt man gleichwohl nach der Aussagekraft dieser verschiedenen Theoreme für den Zusammenhang zwischen Wohlfahrtsverbänden und ihrem Beitrag zur Produktion des Sozialen, so wird es schwierig. Abgesehen von der durchaus vorhandenen PR-Wirkung enthält das Konzept der Dritter-Sektor-Forschung kaum Aussagen über die Bedeutung der Wohlfahrtsverbände als Produzenten des Sozialen. Eine solche Funktion wird eher schlicht durch die Tatsache unterstellt, dass diese Organisationen zahlenmäßig relevant existieren. Auch das Theorem der Multifunktionalität führt nicht wirklich weiter. Denn so einleuchtend das theoretische Konstrukt einerseits ist, so auffällig ist andererseits, dass die benannten unterschiedlichen Funktionen zwar propagandistisch von den Verbänden behauptet und zelebriert werden, der empirische Beleg hierfür jedoch weitgehend ausbleibt. Und nun begebe ich mich langsam auf´s Glatteis, was heißt mit heftigem Widerspruch rechnen zu müssen. Aber dafür bin ich ja hier.

Nimmt man das öffentlich proklamierte Selbstverständnis der Freien Wohlfahrtspflege für bare Münze[4], – ich zitiere jetzt wörtlich – so „leisten... (sie) als unmittelbarer Teil der Zivilgesellschaft einen nicht zu ersetzenden Beitrag zur Sozialstaatlichkeit des Gemeinwesens im Sinne des Grundgesetzes der Bundesrepublik Deutschland". Und sinngemäß geht es weiter mit der Selbsteinschätzung, dass basierend auf subsidiären Grundüberlegungen die Verbände gleichzeitig Funktionen als Gemeinwohlagentur, als anwaltliche Lobbyisten für Personen in individuellen und kollektiven Notlagen sowie als Dienstleistungserbringer wahrnehmen. Die fortzusetzende staatliche Privilegierung und Förderung wird hierbei begründet durch das unmittelbare Ineinandergreifen dieser verschiedenen Aufgaben und des sich hieraus ergebenden gesellschaftlichen Mehrwerts. In dieser behaupteten Funktionsvermischung liegt zugleich die Abgrenzung gegenüber den immer stärker werdenden privat-gewerblichen Trägern.

---

[4] Vgl.: BAGFW: Die Freie Wohlfahrtspflege. Profil und Leistungen. Lambertus Verlag. Freiburg im Breisgau 2003. S. 34ff.

5 Mein Fazit – Wohlfahrtsverbände auf dem Weg in die Sozialwirtschaft:

Proklamieren kann man viel, nur ist zu fragen, ob dieses Selbstverständnis der Organisationswirklichkeit bzw. den Organisationswirklichkeiten der sogenannten Freien Wohlfahrtspflege entspricht und gerecht wird. Ich verneine dies ausdrücklich und will dies abschließend mit einigen Beobachtungen begründen.

Seit Mitte der 1990er Jahren findet mit zunehmender Tendenz die *Umwandlung sozialer Einrichtungen in Sozialunternehmen* statt. Dieser Prozess geht einher mit einer deutlichen Annäherung an unternehmensrechtliche Organisations- und Rechtsstrukturen. Holdinggruppen mit angeschlossenen GmbH-Gesellschaften lösen frühere e.V.-strukturierte Wohlfahrtsverbände ab. Managementanforderungen und Formen der Kostenrechnung unterscheiden sich immer weniger von der Praxis privat-gewerblicher Sozialunternehmen. In dieser Ausprägung entwickeln sich die Wohlfahrtsverbände ausschließlich als Dienstleistungserbringer, die im Wettbewerb um Marktanteile mit anderen Anbietern konkurrieren. Abgesehen von Behauptungen ist hierbei nicht zu sehen, dass sich die Funktionen als Gemeinwesenagentur oder anwaltschaftlicher Lobbyist für sozial Benachteiligte in gleicher Weise handlungspraktisch ausprägen.

Eine weitere Beobachtung: Innerhalb der konfessionellen Wohlfahrtspflege verstärkt sich der *Konflikt zwischen den Dachverbänden einerseits und den rechtlich selbstständigen Mitgliedeinrichtungen* andererseits. Dies gilt vor allem für die großen kirchlichen Anstalten und Stiftungen, die betriebswirtschaftlich gesehen Großunternehmen mit 1000 und mehr Beschäftigten darstellen. Gleich ob sie dem katholischen oder dem evangelischen Spitzenverband angehören, ob sie Evangelisches Johanneswerk, Sozialwerk St. Georg, Deutsch Ordenwerke oder Diakonie Neuendettelsau heißen. All diesen Trägern ist gemeinsam, für ihre Dienstleistungen und die weitere Entwicklung ihrer Geschäftsfelder einen Spitzenverband nicht mehr zu benötigen. Dieser Tanker ist zu schwerfällig, kostet zuviel Geld und wird aus der Perspektive dieser großen Träger als ein Auslaufmodell betrachtet. Als unternehmerische Diakonie oder unternehmerische Caritas hat man inzwischen auch keinerlei Berührungsängste mehr mit privat-gewerblichen Anbietern. Noch vor einigen Jahren als Menetekel an die Wand gemalt, werden diese inzwischen als selbstverständlicher Teil der Sozialwirtschaft angesehen.

Das *Thema Gemeinnützigkeit*: Auch hier zeigen sich neue und geradezu spannende Entwicklungen. Die Pro-Contra-Positionen konzentrieren sich keineswegs mehr auf getrennte Lager, also hier die Vertreter der freien Wohlfahrtspflege, dort die privat-gewerblichen Lobbyisten. Die kontroversen Beurteilungen gehen vielmehr quer durch die eigenen wohlfahrtsverbandlichen Organisationen. Die veränderte 'Schlachtordnung' verweist deutlich auf die Trennungs- und Separatisierungstendenzen innerhalb der sog. Freien Wohlfahrtspflege. Wird aus der verbandlichen Perspektive die Gemeinnützigkeit verteidigt, so gilt diese aus der Interessenslage großer Rechtsträger geradezu als hinderlich für die weitere Ausgestaltung der eigenen Unternehmens- und Marktentwicklung. Beispielhaft lässt sich diese Kontroverse im Heft 9 vom Mai 2005 der Zeitschrift 'neue Caritas' oder der Dokumentation der 'Abschied vom barmherzigen Samariter' vom September 2004 nachlesen.

Das Thema *anwaltschaftliche Interessenvertretung*. Um Missverständnisse zu vermeiden. Organisationen, die soziale Ungerechtigkeiten und Ungleichheiten öffentlich skandalisieren und auf deren Abhilfe drängen, sind auch weiterhin notwendig!. Jedoch habe ich den Eindruck, dass diese mahnende Stimme bezogen auf die Freie Wohlfahrtspflege doppelbödiger Natur ist. Genauer betrachtet sind es die Dachverbände, die sich als Sociallobbyisten öffentlich zu Wort melden. Und dies gilt um so mehr, wie sie selbst nicht über eigene Einrichtungen verfügen und deren betriebswirtschaftlichen Erfolg verantworten müssen. Also ketzerisch gefragt, brauchen die Dachverbände den lobbyistischen Verweis auf gefährdete Personengruppen, um ihre eigene unsicher werdende Existenz zu sichern? Und ist der Sachverhalt, dass die Verbände einerseits mit sozialpolitischer Rhetorik Hartz IV kritisieren und andererseits über Konzepte verfügen, eben diese AL-Geld II-Bezieher innerhalb der eigenen Organisationen anzustellen (und entsprechende Kontingente auszuhandeln,) nicht ein Hinweis auf diese Doppelbödigkeit?!

Ich belasse es bei diesen Anmerkungen. *Meine derzeitige Einschätzung* ist: Die begonnene Entwicklung hin zu wettbewerblich agierenden Sozialunternehmen wird nicht aufzuhalten sein. In diesem Kontext wird es möglicherweise zu vermehrten Formen der Kooperation und Vernetzung innerhalb der konfessionell ausgerichteten Verbände einerseits und zwischen AWO, DPWV und DRK andererseits kommen. Und in einem weiteren Entwicklungsschritt halte ich Fusionierungen und Unternehmenszusammenschlüsse innerhalb der Sozialwirtschaft für wahrscheinlich. Obsolet wird in diesem Kontext auch der Begriff 'Freie Wohlfahrtspflege'. Liege ich mit meinen Einschätzungen halbwegs richtig, so wird es nicht mehr lange dauern, bis auch dieses Verständnis begrifflich überwunden ist und man nur noch von Wohlfahrtspflege bzw. von der Sozialwirtschaft sprechen wird. Die Produktion des Sozialen wird also zukünftig nach wettbewerblichen Mustern verlaufen. Ob hierbei die Dachverbände überhaupt noch eine Überlebenschance haben, darin bin ich mir unsicher. Ich glaube eher nicht. Aber wie uns die Wirklichkeit lehrt gilt auch hier möglicherweise, dass Totgesagte länger leben.

Literatur

BAGFW (2003): Die Freie Wohlfahrtspflege. Profil und Leistungen.. Freiburg im Breisgau.

Kommt nach dem Abbau des (Sozial)Staates die demokratische Zivilgesellschaft? Religiöser Fundamentalismus und die begrenzte Reichweite von Theorien Sozialer Arbeit

Silvia Staub-Bernasconi

„Es ist wie in den USA: 'Wir müssen damit umgehen, dass jemand, der absteigt, gläubig wird!" (Alexander Kluge)

1 Weniger Staat – mehr Zivilgesellschaft und Freiheit?

Der Begriff 'Zivilgesellschaft' ist spätestens seit Ende des kalten Krieges in öffentlichen, sozial- und politikwissenschaftlichen Debatten zu einem Modewort geworden. Mitte der 90er Jahre, als es um die Rückbindung des Sozialstaates ging, machte er auch politische Karriere. Dabei beziehen sich die Wissenschafter und Politiker (Dahrendorf, Habermas, Walzer) auf Autoren der europäischen Geistesgeschichte, insbesondere der Aufklärung, z.b. Aristoteles, Locke, Kant, Rousseau, Hegel, später dann Alexis de Toqueville, für den die freiwillige Organisation der Bürger die Voraussetzung und die Substanz einer freiheitlichen Gesellschaft schlechthin war. In Anlehnung an Dahrendorf und Habermas lässt sich Zivilgesellschaft als eine moderne gesellschaftliche und demokratische Ordnung verstehen, in der im Zwischenbereich zwischen Staat und Familien vielfältige freiwillige Assoziationen und Organisationsformen treten. Sie werden durch die Rechte und Interessen auf direkte Weise vermittelt und durch gesicherte Mitsprache- und Mitwirkungsrechte der Gesellschaftsmitglieder als Bürger umgesetzt; und dadurch entsteht eine Politik der Selbstmobilisierung und Selbsttransformation von Gesellschaften, welche die Autonomie des Privaten gegenüber dem Staat weitgehend wahrt. (Kessl 2001, S. 2007).

Walter (2001) verweist nun darauf, dass das heutige Drehbuch der Zivil- oder Bürgergesellschaft ganz nach dem Muster einer ‚grossen Erzählung' verfasst ist, obwohl man immer wieder lesen konnte, dass die Zeit der ‚grossen Erzählungen' vorbei sei: Es kennt das Böse: den gängelnden, überregulierten und -regulierenden, Eigeninitiative und Freiheit lähmenden Staat. Benjamin Barber spricht vom Ersticken in „den Abgasen einer von Tatendrang erfüllten Regierung". Es kennt das Gute: die Pioniere und Akteure der Befreiung: zunächst die liberal denkenden, aufgeklärten, selbständigen Menschen, dann aber auch die Bürgerinitiativen, Selbsthilfegruppen. Nachbarschaftshilfen, Nichtregierungsorganisationen. Und das Drehbuch kennt schliesslich das gelobte Land: Eben die Zivilgesellschaft. Sie wird nahezu ausschliesslich mit positiven Assoziationen wie Freiheit von staatlicher Bevormundung, Partizipation, Netzwerke, Sozialkapital, Bürgerengagement, Gemeinwohl und Gemeinsinn in Verbindung gebracht. So hätten alle Ideologen zu allen Zeiten die Welt beschrieben.[5]

Je länger man sich mit diesem Diskurs auseinandersetzt, desto mehr gelangt man zur Einschätzung, dass die Vorstellung der Zivilgesellschaft mit Hoffnungen überfrachtet und zugeschüttet wird, die sie realistischerweise nicht einmal in Ansätzen zu erfüllen vermag. Sie ist zunächst mal der Ort der nahezu absolut gesetzten Freiheit. Sie soll aber auch die Lösung für gesellschaftliche Probleme wie Machtmissbrauch, Totalitarismus, Politikverdrossenheit, Entsolidarisierung und Individualisierung, Misstrauen gegenüber den institutionalisierten, demokratischen Mechanismen u.v.m. sein. Sie soll im Rahmen der Globalisierung eine zentrale Rolle bei der Bewältigung der entstandenen ökologischen, sozialen und demokratischen Risiken spielen. Es wird ihr gar zugeschrieben, dass sie als „positiver Katalysator gesellschaftlicher Spannungen, als Stimme Benachteiligter oder als das Gewissen in der Gesellschaft" gegenüber den Ausgeschlossenen zu fungieren vermag und mit dem Sozialkapital der verantwortungsbewussten BürgerInnen die Ergänzung oder den Ersatz des Sozialstaates einleiten wird (kritisch hierzu Jeannette Schade, S. 5).

Die Zivilgesellschaft kann aber auch zum Problem werden, so u.a.

- weil das Individuum nicht nur vom Idealismus und dem Einsatz für andere lebt, sondern auch seine Existenz sichern muss;

- weil die Bildung von sozialen Netzwerken und Organisationen immer auch bestimmte Menschen oder soziale Kategorien ausschliesst;

- weil diese Netzwerke, Vereine und nichtstaatlichen Organisationen sowohl menschenfreundliche wie auch menschenfeindliche Ziele verfolgen können (z.B. die Vertreibung von Jugendlichen, Roma und Sinti, Obdachlosen aus einem Stadtteil; die ethnische Säuberung des Landes; die sexuelle Ausbeutung von Kindern; die Beibehaltung des freien Zugangs zu Schusswaffen);

- ferner weil jenseits von Wirtschafts- und Staatsmacht nicht automatisch die grosse individuelle Freiheit entsteht, sondern bis in die kleinsten Gruppierungen ebenfalls freiheitseinschränkende Machtprozesse und Machtstruktu-

---

[5] Franz Walter, Universität Göttingen, in der Frankfurter Rundschau vom 14.7.2001.

ren bestehen können, wodurch Machtasymmetrien verfestigt anstatt abgebaut werden;

- und schliesslich: zivilgesellschaftliche Akteure leben nicht nur von Idealen, sondern auch von Spenden, Mitgliedsbeiträgen, Markt- und Konkurrenzmechanismen, die sie in ihren Überzeugungen und Zielen von ihren Mitgliedern abhängig machen.

Aber aus der Perspektive Sozialer Arbeit wiegt folgendes besonders schwer: „Die Bürgergesellschaft wird bei der Reintegration der in grosser Zahl Herausgefallenen, Überflüssigen, Marginalisierten kaum Hilfe bieten können. Das gehört nicht zu ihrem Projekt, das sich in der klassisch liberalen Tradition vorwiegend an den Staats- und Wirtschaftsbürger richtet (van den Brink, 1995, S. 8, Walter 2001). Arbeiter, Arme, Working Poor und Erwerbslose, das wissen wir aus unzähligen Studien zur Freiwilligenarbeit, sind in Bürgerinitiativen, Bürgerausschüssen, Elternräten kaum vertreten. Dies gilt auch für Zugewanderte aus der Unterschicht. Die Fähigkeit zur Partizipation ist eben an Kompetenzen gebunden: Sprachgewandtheit, Selbstbewusstsein, Informationen. Das heisst, dass in der Bürgergesellschaft die Schere noch weiter aufgeht zwischen denen, die es in einer kapitalistischen Gesellschaft geschafft haben und jenem abgedrängten Rest, der von der Teilhabe und Teilnahme ausgeschlossen ist. Und von einem Teil dieses 'marginalisierten Restes', der bekanntlich in den Ländern des Nordens immer grösser wird, soll in diesem Beitrag die Rede sein. Dabei soll gezeigt werden, dass in diesen Kontexten nach dem Rückzug des Sozial- und in der Folge des Rechtsstaates nicht die erhoffte Zivilgesellschaft entsteht, sondern – von der Mehrheitsgesellschaft unbemerkt – schrittweise ein militanter religiöser Fundamentalismus die Deutungshoheit und Kontrolle erlangt, der internationale Ausmasse angenommen hat.

2 Der Zerfall eines Stadtteils: von der Durchgangs- zur Endstation

In den folgenden Ausführungen stütze ich mich auf das Buch von Fadela Amara, *Weder Huren noch Unterworfene* (2005), das in Frankreich den 'prix du livre politique' erhalten hat. Es berichtet über einen nunmehr 30jährigen Prozess, der aus Immigrationskontexten mit Hoffnungs- und Durchgangscharakter beim Einsetzen der Erwerbslosigkeit in den 80er Jahren Endstationen gemacht hat. Da die meisten maghrebinischen Einwanderer Französisch sprechen, zeigt das Beispiel eindrücklich, dass die Beherrschung der Sprache keineswegs mit Integration verwechselt werden darf. Sie kann allerhöchstens eine Voraussetzung dafür sein:

Der Zerfall der Stadtteile von Paris und der Pariser Banlieues begann mit der zunehmenden Massenarbeitslosigkeit ab etwa 1985. Der erzwungene Wechsel von der Fabrik in die Untätigkeit veränderte das hierarchische Gefüge in den Familien. Die Väter verloren durch den Verlust der Ernährerrolle alle ihre Vorrechte, die nun an die ältesten Söhne übergingen. In einer ersten Phase übernahmen sie es, den Mädchen die Werte der Familienehre einzubläuen und die Mädchen zu zwingen, ihre Zukunft als Hausfrau zu akzeptieren. In einer zweiten Phase wurde die männliche Kontrollmacht auf die Gesamtheit der jungen Männer im Viertel ausgeweitet – der einzige Ort, den sie beherrschen können. Denn ausserhalb waren sie nichts und niemand. So wurde nicht nur die Ehre der Familie, sondern auch die Ehre des Stadtteils an der Einhaltung der Kleidervorschriften und der Bewahrung der Jungfräulichkeit der Mädchen gemessen. In einer dritten Phase ab Mitte der 90er Jahre, machte sich zunehmend Gewalt im Stadtteil breit.

Im Viertel wurde jede Liebesgeschichte schwierig, weil sie im Verborgenen stattfinden muss. Pornovideos stellen beinahe die einzige Art von sexueller Aufklärung dar. Zugleich ist der Ruf eines Mädchens, das mit jemandem geschlafen hat, ruiniert, denn nicht nur die Familie, sondern das ganze Viertel weiss Bescheid. Was eine spontane Beziehung sein sollte, ist zur Sünde unter Androhung göttlicher Strafe geworden. Ein verliebter Junge, der öffentlich zärtlich zu seiner Freundin ist, ist ein 'Weichei' und wird wie Dreck behandelt. Will er weiterhin zur männlichen Jugendclique gehören, muss er seine Freundin verleugnen. Das Jungfernhäutchen ist zum Symbol eines fremdbestimmten Körpers geworden. Sollte ein Mädchen auch nur ein einziges Mal mit einem Jungen geschlafen haben, wird ihr Bruder zum Gespött der anderen und aus der Clique ausgeschlossen, da er nicht auf seine Schwester aufpasste, und die Maschinerie der familiären Repression setzt ein. Selbst einem ärztlich attestierten Jungfräulichkeitsnachweis wird oft nicht mehr geglaubt. Es folgen Schläge, Hausarrest, manchmal die Rückkehr ins ‚Heimatdorf' oder eine Zwangsheirat und im Extrem auch Mord. Eine weitere Entwicklung stellen Gruppenvergewaltigungen – tournantes genannt – dar, bei denen sich die Männer ein Mädchen weiterreichen oder ihre Freundin, die sie in eine Falle locken, mit anderen ‚teilen'.

Der Niedergang der Viertel ist direkt mit ihrer infrastrukturellen Verarmung verbunden. Zur Massenerwerbslosigkeit, zum Abbau der Bildungsangebote kam dazu, dass sie von den Sanierungs- und Wiederbelebungsmassnahmen der 90er Jahre völlig ausgespart blieben. Die Behörden verfolgten die Politik, die Zahl der öffentlichen Behördestellen, der Sozialarbeiter und Streetworker, die gute Arbeit geleistet hatten, in die Familien gingen, systematisch zu reduzieren. Mit einem Schlag warfen zahlreiche ren. Mit einem Schlag warfen zahlreiche bürgerschaftliche Stadtteilvereine das Handtuch.

Alle Jungen zwischen 11 und 25, mit denen ich (Fadela Amara) Gespräche führte, fühlen sich in den Vierteln 'abgestellt'. In ihren Augen hat sie sowohl die rechte als auch die linke Politik fallen gelassen. Die Schattenwirtschaft – Schwarzarbeit, Drogendeal, Prostitution – ist für viele der einzige Weg, zu existieren.

> „Wie oft habe ich bei Versammlungen zugeben müssen, dass wir zwar gekämpft und unsere Rechte eingefordert haben, dass die Politiker im Gegenzug aber immer nur von unseren Pflichten gesprochen haben, insbesondere davon, sich zu integrieren. (S. 54)... Ich befürchte, dass wir kurz davor stehen, sowohl den Kampf um Integration in die Republik als auch die Jugendlichen zu verlieren, die sich ihre eigene Welt weit ausserhalb des demokratischen, rechtsstaatlichen Rahmens schaffen. Sie sind in unserem Viertel zwar in der Minderheit, aber indem sie ihre Normen durchsetzen, verleiden sie den anderen das Leben dort. Die Männer, die ihr Spiel nicht mitmachen, schweigen." (S. 55)

Die vorrangige Sorge aller Eltern in den Vierteln galt bis in die 80er Jahre dem schulischen Erfolg ihrer Kinder. Bildung hatte für die Eltern absolute Priorität, und Fadela Amara erinnert sich, dass das ganze Viertel feierte und stolz war, wenn 'einer von uns' einen Abschluss machte.

In den 90er Jahren entwickelte sich im Kielwasser der Moslembrüderschaft eine fundamentalistische islamische Strömung. Auf der Suche der mit schulischen Misserfolg, Arbeitslosigkeit und Diskriminierung konfrontierten Jugendlichen nach identitärem Halt boten die Prediger – 'Kellerimame' genannt -, mit ihrem radikalen Islam eine der wenigen Antworten, die sie fanden. Sie wurden so zur neuen moralischen Instanz, die verhinderte, dass viele dieser untätigen Jugendlichen in die Kriminalität abrutschten. Örtliche Behörden, Kommunalpolitiker und vor allem die Bürgermeister jeglicher politischer Couleur erkannten sie an und wiesen ihnen eine bevorzugte Vermittlerrolle zu. Die politisch Engagierten meiner Generation sahen diese Entwicklung mit Schrecken. Wir wussten um die Gefahr, die das im Allgemeinen, insbesondere jedoch für die Lage der Mädchen mit sich bringen konnte. Schlagartig waren wir, die wir immer für die Freiheit des Individuums, gleich welchen Geschlechts, gekämpft und den universalistischen Gedanken vertreten hatten, aus dem Leben im Viertel verdrängt. Für die Politiker waren wir keine Ansprechpartner oder potenzielle Verhandlungspartner mehr, sondern Nervensägen, die gegen den Einfluss der Imame opponierten. Dies führte dazu, dass die Menschen mittlerweile nicht mehr zu Sozialarbeitern oder Freizeitpädagogen gehen, wenn es ein Problem im Viertel gibt, sondern zum Imam an der Ecke. Sie wurden die neuen Meinungsführer und sozialen Vermittler.

„Diese schlagkräftige Minderheit, die sich um den Kellerislam entwickelt hat, organisiert sich.
Sie hat ihre Verlage, ihre Schaltzentralen hier und anderswo, ihre Intellektuellen, ihre Kom-
munikationsstellen.... Die Kopftuchdebatte ist der sichtbarste und symptomatischste Beweis
dieser obskurantischen Entwicklung". (S. 60)[6]

Der Bericht von Fadela Amara zeigt sehr klar: Wenn seitens der Wirtschaft wie
der Politik und des Staates nichts mehr zu erwarten ist, entsteht nicht automatisch die gelobte freiheitliche Zivilgesellschaft, sondern ein soziales Vakuum.
Und dieses wird im beschriebenen Migrationskontext zum Einfallstor für religi-
ös-fundamentalistische Deutungen der Lebenssituation und damit neuen Formen
der Selbstachtung und Würde. Allerdings sind diese je nach religiösem Bezugsrahmen nur den Männern und Jungen zugänglich. Wir haben hier ein Beispiel
für die Kulturalisierung oder Ethnisierung sozialer Probleme. Die psychischen
Spannungen, die Armut, Erwerbs- und Hoffnungslosigkeit im Individuum erzeugen, werden zu einem kulturellen Problem umdefiniert. An der sozioökonomischen Situation ändert dies nichts, hingegen ist es der Rückgriff auf eine
Kultur, die geschlechtsspezifische Kontrolle und Gewalt legitimiert und damit
für den männlichen Teil der Bevölkerung zum Kontrollersatz für das wird, was
sie nicht mehr kontrollieren können.
    Und dieser Kulturalisierungsprozess korrespondiert mit dem gleichen Phä-
nomen seitens der Mehrheitsgesellschaft, Politiker und Behörden: So wird soziale Integration immer mehr durch die Beherrschung der Sprache – einer 'Kultur-
technik' – definiert. In Deutschland entstand eine Debatte, welche die Integration in eine nebulöse (deutsche) Leitkultur mit christlich-religiöser Konnotation –
und nicht etwa die Akzeptanz demokratischer, rechtsstaatlicher Werte und universeller Menschenrechte forderte. Anlässlich der Sozialrevolte vom Dezember
sprach Frankreichs Präsident Chirac am Fernsehen von einer Sinn- und Orien-
tierungskrise. Damit ist jede Form von Verteilungs- und Gerechtigkeitsdiskurs
betreffend Bildung, Arbeit, Einkommen vom Tisch – die billigste Form von
Sozialpolitik. Dazu gesellt sich die Rede und Klage über undurchschaubare
'Parallelgesellschaften' mit ihrer sogenannt fremden Kultur. Dass die meisten

---

[6] Ein Bericht des Generalinspektors des Erziehungsministeriums, Jean-Pierre Obin, mit dem Titel
„Anzeichen und Äusserungen der religiösen Zugehörigkeit in Schulen", der auf Befragungen in 21
französischen Regierungsbezirken basiert, brachte u.a. folgendes zutage: Muslimische Kinder und
Erwachsene forderten (und erhielten) getrennte Toiletten sowie Tische in der Schulkantine, weil sie
sich nicht mit „Unreinen" mischen wollen; muslimische SchülerInnen weigerten sich, die Zeit des
Kathedralenbaus im Geschichtsunterricht durchzunehmen, geometrische Formen zu zeichnen, die
eine entfernte Ähnlichkeit mit einem Kreuz aufwiesen, ferner zu singen, zu tanzen oder zu musizie-
ren; die Evolutionstheorie wurde zugunsten des Kreationismus abgelehnt. Thema war auch ein
betonter Antisemitismus, der es verbietet, jüdische Kinder in beliebiger Umgebung einzuschulen.
(www.eusser.net/print_artikel_2005-05-22_19-29-26.html; ferner „Lehrer-Online (Eigene Schulto-
letten für ‚unreine' Christen").

ihrer Mitglieder, vor allem diejenigen der zweiten und dritten Generation die modernen Werte Bildung, Arbeit und existenzsicherndes Einkommen teilen und einfordern, rückt auf diese Weise nicht mehr in den Blick.

Zusammenfassend lässt sich festhalten, dass dort, wo sich der Staat zurückzieht, es in multikulturellen Gesellschaften mit Ghettobildung – zumindest in den Bereichen gesellschaftlicher Marginalität – zu einem Konkurrenzverhältnis zwischen säkularer, demokratisch-rechtsstaatlicher und islamischer Deutungsmacht kommt. Kurz, Erfolg hat der islamische Fundamentalismus (aber auch der christliche, vgl. später) dort, wo sich der Sozialstaat zurückzieht und der Rechtsstaat nicht mehr interveniert (Schulze 2004). Es soll nun im nächsten Teil aufgezeigt werden, dass das Beschriebene nicht nur ein isolierbares, partikuläres, randständiges, rein islamisches, sondern ein weltweites Phänomen ist.

3 Fundamentalismus als Teil der Zivilgesellschaft

Lange rechnete man im Westen fest mit einer historischen Mutation von Muslimen bzw. ImmigrantInnen aus islamisch geprägten Gesellschaften zu gut integrierten säkularen Staatsbürgern, was gewiss für etliche, ja viele Zugewanderte auch zutrifft. Der Bericht von Fadela Amara zeigt aber, was sich unter dem Druck der (welt)gesellschaftlichen Verhältnisse, des neoliberalen Codes und seines Einflusses auf die Wirtschafts- und Sozialpolitik auf der lokalen Ebene zu entwickeln beginnt. Und diese lokalen Entwicklungen und sozialkulturellen Netzwerke sind direkt anschlussfähig bzw. vernetzt mit internationalen Entwicklungen. Göle, eine Wissenschafterin aus der Türkei, charakterisiert sie als 'islamistisches Projekt' mit folgenden Merkmalen (2004, S. 20f.; vgl. auch Krämer 2002, S. 14): [7]

---

[7] „Dabei unterscheiden wir zwischen dem *Islam* als eine der grossen Buchreligionen mit verschiedenen theologischen Interpretationslinien, dem *Islamismus,* der die Religion, Recht und Politik als Einheit sieht und will, dass in ihren eigenen Gesellschaften das private wie das öffentliche Leben (ausschliesslich) auf islamischen Normen und Werten ruhen soll. Die Kurzformel hierfür lautet ‚Anwendung der Scharia'.... Die meisten (Islamisten) wünschen sich eine auf islamische Werte gegründete Gesellschaft, aber keinen ‚islamischen Staat' nach dem Muster Irans, Saudi-Arabiens oder gar Afghanistans.... Die Islamisten wollen den islamischen Staat, der die Scharia ‚anwendet'. Die meisten aber möchten ihn ohne Gewaltanwendung durchsetzen, sei es, dass sie den Islam als Religion des Friedens verstehen... und Gewalt grundsätzlich als islamwidrig ablehnen, sei es, dass sie angesichts eigener Erfahrungen Gewaltanwendung als schädlich, wenn nicht selbstzerstörerisch betrachten, also eher pragmatisch argumentieren.... (A)us denselben Erfahrungen zogen andere allerdings die entgegengesetzte Lektion: dass nämlich angesichts eines übermächtigen Feindes (die herrschenden Regimes, ‚die Juden', ‚der Westen' oder eine unheilige Allianz dieser drei) nur der bewaffnete Kampf der heiligen Sache zum Durchbruch verhelfen kann, weil der Gegner jede friedliche Offensive vereiteln wird. Der Schihad ist für diese radikale Minderheit legitim, unausweichlich

- das Ideal ist vergangenheitsorientiert – es existierte im Goldenen Zeitalter, in einer Zeit, in der die Muslime, vom Glauben beseelt, stark, einig, unwiderstehlich und unbesiegbar waren;

- der Koran ist verbalinspirierte Offenbarung und darf also nicht in einen historischen Kontext gestellt und interpretiert werden; die Scharia ist das normative Vorbild und Gesetz des Propheten als Gesandter Gottes. Der 'neue' Islam als reformierter Islam ist heute stark essentialistisch, ahistorisch und extrem moralisch normativ;

- das Projekt lebt von Treffen der Gemeinschaft, die als Foren dienen, wo man sich Geschichten erzählt, wo Sorge, Zorn und Freude geteilt werden. „Durch diese diskursiven Praktiken wird bei den Muslimen das Gefühl der Zweitrangigkeit, des Verlustes von Würde und Ehre, des historischen Niedergangs, das man zuvor für ein persönliches Gefühl gehalten und stillschweigend in Kauf genommen hatte, nunmehr kollektiv zum Ausdruck gebracht,... und zur Quelle politischer Selbstermächtigung gemacht..... (S. 21) Statt ihre Religiosität aufzugeben –..., die als Quelle der Rückständigkeit... gilt -, verwandeln Muslime ihr Muslim-Sein (ähnlich wie die Schwarzen in den USA ihr Schwarz-Sein) in einen offenen Protest." (Göle 200S. 19) Der reformierte Islam wird, so das Versprechen, den Muslimen ihre Vorrangstellung in der Welt zurückgeben, die sie über Jahrhunderte innehatten.

- Es ist schließlich keineswegs so, dass das islamistische Projekt im Nahen und Mittleren Osten nur auf eine marginalisierte, chancenlose und frustrierte Jugend aufbauen kann. Es ist die „Verbindung von moralischem und politischem Appell, das Versprechen individueller Erfüllung und kollektiver Befreiung, die den Islamismus für viele so anziehend macht, gerade unter den Gebildeten (gut situierte Akademiker, Intellektuelle, Richter, Ärzte, Unternehmer und Gewerkschaftler, Vertreter des Staatsapparates ebenso wie der Zivilgesellschaft) und selbst unter den Besitzenden und zwar... Männern wie Frauen." (Krämer 2002, S. 14). Es reicht also bis in die Mitte der Gesellschaft.

Dies alles geschieht „nicht, ohne dabei die säkularen, demokratischen Öffentlichkeitsdefinitionen der Moderne in Frage zu stellen" (ebd. S. 11) und damit an den universalistischen Grundlagen der Aufklärung zu rütteln. (S. 42). Die dabei

---

und per definitionem defensiv: Die Muslime befinden sich gewissermassen im Belagerungszustand; sie haben nicht nur das Recht, sondern die Pflicht, sich mit der Waffe zu verteidigen." (vgl. die Argumentation Osama Bin Ladens) (Krämer 2002, S. 13f.)

entstehende Konstruktion des öffentlichen, auch europäischen Raumes dürfte in Zukunft so aussehen: eine westlich-säkulare Zivilgesellschaft, allerdings durchmischt, zurückgedrängt oder konkurrenziert durch Islamische Solidaritäts-Netzwerke, wobei sich diese nicht (mehr) auf die Gesamtheit ('Umma') beziehen – sondern davon losgelöst agieren. (Schultze 2004).

4 Religiöser Fundamentalismus als Teil einer weltweiten Kultur[8]

Karen Armstrong (2005) stellt in einer faktenreichen, vergleichenden historischen Studie – beginnend mit 1492 bis zum Jahr 2000 – diese Entwicklung in einen noch größeren Zusammenhang, indem sie sich nicht nur auf den islamischen Fundamentalismus beschränkt, sondern den christlichen und jüdischen miteinbezieht. Eine „der bestürzendsten Entwicklungen des späten zwanzigsten Jahrhunderts ist die militante Frömmigkeit, gemeinhin ‚Fundamentalismus' genannt[9], die in allen großen religiösen Traditionen entstand und bisweilen erschreckende Erscheinungsformen annimmt" (Armstrong 2005).

„So mussten wir miterleben, wie Fundamentalisten betende Moscheenbesucher niedermetzelten, in den USA Ärzte und Pflegepersonal von Abtreibungskliniken umbrachten (und einem 'Wiedergeborenen' zur Präsidentschaft verhalfen, StB), den ägyptischen Ministerpräsidenten Anwar Sadat erschossen und sogar eine starke Regierung im Iran (Schah Reza Palewi) zu Fall brachten. Terroristische Akte verübt zwar nur eine kleine Minderheit, aber selbst die friedlichsten und gesetzestreuesten Fundamentalisten geben uns Rätsel auf, weil sie viele der höchsten, in unseren Augen menschenfreundlichsten Errungenschaften der modernen Gesellschaft offensichtlich rigoros ablehnen: Für Demokratie, Pluralismus, religiöse Toleranz, Friedenssicherung, Redefreiheit oder die Trennung von Religion, Kirche und Staat haben sie nichts übrig. Christliche Fundamentalisten bestreiten die Erkenntnisse der Biologie und Physik über die Entstehung des Lebens und halten stattdessen den Schöpfungsbericht der Genesis in allen Einzelheiten für wissenschaftlich stichhaltig; jüdische Fundamentalisten halten sich in einer Zeit, in der viele die Fesseln der Vergangenheit abwerfen, strenger denn je an ihr (von Gott) offenbartes Gesetz (und von Gott zugewiesenes heiliges Land, StB), und Musliminnen, denen die Freiheiten der Frauen im Westen viel zu weit gehen, verhüllen sich mit Kopftüchern und Tschadors.... Es gibt auch buddhistische, hinduistische und sogar konfuzianische Fundamentalismen, die ebenfalls viele mühsam erlangte Einsichten der liberalen Kultur ablehnen, im Namen der Religion kämpfen und töten und erbittert versuchen, ihr einen festen Platz in der Innen- und Aussenpolitik ihres Landes zu sichern." (S. 9f.)

---

[8] Der Kulturbegriff wird hier als von vielen (Mehrheitskultur) oder wenigen (Subkultur) geteilte Bedeutungssysteme (Wissensformen) definiert, die sich auf gemeinsame Bilder, Erklärungen (Codes), Visionen, religiöse Utopien oder Pläne und Verfahren für die Organisierung von Verhaltenssequenzen beziehen.
[9] Aufgebracht wurde der Begriff von den amerikanischen Protestanten, die sich, um sich von den liberalen Protestanten abzugrenzen, selbst als Fundamentalisten bezeichneten. (Armstrong 2005, S. 11)

Dabei ist dieser neue Fundamentalismus nicht nur konservativ und der Vergangenheit verhaftet, sondern, wie Karen Armstrong sachkundig aufzuzeigen versucht, „in vielen Teilen modern und in hohem Masse innovativ." (S. 11). Religiöser Fundamentalismus wird hier „als Gegenreaktion auf die wissenschaftliche und säkulare Kultur (verstanden), die zuerst im Westen aufkam, danach aber auch in anderen Teilen der Welt Fuss fasste" (Armstrong 2004, S. 12). Die Inhalte dieser Gegenkultur zielen darauf ab, die Inhalte, Gottesvorstellungen, ethischen Werte und Normen der drei grossen Buchreligionen als direkt und wortwörtlich von Gott vorgegeben, und damit durch Menschen unveränderbar zu betrachten. Dazu kann sich eine kampfbereite Form von Spiritualität entwickeln, welche die Mitgestaltung der Gesellschaft einklagt.

Bei allen kulturell-inhaltlichen, historischen und kontextuellen Unterschieden, lassen sich zentrale Gemeinsamkeiten beim neuen, weltweiten Fundamentalismus ausmachen, die wiederum an die Erforschung sozialer Bewegungen, Gegen- und Subkulturen anknüpfen (Gamson 1974, Lewis 2003, Armstrong 2004, S. 11, zurückgehend auf Marty/ Appleby 1991-1996, ferner Göle/ Ammann, Schulze 2004, Gholamasad 2004, Salvatore/ Eickelman 2004). So lassen sich u.a. folgende Entstehungsbedingungen feststellen:

Prekäre Lebenssituation, oft verschärft durch Ausbeutung, kulturelle Kolonisierung, Herrschaft und Staatsterror

Die Ausgangssituation ist meist extreme oder relative Armut – man denke beispielsweise an den Süden bzw. den 'Bible Belt' in den USA, eine im Verhältnis zur reichen Ost- und Westküste relativ arme, sehr grosse rurale Region mit vielen Modernisierungsverlierern, ferner an viele arme Länder in Afrika, an Indien mit seinem riesigen Agrarsektor, an Afghanistan, Palästina usw. Diese Armut kann, wie im Fall des Schah-regierten Iran oder der Ägypter unter dem kolonialen Joch der Engländer, im Maghreb unter demjenigen der Franzosen mit Diktatur, Staatsterror und Ausbeutung verknüpft sein. So lassen sich die Anfänge der heute unter fundamentalistischem und terroristischem Generalverdacht stehenden, verbotenen Muslimbruderschaft wie folgt nachzeichnen:

Trotz der proklamierten ägyptischen 'Unabhängigkeit' sassen die Briten nach dem ersten Weltkrieg noch immer an den Schaltstellen des Landes und manipulierten die Politik zu ihren Gunsten. Die Ägypter sahen sich in jeder Hinsicht erniedrigt – dazu kam der Kontrast zwischen den luxuriösen Häusern der Engländer, ihren Privilegien und den Hütten der ägyptischen Bauern. Hasan Al Banna (1906-1949), ein junger Lehrer anfangs zwanzig, wollte sich nicht länger damit abfinden. Hochtrabende Diskussionen über den Nationalismus und Ägyptens künftige Beziehung zu Europa fand er sinnlos, wenn die grosse Mehrheit der Bevölkerung desorientiert, und demoralisiert war. Nach seiner Überzeugung führte der einzige Weg zu spiritueller Heilung über die Rückkehr zu den Urprinzipien des Korans und der Sunna. So überredete er ein paar Freunde, in Moscheen und Kaffeehäusern, 'Predigten' aus dem Stegreif zu halten. Es ging darum, die *umma* wieder stark zu machen, ihre muslimischen Seelen zur Zeit vor der Kolonisierung wieder zu entdecken. Eines Abends im März 1928 kamen sechs Arbeiter aus Isma'iliyya zu ihm und baten ihn um Hilfe:

> „Wir wissen nicht, auf welchem Weg wir zur Herrlichkeit des Islams gelangen und dem Wohl der Muslime dienen sollen Wir sind dieses Leben der Erniedrigung und Einschränkung leid. Wir sehen, dass die Araber und die Muslime kein Ansehen und keine Würde haben. Sie sind nichts als blosse Söldner im Dienst von Ausländern. Wir besitzen nichts als dieses Blut... und diese Seelen... und diese paar Münzen. Wir sind unfähig, die Strasse zur Tat zu erkennen, wie du sie erkennst, oder den Weg zum Dienst am Vaterland, der Religion und der *umma* zu wissen, wie du ihn weißt." (Anm. 65: In: Mitchell, Society of Muslim Brothers, S. 8).

Die Geschichte und die Rede mögen erfunden sein, vermitteln aber eine Vorstellung von den Ideen der anfänglichen Muslimbruderschaft, die al-Banna gründete. (Armstrong 2004, S. 551). Gemeinsam legten er und seine Besucher ein Gelübde ab, die ‚Soldaten (dschund) für die Botschaft des Islams' zu sein. In dieser Nacht wurde die Gemeinschaft der Muslimbrüder geboren. Als al-Banna 1949 auf Geheiss der Regierung auf offener Strasse ermordet wurde, hatte die Muslimbruderschaft in ganz Ägypten zweitausend Organisationseinheiten, von denen jede dreihundert bis sechshundert Brüder und Schwestern vertraten. Das Hauptziel sei nicht Macht (Staatsstreich), sondern Bildung, wurde immer wieder neu betont. Wann immer die Muslimbruderschaft eine neue Organisationseinheit einrichtete, baute sie neben der Moschee stets auch eine Knaben- und Mädchenschule. Die Hinterlassenschaft Al-Bannas ist ein Sechs-Punkte-Programm mit dem Obertitel „Der Islam ist die Lösung", das auf klare und dadurch bedrohliche Weise die grossen Unzulänglichkeiten der Regierung blosslegte: (S. 316)

- die Interpretation des Korans im Geist der Zeit

- die Einheit der islamischen Nationen

- die Anhebung des Lebensstandards und die Herstellung von sozialer Gerechtigkeit und Ordnung

- die Bekämpfung von Analphabetismus und Armut

- die Befreiung muslimischer Gebiete aus der Fremdherrschaft

- die Förderung des islamischen Friedens und der islamischen Brüderlichkeit auf der ganzen Welt

Seitens der Regierung folgten Einschüchterung, Verfolgung, Gefängnis und Folter sowie Verbot. In dieser bedrohlichen Situation verstärkte sich wiederum die Forderung der Bewegung nach absoluter Gefolgschaft, die Propagierung eines verzerrten Bildes von der Gier, Tyrannei, Dekadenz und dem religiösen Bankrott Europas und – in der Folge die Entstehung einer terroristischen Einheit namens 'Geheimapparat' (al-dschihaz as-sirri) im Jahre 1943. Die Spaltung sozialer Bewegungen, die Abwehr und Repression erfahren, in einen moderaten bis radikalen und einen gewaltbereiten Flügel, der soziale Veränderungen durch kollektive Gewalt herbeiführen will, ist ein bekanntes Phänomen – man denke u.a. an die Arbeiterbewegung, die schwarze Bürgerrechtsbewegung, die 68er Bewegung, die Ökologiebewegung usw. Für die grosse Mehrheit der Mitglieder bestand die Daseinsberechtigung der Bruderschaft allerdings nach wie vor in der sozialen und spirituellen Reform der Gesellschaft.[10]

Erfahrung der rücksichtslosen bis gewalttätigen Einführung moderner, säkularer Werte, Normen, Gesetze unter Negierung der Ambivalenz von wissenschaftlichen Errungenschaften

Die meisten Fundamentalisten haben eine sehr aggressive, erniedrigende bis extrem gewalttätige Form der Einführung moderner, säkularer Ideen erlebt, was zu Erfahrungen äusserster existenzieller Bedrohung und Ohnmacht – bis hin zur Vernichtung führte – und zwar nicht durch die Natur, sondern durch die Menschen – Despoten, Kolonisatoren, Besetzer, Nazi-Ärzte und -Schergen. So darf nicht vergessen werden, dass die Juden diejenigen waren, die am meisten unter einer sich als modern verstehenden 'Wissenschaft' zu leiden hatten.

Für viele wurden die wissenschaftlichen Theorien zur Bedrohung, die den Menschen als Krone der Schöpfung entthronten: Kopernikus verbannte uns aus dem Zentrum des Universums; Darwin soll verkündet haben, wir seien einfach nur Tiere, und Freud ,bewies' uns, dass der Mensch alles andere als ein rationales, vernünftiges Wesen sei. Dazu kam Hobbes, der erklärte, Gott habe sich nach dem Schöpfungsakt aus der Welt zurückgezogen und Nietzsche erklärte Gott gar für tot. Das lässt sich nicht so ohne weiteres verkraften, wenn man über Bildungsprozesse keine kognitiven Mittel erhalten hat, um sich aufgrund vorlie-

---

[10] Tariq Ramadan, wohnhaft in Genf, Ratgeber des holländischen Premierministers Balkenende nach dem Anschlag auf van Gogh, von Tony Blair nach den Londoner Anschlägen und vieler anderer Regierungsstellen, ist der Enkel von Hassan al-Banna. Sein Vater, Said Ramadan, kämpfte nach der Ermordung von al-Banna weiter für die Ziele der Bruderschaft, musste aber 1958 nach Genf ins politische Exil, wo er 1961 das Centre Islamique gründete. Dort residierten bereits etliche Prinzen aus Qatar und Saudiarabien, welche die verbotene Muslimbruderschaft finanziell unterstützten. Die einen halten Tariq Ramadan für einen doppelzüngigen Terroristenfreund, andere für einen muslimischen Reformator, der die Muslime in Europa zu europäischen Bürgern muslimischen Glaubens machen bzw. zum Euro-Islam bekehren will.

gender Fakten über Natur, Mensch und Gesellschaft selber ein reales Bild der Welt anzueignen.

So rief 1920 der demokratische Abgeordnete und Presbyterianer William Jennings Bryan (1860-1925) zum Feldzug gegen die Verbreitung der Evolutionslehre an den Schulen und Universitäten auf (Armstrong 2004, S. 253-258). Tief beeindruckt von zwei Büchern, die einen Zusammenhang zwischen der Evolutionslehre und dem deutschen Militarismus herstellten und seinen paranoiden Deutschenhass begründeten, verkündete er, dass die Darwinschen Gottlosigkeiten an den Gräueln des Ersten Weltkriegs schuld seien: „dieselbe Wissenschaft, die Giftgase hergestellt hat, um Soldaten qualvoll ersticken zu lassen, verbreitet sich über die brutale Abstammungsgeschichte des Menschen und nimmt der Bibel alles Wunderbare und Übernatürliche" (zit. In Armstrong, S. 254). Seit dem Ersten Weltkrieg verbarg sich deshalb in der Wissenschaft ein furchterregendes Potenzial, wofür Bryan bei vielen, die seit dem Weltkrieg von neuen, diffusen, grassierenden Ängsten umgetrieben waren, bereitwillig Gehör fand. Eine dramatische Entwicklung ergab sich durch den 'Scopes-Prozess': Scopes, ein junger Lehrer, wollte für die Redefreiheit der amerikanischen Verfassung eine Lanze brechen und sprach sich, als er im Biologieunterricht seinen Direktor vertreten musste, für die Evolutionstheorie aus. Im Juli 1925 wurde ihm aufgrund der strengen Anti-Evolutionsgesetze in Tennessee der Prozess gemacht – ein Prozess, um den es nicht mehr um bürgerliche (Rede- und Glaubens-)Freiheiten, sondern zum einen zwischen den Rechten des 'gewöhnlichen Volkes', dessen Misstrauen gegenüber den Gelehrten durch den ersten Weltkrieg genährt wurde, das aber deswegen als unzurechnungsfähig lächerlich gemacht wurde und zum andern der 'Redefreiheit' sowie der Freiheit der Wissenschaft. So entwickelte sich der Prozess immer mehr um die Frage nach Sieg oder Niederlage zwischen Gott und Wissenschaft. Bryan argumentierte, dass, in Ermangelung eines endgültigen Beweises, das Volk das Recht habe, eine ‚unbestätigte Hypothese' wegen ihrer unmoralischen Auswirkungen abzulehnen. Der Scopes-Verteidiger Darrow unterzog Bryan einem gnadenlosen Kreuzverhör das zum Geständnis führte, dass die Welt älter als 6000 Jahre alt sei, dass er nie eine kritische Untersuchung über den Ursprung der biblischen Texte gelesen habe bis hin zur Aussage: „Ich denke nicht an Dinge, über die ich nicht nachdenke", vielmehr denke er nur an Dinge, über die er „manchmal nachdenke" (zit. In Armstrong, S. 256). Darrow ging aus dem Prozess als der strahlende Held des klaren rationalen Denkens hervor, während Bryan zum wirren, ahnungslosen Stümper und Obskurantisten wurde und wenige Tage nach dem Prozess – offensichtlich aufgrund der ihm zugefügten, entwürdigenden Strapazen – starb.

Nach dem verlorenen Prozess wurden der Kreationismus und der unerschütterliche Glaube an die wortwörtliche, ‚wissenschaftliche' Wahrheit der Bibel die zentralen Themen des fundamentalistischen Denkens und damit begann auch das Abdriften seiner Vertreter an den rechten Rand des politischen Spektrums. Vor dem Krieg waren sie noch bereit – sich auf ein Sozialevangelium stützend – mit den Linken für gesellschaftliche Reformen einzusetzen. Dies war aber nach der Niederlage im Scopes-Prozess mit dem Makel der Allianz mit den Liberalen behaftet. Ja, es liess und lässt sich geradezu für alle Fundamentalismen formulieren: Je aggressiver der Liberalismus und Säkularismus, desto extremer, verbitterter und massloser der Fundamentalismus. (ebd. S. 259). Dessen ungeachtet bleibt das Thema des zu Recht aufgeworfene Thema des Verhältnisses von Wissenschaft und Ethik bis heute – erst recht nach dem zweiten Weltkrieg und den heutigen Möglichkeiten der Life Sciences – von grösster Bedeutung.

Tiefsitzende Angst vor Zerstörung und Vernichtung – als Folge all dieser selbst erfahrenen oder durch Sozialisation weitertradierten Bedrohungen

Ein hervorstechendes Merkmal *aller* fundamentalistischen Bewegungen ist eine in vielen ihrer Schriften festgehaltene übersteigerte, geradezu paranoide Furcht vor Zerstörung und Vernichtung (Armstrong 2004). Mitgefühl, Empathie, Wohlwollen oder gar Verständnis für Nicht-Dazugehörige können sich in dieser Konstellation nicht entfalten. Sie versuchen vielmehr, gewissermassen als Schutzwall gegen Übergriffe seitens der Menschen oder Machthaber, ihre real oder vermeintlich bedrohte Identität durch selektive Wiedereinführung bestimmter religiöser Lehren und Praktiken aus der Vergangenheit zu stärken, indem sie sie als gottgegeben, verbal inspiriert und unabänderlich deklarieren. Nur Gott darf Gesetze erlassen. Auf diesem Hintergrund entsteht das Entsetzen, dass eine Regierung eigene Gesetze erlässt und durchsetzt: Die Verfassung „ist nicht mit der Befugnis ausgestattet, Gesetze zu schaffen, die vom höheren Gesetz (Gottes) abweichen, sondern kann lediglich die grundlegenden Gesetze verwalten, soweit der Mensch in der Lage ist, sie zu begreifen und sich ihnen zu nähern." (Rushdoony, zit. In Armstrong 2004, S. 386) Dies steht nicht, wie zu vermuten wäre, in einem islamischen, sondern einem amerikanischen Text.

Religion wird zur kulturellen Ressource zur Wahrung von Selbstachtung und Würde

Die in der Familie tradierten religiösen Vorstellungen und Mythen halfen vielen Menschen, die notwendigen Beschränkungen einer Agrargesellschaft, aber auch die Beschränkungen durch Naturgewalten, Armut, Ausbeutung als unveränderlich zu akzeptieren; so diente und dient die Religion als zentrale kulturelle Ressource, den Menschen und seine Würde wieder ins Zentrum zu stellen, ohne dass sich an seiner sozioökonomischen Ohnmachts- und Unterdrückungssituation etwas ändern muss. Oder anders formuliert: Religion dient zur Herstellung menschlicher Würde (z.b. als Ebenbild, Kind oder Statthalter Gottes), wenn es der säkulare Staat und seine Instanzen nicht schaffen, diese Würde sowohl sozioökonomisch als auch menschenrechtlich zu garantieren. Der Fundamentalismus als identitätskonstituierendes und verhaltenssteuerndes Deutungsangebot schafft Gemeinschaft und „zeigt den Menschen, wer sie sind und wofür es sich lohnt zu leben bzw. notfalls das eigene Leben zu opfern, wenn das Überleben der sozialen Einheit dies erfordert... Durch die emotionale Partizipation an einer solchen sozialen Einheit wird nicht nur das physische Überleben der einzelnen Muslime gesichert, sondern auch ihr Überleben nach dem physischen Tod in der Erinnerung anderer Menschen ermöglicht." (Gholamasad 2004, S. 167)

Weitere Gemeinsamkeiten zwischen den drei Formen des Fundamentalismus sind auf der kulturellen (geteilte Bilder) und strukturellen Ebene (Verhältnis zur Mehrheitsgesellschaft) als Produkt der geschilderten Erfahrungen und Interpretationsprozesse u.a. die folgenden:

Gesellschaftsbild als Krieg zwischen Gut und Böse

Als Produkt der beschriebenen Vernichtungsangst enthält ihr Weltbild einen kosmischen Krieg zwischen guten und bösen Mächten, der nur mit einem Sieg der Guten und einer Niederlage der Bösen enden kann.

In abgeschwächter Form spaltet der Fundamentalismus eine Gesellschaft in zwei feindliche Lager: die Säkularisten und die Religiösen, die sich weder sprachlich noch inhaltlich verstehen können. So bekannten sich 1994 laut einer Umfrage 44 % der Amerikaner zur Vorstellung, dass die Erlösung (vom Bösen) nur durch Jesus Christus zu erwarten sei; 30 % bezeichneten sich als 'wiedergeboren', 28 % glauben, dass die gesamte Bibel wortwörtlich zu verstehen sei und sie keine wissenschaftlichen und historischen Irrtümer enthalten könne (Wuthnow/ Lawson, in: Armstrong, S. 492). Zweifellos bereiten sich – zur Zeit unbemerkt – faschistische Gruppen wie *Christian Identity* – bis jetzt in der amerikanischen Geschichte beispiellos – auf den Kampf gegen die verhasste, säkulare US-Regierung, das säkularistische Establishment vor. Sie wollen bei der Endschlacht dabei sein, um gegen die Mächte des Bösen zu kämpfen. Aber vor allem geben sie einen „beunruhigenden Vorgeschmack darauf, wie Religion in der Zukunft benutzt werden könnte, um Ohnmachtsgefühle, Enttäuschung und Unzufriedenheit zu artikulieren." (ebd., S. 504f.)

Bildung einer Gegenkultur zwischen 1925 und 1960

In dieser Zeit begannen sich Fundamentalisten in allen drei monotheistischen Religionen von der Gesellschaf zurückzuziehen und eine Gegenkultur zu entwickeln, die ihren Vorstellungen vom richtigen Glauben und Leben entsprach. Die sich verwirklichende urbane Moderne mit ihrer säkularen Philosophie und Gesellschaftsvorstellung erfüllte sie mit Frucht, Grauen und hilflosem Zorn wie sie den liberalen Säkularen überkommen, der in die Finsternis des Holocaust blickt. Es ist diese Vorstellung des unaufhaltsam sich ausbreitenden Bösen, der den fanatischen Drang hervorruft, die Leere mit übermenschlichen, unumstösslichen Sicherheiten zu füllen. (S. 290). In dieser Phase wurden verschiedenste soziale Strukturen, religiöse Treffpunkte, Zentren, Netz- und Unterstützungswerke geschaffen.

Auch die meisten 'säkularen' sozialen Bewegungen – die Arbeiter-, Schwarzen-, Frauen-, Lesben- und Schwulenbewegung haben mit einem Rückzug und der Bildung einer positiven, identitätsstiftenden Alternativkultur begonnen, die dann in einer zweiten Mobilisierungsphase in den Kampf um BürgerInnen- und Menschenrechte mündete.

Mobilmachung, Kampfansage und Einmischung in die ordnungspolitischen Diskurse und Praktiken – ab etwa 1960

Die neueren fundamentalistische Bewegungen versuchen, mit durchaus modernen Mitteln (Massenmedien) ihre Weltsicht in diesseitige Ordnungspolitik umzusetzen. Ab 1960, aber vor allem nach der ersten Ölkrise 1974 werden die 'Fundamente' der Religion unter Anleitung der charismatischen Führer zu einer Ideologie umgearbeitet, die als Aktionsplan dient. Das heisst, dass sie Religion nicht mehr als ihre Privatsache, individuelles Heilsversprechen in einer jenseitsbezogenen Gegenkultur betrachten. Es geht jetzt neu darum, Gott wieder in die Politik zu holen, aus der er vertrieben wurde und damit um die aktive Gestaltung des öffentlichen Raumes, der Gesellschaft aufgrund klarer religiöser Vorgaben. Die primäre Frage im öffentlichen Diskurs mit dem Islam, dem christlichen Fundamentalismus ist also nicht mehr die nach der Religion. So ist heute die *religiöse Bedeutung* des Kopftuchs *sekundär;* in seiner *neuen* Bedeutung geht es um eine 'Politik der Sichtbarkeit'[11] und damit verbunden um *Deutungshoheit und Anspruch auf die Neugestaltung von diesseitsbezogenen sozialen Ordnungsvorstellungen.* Auch hierzu ein Beispiel:

In den 60er und 70er Jahren erwählten sich die protestantischen Fundamentalisten in den USA zur Mobilmachung den 'säkularen Humanismus' zum Feind. Im Lauf der Jahre wurde er zum Sammelbegriff für alles, wogegen sich die christlichen Fundamentalisten zur Wehr zu setzen haben. So entstand die

---

[11] Zugleich der Titel eines Flugblattes in Berlin, das zu einer grossen Konferenz aller muslimischer Gemeinschaften aufrief.

Definition des 'säkularen Humanismus' (des 'Pro-Familiy Forum': Is Humanism Molesting Your Child?, Texas, 1983), gegen den es jetzt öffentlich anzutreten gilt: Er

- leugnet die Gottheit Gottes, die göttliche Eingebung der Bibel und die Göttlichkeit Jesu Christi;

- leugnet die Existenz der Seele, des Lebens nach dem Tod, der Erlösung und des Himmels, der Verdammnis und der Hölle;

- leugnet den biblischen Schöpfungsbericht;

- glaubt, dass es keine absoluten Werte gibt, weder Recht noch Unrecht – dass moralische Werte selbst bestimmt und situationsbedingt sind. ‚Mach, was du willst, ‚so lange es keinem anderen schadet';

- propagiert die Abschaffung der typischen Rollenverteilung zwischen Mann und Frau;

- glaubt an die sexuelle Freiheit zwischen mündigen Individuen, ungeachtet des Alters, eingeschlossen vorehelicher Geschlechtsverkehr, Homosexualität, Lesbianismus und Inzest;

- glaubt an das Recht auf Abtreibung, Euthanasie und Selbstmord;

- setzt sich für die gleichmässige Verteilung des Wohlstands in Amerika ein, um Armut zu verringern und Gleichheit herzustellen, (anstatt die Ungleichheit der Menschen anzuerkennen);

- glaubt an die Kontrolle der Umwelt, die Kontrolle der Energie und deren Beschränkung;

- glaubt an die „Abschaffung des amerikanischen Patriotismus und an das System des freien Unternehmertums, an Abrüstung und an die Schaffung einer sozialistischen Weltregierung." (S. 382)

Wir haben hier eine teilweise grobe, aber wirksam motivierende Verzeichnung von humanistischem Gedankengut. Es entstand überdies die Vorstellung, dass die säkularen Humanisten binnen weniger Jahre 'Amerika vernichten' werden, „es sei denn, die Christen sind bereit, sehr viel energischer als in den letzten drei Jahrzehnten zur Verteidigung von Moral und Anstand anzutreten... und würden 'Vertreter wählen, die... auch die Innen- und Aussenpolitik auf den Schutz unseres Landes und unserer Lebensweise hin ausrichten." Ab diesem Zeitpunkt und Programm beherrschten die charismatischen Fernsehprediger wie Pat Robertson oder die Bakkers, Billy Graham, Jerry Falwell nicht nur viele grosse, selbstfinanzierte Fernsehanstalten, die Sportstadien, sondern auch die nationale Politik – bis sie teilweise wegen Sexaffären und Korruption in Ungnade fielen.

Die neueren fundamentalistischen Bewegungen versuchen, mit modernen Mitteln ihre Weltsicht in diesseitige Ordnungspolitik umzusetzen

Die neueren Bewegungen sind kein Rückfall in archaische, mythische Zeiten, sondern innovativ und anpassungsfähig und zeigen einen neuen pragmatischen Realismus. So verstehen sie die Bibel nicht nur als spirituellen, sondern auch als wissenschaftlichen Text und benutzen modernste Technologien zu seiner Verbreitung. Khomeneis Theorie, wonach ein Staatsoberhaupt sicherzustellen hat, dass die Gesellschaft sich vollständig dem in der Scharia offenbarten Willen Gottes unterwirft, war eine radikale Umkehrung jahrhundertealter schiitischer Tradition. Muslimische Denker predigten eine Befreiungstheologie und entwickelten eine antiimperialistische Ideologie, die mit anderen zeitgleichen Bewegungen in Dritte-Welt-Ländern im Einklang standen. Sogar die ultraorthodoxen Juden lernten mit ihrem neuen Rigorismus das politische System für ihre Siedlungspolitik in einer Weise zu manipulieren, die ihnen mehr Macht einbrachte, als je ein religiöser Jude in knapp zweitausend Jahren gehabt hatte. (Armstrong 2004, S. 512) M.a.W., verwandeln die Fundamentalisten den religiösen Mythos in ein kognitiv nachvollziehbares Bezugssystem, indem sie entweder auf wissenschaftliche Wahrheit pochen oder die komplexe Mythologie pragmatisch umformen, bis sie ihren diesseitigen Zwecken, miteingeschlossen den bewaffneten Kampf, dient.

5   Zusammenfassend:

Der sogenannte 'Westen', d.h. die liberalen Europäer und Angelsachsen, die sich eingebildet hatten, die Religion habe sich überlebt, müssen langsam einsehen, dass Millionen gläubiger Juden, Christen und Muslime innerhalb ihrer eigenen Reihen – und nicht irgendwo als Rest der Welt – die säkulare liberale Kultur im Gefolge der Französischen Revolution sowie ihre Akteure, Institutionen, auf die sie selbst so stolz sind, nicht nur abgrundtief hassen und verachten (Lewis 2003), sondern auch zu ihren Gunsten verändern wollen, indem sie die Religion auf die Tagesordnung der Weltpolitik setzen. Und dies ist ihnen denn auch – nicht zuletzt mit der Wahl von George Bush junior – in hohem Masse gelungen.

6 Herausforderungen an uns alle, die Wirtschaft und die Politik

In etlichen westlichen Staaten stehen sich also zwei Sub-Gesellschaften unterschiedlicher Grösse gegenüber, die sich weder sprachlich, religiös noch politisch mehr zu verständigen vermögen. Der neue, oberste Verfassungsrichter der USA musste deshalb vor seiner Einsetzung als Gerichtspräsident darnach befragt werden, ob er sich bei seiner Rechtssprechung auf die Bibel oder die Verfassung zu berufen gedenke. Er gab nur ausweichende Antworten. (NZZ v. 15.9.2005) Denn es gibt in den USA bereits jetzt nationale oder lokale Gerichte, welche ihre Urteile mit der Bibel begründen (NZZ v. 2005). Und in Kanada wurde vom englischsprachigen Teil trotz Protesten von Menschenrechtsorganisationen die Einrichtung von Schlichtungsstellen – u.a. für Ehe- und Familienkonflikte – bewilligt, die ihre Urteile gemäss der Scharia fällen.

Auch der religiöse Fundamentalismus ist – wie die Rede über die Zivilgesellschaft – eine Wiederkunft grosser Erzählungen, die allerdings noch kaum wahrgenommen, geschweige denn öffentlich ernsthaft diskutiert wird – es sei denn in einer enorm verkürzten Weise, d.h. im Zusammenhang mit der terroristischen Bedrohung. Sie löst auch bei säkularen Meinungsführern oft phobische Ängste und die entsprechenden Überreaktionen aus. Dies beginnt mit der Resonanz zu Huntingtons Buch zum 'Clash of Civilizations', dessen Titel nicht mit 'Zusammenprall', sondern mit 'Kampf der Kulturen' übersetzt wurde. Sie zeigt sich bei der Erklärung von 58 führenden amerikanischen Intellektuellen, die im Namen von fünf 'fundamentalen Wahrheiten' (sic!) den amerikanischen Krieg gegen den ‚Terrorismus' zu legitimieren versuchen. Sie heben hervor:

„Manchmal wird es notwendig für eine Nation, sich selbst mit Waffengewalt zu verteidigen.... (der) Hass (der Islamisten richtet) sich nicht allein gegen das, was unsere Regierung tut, sondern gegen das, was wir sind – gegen unsere Existenz.... Wer also sind wir? Was sind unsere Werte?" (Gholamasad 2004, S. 177).

Auch hier haben wir auf höchster Ebene eine Kulturalisierung gesellschaftlicher, sozialer Probleme ohne irgendwelche Einsicht in das strukturelle Machtgefüge und die leidvolle, blutige Geschichte zwischen Herausforderern und Herausgeforderten, unterschiedlichen Täter- und Opferkonstellationen. So bleiben die sehr konkreten, existenziellen Probleme und Bedrohungsängste, die Integrationsprobleme vieler Menschen, der Zugewanderten und Randständigen sowohl in der eigenen Gesellschaft wie weltweit undiskutiert und noch folgenreicher: unbearbeitet. Der neoliberale Diskurs mit seinen teilweise absurden Vorstellungen der Selbstbefreiung, der Rettung der Welt durch Wirtschaftswachstum und Konsumismus, eine Sozialpolitik, die von den bereits Unterprivilegierten und Verlierern Opfer fordert, der normative Multikulturalismus und postmoderne

Differenzdiskurs mit ihren undifferenzierten, alles Kulturelle relativierenden Toleranzvorstellungen, streuen uns tagtäglich Sand in die Augen.

So bleibt die Frage, welche Denk- und Handlungsperspektiven sich aus dem Dargelegten ergeben.? Was die Geschichte zeigt ist folgendes: Entwertung, Verurteilung, Zwang und Unterdrückung sind eindeutig keine Lösung, sondern lassen die Fundamentalisten nur radikaler werden: die protestantischen Fundamentalisten in den USA wurden, als sie im Scopes-Prozess der Lächerlichkeit preisgegeben wurden, nur noch reaktionärer, unversöhnlicher und buchstabengetreuer. Die extremsten Formen von sunnitischem Fundamentalismus entstanden in Nassers Konzentrationslagern, und das brutale Vorgehen des Schahs war eine der Ursachen der islamischen Revolution im Iran. (S. 511)

Was wären nun aber weiterführende soziale und politische Leitlinien?

Den religiösen Fundamentalismus verstehen lernen

Es geht als erstes darum, den Fundamentalismus, seine Entstehungsbedingungen, seine Geschichte und Wandlungsformen, seine heutigen sozialen Strukturen, Deutungsmuster, religiösen und politischen Ziele verstehen zu lernen, also sachlich zu beschreiben und zu erklären, anstatt ihn unbesehen zu verurteilen oder ihn gar sofort in die Nähe von Gewaltbereitschaft und Terror festzunageln. Dabei gilt es, die Akteure des Westens, des Christentums als historische wie aktuelle Mitverursacher miteinzubeziehen, ohne den Beitrag, und damit die Mitverantwortung der aktuellen Regierungen und weiterer Akteure der arabischen Welt, des Nahen Ostens, des Maghrebs usw. zu verschweigen.

Machtkritik

Es braucht als nächstes eine ernsthafte Auseinandersetzung mit dem lokalen, nationalen wie weltgesellschaftlichen Machtgefälle zwischen den Einheimischen und Zugewanderten, zwischen den verschiedenen Staaten, zwischen den Vertretern des Westens, Nordens und denjenigen der arabischen Welt, des Südens im Rahmen weltgesellschaftlicher Strukturen und Prozesse. Dabei muss klar zwischen sozialstrukturellen und kulturellen Beschreibungen und Erklärungen der Konflikte unterschieden, vor allem die Reduktion sozialstruktureller auf kulturelle Probleme und Erklärungen vermieden werden:

- Benachteiligung und Privilegierung müssen zum Thema von lokaler, nationaler bis weltweiter Gerechtigkeits- und Sozialpolitik,

- die Kulturkonflikte müssen zum Thema möglicher interkultureller Verständigung, des Verhältnisses von religiösem Gottesstaat und säkularem, demokratischem Rechtsstaat werden.

Es ist „mit ein bisschen Toleranz, ein bisschen Folklore und vor allem einer gehörigen Portion Gleichgültigkeit... nicht getan. Es geht um nichts mehr oder weniger als um eine Umverteilung von Reichtum, Macht und kultureller Repräsentanz." (Rommelspacher, zit. In: Hering/ Lützenkirchen 2004, S. 205, vgl. auch Rommelspacher 2002).

Ernstnehmen der tiefsitzenden Bedrohungs- und Vernichtungsängste

Unabdingbar ist aber auch die *Auseinandersetzung mit der psychischen Dimension der Problematik: der tiefen Angst vor Zerstörung, Vernichtung, ja Ausrottung,* die sich durch alles, was Karen Armstrong bezüglich der drei Formen des religiösen Fundamentalismus faktenreich zusammengetragen hat, hindurchzieht: „Das Bedürfnis, Doktrinen aufzustellen, Barrieren zu errichten, Grenzen zu ziehen und die Gläubigen in einer uneinnehmbaren Enklave abzuschotten, in der das Gesetz strengstens eingehalten wird, entspringt der panischen Vernichtungsangst, die alle Fundamentalisten früher oder später zu der Überzeugung geführt hat, die Säkularisten seien im Begriff, sie auszurotten." (Armstrong 2004, S. 511)

Ohne die Anerkennung dieser tiefsitzenden Angst, ob nun als Realität, Konstruktion oder diffuse Fantasie, kann es mit Fundamentalisten nicht den Schimmer einer Verständigungsbrücke geben. Sie lässt alle Argumente, auch die besseren und besten, einsichtigsten, wissenschaftlich begründetsten, auf die liberal, tolerant, rational und wissenschaftlich denkende Menschen bauen und auf Zustimmung hoffen, abprallen. Dies um so mehr, wenn daraus eine verfestigte kognitiv strukturierte Überzeugung geworden ist. Diese Anerkennung, die Empathie und Perspektivenwechsel voraussetzt, dürfte dann möglich sein, wenn bewusst wird, dass fast alle Menschen – auch die aufgeklärtesten – bei grosser bis grösster Bedrohung zu extremen, phobischen Reaktionen neigen. Man denke an die vorhin zitierte Erklärung von 58 führenden amerikanischen Intellektuellen nach den Ereignissen des 11. September 2001. Sie zeigt, dass diese tiefe Angst kein Vorrecht von charismatisch Verführbaren, Unaufgeklärten oder Ungebildeten ist.

Kritik an den Fehlentwicklungen des 'Westens' ernstnehmen und sich damit auseinandersetzen

Bevor die sogenannt 'Aufgeklärten', Rationalen im Rahmen von Auseinandersetzungen auf die Schwächen und Fehlentwicklungen der Fundamentalisten hinweisen, sollten sie sich, d.h. wir mit ihrer Kritik am westlichen, fast aussschliesslich am Konsum orientierten Lebensstil, dem übersteigerten Individualismus und Subjektivismus, dem nutzenmaximierenden, egozentrischen, zum homo oeconomicus pervertierten Menschenbild, dem zur Karikatur verkommenen Gesellschaftsbild als Marktgesellschaft mit grenzenloser, vom Staatsmoloch erlösender Wirtschaftsfreiheit, dem Missbrauch der Menschenrechte und der Wissenschaft durch Machtinteressen, aber vor allem der vom Westen eifrig betriebenen Doppelmoral in fast allen aussenpolitischen, gerechtigkeitsbezogenen Belangen auseinandersetzen (vgl. hierzu bereits Jane Addams 1907, Shue 1996). Aber: der Missbrauch der Menschenrechte, Willkür, Korruption in Demokratie und Rechtsstaat, aber auch die Irrungen wissenschaftlicher Wahrheitssuche sind noch keine Legitimation, die Werte selbst ‚fundamental' in Frage zu stellen. Sie sind vielmehr ein Grund, sie neu zur Diskussion zu stellen und für ihre glaubwürdigere Durchsetzung zu streiten und zu kämpfen.

Festhalten an menschenfreundlichen Werten und wissenschaftlicher Wahrheitssuche

Mit Offenheit für Kritik und ausschliesslicher Selbstkritik ist allerdings das kulturelle Problem des Konfliktes zwischen einer auf Tradition und/ oder absolut und ahistorisch gesetzten göttlicher Offenbarung beruhenden, oft menschenfeindlichen Kultur im Christentum, Judentum und Islam und einer auf die Vernunftfähigkeit der Menschen aufbauenden, nach rechtsstaatlichen, demokratischen und womöglich menschenrechtlichen Prinzipien funktionierenden säkularen politischen Kultur noch nicht gelöst. Es besteht in erster Linie darin, dass von vernunftfähigen Menschen demokratisch beschlossene Gesetze durch Menschen wieder geändert werden können, wenn sie sich als menschenfeindlich erweisen; für die von Gott offenbarten, als absolut verstandenen Gesetze gilt dies nicht. Die eklatanten Versäumnisse des religiösen wie kulturellen Multikulturalismus, die mit dem 11. September und den nachfolgenden Ereignissen offenkundig wurden, lassen sich nicht im Galopp nachholen, vor allem wenn auf beiden Seiten Dialog mit Mission verwechselt wird und Assoziationen zu Eroberungen, Kolonisation, Kreuzzügen wachruft. (vgl. van Doorn 2004, S. 185).

Zur Selbstkritik muss die realistische Beurteilung des Gegenübers kommen, die klar und deutlich formuliert und begründet, was tolerierbar, was verhandelbar ist und was nicht, auch wenn für letzteres eine kulturelle oder religiöse, von Gott offenbarte Legitimation aus dem Alten oder Neuen Testament, dem Koran oder der Scharia oder einfach ‚nur' die unhinterfragte kulturellen Tradition dafür geltend gemacht wird. (Forst 2003).

Menschenrechte als Werte- und Rechtskultur jenseits religiöser, ethnischer und neoliberaler Kultur

Daraus muss die Frage entstehen, was denn ein möglicher, universeller, übergeordneter Maßstab sein könnte, um Konflikte jenseits aller religiösen und kulturellen wie ethnisch-nationalen Bekenntnisse, Werthaltungen und nationalen

Verfassungen beurteilen und wenn möglich lösen zu können. Zum einen setzt dies die Gleichheit, Würde und Gleichberechtigung aller Menschen und nicht nur derjenigen Mitglieder eines Nationalstaates voraus, wie dies in der universellen Deklaration der Menschenrechte rechtlich und institutionell verankert ist. Zum andern sind es die Menschenrechte selber, die als Maßstab für die Beurteilung von kulturellen und gegen- oder subkulturellen wie religiösen Deutungsmustern und ihren Anspruch auf Deutungshoheit Geltung erlangen müssen. Dies ist nicht einfach. Dabei ist der Streit um ihre Verbindlichkeit die Fortsetzung des Streits zwischen und innerhalb säkularen, religiösen wie fundamentalistischen Positionen (Forst 2003, Hering/ Lützenkirchen 2004, S. 204).

Sowohl beim Angstthema als auch bei der Selbstkritik könnte das beginnen, was Christina Thürmer-Rohr unter 'Dialog' versteht: Nämlich kein vorher sehbarer Schlagabtausch vorgefasster Überzeugungen, als Versuch, kognitiv oder manipulativ die argumentative Oberhand zu gewinnen – alles Prozesse, die weder Verständigung noch Annäherung fördern, sondern nur die Bedürfnisse nach Abgrenzung und Bestätigung der eigenen Überlegenheit befriedigen. Dieser Dialog muss im zur Diskussion stehenden Konfliktfeld des weitern ohne falsche Rücksichtnahme gegenüber der eigenen wie fremden Kultur geführt werden. Er muss schliesslich auch im Bewusstsein seiner Grenzen geführt werden, denn: Angst, Hass und Wut bewirken oft, dass jede Meinungsverschiedenheit sich in ein Problem verwandelt und jedes Problem undiskutier- und unlösbar macht. (Lewis 2003, S. 93f.). Sie bewirken ebenso den Abbruch und die Verweigerung des Dialogs. In diesen Fällen ist allerdings nicht billige Toleranz angesagt, sondern: Die Menschenrechte bilden hier die Legitimationsbasis dafür, menschenfeindliche kulturelle bzw. religiöse Traditionen zu hinterfragen, in die Schranken zu weisen und wenn nötig, ethisch, moralisch oder/ und (straf)rechtlich mit den zur Verfügung stehenden rechtsstaatlichen Verfahren zu sanktionieren.

7   Herausforderungen an die Soziale Arbeit

Angesichts der Reichweite und Komplexität der dargestellten Problematik ist es nicht einfach, den Ort und Beitrag der Sozialen Arbeit zu definieren. Ich werde mich hier auf ein paar grosse Leitlinien beschränken (vgl. hierzu auch Staub-Bernasconi 1998, 2004, 2006).

Es kann sich heute keine Gesellschaft die Missachtung der Ängste, existenziellen Sorgen, Bedürfnisse und Unrechtserfahrungen von Fundamentalisten mehr leisten!

Auf der gesellschaftlichen lokalen und nationalen Ebene wird Soziale Arbeit versuchen müssen, der Öffentlichkeit, Wirtschaft und Politik mit Stellungnahmen aufzuzeigen, dass die Hoffnungen, die sie mit dem Rückzug des Sozialstaates und dem dadurch ermöglichten, quasi automatischen Vormarsch der Zivilgesellschaft verbindet, zentrale Probleme mit klar vorhersehbaren Folgen ausblendet.[12] Es kann sich heute keine Gesellschaft mehr leisten, die Unrechts- und Ungerechtigkeitserfahrungen, die Bedrohungsängste, Bedürfnisse und Sorgen, die so viele Fundamentalisten empfinden, mit billigen Toleranzappellen, kombiniert mit einseitigen Assimilationsforderungen an eine diffus definierte 'Leitkultur' oder gar mit repressiven Massnahmen zu missachten. Sie müssen aber auch auf der individuellen wie familienbezogenen Beratungsebene zum Thema werden, wenn sich zeigt, dass menschenfeindliche Normen zum Problem geführt haben. Die komplexen Ängste zu erkennen, die mit einer möglichen Veränderung dieser Normen oder einer einfachen Toleranzforderung verbunden sein können, gehört zu feindiagnostischer professionellen Kompetenz.

Soziale Gerechtigkeit als religionsübergreifender Wert und gemeinsame Diskussions- und Aktionsbasis

Eine der wichtigsten Verständigungsbrücken zwischen verschiedenen Religionen und Fundamentalismen dürfte – trotz unterschiedlicher Interpretationen – die Wertvorstellung 'soziale Gerechtigkeit' sein. Diese Gemeinsamkeit mit VertreterInnen unterschiedlicher religiöser Überzeugungen religions-, philosophie-, geschichtsbezogen sowie realwissenschaftlich und sozialpolitisch aufzuarbeiten wäre wohl einer der wichtigsten und dringendsten Theorie- und Professionsbeiträge der Sozialen Arbeit. Die Sache wird aber dadurch kompliziert, dass die Mitglieder reicher Gesellschaften lernen müssten, was soziale Gerechtigkeit nicht nur innen- bzw. sozialpolitisch, sondern auch aussen- und damit weltgesellschaftspolitisch sein müsste (Shue 1996, Staub-Bernasconi 2004). Und sie wird vollends kompliziert, wenn es um einen Lernprozess ginge, Gerechtigkeit zu konzipieren, ohne auf ökonomisches Wachstum zu hoffen.

Der kulturalisierende Integrationsdiskurs muss durch den sozialstrukturellen Diskurs und die daraus folgende Sozialpolitik ergänzt werden

Es gibt keine Profession (vielleicht mit Ausnahme der medizinischen), die der dargestellten Problematik in ihrem Alltag näher wäre als die Soziale Arbeit. Es ist längst kein Geheimnis mehr, dass viele soziale Einrichtungen mehrheitlich

---

[12] So hat Fadela Amara anlässlich der Verleihung des Alice-Salomon-Awards durch die Alice-Salomon-Hochschule in Berlin bereits 2004 vorausgesagt, dass die Situation in den Banlieues von Paris derart explosiv ist, dass sich daraus durchaus eine eine gewalttätiger Aufstand ergeben könnte. Öffentlich werden heisst allerdings noch nicht, gehört werden.

mit Zugewanderten zu tun haben. Durch Aneignung zusätzlicher Fachkompetenz und Definitionsmacht, durch die Veröffentlichung privatisierter Nöte von Zugewanderten, insbesondere der Mädchen und Frauen, durch Zivilcourage und unüberhörbare Einmischung muss sie das fordern, was Thema dieses Bundeskongresses war, nämlich: Den sozialen Staat neu aktivieren!

Auch die Einrichtungen des Sozialwesens müssen auf ihre Einstellung gegenüber und die Anstellung von Zugewanderten überprüft werden

Die Vorstellung der interkulturellen Öffnung sozialer Dienste hat heute Konjunktur. Damit ist aber zu oft nur die Aneignung von interkulturellen Kompetenzen durch die Mitglieder der Mehrheitsgesellschaft gemeint. Auch auf dieser Ebene wird ein strukturelles Problem kulturalisiert, ginge es doch auch um die strukturelle Öffnung der Einrichtung für die Anstellung von professionellen MitarbeiterInnen aus anderen Nationen, Ethnien und bei den grossen konfessionellen Einrichtungen anderer Religionen. Denn nur auf diese Weise lernt man im Arbeitsalltag mit kultureller und religiöser Diversität umzugehen, Dialoge zu führen, Positionen zu beziehen und zu verändern, falsche und echte Toleranz zu unterscheiden usw.

Im Unterschied hierzu gibt es mancherorts Tendenzen der Abschottung, vor allem in konfessionellen Einrichtungen. Entweder stellt man Andersgläubige schon gar nicht an oder man verlangt von ihnen fraglose Akzeptanz der 'hier' geltenden Werte und Normen oder man 'benutzt' sie lediglich als willkommene sprachliche ÜbersetzerInnen ohne weitere Funktionen. In einer solchen Konstellation kommen die Fundamentalismen der Mitglieder sozialer wie konfessioneller Einrichtungen, die es unübersehbar gibt, kaum je zur Sprache.

Interkulturelle Verständigung und Gemeinwesenökonomie

Neben der gründlichen Revision von Theorien Sozialer Arbeit wird sich Soziale Arbeit auch auf der praktischen Ebene diesen Problemen stellen müssen – und zwar sowohl in der Arbeit mit Individuen, (Gross-)Familien wie Gemeinwesen mit vielen Zugewanderten. Im Bereich der *interkulturellen Arbeit* wäre nach wie vor interkulturelle Übersetzungs- und Verständigungsarbeit, insbesondere zwischen religiöser und säkularer Kultur, zwischen unterschiedlichen Menschen-, Gesellschafts-, Staats- und Gemeinschaftsverständnissen vonnöten. Darüber hinaus braucht es theoretische und ethische Klarheit über – menschenrechtlich gesehen – nicht Verhandelbares. Diese Klarheit ist nicht zuletzt deshalb notwendig, weil die Forderung religiöser Kreise z.B. nach rechtsprechenden muslimischen Einrichtungen oder nach „muslimischer Betreuung in medizinischen und sozialen Einrichtungen" zunehmen werden (vgl. z.B. Punkt 20 der Grundsatzerklärung des Zentralrats der Muslime in Deutschland (ZMD).

Soziale Arbeit sollte des weitern nicht zur Kulturalisierung struktureller Probleme beitragen. Dies heisst, dass sie sich auch der Frage stellen muss, was die Alternativen zur Mainstream-Ökonomie und -politik, die auf Wirtschafts- und Arbeitsplatzwachstum setzt, jenseits der aktuellen Sozialhilfe sein könnten. Dazu zählen alternative Modelle einer Tätigkeitsgesellschaft, aber ebenso die Bestrebungen in Gemeinwesenökonomie (Elsen 1998).

Konzeptuelle Arbeit an der Vorstellung von 'Social Citizenship' und 'transnationaler sozialer Bürgerschaft'

Die klassisch-liberale Vorstellung der Zivilgesellschaft richtet sich vornehmlich an den Staats- und Wirtschaftsbürger. Soziale Arbeit hat ihren Schwerpunkt aber eher auf der Konzeption von 'Social Citizenship', zurückgehend auf Thomas Marshall (1992/ 1950) und Dahrendorf (1991). 'Social Citizenship' definiert die BürgerInnen als Menschen, die nicht nur einen Anspruch auf Freiheit, sondern auch auf soziale Existenzsicherung haben, um ein Leben in Würde führen zu können. Und dieser Anspruch steht gemäss den Menschenrechten allen Menschen zu. Dahrendorf in seinen Ausführungen über den Bürgerstatus erinnert daran, dass „(d)ieser Status... per definitionem mit den Extravaganzen des Marktes nichts zu schaffen (hat). Citizenship (oder Bürgerstatus...) ist ein nicht-ökonomischer Begriff. Er definiert die Stellung der Menschen unabhängig von dem relativen Wert ihres Beitrags zum Wirtschaftsprozess. Der Bürgerstatus ist daher in keinem seiner Elemente an die Erfüllung von Bedingungen geknüpft. Das gilt für Verpflichtungen ebenso wie für Rechte. Das Wahlrecht (zum Beispiel) ist nicht abhängig davon, ob jemand Steuern zahlt, obwohl das Zahlen von Steuern eine mit dem Bürgerstatus verbundene Verpflichtung ist." In analoger Weise dürfe das Konzept des ‚workfare' das Recht auf Unterstützung durch Wohlfahrtseinrichtungen nicht an die Arbeitswilligkeit der Betroffenen binden, da sonst ‚workfare' zu einer neuen Form von Zwangsarbeit wird. „Dies sind Beispiele für die Exzesse des Angebotsjahrzehnts." (1991, S. 33).

Religiöse Solidarnetze und Wohlfahrtsorganisationen funktionieren teilweise nach dem gleichen Prinzip, sind aber, im Unterschied zur staatlichen Sozialpolitik, nicht universell, sonder partikulär, lokal und transnational, und schaffen dabei volle Mitgliedschaft und vor allem Loyalität zu einer religiösen, je nachdem auch politisch organisierten Gemeinschaft oder Organisation. Sie stellen ein konkurrierendes Ordnungssystem mit klaren Loyalitäten dar und sind staatlich nicht (mehr) kontrollierbar. (Schulze 2004, Salvatore/ Eickelman 2004, Göle 2004). Aus diesem Sachverhalt zu lernen, würde heissen, den Sozialstaat, insbesondere die Gelder für den Migrationsbereich nicht abzubauen, denn das wäre die kontraproduktivste Policy und Strategie, die man zur Zeit einschlagen kann. Was ansteht, ist, den Sozialstaat aktiv umzubauen und erste Schritte zu seiner Transnationalisierung einzuleiten. (Kleger 1997, Yeates 2001). Die 'soziale Frage' ist damit neu gestellt.

Zieht man dies alles in Betracht, so muss die eingangs geschilderte Zivilgesellschaftsromantik hinterfragt werden und einer Weiterentwicklung von Theorien Sozialer Arbeit auf empirischer Basis Platz machen. Dabei müsste die Vorstellung des Sozialbürgers, der Sozialbürgerin mit allen Implikationen für eine lokale, nationale und internationale soziale Praxis – aber auch für den Diskurs über den religiösen und säkularen Staat – entfaltet werden.

Literatur

Addams, Jane (1907): Democracy and Social Ethics. New York
Amara, Fadela (2005): Weder Huren noch Unterworfene. Berlin (Französisch: Ni Putes, Ni Soumises, La Découverte, Paris, 2004, 2003)
Armstrong, Karen (2004/ 2000): Im Kampf für Gott. Fundamentalismus in Christentum, Judentum und Islam. München.
Beglinger, Martin (2006): Unter Verdacht. Tariq Ramadan. In: Das Magazin, Nr. 1, 2006, S. 12-19
Brink, Bert van den/ Reijen Willem van (Hrsg.) (1995): Bürgergesellschaft, Recht und Demokratie. Frankfurt/ M.
Bundeszentrale für politische Bildung (2002): Weltreligion Islam. Bonn
Dahrendorf, Ralf (1991): Über den Bürgerstatus. In: van den Brink/ van Reijen (Hrsg.) (1995): S. 29-43
Doorn, Ralph van (2004): Ein Leben miteinander, nebeneinander oder gegenüber? Juden Christen und Muslime im Dialog. In: Hering (Hrsg.) (2004): S. 181-188
Ell Saadawi, Nawal (2005/ 1997): Fundamentalismus gegen Frauen. Berlin
Elsen, Susanne (1998): Gemeinwesenökonomie – Eine Antwort auf Arbeitslosigkeit, Armut und soziale Ausgrenzung. Neuwied
Forst, R. (2003): Toleranz im Konflikt. Geschichte, Gehalt und Gegenwart eines umstrittenen Begriffs. Frankfurt/ M
Gholamasad, Dawud (2004): Beten und kämpfen. Die vielen Gesichter des Islamismus. In: Hering (Hrsg.) (2004): S. 159-180
Göle, Nilüfer/ Ammann, Ludwig (Hrsg.) (2004): Islam in Sicht. Der Auftritt von Muslimen im öffentlichen Raum. Bielefeld
Habermas, Jürgen (2005): Zwischen Naturalismus und Religion. Philosophische Aufsätze. Frankfurt/ M.
Hering, Sabine (Hrsg.) (2004): Toleranz – Weisheit, Liebe oder Kompromiss? Opladen
Hering, Sabine/ Lützenkirchen, Georg (2004): Ist Toleranz Weisheit, Liebe oder Kompromiss? – Ein Ausblick, In: Hering S. (Hrsg.) (2004): S. 198-210
Kessl, Fabian (2001): Zivilgesellschaft. In: Otto/ Thiersch (Hrsg.) (2001): S. 2006-2016
Kleger Heinz (Hrsg.) (1997): Transnationale Staatsbürgerschaft. Frankfurt/ New York

Krämer, Gudrun (2002): Islam und Islamismus. Auf der Suche nach Einheit, Stärke und Gerechtigkeit. In: Bundeszentrale für politische Bildung (2002) S. 12-15.

Lefringhausen, Klaus (Hrsg.) (2005): Integration mit aufrechtem Gang. Wege zum interkulturellen Dialog. Wuppertal

Lewis, Bernard (2003): Die Wut der arabischen Welt. Warum der jahrhundertelange Konflikt zwischen dem Islam und dem Westen weiter eskaliert. Frankfurt/ M./ New York

Marshall, Thomas H. (1992/ 1950): Bürgerrechte und soziale Klassen. Frankfurt a.M./ New York

Otto, H.U./ Thiersch H. (Hrsg.) (2001): Handbuch Sozialarbeit/ Sozialpädagogik. Neuwied

Rommelspacher, Birgit (2002): Anerkennung und Ausgrenzung. Deutschland als multikulturelle Gesellschaft. Frankfurt/ M./ New York

Salvatore, Armando/ Eickelman, Dale (Eds.) (2004): Public Islam and the Common Good. Leiden/ Boston

Schade, Jeannette (2002): Zivilgesellschaft. Eine vielschichtige Debatte. INEF Report,. Institut für Entwicklung und Frieden der Gerhard-Mercator-Universität Duisburg, Heft Nr. 59.

Schulze, Reinhard (2004): Der Islam im öffentlichen Raum. Vorlesungsnachschrift. Fribourg/ Bern

Shue, Henry (1980/ 1961): Basic Rights. Subsistence, Affluence, and U.S. Foreign Policy. 2nd ed. Princeton

Staub-Bernasconi, Silvia (Hrsg.) (1998): Systemtheorie, soziale Probleme und Soziale Arbeit. Lokal, national, international. Bern/ Stuttgart/ Wien

Staub-Bernasconi, Silvia (1998): Ethnospezifische, interkulturelle, transkulturelle Soziale Arbeit. Mehr als ein Verwirrspiel? In: Staub-Bernasconi, (Hrsg.) (1998): S. 303-317

Staub-Bernasconi, Silvia (2004): Gerechtigkeit und sozialer Wandel, In: Thole,/ Cloos et al. (Hrsg.) (2004): S. 75-88

Staub-Bernasconi, Silvia (2006): Erfolgreich scheiternde Integration? In: Sonderheft der Neuen Praxis (im Druck)

Thole, Werner/ Cloos, Peter et al. (Hrsg.): Soziale Arbeit im öffentlichen Raum. Wiesbaden

Thürmer-Rohr, Christina (1997): Dialog und Dialogisches Denken. In: Dokumentation der Tagung „Dialog zwischen den Kulturen". Berlin, S. 32-34.

Islam und Integration – ein Gegensatz? Ein soziologisches Plädoyer für eine neue Aufmerksamkeit

Annette Treibel

Vorbemerkung

Im folgenden will ich als Soziologin auf die aktuellen Auseinandersetzungen um ‚den Islam' eingehen. Meine soziologische Betrachtung soll folgende Leitfragen beantworten helfen:

1. Was weiß man aus sozialwissenschaftlicher Sicht über die Bedeutung des Islam für den Integrationsprozess von Migrantinnen und Migranten in Deutschland?

2. Welche Rolle spielen die Geschlechternormen im Integrationsprozess?

3. Welche gesellschaftspolitischen Schlussfolgerungen ergeben sich aus der Analyse?

In der öffentlichen Diskussion dominieren zwei miteinander zusammenhängende Positionen:

Position 1 lautet: Der Islam als solcher ist integrationsfeindlich.
Nach dem 11. September 2001 und den weiteren Anschlägen in Djerba, Madrid, Istanbul, London etc. sowie der Ermordung von Theo van Gogh in Amsterdam und von Hatun Sürücü in Berlin wird dem Islam als solchem eine fortschrittsfeindliche, antiwestliche und zerstörerische Haltung zugeschrieben. Danach passen Muslime nicht in christlich geprägte westliche Gesellschaften: muslimische Männer unterdrücken ihre Frauen, akzeptieren unsere Grund- und Menschenrechte nicht, lehnen die westliche Gesellschaft als ungläubig ab, sie wollen und können sich nicht integrieren. Die Systeme Christentum und Islam sind danach nicht kompatibel. Muslime und Christen leben in jeweils voneinander abgeschotteten ‚Parallelgesellschaften'. Diese Position bezeichne ich als *islamkritisch*.

Position 2 lautet: Der Islam als soziale Konstruktion ist integrationsfeindlich.
Nach dieser Sichtweise gibt es ‚den Muslim' als solchen nicht. Vielmehr erfolge über die Etikettierung ‚Islam' eine Stigmatisierung und die Rechtferti-

gung gesellschaftlicher Marginalisierung und Stigmatisierung. Die Zuschreibung ‚Muslim' oder ‚Muslima' durch die Mehrheitsgesellschaft verhindert oder
erschwert gesellschaftliche Teilhabeprozesse. Die Rede vom fortschrittsfeindli-
chen Islam ist folglich ein Mittel zur Ausgrenzung und stabilisiert die von vielen
politischen Akteuren gewollte Spaltung in Einheimische und Zugewanderte.
Diese Position bezeichne ich als *gesellschaftskritisch*. Beide Thesen gehen also
weniger von Islam und *Integration* als von Islam und *Segregation* aus.

1   Erläuterungen zur ersten Leitfrage: Sozialwissenschaftliche Befunde zu Islam und Integration

Aus soziologischer Sicht stellen sich die Zusammenhänge zwischen Islam und
Integration bzw. Segregation wie folgt dar: Menschen muslimischen Glaubens
sind – wie Menschen christlichen Glaubens oder anderer Glaubensrichtungen
auch – mehr oder weniger religiös, praktizierend oder nicht-praktizierend. Es
gibt unterschiedliche Richtungen (Sunniten, Schiiten und Aleviten), die sich
untereinander (wie Protestanten und Katholiken) durchaus fremd oder feindlich
gesonnen sein können. Formelle und informelle Mitgliedschaften auf religiöser
Ebene werden als Möglichkeit geschätzt, in geschützten Räumen Gleichgesinnte
zu treffen.

Sieht man sich die Integrations- oder Assimilationsverläufe von Migrantinnen oder Migranten in Deutschland an, etwa am Beispiel der Bildungskarrieren,
so sind Menschen nicht deshalb erfolgreich oder erfolglos, weil sie Muslime
oder Nicht-Muslime sind. Bildungserfolg oder Misserfolg hängen vielmehr von
vielen Faktoren ab, von Geschlecht, sozialer Herkunft, den familiären und individuellen Bildungsaspirationen, den ökonomischen Ressourcen, dem Leistungs-
profil, der erfahrenen Unterstützung oder Diskriminierung durch Bildungsinsti-
tutionen – dem ökonomischen, kulturellen und sozialen Kapital, über das eine
Person im Kontext ihrer Herkunftsfamilie verfügt.

Die Kumulation von sozialen und individuellen Faktoren entscheidet über
Integration oder Segregation, nicht ein Faktor wie die Religionszugehörigkeit
allein. In den 1960er Jahren wurden große Bildungsreserven beim ‚katholischen
Arbeitermädchen vom Lande' gesehen. Seit Ende der 1990er Jahre gilt der
‚muslimische Arbeiterjunge aus der Stadt' als figuratives Konstrukt der Bil-
dungsbenachteiligung (vgl. zusammenfassend Hradil). Diese plakative Trend-
meldung enthält den wahren Kern, dass Mädchen mit Migrationshintergrund
schulisch relativ erfolgreich sind und etwa die Jungen einer ethnischen community eher Hauptschüler und die Mädchen eher Realschülerinnen oder Gymnasi-
astinnen werden. Die Jungen werden hier als das eigentliche Problem wahrge-

nommen. Betrachtet man jedoch den weiteren beruflichen Werdegang, so sind es doch wieder die Migrantinnen, die ohne Lehrstelle, ohne Berufsabschluss, ohne Beschäftigung bleiben (vgl. Granato/ Schittenhelm; Sozialministerium Baden-Württemberg).

Die Befunde scheinen sich also zunächst auf folgende Diagnose zu verdichten: *Der Islam per se ist integrationspolitisch neutral.* Muslimische Religiosität verhindert nicht, dass Bildungskarrieren erfolgreich verlaufen. Für einen Automatismus, wonach ,der Islam' zwangsläufig Selbstausgrenzung bzw. Ausgrenzung nach sich zieht, gibt es keine Belege. Zusammenhänge im Sinne von Islam und Segregation mag man vermuten, sobald man die alltägliche Lebenspraxis von ,normalen' Muslimen verlässt und sich den fundamentalistischen Strömungen, dem *Islamismus,* zuwendet. Hier sieht es zunächst danach aus, dass nicht einmal eine fundamentalistische Einstellung zwangsläufig integrationsverhindernd ist. Sie kann sogar umgekehrt der Antrieb zu einer undercover-Existenz sein, die alle Ansprüche der sog. Assimilationisten nach kognitiver, insbes. sprachlicher und struktureller Assimilation erfüllt.

Von Mohammed Atta, den Attentätern von London und auch von Mohammed Bouyeri, dem Mörder des niederländischen Regisseurs Theo van Gogh, ist gleichermaßen bekannt, dass sie eigentlich nette junge Männer waren, die allenfalls dadurch auffielen, dass sie so gut integriert waren. Die *Neue Zürcher Zeitung* konstatiert konsterniert:

> „Verstörend aber ist es, zu sehen, dass das Böse mittlerweile unerkennbar im Inneren des westlichen Sozialkörpers haust, wenn selbst junge muslimische Immigranten oder in zweiter Generation geborene Jugendliche der islamistischen Propaganda und moralischen Enthemmung zum Opfer fallen und zu Selbstmordattentätern werden. Dem netten und wohlintegrierten Mohammed Atta in Hamburg, dem Traum eines jeden Sozialarbeiters, wären mit seinem Ingenieurstudium alle Möglichkeiten der Selbstverwirklichung offengestanden – stattdessen wählte er Vernichtung und Selbstvernichtung. Auch den vier jungen Männern … in London … stand keine triste Zukunft bevor." (NZZ v. 23./ 24.7.2005, Nr. 170, S. 35).

Selbstmordattentäter und gewaltbereite Islamisten haben eine politische Ambition, den Kampf gegen den Westen. Sie agieren aus Hass. Nach außen sind sie – sonst sind ihre Taten nicht durchführbar – häufig sogar besonders unauffällig.

Integrationspolitisch relevant ist der Bereich, den ich als *Grauzone zwischen Islamismus und Alltagsislam* bezeichnen möchte. Hier sind der zentrale Antrieb nicht Hass, Sendungsbewusstsein und Zerstörungswillen, sondern Angst, Frustration, soziale Anpassungsprozesse und rational-ökonomische Kalkulation.

2 Erläuterung der zweiten Leitfrage: Geschlechternormen

Die communities der Migrantinnen und Migranten haben sich im Migrationsverlauf verändert, wie Necla Kelek in ihrer Autobiographie eindrücklich beschreibt: „Langsam, aber unaufhaltsam wurden aus den Gastarbeitern Türken und aus den Türken Muslime" (Kelek, 131). Die Regeln einer mehr oder weniger strengen muslimischen Lebensführung sind der soziale Kitt von vielen türkischen communities. Die religiöse Praxis dient der Reduktion von Komplexität in der Moderne. Auf der anderen Seite gibt es die Identitätskonzepte von (jungen) Neo-Musliminnen, die – bis zur Diskussion um Kopftuchverbote – Deutschland gerade dafür schätzten, dass sie hier, anders als in der Türkei, ihr Kopftuch auch in öffentlichen Institutionen tragen können. Dabei ist genau dies das irritierende Moment. In westlichen Kontexten hat sich, selbst unter Katholiken, Religiosität hinter die Kulissen der Privatheit zurückgezogen. Es ist eher ungewöhnlich, sich über religiöse Bekenntnisse zu verständigen – während es durchaus möglich ist, zu fragen, ,was hast Du denn gewählt?'. Muslimische Mädchen und Frauen demonstrieren nun jedoch – für Nicht-Muslime auffälliger, als dies muslimische Männer mit ihrer Barttracht tun – mit ihrer Kleidung offensiv ihre Religiosität in der Öffentlichkeit. Sie begründen dies mit ihrem individuellen Glaubensbekenntnis, das nur auf diese Weise, also in der Bedeckung, gelebt werden könne. Gleichzeitig wäre, so die Argumentation, die öffentliche Existenz einer ehrbaren Muslima als Studentin oder Verkäuferin beendet, würde man ihr die Bedeckung verbieten.

Der Islam ist geschlechterpolitisch nicht neutral: Männer- und Frauenwelten sind getrennt, Frauen haben keine oder geringere Teilhabemöglichkeiten, an das Verhalten von Mädchen und Frauen sind restriktivere Kodizes geknüpft als an das von Jungen und Männern, insbesondere was Privatheit und Öffentlichkeit betrifft. ,Ehrenmorde', die ich zutreffender als *Frauendisziplinierungsmorde* bezeichnen möchte, sind Einzelfälle, zeigen jedoch die Veränderung der Machtbalance in den Geschlechterbeziehungen auch der Zugewanderten an (vgl. für die Einheimischen Kunze). Die beängstigende Entwicklung der Gewalt gegen Frauen in Spanien (72 weibliche Todesfälle durch häusliche Gewalt im Jahr 2004) zeigt, dass die konflikthafte Gestaltung der Geschlechterbeziehungen nicht auf Muslime beschränkt ist. Im Fall der muslimischen Familien, die auf Zwangsverheiratungen oder Ermordungen zurückgreifen, sind es jedoch nicht nur die männlichen Familienmitglieder, sondern häufig auch die Mütter, die glauben, ihre Töchter auf diese Weise schützen, unterstützen oder bestrafen zu müssen.

Der 'Ehrwahn' gehört, wie Werner Schiffauer in seiner Analyse des Mordes an Hatun Sürüncü feststellt, zum Selbstbild eines Teils der jungen muslimischen Männer in Deutschland:

> „Wir besitzen Ehre, die andern nicht – und dies lässt sich an ‚unseren' Frauen ablesen. Die Wut auf die deutsche Gesellschaft insgesamt richtet sich dann schnell gegen die Frauen, die sich den damit einher gehenden Erwartungen entziehen – indem sie aufsteigen und aussteigen. Der relative Erfolg dieser jungen Frauen in Schule und Beruf konfrontiert ihre Brüder mit der Tatsache, dass die Randlage unter Umständen doch nicht so aussichtslos ist, wie es heißt. Wenn sie dann noch ‚wie Deutsche' werden, ist das fast Verrat" (Schiffauer).

Unter dieser Perspektive ist ‚der Islam' integrationspolitisch nicht neutral, sondern verhindert Teilhabechancen von Migrantinnen.

Ich halte fest: Islam und Integration sind kein Gegensatz. Vielmehr übernimmt der Islam für unterschiedliche Akteurinnen und Akteure bestimmte Funktionen:

a. Für manche dient ‚ihr Islam' im Sinne des *Islamismus* als antiwestliche Interpretationsfolie und politisches Ordnungssystem im Weltmaßstab.

b. Für viele ist ‚ihr Islam' eine *kulturelle Alltagspraxis*, die der Stabilisierung und Selbstvergewisserung dient. Diese Praxis kommt in ganz disparaten Ausprägungen vor: patriarchaler Konservativismus ist hier ebenso vertreten wie feministischer Individualismus.

c. Für viele Mitglieder der Mehrheitsgesellschaft dient der Islam als *Globalkategorie* im Rahmen einer Ethnisierung und Stereotypisierung. Auf diese Weise erscheint Ausgrenzung zulässig. Der Islam als Globalkategorie der Nicht-Muslime legitimiert Exklusion.

d. Der Islam als ‚andere und besondere Religion' ist funktional im Sinne eines Benennungsverbots bei den um *Verständnis und Toleranz* bemühten Teilen der Aufnahmegesellschaft: ‚weil es Muslime sind, müssen wir uns um Verständnis bemühen'. Die Zuschreibung ‚Muslime' grenzt also nicht nur aus, sondern immunisiert durch vermeintliche Inklusion vor Kritik.

Ich plädiere dafür, insbesondere Migrant*innen* nicht nur als Opfer bzw. Adressatinnen von Zuschreibungen, sondern auch als Akteurinnen zu sehen. An der Kopftuch-Debatte (vgl. als Überblick zu den Positionen Oestreich 2004) möchte ich zeigen, wie schwierig und gleichzeitig notwendig dies ist. Zur Illustration dient ein Workshop, den ich im Sommer 2004 an der Pädagogischen Hochschule Karlsruhe zum Thema „Kopftuch in der Schule – für Schülerinnen ja, für Lehrerinnen nein?" mit Expertinnen und Experten und nicht-muslimischen und muslimischen Studierenden der PH durchgeführt habe.

Bei den Expertinnen und Experten überwog die Auffassung, dass ein Kopftuchverbot abzulehnen bzw. zumindest als nicht hilfreich zu bewerten sei. Es wurde für mehr Gelassenheit plädiert. Die Mehrheit der Studierenden muslimischen Glaubens kritisierte das Kopftuchverbot. Die Kopftuchträgerinnen bewerteten das Verbot als massive Beschneidung ihrer religiösen und persönlichen Entfaltungsmöglichkeiten. Ihre Entscheidung, ihre Haare (z.T. auch Schultern und Körper) zu verhüllen, sei eine rein persönliche Angelegenheit, zu der sie niemand gezwungen habe und mit der sie niemanden nötigen wollten, ebenfalls ein Kopftuch zu tragen. Infolgedessen verstanden sie die Aufregung nicht und führten diese auf unberechtigte Terrorismusängste der Bevölkerung und Anpassungszwänge der deutschen Gesellschaft gegenüber den MigrantInnen zurück.

Wie die Kopftuchträgerinnen sich verhalten werden, wenn es um die Frage ihrer Einstellung in den Schuldienst ginge, konnten sie nicht eindeutig beantworten. Einige meinten, vielleicht würden sie das Kopftuch dann doch ablegen. Die Tendenz war jedoch, sich nicht bevormunden lassen zu wollen und dann nach einer Alternative (Privatschulen, andere Tätigkeit) zu suchen. Des gleichen wurde die Hoffnung geäußert, dass das Verbot juristisch, politisch und im Kontext der Religionsfreiheit nicht haltbar sei.

Entgegen der Erwartung hat sich auf dem Workshop nicht bestätigt, dass die Studierenden ohne Kopftuch das Verbot einhellig begrüßen würden. ,Optisch' gab es zwar einige Studierende ohne Kopftuch, argumentativ befanden sich die Verbotsbefürworterinnen jedoch in der Minderheit. Studierende ohne Kopftuch äußerten sich als ,Noch-Nicht-Kopftuchträgerinnen', die 'noch nicht so weit' seien und nicht ausschließen würden, dass sie im Lauf der Zeit ein Kopftuch tragen würden. Ein ähnliches Argumentationsmuster zeigten die Äußerungen von Studierenden mit ausgesprochen modisch akzentuierten Kopftüchern, körperbetonter Kleidung und Make-up. Auch sie werteten sich im Vergleich mit stärker verhüllten Kommilitoninnen selbst ab. Von Kopftuchträgerinnen wurde geäußert, dass Alevitinnen (die traditionell kein Kopftuch tragen) keine akzeptablen Gesprächspartnerinnen seien.

Bei den nicht-muslimischen Studierenden hatten die Verbotsbefürworterinnen und -befürworter die Oberhand. Es wurde vor allem damit argumentiert, dass offensive religiöse, politische und persönliche Bekundungen in der Schule nichts verloren hätten und gerade *nicht* 'jeder herumlaufen und sich äußern könne, wie er wolle'. Hier verwiesen die Studierenden auf die generellen Dress-Codes im Schulpraktikum und im Referendariat, aufgrund derer man mit Punkfrisur, nabelfrei oder Piercing große Probleme bekomme.

Bei der Diskussion im Plenum wurde deutlich, dass es ein ausgeprägtes Bemühen um Verständnis, aber auch einhellige Kritik auf nicht-muslimischer Seite gibt. Auf allen Seiten war großer Informations- und Gesprächsbedarf sichtbar, der die internen Differenzierungen (also innerhalb der muslimischen und innerhalb der kopftuchtragenden Studierenden) und die spezifischen Bedingungen der Lehramtsausbildung stärker als bisher berücksichtigt. Leidenschaftslos und gelassen ging es jedenfalls nicht zu. Die Position eines der Referenten, man habe sich doch in den verschiedenen Zuwanderungsgesellschaften Europas längst an die Kopftücher im Straßenbild und in den Schulen gewöhnt und solle – von eindeutig demokratiefeindlichen Aktivitäten abgesehen – die muslimischen Minoritäten gewähren lassen und auf diese Weise den Integrationsprozess fördern, war unter den nicht-muslimischen Studierenden nicht mehrheitsfähig.

Aus soziologischer Sicht machte der Workshop eine bedenkliche Tendenz sichtbar: der Trend zum Kopftuch hält an, und zwar gerade bei Bildungsaufsteigerinnen. Unter klugem Verweis auf das Individualismus-Bekenntnis der westlichen Gesellschaften reklamieren sie die Entscheidung für das Kopftuch einer seits als ihre rein individuelle Angelegenheit, andererseits (ob zu Recht oder zu Unrecht, sei hier dahingestellt) als eine religiöse Pflicht der ,wahren Muslimin'. In dieser Perspektive werden die Nicht-Kopftuchträgerinnen direkt oder indirekt unter Druck gesetzt.

3   Schlussfolgerung

Aus migrations- und gendersoziologischer Sicht sehe ich keine zwangsläufig vorgegebene Relation zwischen Islam und Integration bzw. Segregation. Angesichts der sozialen Prozesse, die ich skizziert habe, möchte ich jedoch davor warnen, aus Sorge um eine Skandalisierung (vgl. Badawia) die Thematisierung problematischer Entwicklungen zu vermeiden. Eine kreative und nicht nur reaktive Auseinandersetzung sollte an die Stelle von bequemer Scheintoleranz treten. Dies gilt – und das ist ja hier unser Thema – insbesondere mit Blick auf die gender-Beziehungen. Es ist eben ein Unterschied, ob Männer (und Frauen!) aus Skepsis gegenüber einer Bundeskanzler*in* nicht CDU wählen oder ob Mädchen und Frauen gegen ihren Willen an der Verwirklichung ihrer beruflichen und privaten Ziele gehindert werden.

Protagonistinnen und Protagonisten solcher Positionen sind in größerer Zahl als noch vor zwanzig Jahren die Migrantinnen und Migranten selbst, etwa die Anwältin und Menschenrechtlerin Seyran Ates, die dafür plädiert, ,,die Gesetze so zu verschärfen, dass sie Frauen schützen – und den Männern zu signalisieren, dass ihr Ehrkodex vor deutschen Gerichten nicht zählt" (Ates).

Menschen haben in der Regel gute Gründe, sich für eine religiöse oder a-religiöse Lebensweise zu entscheiden. Diese näher zu analysieren, ist für die in aller Regel eher religionsskeptische Sozialwissenschaft eine lohnende Aufgabe.

Die gravierenden Differenzen zwischen regional geprägter muslimischer Religiosität, Pop-Islamismus (vgl. Gerlach) und islamistischem Terror gilt es im Auge zu behalten.

Literatur

Ates, Seyran (2005): ‚Multikulti ist verantwortungslos'. Interview mit der Menschenrechtsaktivistin Seyran Ates. In: die tageszeitung, 28.2.05, S. 13

Badawia, Tarek (2005): Thesen zur Förderung gesellschaftlicher Partizipation von muslimischen Kindern und Jugendlichen. In: neue praxis. 35. Jahrgang. 2005. Heft. 2. S. 158-186

Gerlach, Julia (2005): Die Pop-Islamisten. In: Die Zeit. Nr. 30 v. 21.7.2005. S. 39

Granato, Mona/ Schittenhelm, Karin (2004): Junge Frauen: Bessere Schulabschlüsse – aber weniger Chancen beim Übergang in die Berufsausbildung. In: Aus Politik und Zeitgeschichte. B 28/ 2004. S. 31-39

Hradil, Stefan (2001): Soziale Ungleichheit in Deutschland. Opladen

Kelek, Necla (2005): Die fremde Braut. Ein Bericht aus dem Inneren des türkischen Lebens in Deutschland. Köln

Kunze, Jan-Peter (2005): Das Geschlechterverhältnis als Machtprozess. Die Machtbalance der Geschlechter in Westdeutschland seit 1945. Wiesbaden

Oestreich, Heide (2004): Der Kopftuch-Streit. Das Abendland und ein Quadratmeter Islam. Frankfurt/ M.

Sozialministerium Baden-Württemberg (Hrsg.) (2004): Familienbericht 2004, Teil 2. Migration und Migrantenfamilien in Baden-Württemberg. Stuttgart

Schiffauer, Werner (2005): Schlachtfeld Frau. Die ‚Ehrenmorde' haben wenig mit dem Islam zu tun – und viel mit Selbstausgrenzung. In: Süddeutsche Zeitung. Nr. 46 v. 25.2.05. S. 15

Schmid, Thomas (2005): Märtyrertum und Jugendrevolte in einem. Die islamistischen Attentäter von London sind Kinder der westlichen Welt. In: Frankfurter Allgemeine Sonntagszeitung. Nr. 28 v. 17.7.05. S. 12

Die Ökonomisierung des Sozialen als Frage der Geschlechterverhältnisse – für eine Politik der Einmischung

Ulrike Gschwandtner

„In diesem Sinne verstehe ich mich als Sozialwissenschaftlerin auch als politisch handelndes Subjekt, mein Interesse an dieser Diskussion ist, Wissenschaft mit Handeln zu verbinden, „scholarship with committment, das heißt eine Politik der Einmischung in die politische Welt" (Bourdieu 2004). (Eingangsstatement beim Bundeskongress)

Einleitend

Der folgende Beitrag beschäftigt sich mit der Frage, inwieweit eine Ökonomisierung des Sozialen auch Auswirkungen auf eine Neustrukturierung der Geschlechterverhältnisse zeitigt. Zu Beginn steht wie immer die Frage der Definition. Es gibt nicht 'die Ökonomie' (das Wirtschaften) und 'das Soziale' (eine kollektiven Übereinkunft zur Gestaltung der menschlichen Zusammenhänge), beide Begriffe sind in historische Kontexte eingebunden und unterliegen einer Wechselwirkung. Bestimmend für die Ökonomie ist die je spezifische Produktionsweise, also im Europa des 20. und 21. Jahrhunderts eine kapitalistische mit je unterschiedlichen nationalen Ausprägungen: Marktkapitalismus, gemanagter Kapitalismus oder Staatskapitalismus. (Brie, 2005, 85) 'Das Soziale', also die Gestaltung menschlicher Zusammenhänge, ist eingeschrieben in die jeweiligen politischen und ökonomischen Rahmenbedingungen.

In Deutschland und Österreich finden sich diese Verhältnisse im wesentlichen im Modell des keynesianischen Wohlfahrtsstaates wieder. Der Staat ist Akteur und müsse, so die politischen Forderungen am Ende des ausgehenden 19. Jahrhundert, „im Interesse der sozialen Sicherheit, der sozialen Gerechtigkeit, der sozialen Bürgerrechte und der sozialen Solidarität regiert werden." (Rose, 2000, 76)

Die seit längerem konstatierte Krise des Wohlfahrtstaates hat seine Ursachen unter anderem in den gesellschaftlichen und politischen Entwicklungen der letzten 40 Jahre, die auf einer Durchsetzung veränderter Interessen, etwa der neoliberalen Globalisierung, basieren. In dieser Krise wird auch die fordistische

Form des Sozialstaates (erwerbsarbeitszentrierte Definition des Sozialen etwa in Form der Sozialversicherungen) grundsätzlich in Frage gestellt. Gleichzeitig soll jedoch festgehalten werden, dass der Sozialstaat keynesianischer Ausprägung in den verschiedenen Nationalstaaten immer geteilt war und ist, das heißt, durch seine Fokussierung auf die bezahlte Erwerbstätigkeit eine Vielzahl von Gruppen (etwa Frauen, MigrantInnen) nicht in dem Maße oder gar nicht versorgte wie den idealtypischen 'männlichen Familienernährer'.

1 Die Ökonomisierung des Sozialen

Die Ökonomisierung des Sozialen ist ein Prozess, der auf vielen Ebenen stattfindet. Eine zentrale Akteurin ist die Politik der Europäischen Union. Seit dem 2000 beschlossenen Vertrag von Lissabon ist jedoch ein Ziel dieser Ökonomisierung ist klar: Eine Verlagerung der Verantwortung und der Kosten dieses Bereichs weg von staatlicher (kollektiver) Verantwortung hin zur ‚privaten, individualisierten' Verantwortung. Diese ist im neoliberalen Sinn doppelt ausgeprägt: Einerseits individuell im Sinne der Übernahme von (überwiegend) unbezahlter sozialer Arbeit durch Frauen und andererseits im Sinne der Privatisierung von Dienstleistungen, das heißt einer zunehmenden Warenförmigkeit der sozialen Arbeit und sozialer Leistungen.

2 Ökonomisierung und Geschlechterfrage

Die zu beobachtende Ökonomisierung des Sozialen verschärft die bereits bestehende Geschlechterhierarchie in mehrfacher Hinsicht: Am Beispiel der im Vertrag von Lissabon festgehaltenen sozialpolitischen Ziele, die auf mehreren Ebenen angesiedelt sind, kann dies gezeigt werden. Es handelt sich hierbei um das Konzept des 'aktivierenden' Sozialstaates (Schlagwort 'Employability'), das Konzept der Privatisierung sozialer Sicherung (Schlagwort 'Erhöhung der Eigenverantwortung' der SozialstaatsbürgerInnen) sowie das Konzept der Flexibilisierung des Arbeitsmarktes. Es kann davon ausgegangen werden, dass insbesondere die Flexibilisierung des Arbeitsmarktes jenes Projekt ist, das in der Europäischen Union am weitesten gediehen ist. Die mit der Flexibilisierung einhergehende zunehmende horizontale und vertikale Segregation des Arbeitsmarktes verweist Frauen an Arbeitsplätze, die etwa von niedrigem Einkommen, Prekarität und mangelnden beruflichen Aufstieg charakterisiert sind. In dieses Segment sollen nun auch jene Personen 'aktiviert' werden, die bislang aus unterschiedlichen Gründen nicht am Arbeitsmarkt aktiv waren, dies aber aufgrund des Abbaus verschiedener sozialer Sicherungssysteme (in Österreich etwa Einschnitte bei der Dauer des Bezug des Arbeitslosengeldes) werden müssen. Die Erhöhung der 'Arbeitsmarktfähigkeit' wird aber ohne Veränderung der Rahmenbedingungen (etwa Ausbau der Kinderbetreuungseinrichtung oder des öffentlichen Verkehrs) für viele Menschen der direkte Weg in die Armut sein.

Das Konzept der Privatisierung sozialer Sicherheit passt sich in diese Entwicklung nahtlos ein. Zentral ist hier der Hinweis, dass die Grenzziehung zwischen dem, was dem Öffentlichen und dem Privaten (das heißt, außerhalb der offiziellen Zuständigkeit des Staates) zugeschrieben wird, rein artifiziell (weil ideologisch begründete) und darüber hinaus in hohem Maße geschlechtlich codiert ist. (Brodie 2004, 23)

Die Bestimmung, was dem Privaten zugeordnet wird, ist komplex aufgrund einer feinen sprachlichen Unterscheidung zwischen 'privater Sphäre' und 'privatem Sektor'. Eine Verschiebung aus dem öffentlichen in den privaten Sektor zeigt eine Verschiebung hin zum Marktprinzip an (etwa Privatisierung der Pensionsvorsorge). Im Gegensatz dazu zeigt eine Verschiebung von der öffentlichen zur privaten Sphäre an, dass eine Tätigkeit oder ein Gegenstand nicht mehr länger als Gegenstand der Politik bzw. des Regierens, sondern im Verantwortungsbereich von Individuen, Familien oder Haushalten gesehen wird. (Brodie, 2004, 23) Insofern stellt Privatisierung unterschiedliche, aber ineinander verwobene Tendenzen dar: Entweder die Unterwerfung unter die Warenform oder die Familiarisierung/ Individualisierung.

Beide Tendenzen haben wiederum eine geschlechtliche Ausprägung: Wenn soziale Dienstleistungen warenförmig sind, so können sie von jenen, die über wenig bzw. kein Einkommen verfügen, nicht oder nur in geringem Ausmaß käuflich erworben werden, dies trifft insbesondere für viele Frauen, MigrantInnen oder PensionistInnen zu. Eine Familiarisierung/ Individualisierung trifft wiederum Frauen in hohem Maße: Nach wie vor sind sie – gesellschaftlich gesehen und zugewiesen – zuständig für die Reproduktion und Pflege.

Sowohl die Privatisierung als auch die Flexibilisierung sind darüber hinaus ideologisch in hohem Maße mit dem Konzept der 'Eigenverantwortung' aufgeladen, staatliche Kontrollen und Bestrafungen (Leistungskürzungen) sollen BürgerInnen dabei 'unterstützen', diese Verantwortung zu übernehmen.

Wie viel Ökonomie nun die soziale Arbeit verträgt, so die Leitfrage des Symposiums, ist schwierig zu beantworten. Wenn Ökonomisierung etwa „Investition in Soziales" (Krätke 2005, 92) bedeuteten würde, also eine radikale Umverteilungspolitik des erwirtschafteten Volkseinkommens als Ausgangspunkt hätte, dann würde die soziale Arbeit viel an Ökonomie vertragen. Wenn das aktuelle Verständnis von Ökonomie jedoch auf Marktliberalisierung, Wettbewerbswirtschaft, Flexibilisierung der Arbeitsmärkte und Privatisierung öffent-

licher Leistungen basiert, muss 1) die soziale Arbeit gegen diese Form der Ökonomisierung verteidigt werden und müssen 2) neue Modelle der sozialen Arbeit
entwickelt sowie insgesamt Sozialstaatlichkeit neu gedacht werden.

3   Für eine neue Sozialpolitik

Eine Diskussion über den Sozialstaates muss sowohl auf nationaler wie europäischer Ebene geführt werden (europäische Sozialstandards etc.), da die Ökonomisierung des Sozialen nicht an den je nationalen Grenzen endet bzw. beginnt.
Voraussetzung dafür ist unter anderem ein radikaler Bruch mit den vorherrschenden Ideen von gesellschaftlichem Reichtum und gutem Leben, also eine
„Befreiung der Köpfe von den Marktmythen der Gegenwart". (Krätke 2005, 92)
     Darüber hinaus kann eine Erneuerung des Sozialstaates nur in Zusammen-
hang mit einer Transformation der Geschlechterverhältnisse gedacht werden.
Diese wiederum hat als eine ihrer Grundlagen die Neudefinition des Arbeitsbeg-
riffs, das heißt, einen umfassenden Begriff von Arbeit – im Sinne einer gesellschaftlich notwendigen Arbeit – zu entwickeln. Die Neubewertung und eine
Umverteilung von bezahlter und unbezahlter Arbeit zwischen Männern und
Frauen stellen dabei einen ersten Schritt dar. Nur so kann ein Sozialstaatsmodell
diskutiert werden, das nicht ausschließlich an bezahlte Erwerbsarbeit gekoppelt
ist. Sozialpolitik wäre so eine Politik der Sicherung und Erweiterung der sozialen Infrastruktur, die nicht primär an das Individuum als Adressat oder Adressa-
tin gekoppelt wäre. (Hirsch 2005, 35)
     Die Frage der Umverteilung der gesellschaftlich notwendigen Arbeit eben-
so wie die Frage der Sicherung und Bereitstellung der sozialen Infrastruktur als
nicht warenförmige sind hinsichtlich der Beurteilung des Nutzens für die Geschlechterverhältnisse die wesentlichen Indikatoren. Die derzeitige Ökonomisierung des Sozialen geht zu Lasten von Menschen mit geringem oder keinem
Einkommen, insbesondere von Frauen. Das argumentative Beharren vieler AkteurInnen, die sich an der Sozialstaatsdiskussion beteiligen, auf der Möglichkeit
einer 'Erneuerung' des Sozialstaates geht an den aufgezeigten Grundproblemen
vorbei. Dies könnte unter anderem auch damit zusammen hängen, dass sie selbst
in der Mehrheit männlich und in sozial abgesicherten Bereichen mit existenzsi-
cherndem Einkommen tätig sind.

Literatur

Brie, André (2005): Zertrümmerung oder Erneuerung des Sozialstaates. Thesen. In: Widerspruch 48, Beiträge zu sozialistischer Politik. Jg. 25. S. 95-106

Bröckling, Uwe, Krasmann Susanne und Thomas Lemke (Hrsg.) (2000). Gouvernementalität der Gegenwart. Studien zur Ökonomisierung des Sozialen. Frankfurt

Brodie, Janine (2004): Die Re-Formierung des Geschlechterverhältnisses. Neoliberalismus und die Regulierung des Sozialen. In: Widerspruch 46. Beiträge zu sozialistischer Politik. Jg. 24. S. 19-32

Hirsch, Joachim (2005): Eine Alternative zum lohnarbeitsbezogenen Sozialstaat: Das Konzept der „Sozialen Infrastruktur". In: Widersprüche 97. Zeitschrift für sozialistische Politik im Bildungs-, Gesundheits- und Sozialbereich. Jg. 25. S. 51-68

Krätke, Michael, R. (2005): Hat das europäische Sozialmodell noch eine Zukunft? In: Widerspruch 48. Beiträge zu sozialistischer Politik. Jg. 25. S. 85-94

Rose, Nikolas (2000): Tod des Sozialen? Eine Neubestimmung der Grenzen des Regierens. In: Bröckling/ Krasmann/ Lemke (Hrsg.) (2000): S. 72-109

Europäische Integration und Geschlechterverhältnisse

Uta Klein

Wenn nach sozial gerechter Gestaltung von Gesellschaft gefragt wird, wie bei diesem Kongress, geht es auch um Geschlechtergerechtigkeit. Im Folgenden soll ausgelotet werden, wie bzw. inwiefern Europäische Integration und Veränderungen der Geschlechterverhältnisse zusammenhängen.

Es wäre verkürzt, den Stand der Geschlechterverhältnisse in den Gesellschaften der Mitgliedstaaten als Folge einer europäischen Integration zu begreifen. Geschlechterverhältnisse sind einerseits beeinflusst von Faktoren, die über die EU-Entwicklung hinausgehen und sich fördernd oder hemmend auf Geschlechtergerechtigkeit auswirken und andererseits von historisch-kulturell geprägten Geschlechterbildern in einzelnen Mitgliedstaaten.

Gleichwohl liegt auf der Hand, dass sich sowohl eine Vertiefung der Integration, die sich u.a. in Verträgen manifestiert, als auch die Erweiterung der Integration, vor allem der Beitritt zehn neuer Mitgliedstaaten 2004, auf eine Ressourcenverteilung zwischen den Geschlechtern und auch auf Einstellungsmuster auswirken. Abgesehen von diesen 'Nebenfolgen' ist von großer Bedeutung der *aktive* Einfluss der EU auf Geschlechterverhältnisse der Mitgliedstaaten (nämlich in Form der Beschäftigungs-, der Sozialpolitik und insbesondere der Gleichstellungspolitik). Er manifestiert sich zum einen in primärrechtlichen (Artikel in Gründungsverträgen, Erweiterungsverträgen und im Verfassungsentwurf) und in sekundärrechtlichen (Richtlinien, Verordnungen) Grundlagen zur Gleichstellung. Für die Gleichstellungspolitik hat sich zudem der Europäische Gerichtshof (EuGH) als wichtiger Motor erwiesen. Darüber hinaus erarbeitet die Kommission Empfehlungen, führt Programme und Kampagnen zur Gleichstellung durch, es werden Gelder für Projekte bereitgestellt. Insgesamt besteht Einigkeit darüber, dass die Gleichstellungspolitik der bislang erfolgreichste Bereich gemeinschaftlicher Sozialpolitik ist, was nicht zuletzt mit einer außerordentlich intensiven Lobby-Arbeit europäischer und nationaler Frauenbewegungen zu verdanken ist. Zugleich ist unübersehbar, dass eine faktische Angleichung der Chancengleichheit von Frauen und Männern in vielen Bereichen nicht erreicht ist.

Drei Aspekte der EU-Integration sind in Hinblick auf Geschlechterverhältnisse im Folgenden zu erörtern: die politisch-rechtliche Integration, die Marktintegration und die kulturelle Integration.

4 Politisch-rechtliche Integration und Gleichstellung

Das politische Projekt der EU hat zu einer Verankerung der Gleichstellung von Frauen und Männern in den Grundlagen und Zielen der Europäischen Union geführt. Der Amsterdamer Vertrag, der am 1.5.1999 in Kraft trat, stellte einen Wendepunkt für die Gleichstellungspolitik dar und hat diese entscheidend nach vorne gebracht. Mit dem Vertrag wurde erstmals die Notwendigkeit von Gleichstellung auf Bereiche über den Markt hinaus verbindlich formuliert.

Bis dahin hatte sich die Gleichstellungspolitik fast ausschließlich auf den *Erwerbsarbeitsmarkt* konzentriert. Grundlage war der Artikel 119 der Römischen Verträge zur Gründung der EWG im Jahre 1957, der „gleichen Lohn für gleiche Arbeit" forderte, bis in die 70er Jahre jedoch nur deklamatorischen Wert hatte. Zwischen 1976 und 1986, einer aktiveren Phase, wurden verschiedene Richtlinien verabschiedet, die sich aber ebenfalls auf den Bereich der Beschäftigung, der Erwerbsarbeit im engen Sinne beschränkten. Dazu gehören die Richtlinie zur Lohngleichheit für gleich*wertige* Arbeit (75/ 117/ EWG), die Gleichbehandlungsrichtlinie in Hinblick auf Zugang zu Beschäftigung und Arbeitsbedingungen (76/ 207/ EWG) und Richtlinien zur Gleichstellung in den Sozialversicherungssystemen (79/ 7; 86/ 378 und 86/ 613). Ein weiterer Schub erfolgte ab Beginn der 90er Jahre mit Richtlinien u.a. zu Mutterschutz (92/ 85/ EWG), zu Elternurlaub (96/ 34/ EG) und zur Beweislast bei Diskriminierung (97/ 80/ EG).

Im Amsterdamer Vertrag wird Gleichstellung dann als fundamentales, verrechtlichtes Prinzip der EU, als eine Querschnittsaufgabe der Gemeinschaft begriffen und Gender Mainstreaming eingeführt. Die „Gleichstellung von Männern und Frauen" benennt der Art. 2 als Aufgabe der Gemeinschaft. Art. 3 formuliert explizit als Ziel der Gemeinschaft, in allen Politikbereichen „Ungleichheiten zu beseitigen und die Gleichstellung von Männern und Frauen zu fördern". Auf der Agenda der EU-Politik sind seitdem deutlicher als zuvor Bereiche, die über die Erwerbsarbeit hinausgehen und in denen gravierende Benachteiligungen von Frauen festzustellen sind wie etwa Armut, Gesundheit, Gewalt gegen Frauen oder Frauenhandel. Die Gleichbehandlungsrichtlinie von 1976 wurde um einen Schutz vor Diskriminierung durch Belästigung, u.a. sexuelle Belästigung erweitert (2002/ 73/ EG). Seit 2004 gilt eine Richtlinie zur Gleichbehandlung beim Zugang zu Dienstleistungen, die zwar wichtige Bereiche wie das Steuersystem ausklammert, aber z. B. unterschiedliche Tarife bei Versicherungen verbietet.

Auch im Verfassungsentwurf[13] ist die Gleichstellung von Frauen und Männern als ausdrückliches Ziel der Union in Art. 3 festgeschrieben. Die Bekämpfung von Diskriminierungen aufgrund des Geschlechtes wird in Art. 3 (3) und im Rahmen der Charta der Grundrechte erwähnt. In der Charta der Grundrechte wurde von Lobbygruppen ein Nichtdiskriminierungsartikel und ein Artikel zur Gleichheit von Männern und Frauen durchgesetzt, der sich nun auch nicht mehr nur auf Arbeit und Entgelt bezieht, sondern die Gleichheit von Männern und Frauen in allen Bereichen fordert und ausdrücklich Vergünstigungen zugunsten eines unterrepräsentierten Geschlechts zulässt.[14] Besonders die damit rechtliche Legitimierung von Frauenförderung war zunächst von einigen Mitgliedsländern abgelehnt, von Frauenorganisationen dann aber durchgesetzt worden. Erstritten wurde auch die Aufnahme des Gender-Mainstreaming-Prinzips im ersten Art. des Verfassungsteils zu den Politikbereichen der Union. Es heißt, dass die Union bei *allen* Tätigkeiten darauf hinwirkt, „Ungleichheiten zu beseitigen und die Gleichstellung von Frauen und Männern zu fördern" – unzweifelhaft ergibt sich daraus die Verpflichtung der Staaten zur faktischen Gleichstellung als Handlungsauftrag. Nicht erfüllt wurden die Forderungen von Frauen nach einer Verankerung des Rechts auf paritätische Teilhabe von Männern und Frauen an politischen Entscheidungen.[15] Wie wenig die politischen Akteure in den Mitgliedstaaten jedoch ihren eigenen Verlautbarungen gerecht werden, zeigt zugleich die Entstehung des Entwurfs. Sie „schickten" nur 18 Frauen in den Konvent, ein Frauenanteil von 17 Prozent.

An dieser Stelle kann nicht detaillierter auf die Rechtsentwicklung eingegangen werden (dazu aber: Klein 2006b, 2006a, 2000; Ostner 2000; Schunter-Kleemann 1999; Hoskyns 1996).

Wichtig für unseren Zusammenhang ist:

Erstens lässt sich feststellen, dass sich auch auf der europäischen Ebene eine Entwicklung niedergeschlagen hat wie wir sie generell transnational feststellen. Gleichberechtigung und weitergehend Chancengleichheit hat sich im internationalen Normensystem durchgesetzt (vgl. Ferree und Mueller 2004; Berko-

---

[13] Nachdem die über die EU-Verfassung in Frankreich und den Niederlanden abgehaltenen Volksabstimmungen Ende Mai und Anfang Juni 2005 scheiterten, ist die Zukunft der Verfassung ungewiss.

[14] Obwohl bereits in der Europäischen Grundrechte-Charta seit 2000 ein Gleichheits-Grundrecht festgeschrieben war, fehlten im ersten Entwurf der EU-Verfassung Rechte von Frauen völlig und es folgten massive Proteste.

[15] Zudem wäre es sinnvoll gewesen, einen eigenständigen Politikbereich mit Regelungen zur Gleichstellung von Frauen und Männern zu implementieren. Der Entgeltgleichheitsgrundsatz und andere Bereiche der Gleichbehandlung im Rahmen der Beschäftigung sind im Politikbereich „Sozialpolitik" zwar richtig angesiedelt, zusätzlich wäre jedoch ein eigenständiger Abschnitt „Gleichstellung von Frauen und Männern" in einem neuen Kapitel „Gleichstellung" wünschenswert gewesen, um deutlich zu machen, dass über den Beschäftigungsbereich hinaus weitere Regelungen erforderlich sind.

vitch 2001; Wobbe 2001)[16]. Wohlgemerkt, es geht um *Normen*, die in völkerrechtlichen Verträgen verbindlich festgelegt sind, die aber durch Programme und Maßnahmen vorangetrieben werden und auf die sich soziale Bewegungen berufen können. Ausschließungsmechanismen werden als nicht mehr legitim erachtet bzw. bedürfen der Legitimation. Vor allem die Weltfrauendekade bot die Gelegenheitsstruktur für neue AkteurInnen, Rechte geltend zu machen. Ein Beispiel dafür ist die Convention on the Elimination of Discrimination of Women (CEDAW).

Zweitens zeigt sich, dass diese Entwicklung den Aktivitäten von Frauenbewegungen, von Lobbygruppen für Frauenrechte zu verdanken ist und umgekehrt wiederum unterstützt die Normsetzung zivilgesellschaftliche Gruppen. Die Normsetzung ist dabei im EU-Raum sehr fortgeschritten, das ist auch in anderen Bereichen deutlich (z.B. Aktivitäten gegen Frauenhandel, der erst Mitte der 90er Jahre Thema auf der EU-Agenda wurde, dann aber durch Netzwerke zwischen NGOs und Politikerinnen gestützt von der internationalen Entwicklung im Menschenrechtsbereich einen hohen Stellenwert in der Justizpolitik der EU bekam). Heute sind frauenpolitische Lobbygruppen und hier vor allem die European Women's Lobby als Dachverband europäischer Frauenorganisationen zu wichtigen politischen Akteurinnen auf der europäischen Ebene geworden, und die Konsultationen der Gruppen bzw. einzelner Expertinnen sind inzwischen systematisch integriert (im Detail vgl. Klein 2006a. 2006b). Sie verfügen über ein *standing*, d.h. sie können ihre Auffassungen und Forderungen in Medien und Politik einbringen, und über ein *framing*, d.h. sie können Ideen und Leitvorstellungen durchsetzen. So hat neben der Integration durch das Recht eine Integration durch eine BürgerInnenrechtspraxis ('citizenship practice') stattgefunden.

Drittens ergeben sich neue Herausforderungen durch die europäische Antidiskriminierungspolitik.[17] Der Schutz vor Benachteiligung und Diskriminierung gilt heute verschiedenen Dimensionen der Ungleichheit, wie die Antidiskriminierungsrichtlinien verdeutlichen. Einerseits wird sie dadurch auch Differenzierungen zwischen Frauen gerecht, eine Forderung der Frauen- und Geschlechter-

---

[16] Dabei reichen die Ansätze zur Analyse der transnationalen Ebenen im Verhältnis zu nationalen Ebenen von der Systemtheorie über den Neo-Institutionalismus bis zur sozialen Bewegungsforschung.

[17] RL 2000/43/EG bezieht sich auf Rasse und ethnische Herkunft, RL 2000/78/EG auf Religion oder Weltanschauung, Behinderung, Alter und sexuelle Ausrichtung. Sie haben unterschiedliche Geltungsbereiche, was eine Durchsetzung von Antidiskriminierung erschweren dürfte. RL 2000/78/EG bezieht sich ausschließlich auf Gleichbehandlung in Beschäftigung und Beruf, während sich die 2000/43/EG auch u.a. auf Zugang zu Wohnraum und andere Dienstleistungen bezieht. Hieran zeigt sich eine mangelnde Kohärenz. Die zwei Antidiskriminierungsrichtlinien verbieten ausschließlich Diskriminierung, die neue Gleichbehandlungsrichtlinie (s.o.) geht jedoch darüber hinaus und verpflichtet explizit die Mitgliedstaaten, das Ziel der Gleichstellung zwischen Männern und Frauen umzusetzen.

forschung, die auf das Ineinandergreifen von Geschlechtszugehörigkeit, ethnischer Herkunft, sexueller Orientierung und Schicht/Milieuzugehörigkeit hingewiesen hat. Andererseits befürchten frauenpolitische Akteurinnen, dass die „Geschlechterfrage" aus dem Blick gerät.

5 Marktintegration und Geschlechterverhältnisse

Die Marktintegration der Union reguliert auf supranationaler Ebene mittels wirtschaftspolitischer Politikbereiche, von denen die Arbeitsmarktpolitik ein entscheidender für die sozialen Aspekte ist. Das Ziel der europäischen Beschäftigungspolitik ist erklärtermaßen Vollbeschäftigung und die aktuelle Ausformulierung der Lissabon-Strategie lässt befürchten, dass Quantität vor Qualität geht. Die Integration von Frauen in den Erwerbsarbeitsmarkt hat sich in den alten Mitgliedstaaten erhöht, ihre Erwerbstätigkeit ist in den letzten Jahrzehnten deutlich gestiegen. Zu einem vermehrten Zugang von Frauen zu ökonomischen Ressourcen haben die Bildungsexpansion, die Ausweitung des Dienstleistungssektors in Folge des Strukturwandels der Industriegesellschaften und auch die deutlich nachlassende Zustimmung zum Modell der männlichen Alleinernährerehe durch Frauen beigetragen. In den neuen Mitgliedsstaaten war in den ehemals sozialistischen Systemen ein 'Recht auf Arbeit' – auch für Frauen – als sozialistische Errungenschaft angesehen worden. Die Integration von Frauen in die Erwerbsarbeit wurde als Grundbedingung ihrer Emanzipation und Gleichberechtigung betrachtet. Tatsächlich unterschieden sich die Erwerbsquoten von Frauen und Männern kaum (z.B. in den baltischen Staaten) bzw. waren weit stärker angeglichen als in den meisten westeuropäischen Staaten. Dies bezieht sich nicht nur auf die Erwerbsquoten sondern auch auf das geleistete Arbeitsvolumen, das weitgehend gleich war. Die tatsächliche Benachteiligung von Frauen in vielen Bereichen hatte man allerdings rhetorisch 'entsorgt' – eine schwere Hypothek für heute, wie später noch deutlich wird.

In den alten Mitgliedsstaaten liegt die Erwerbsquote von Frauen heute zwischen knapp 44 Prozent (Griechenland) und 71,5 Prozent (Schweden)(im Detail vgl. Klein 2006). Im Rahmen der Lissabon-Strategie (bis zum Jahre 2010 soll die Union zum „wettbewerbsfähigsten und dynamischsten wissensbasierten Wirtschaftsraum der Welt" werden) werden die Sozialpolitik und auch die Gleichstellungspolitik als funktional betrachtet – sie sollen die ökonomische Wettbewerbsfähigkeit unterstützen. Die beschäftigungspolitischen Leitlinien sahen bis 2005[18] eine Beschäftigungsrate für Frauen von 57 Prozent und eine

---

[18] Für das Jahr 2010 wurden Zielvorgaben der Beschäftigungsziele genannt. Die gesamte Beschäftigungsrate soll danach EU-weit 70 Prozent betragen, die Frauenerwerbsrate 60 Prozent. Die Zielvor-

gesamte Beschäftigungsrate von 67 Prozent vor. Durch das gebremste Beschäftigungsniveau 2003 und 2004 und den Anstieg der Arbeitslosigkeit wird das Zwischenziel in Hinblick auf die Gesamtbeschäftigung nicht erreicht. Einzig, so heißt es, könne die Zielmarke der Erwerbstätigenquote der Frauen erreicht werden.[19]

	2003	2010		2003	2010		2003	2010
Belgien	51,8	8,2	Italien	42,7	17,3	Polen	46,0	14,0
Tschechische Republik	56,3	3,7	Zypern	60,4	-	Portugal	60,6	-
Dänemark	70,5	-	Lettland	57,9	2,1	Slowenien	57,6	2,4
Deutschland	58,8	1,2	Litauen	58,4	1,6	Slowakei	52,2	7,8
Estland	59,0	1,0	Luxemburg	50,8	9,2	Finnland	65,7	-
Griechenland	43,9	16,1	Ungarn	50,9	9,1	Schweden	71,5	-
Spanien	46,0	14,0	Malta	33,6	26,4	Vereinigtes Königreich	65,3	-
Frankreich	56,7	3,3	Niederlande	65,8	-	EU 15	56,0	4,0
Irland	55,8	4,2	Österreich	62,8	-	EU 25	55,0	5,0

Aus Klein 2006a; Erstellt nach Angaben aus: Employment in Europe 2004.

Tabelle 1: Beschäftigungsraten von Frauen in den EU-Mitgliedsstaaten 2003 in Prozent und Höhe des notwendigen Beschäftigungsanstiegs bis zum Jahr 2010 in Hinblick auf die Lissabon- und Stockholm-Strategie

Dabei macht ein genauerer Blick in die Statistiken bzw. Neuberechnungen allerdings deutlich, dass die Gesamtarbeitszeit bei Frauen sinkt. Die Statistiken geben keine Vollzeitäquivalente an, insofern erwecken sie einen falschen Ein-

---

gaben wurden auf dem Stockholmer Ratstreffen um Zwischenziele bis zum Jahr 2005 ergänzt. Die Beschäftigungsrate für Frauen sollte bis 2005 auf 57 Prozent gestiegen sein, die gesamte Beschäftigungsrate auf 67 Prozent.

[19] Danach haben acht Mitgliedsstaaten die Zielquote für 2010 erreicht und acht weiteren fehlen noch bis zu fünf Prozentpunkte. Eine große Lücke besteht in Belgien, Ungarn, Luxemburg und der Slowakischen Republik und eine noch stärkere – mit mehr als 14 Prozentpunkten – in Griechenland, Italien, Malta, Polen und Spanien.

druck Berechnet man diese, stellt sich heraus, dass die Steigerung der Erwerbs-tätigkeit von Frauen mit einer Zunahme der Teilzeitquote und der geringfügigen Beschäftigung einhergeht. Mit anderen Worten: immer mehr Frauen teilen sich das gleiche Quantum an Arbeit. Die Erwerbstätigkeit von Männern in Vollzeit-äquivalenten gemessen, ist um 21,3 Prozent (2005) höher. Insgesamt arbeiteten im Jahre 2003 im Schnitt der 25 Mitgliedstaaten 30 Prozent aller erwerbstätigen Frauen Teilzeit gegenüber 6,6 Prozent der erwerbstätigen Männer (vgl. European Commission 2004). Eine hohe Frauenbeschäftigungsquote *ohne* eine hohe Teilzeitquote verzeichnen neben den skandinavischen Ländern die neuen Mit-gliedsländer wie sehr deutlich Tschechien, Ungarn und Polen.

Ein weiteres Defizit hinsichtlich der Ressourcenverteilung ist die höhere Ar-beitslosigkeit von Frauen vor allem in den neuen Mitgliedstaaten. Die Erwerbs-losigkeit von Frauen beträgt im Schnitt der EU-Länder heute 10 Prozent, die von Männern im Schnitt 8,3 Prozent (7,3 Prozent für EU 15) (vgl. Europäische Kommission 2004a). In knapp zwei Dritteln *aller* europäischen Regionen liegt der Anteil erwerbsloser Frauen über dem von Männern. Den traurigen Rekord halten derzeit Polen[20] und Slowakei mit je 20 Prozent Frauenerwerbslosenrate (2004) und kontinuierlich seit Jahren Spanien mit mehr als 15 Prozent. Es fol-gen die baltischen Staaten Litauen (13,4 Prozent) und Lettland (11,4 Prozent), die Tschechische Republik und Estland mit je rund 9,0 Prozent. Die Internatio-nal Labour Organisation (ILO) und andere Organisationen beobachten in Zu-sammenhang mit der Transformation einen Rückzug der Frauen vom Arbeits-markt, eine gestiegene so genannte Inaktivitätsrate von Frauen. Die Anpassung an die Veränderungen erfolgte kaum über Reduzierung der Arbeitszeit, sondern über Ausstieg, gefördert von der Anwendung von Frühverrentungssystemen und Ausweitungen der Erziehungszeiten.

Weiterhin hat sich das Gehaltsgefälle ('gender pay gap') zwischen Män-nern und Frauen immer noch nicht wesentlich verbessert und stellt eines der großen Probleme für die Gleichstellungspolitik dar. Seit 1994, als erstmals Da-ten vorlagen, ist auf EU-Ebene das Lohngefälle unverändert. Dies kritisierte u.a. der Bericht der sogenannten 'Task-Force' unter dem Vorsitz von Wim Kok. Erforderlich sei, so der Bericht,

> „eine strengere Durchsetzung der Gesetze über die Nichtdiskriminierung (...) aber auch ein breiteres Spektrum von Maßnahmen unter Beteiligung der Sozialpartner, um das Problem an den Wurzeln anzugehen und Lohnklassifizierungssysteme, Lohnstrukturen auf Grundlage des Dienstalters und die Teilung des Arbeitsmarktes nach Sektoren und Berufen sowie das Vor-handensein anderer Formen der Arbeitszeitgestaltung und von Kinder- und Altenbetreuungs-einrichtungen zu untersuchen" (Europäische Kommission 2004b:40).

---

[20] In Polen gingen zwischen 1989 und 1994 rund 1,5 Millionen Stellen für Frauen verloren (vgl. UNICEF 1999).

Im jährlichen Beschäftigungsbericht der EU-Kommission 2005 sind Deutschland, Portugal und Österreich, in denen die Entgeltunterschiede besonders groß sind, kritisiert worden, weil sie zu wenig zum Abbau der Lohndifferenz unternehmen.

Eine der Ursachen des Gehaltsgefälles ist die Arbeitsmarktsegregation, vertikal und horizontal. Frauen sind in bestimmten Tätigkeitsbereichen konzentriert: nahezu die Hälfte aller Frauen in der EU (48 Prozent) war 2000 in lediglich vier Bereichen beschäftigt: Im Gesundheits- und Sozialwesen, in Erziehung und Unterricht, in der öffentlichen Verwaltung und im Einzelhandel.[21] Mehr als ein Drittel der erwerbstätigen Frauen war 2000 an den Erbringungen von Dienstleistungen – in Europa daher vorwiegend im öffentlichen Sektor – beteiligt im Vergleich zu 15 Prozent der Männer. Die Tätigkeit von Männern konzentriert sich weniger auf bestimmte Bereiche. Die Konzentration der Frauen stimmt mit nur wenigen Schwankungen für alle alten Mitgliedsstaaten bis auf Portugal und Griechenland, wo die Landwirtschaft noch Hauptarbeitgeberin für Frauen ist.

In den neuen Mitgliedsstaaten nähert sich die Segregation inzwischen der Geschlechtersegregation der OECD-Staaten insgesamt an. Die Arbeitsplatzverluste von Frauen haben vor allem in der Landwirtschaft (außer Slowenien), in der Industrie (außer Polen) und im Baugewerbe stattgefunden. In allen Transformationsstaaten sind neue Arbeitsplätze für Frauen vor allem im Dienstleistungssektor, in der öffentlichen Verwaltung, im Bankgewerbe und Handel entstanden. Im Erziehungs- und Gesundheitsbereich – vorher bereits frauendominiert – ist die Zahl der Arbeitsplätze etwa gleich geblieben. In einigen Ländern haben vor allem der Tourismus und Dienstleistungen neue Angebote geschaffen (vgl. ILO 2001). Besonders in neuen Privatbetrieben tritt aufgrund der verlängerten Mutterschutzfristen und Elternurlaubsregelungen ein, was wir aus westeuropäischen Ländern kennen: dass Arbeitgeber bevorzugt Männer einstellen und Frauen als weniger verlässlich und produktiv betrachten.

Insgesamt ist festzustellen, dass es keine Fortschritte hinsichtlich einer geschlechtergerechten Umverteilung von Erwerbs- und Betreuungsarbeit gibt. Der gesamte 'care-Bereich' bleibt – trotz steigender Erwerbstätigkeit – in erster Linie Frauen überlassen. Elternschaft und Erwerbsarbeit korreliert für die Frauen mit Kindern. Von den Vätern unter 50 Jahren gehen im Schnitt der alten Mitgliedsstaaten 90 Prozent einer Erwerbsarbeit nach, bei Müttern sind es 57 Prozent. Auffallend ist, dass Männer ohne Kinder geringer in der Erwerbsarbeit repräsentiert sind (80 Prozent – außer in Großbritannien, wo der Anteil gleich ist), Frauen hingegen wesentlich höher (69 Prozent). Die Diskrepanz zwischen

---

[21] Das Leben von Frauen und Männern in Europa: ein statistisches Porträt. Europäische Kommission, Eurostat. Luxemburg 2002. Im folgenden „Statistisches Porträt 2002".

Frauen mit und denen ohne Kinder fällt besonders groß in Irland, Deutschland und den Niederlanden aus..

Bekanntlich ist die Niedrigbewertung der 'Care-work' und seine Zuweisung an Frauen das Kernproblem der Sozialstaatskonzeption in Hinblick auf die Geschlechterverhältnisse. Es sei hier an Margrit Brückners Vortrag auf der BU-KO 2001 erinnert (vgl. Hamburger et al 2002). Zur Zeit der Entstehung des Sozialstaats war der Geschlechtervertrag von der Vorstellung geprägt, dass der Mann durch seine bezahlte Erwerbsarbeit und entsprechende staatliche Ersatz- bzw. Zusatzleistungen eine Familie alleine ernähren kann und dass die Frau die private Arbeit, Familien- und Haushaltsarbeit – eben care – unbezahlt übernimmt. Dass nicht nur Staat und Markt für die Produktion von Sicherheit und Wohlfahrt zuständig sind, sondern auch die Familie, wurde im Staatsbürgerschaftsmodell nicht berücksichtigt: aus der Familienarbeit leiteten sich keine politischen und sozialen Rechte ab. Für alle Wohlfahrtsstaatsmodelle gilt als Quelle struktureller Ungleichheit der Ausschluss der Fürsorgetätigkeiten aus dem Modell einer Staatsbürgerschaft.

Die Wohlfahrtsstaaten haben später unterschiedliche Wege eingeschlagen und ihre Systeme modifiziert. Die Unterschiede *zwischen* den Wohlfahrtsstaaten heute z.B. hinsichtlich der Rahmenbedingungen für die Vereinbarkeit von Familie und Beruf sind bedingt durch sozial- und steuerpolitische Regelungen, rechtliche Regelungen und kulturell-historische Leitbilder, die Auswirkungen auf Einstellungen und Ausprägung weiblicher Erwerbsarbeit und männlicher Familienarbeit haben. Provoziert durch 'geschlechtsblinde' Typologisierungen von Esping-Andersen (1990)[22] sind Unterscheidungen zwischen den Wohlfahrtsstaatsystemen unter Einbeziehung der Geschlechterverhältnisse getroffen worden. Lewis und Ostner (1994) beispielsweise unterscheiden diese hinsichtlich der unterschiedlichen Ausprägung des Ernährermodells. Indem sie die Erwerbsarbeit von Müttern, das Ausmaß und die Kontinuität einer eigenständigen sozialen Sicherung von Frauen und das Ausmaß der öffentlichen Kinderbetreuung mit heranziehen, ordnen sie die Wohlfahrtsstaatstypen in ein starkes, ein moderates und ein schwaches Ernährermodell ein. Pfau-Effinger (2000) arbeitet für die westeuropäischen Staaten Unterschiede heraus, die sich mehr auf geschlechterkulturelle und familienkulturelle Leitbilder beziehen. So u.a. Machtbeziehungen zwischen Männern und Frauen, gesellschaftliche Vorstellungen und Bewer-

---

[22] Esping-Andersens Unterscheidung in drei Idealtypen, den liberalen, den konservativ-korporatistischen (kontinentalen) und den sozialdemokratischen Typ (skandinavischen), ließ die unbezahlte Reproduktionsarbeit in der Familie in seinem theoretischen Konzept weitgehend unbeachtet – so in der Variable „Dekommodifizierung", die eine vorherige „Kommodifizierung" voraussetzt und unbezahlte Arbeit von Frauen nicht vorsieht. Als Reaktion auf die Kritik führte Esping-Andersen später (1999) die Variable „Defamiliarisierung" ein – nämlich zu welchem Grad Fürsorge- und Haushaltsarbeit durch Wohlfahrt oder Markt unterstützt wird.

tungen über Arbeitssphären von Männern und Frauen, Leitbilder zu Kindheit und der idealen Stelle für die Kindererziehung (Familie, öffentliche Einrichtung).

Egal welche Klassifizierung uns sinnvoller erscheint, in allen ist deutlich, dass das System des Wohlfahrtstaates selber die Ungleichheit der Geschlechter und die Diskriminierung von Frauen erzeugt und auf der Ungleichheit gleichsam beruht. Dabei sind die skandinavischen Modelle geschlechtergerechter, sie sind stärker egalitär orientiert. Sie haben früher die Steigerung der Erwerbsfähigkeit von Frauen betrieben, dafür entsprechende öffentliche Kinderbetreuung zur Verfügung gestellt und Ansprüche individualisiert. Ein neues Ranking zur Gleichberechtigung des Gender Weltwirtschaftsforums, in dem u.a. Indikatoren wie Wohlergehen und Gesundheit aufgenommen wurden, führt die Länder Schweden, Norwegen, Island, Dänemark und Finnland als Spitzenreiter an.

Für unseren Zusammenhang stellt sich die Frage, ob die Sozial- und Gleichstellungspolitik auf der EU-Ebene eine bestimmte Form der Sozialstaatskonzeption beschleunigt. Sicherlich kann man feststellen, dass sie über die letzten Jahrzehnte eine sinkende Zustimmung zum männlichen Alleinernährermodell mit bewirkt hat. Im Erwerbsbereich hat sie zudem auf den Abbau einer Reihe von Diskriminierungen von Frauen hin gewirkt. Auch ist deutlich, dass die Beschäftigungspolitik auf die zunehmende Integration auch von Müttern in den Erwerbsarbeitsmarkt abzielt. So hat der Europäische Rat in Barcelona 2002 Zielvorgaben für die Bereitstellung von Kinderbetreuungsmöglichkeiten vereinbart. Bis 2010 sollen danach für mindestens 90 Prozent aller Kinder zwischen drei Jahren und Beginn der Schulpflicht und für mindestens ein Drittel aller Kinder unter drei Jahren Betreuungen bereit gestellt werden. Im Ländervergleich sehen wir, dass nur Dänemark und Schweden die Quote weit übertreffen, Frankreich und Belgien das Ziel knapp erreichen, die Niederlande nicht weit entfernt liegt, alle anderen Länder aber weit unter der Quote liegen.

Eine Präferenz für das konkrete Modell, das die männliche Alleinernährerehe hingegen ablösen soll, ist nicht erkennbar. Durch die mangelnde Regelungskompetenz der EU – die Gestaltung der Sozialversicherungs-, Versorgungs- und Fürsorgesysteme liegt bei den Mitgliedsstaaten – hat sie auf eine aus Geschlechterperspektive notwendige Entkopplung sozialer Sicherheit von Erwerbsverläufen kaum Einfluss.

Im Vergleich von Sozialpolitik und Gleichstellungspolitik der EU ist jedoch festzustellen, dass die Gleichstellungspolitik heute deutlicher auf geschlechtergerechtere Elemente der Sozialstaatssysteme hinarbeitet als die Sozialpolitik insgesamt. In der Sozialpolitik spricht sich die EU strenggenommen für ein Basismodell eines Wohlfahrtsstaates aus: Menschen sollen vor Grundrisiken geschützt werden, wenn Erwerbstätigkeit wegfällt (im Falle von Krankheit,

Behinderung, Mutterschaft, Arbeitslosigkeit). Ansonsten konzentrieren sich rechtsverbindliche Normen vor allem auf Arbeitsschutzmaßnahmen und betriebliche Arbeitsbeziehungen, aber nicht auf soziale Sicherungssysteme. Die Gleichstellungspolitik geht dabei weiter. Sie hat sich zwar bislang auch stark auf den Erwerbsarbeitsmarkt bezogen. In den letzten Jahren richtet sich ihr Blick aber deutlich auch auf die Fürsorge- bzw. Betreuungsarbeit und ganz aktuell auf Diskriminierungen in verschiedenen gesellschaftlichen Bereichen (Diskriminierungsverbot beim Zugang zu Dienstleistungen). Auch aus dem Bezug auf die Erwerbsarbeit ergeben sich aus EU-Sicht überdies Forderungen, die ernährerzentrierte Elemente von Sozialversicherungssystemen angreifen. So ist beispielsweise im Task-Force-Bericht unter Wim Kok das Ehegattensplitting in Deutschland kritisiert worden. Die Umsetzung der Gender-Mainstreaming-Strategie könnte diese Prozesse beschleunigen, da mit ihr alle Politiken daraufhin überprüft werden sollen, wie sie sich auf die Geschlechterverhältnisse auswirken und zur Gleichstellung beitragen.[23]

Bei den Entwicklungen im EU-Vergleich stellen wir eine zunehmende Differenz *zwischen Frauen* dar. Die Erwerbsbiographien von gut qualifizierten Frauen (und in einigen Ländern von Frauen ohne Kinder) gleichen sich denen der Männer an. 15 Prozent (2004) der Bevölkerung der EU insgesamt jedoch leben mit einem Armutsgefährdungsrisiko. Eine der Gruppen, die der Armut und dem Armutsrisiko stärker ausgesetzt ist, sind Ein-Eltern-Familien (und hier vor allem alleinerziehende Frauen). Spezifische Risiken tragen zudem Immigranten/ -innen, Menschen mit Behinderungen, Opfer von Menschenhandel und Menschen in Hilfeeinrichtungen – Männer wie Frauen.

Wir beobachten auch eine zunehmende Differenz *zwischen Männern*. Besorgniserregend sind die Zahlen von jungen Männern, die einen niedrigen Bildungsabschluss haben oder gar keinen Schulabschluss schaffen. Nach den Laeken-Indikatoren liegt in der Altergruppe 25-34 der Anteil der Männer mit niedrigem Bildungsabschluss im Schnitt aller EU-Staaten über dem der jungen Frauen, während es in der Altergruppe bis 64 Jahren umgekehrt ist. Auch bei der Schulabbrecherquote überwiegen dort, wo Daten vorliegen, junge Männer von 18-24 Jahren zum Teil ganz erheblich. In Spanien betrifft dies über ein Drittel aller junger Männer, in Portugal fast jeden zweiten, in Frankreich immerhin 16 Prozent, in Italien mehr als ein Viertel (vgl. Joint Report 2005). Die Geschlechterforschung wird sich in stärkerem Maße als bisher dieser Entwicklung annehmen müssen. Was Bildungsabschlüsse anbetrifft, so haben junge Frauen heute junge Männer überholt. Die Diskrepanz der Ressourcenverteilung

---

[23] Die kontroverse Diskussion um Gender Mainstreaming ist zu komplex, als dass sie hier dargestellt werden könnte. Vgl. aber ausführlich Klein 2006b und eine Ausgabe von Social Politics (2005) mit Beiträgen von Mieke Verloo, Sylvia Walby, Mary Daly..

ergibt sich erst im Anschluss durch Berufsfindungs- und Berufsplatzierungspro-
zesse.

6   Kulturelle Integration und Geschlechterverhältnisse

Neben den politisch-rechtlichen und ökonomischen Aspekten der Integration
sind die kulturellen Aspekte zwischen den Mitgliedstaaten für die Geschlechterverhältnisse relevant. Eine Integration der Gesellschaften in der EU hängt auch
von kulturellen Differenzen und Gemeinsamkeiten ab (vgl. Gerhards 2005). Für
unsere Frage sind dabei solche Vorstellungen und Einstellungen entscheidend,
die mit Geschlechterrollenvorstellungen zu tun haben. Die Erweiterung der EU
seit 2004 stellt in mehrfacher Hinsicht eine Herausforderung für Gleichstel-
lungsfragen dar (ausführl. vgl. Klein 2006b). Ich habe oben bereits die hohe
Arbeitslosigkeit von Frauen in den Transformationsstaaten erwähnt. Neben den
ökonomischen Umwälzungsprozessen beklagen frauenpolitische Akteurinnen in
vielen Transformationsstaaten einen Mangel an Sensibilisierung für Geschlechterungleichheit.[24]

Anlass zur Sorge geben Einstellungsmuster gegenüber Gleichstellungsfra-
gen: Sie zeigen eine Art 'Backlash' zu traditionellen Geschlechterbildern. Als
Beispiel aus dem 'International Social Survey Programme' (ISSP)[25] kann die
Frage dienen, ob und in welchem Ausmaß die Befragten folgender Aussage
zustimmen: „Einen Beruf zu haben, ist ja ganz schön, aber das, was die meisten
Frauen wirklich wollen, sind Heim und Kinder". In den Antworten einiger 'alten' EU-Länder und einiger der 'neuen' im Vergleich zeigt sich zunächst, dass
von den 'alten' EU-Staaten Spanien, Italien und Österreich die höchsten Zu-
stimmungsraten mit um und über 45 Prozent aufweisen. Die niedrigste Zustimmung äußern die Befragten in Ost-Deutschland mit 19,8 Prozent. In den 'neuen'
Mitgliedsländern Ungarn, Polen, Slowenien, Tschechische Republik liegt die
Zustimmung durchweg höher, überall ab 60 Prozent aufwärts.

---

[24] So ist beispielsweise der Durchschnitt der im Europäischen Parlament vertretenen Frauen bei den
neuen Mitgliedsstaaten insgesamt geringer als der Durchschnitt der alten EU. Zypern und Malta
haben keine einzige Frau ins Parlament geschickt und Polen nur sieben der 54 Abgeordneten. Allerdings liegen Slowenien, Litauen, Slowakien, Estland und Ungarn mit einem Anteil der weiblichen
Abgeordneten zwischen 33 Prozent und 41 Prozent vor Italien, Großbritannien, Portugal, Griechenland, Deutschland und Belgien.
[25] Im Rahmen des „International Social Survey Programme" (ISSP) werden in dem Modul „Family
and Changing Gender Roles" entsprechende Einstellungsmuster erhoben. Umfragedaten liegen aus
den Jahren 1988, 1994/ 95 und 2002 vor Gerhards und Hölscher (2003) . zeigen mithilfe einer
Diskriminanzanalyse, dass – nach verschiedenen Variablen, die sich aus mehreren Fragen zum
familiären Leitbild ergeben, eine Unterscheidung der EU-Mitgliedstaaten und Beitrittsstaaten (heute
neue Mitgliedsstaaten) als zwei Gruppen empirisch bestätigt werden kann.

Eine zweite Frage bezieht sich auf Zustimmung zu der Aussage „Die Frau soll zuhause bleiben, wenn das Kind noch im Vorschulalter ist". Diese Aussage ist für unseren Zusammenhang bedeutsam, da die Ablehnung der außerfamiliären Sozialisation der Kinder ein Indikator für ein traditionelles Familienleitbild ist. Die Ergebnisse der EU-Länder bestätigen die Wohlfahrtsstaatstypologien der feministischen Forschung. In Westdeutschland und in Österreich wird die außerfamiliäre Sozialisation am stärksten abgelehnt, solange das Kind im Vorschulalter ist, in Großbritannien auch. In Ostdeutschland und Schweden wird sie hingegen am stärksten befürwortet. (Frankreich fehlt hier, bei dieser Frage wäre eine hohe Zustimmung zur außerhäuslichen Betreuung zu erwarten). Bezüglich der neuen Mitgliedsstaaten zeigt sich wieder ein im Schnitt wesentlich höherer Wert und es zeigen sich nun deutlichere Unterschiede als bei der vorherigen Frage. Ganz besonders fällt die hohe Ablehnung außerhäuslicher Sozialisation im Vorschulalter in Polen auf: fast 76 Prozent.

Dieser 'traditionelle Backlash'[26] hat verschiedene Gründe. In gewisser Hinsicht ist Ursache dafür das sozialistische Erbe, indem die Aufteilung der Familienarbeit zwischen den Geschlechtern nicht zur Debatte stand. Es ist zu vermuten, dass sich bei den Frauen eine Unzufriedenheit mit der früheren Situation, der immensen Doppelbelastung, niederschlägt und die Erwerbsarbeit teilweise als staatlich verordnet hingenommen, aber nicht begrüßt wurde. Die Rückkehr – auch wenn sie in der Realität so nicht stimmt – zur weiblichen Familienrolle wird als Befreiung von der Doppelbelastung wahrgenommen. Weiterhin ist die religiöse Orientierung zu beachten – vor allem in den katholisch geprägten Ländern schlägt sich diese in einem traditionellen Geschlechterbild nieder.

7 Fazit

Es dürfte deutlich geworden sein, dass sich nicht so einfach sagen lässt: die Europäische Integration baut Geschlechterungleichheit ab oder umgekehrt: die Europäische Integration führt zu stärkerer Geschlechterungleichheit.

Welchen Stellenwert Geschlechtergleichheit im Prozess der europäischen Integration einnimmt, hängt von verschiedenen Faktoren ab.

Wesentlich ist, in welche Richtung die Beschäftigungspolitik verläuft. Das Primat der Beschäftigungspolitik , die im Rahmen der Lissabon-Strategie der-

---

[26] In der Typologie weisen die Ergebnisse in den Mitgliedsstaaten auf eine nicht sehr ausgeprägte Unterstützung der Doppelversorger-Rolle mit zwei berufstätigen Eltern hin, und auf eine klare Ablehnung des Doppelversorger (finanzielle Versorgung ist gemeint) und Doppelbetreuer-Modells in der Terminologie von Pfau Effinger.

zeit einseitig quantitativ betrieben wird, ist problematisch. Die sozioökonomischen Basisstrukturen ändern sich, Arbeits- und Betriebsorganisation werden
zunehmend von Flexibilisierung und Entgrenzung geprägt. Das Normalarbeits-
verhältnis – und die darauf aufbauenden Sicherungssysteme – erodiert und dies
bekommt eine besondere Relevanz in Hinblick auf die Geschlechterverhältnisse.
Alternative Modelle, z.b. Grundsicherung, ein sog. Bürger/ innengeld oder auch
Modelle zur flexiblen Einteilung nach Phasen zwischen Arbeit, Lernen, entgelt-
lichen und unentgeltlichen Tätigkeiten müssten auf der EU-europäischen Ebene
eine deutlich stärkere Rolle spielen. Reformen der sozialen Sicherungssysteme
und der Steuersysteme in den Mitgliedsländern werden kaum unter einer Geschlechterperspektive vorgenommen, wie die Beibehaltung abgeleiteter Sicherung für Frauen in einigen Ländern zeigt. Die EU-Politik muss dem Prinzip der
Familiensubsidiarität vieler Länder entgegen wirken. Ziel einer leichstellungs-
orientierten Beschäftigungspolitik muss es sein, die Erwerbsarbeit zwischen
Männern und Frauen gerecht aufzuteilen. Teilzeitarbeit in einem Umfang, der
eine eigenständige Absicherung ermöglicht und daneben Zeit für Familie, Weiterbildung und persönliche Selbstverwirklichung lässt, ist für beide Geschlechter
eine Perspektive.

Der Stellenwert der Geschlechterpolitik hängt weiterhin davon ab, wie sich
die Kräfteverhältnisse der Staaten untereinander entwickeln. Die 'boomende'
Phase – ab Mitte der 90er Jahre – war dadurch gekennzeichnet, dass frauenpolitische Akteurinnen in der Europäischen Kommission große Unterstützung für
ihre Forderungen hatten. Nicht zu vergessen ist auch, dass in der Periode Länder
Mitglied wurden, die gerade im Bereich der Gleichstellung führend waren
(Schweden und Finnland 1995). Das heißt umgekehrt, dass die Erweiterung
auch Gegenwind für frauenpolitische Interessen bedeutet – aus diesem Grund
hatte ich auf die Einstellungsmuster hingewiesen. Hier zeigt sich eine Herausforderung für Gleichstellungspolitik, aber auch eine Chance: Frauenorganisationen in den Transformationsstaaten nehmen den Staat mit dem Verweis auf den
EU-Rechtsbestand zunehmend für die Umsetzung in die Pflicht und so wird der
Diskurs auf die sozialen Rechte gelenkt, auf die tatsächliche Möglichkeit einer
existenzsichernden Erwerbsarbeit, auf Ausbildung, auf Zugang zu Gesundheits-
leistungen usw.

Inzwischen hat sich in den neuen Mitgliedstaaten eine lebendige Zivilgesellschaft entwickelt und Frauenorganisationen lancieren in den letzten Jahren
zunehmend eigene Projekte mit EU-Mitteln (z.B. haben tschechische und slo-
wenische Gruppen eine Reihe von Projekten aus dem Daphne-Programm zur
Bekämpfung häuslicher Gewalt finanziert) und sie vernetzen sich auf EU-
Ebene. Mit einem solchen Engagement steht und fällt die Reichweite von Geschlechterpolitik. Für die Umsetzung positiver Vorgaben (wie Gender

Mainstreaming in der Strukturfondsförderung) sind nicht zuletzt Wirtschafts- und Sozialpartner der Regionen gefordert, die Rahmenbedingungen zu füllen, denn diese konzipieren die konkreten Maßnahmen jeweils vor Ort.

Literatur

Berkovitch, Nitza (2001): Frauenrechte, Nationalstaat und Weltgesellschaft. In: Heintz (Hrsg.) (2001): S. 375-397

Brückner, Margrit (2002): Liebe und Arbeit – Zur (Neu)ordnung der Geschlechterverhältnisse in europäischen Wohlfahrtsregimen. In: Hamburger u.a. (Hrsg.) (2002): S. 170 – 198

Esping-Andersen, Gøsta (1999): Social Foundations of Postindustrial Economies. Oxford: University Press

Europäische Kommission (2004a): Die soziale Lage in der Europäischen Kommission. Kurzfassung, Luxemburg

Europäische Kommission (2004b). Jobs, Jobs, Jobs. Mehr Beschäftigung in Europa schaffen. Bericht der Taskforce Beschäftigung. Vorsitz: Wim Kok. November 2003. Luxemburg

European Commission Directorate-General for Employment and Social Affairs (2004): Employment in Europe 2004. Recent Trends and Prospects. Luxembourg

Europazentrum Graz (Hrsg.) (2000): Frauenbilder-Männermythen. Beiträge der Internationalen Konferenz Chancengleichheit am Arbeitsplatz, Berufspläne und Berufschancen in der Europäischen Union. Graz

Ferree, Myra Marx und Carol Mueller McClurg (2004): Feminism and the Women's Movement: A Global Perspective. In: Snow u.a. (Hrsg.) (2004): S. 576-607

Gerhards, Jürgen (unter Mitarbeit von Michael Hölscher) (2005): Kulturelle Unterschiede in der Europäischen Union. Ein Vergleich zwischen Mitgliedsländern, Beitrittskandidaten und der Türkei. Wiesbaden

Hamburger, Franz u.a. (Hrsg.) (2002): Gestaltung des Sozialen – eine Herausforderung für Europa. Bundeskongress Soziale Arbeit 2001. Opladen

Heintz, Bettina (Hrsg.) (2001): Geschlechtersoziologie. Sonderband 41 der Kölner Zeitschrift für Soziologie und Sozialpsychologie. Wiesbaden

Hoskyns, Catherine (1996): Integrating Gender. Women, Law and Politics in the European Union. London/ New York.

ILO (Hrsg.) (2001): Annual on Evaluation of Labour Market Policies in Transition Economies. Christopher O`Leary/ Alena Nesporova/ Alexander Samorodov. Geneva

Klein, Uta (2000): Chancen und Grenzen europäischer Gleichstellungspolitik. In: Europazentrum Graz (Hrsg.) (2000), S. 22-30

Klein, Uta (2006a): Gleichstellungspolitik in der Europäischen Union. Eine Einführung. Reihe uni-Studien Politik. Schwalbach

Klein, Uta (2006b): Geschlechterverhältnisse und Gleichstellungspolitik in der Europäischen Union. Lehrbuch. Wiesbaden [im Druck]

Lewis, Jane/ Ostner, Ilona (1994): Gender and the evolution of European policies. ZeS-Arbeitspapier 4/ 1994. Bremen

Ostner, Ilona: From Equal Pay to Equal Employability: Four Decades of European Gender Policies. In: Rossilli (Hrsg.) (2000): S. 25-42

Pfau-Effinger, Birgit (2000): Kultur und Erwerbstätigkeit in Europa. Opladen.

Rossilli, Mariagrazia (Hrsg.) (2000): Gender Policies in the European Union. Frankfurt/ New York

Schunter-Kleemann, Susanne (1999): Europäische Geschlechterpolitik – tauglich für das 3. Jahrtausend? In: Stolz-Willig/ Veil (Hrsg.) (1999): S. 138 – 167

Snow, David u.a. (Hrsg.) (2004): The Blackwell Companion to Social Movements. London

Social Politics. International Studies in Gender, State and Society. Vol. 12, No.3, Fall 2005.

Stolz-Willig, Brigitte/ Veil, Mechthild (Hrsg.) (1999): Es rettet uns kein höh'res Wesen. Feministische Perspektiven der Arbeitsgesellschaft. Hamburg

Wobbe, Theresa (2001): Institutionalisierung von Gleichberechtigungsnormen im supranationalen Kontext: Die EU-Geschlechterpolitik. In: Heintz (Hrsg.): S. 332-355

Auswirkungen der Geschlechterverhältnisse auf Soziale Arbeit im Europa

Gaby Lenz

Dieser Beitrag konzentriert sich auf Soziale Arbeit im Rahmen des Europäischen Integrationsprozesses und beschäftigt sich vor allem mit den Fragen:

Wie geht die Soziale Arbeit mit den drängenden sozialen Problemen vor dem Hintergrund des Europäischen Integrationsprozesses um? Welche Perspektiven gibt es für eine geschlechtergerechte und -sensible Soziale Arbeit?

Bevor die Fragen beantwortet werden, zwei Vorbemerkungen um die Geschlechterfrage in der Sozialen Arbeit in Erinnerung zu bringen: Erstens zeigt sich die konstitutive Verwobenheit von Sozialer Arbeit mit den gesellschaftlichen Geschlechterverhältnissen am Arbeitsplatz selbst:

- Soziale Arbeit gehört zur Reproduktionsarbeit, zum Care-Bereich[27] und wird traditionell schlechter bewertet als Produktionsarbeit.

- Soziale Arbeit weist z.b. klassische Strukturmerkmale eines weiblichen Berufes entsprechend dem geschlechtsspezifisch segregierten Arbeitsmarkt auf:

  - 70 – 80 % der Beschäftigten sind Frauen, auch wenn dies in einzelnen Arbeitsbereichen der Sozialen Arbeit, wie z.b. in der Bewährungshilfe oder in der Frauenhausarbeit europaweit variiert;
  - es gibt eine große Anzahl von Teilzeitbeschäftigten bzw. zunehmend prekäre Arbeitsplätze auch in der Sozialen Arbeit und
  - es herrscht eine geringe Entlohnung vor, gemessen an der Arbeitsleistung.
  (Vgl. Rabe-Kleberg 1990, S. 63)

Damit zeigt sich, dass Soziale Arbeit strukturell nicht abgesichert ist. Moralisch durchaus hoch bewertet aber eine finanzielle Absicherung unterbleibt. Zweitens zeigt sich die Geschlechterfrage im Umgang mit dem Klientel, den Adressantinnen und Adressaten.

---

[1] Der Begriff „Care-Bereich" wird in Anlehnung an Brückner (2002, S. 185) so verstanden, dass er sowohl private, d.h. informelle, als auch professionelle Tätigkeiten umfasst.

- Einerseits besteht die Gefahr, dass Soziale Arbeit vorhandene Ungleichheiten zwischen den Geschlechtern verstärkt und je nach Arbeitsbereich Re-Traditionalisierung fördert, wenn die Geschlechterverhältnisse nicht reflektiert werden.

- Andererseits besteht die Chance mit einem geschlechtersensiblen Angebot für Einzelne neben Geschlechtsstereotypen alternative Handlungsweisen zu ermöglichen.
(Vgl. Lenz 2003a, S. 63)

Nun zur Ausgangsfrage: Problemlösungen Sozialer Arbeit im Europäischen Integrationsprozess:

Soziale Arbeit hat sich in den einzelnen europäischen Mitgliedsstaaten durchaus etabliert. Auch in den neuen Mitgliedsstaaten wurde Soziale Arbeit aus- bzw. aufgebaut und in Hochschulstudiengängen verankert. Ein genauerer Blick verrät jedoch, dass die Soziale Arbeit und vor allem ihre beabsichtigten und unbeabsichtigten Wirkungen, auch im Hinblick auf die Geschlechterverhältnisse, nur in Verbindung mit den nationalstaatlichen Entwicklungen und Rahmenbedingungen nachvollzogen werden können.

Historisch entwickelte sich die professionelle Soziale Arbeit in der Regel aus sozialen Bewegungen, die staatliches Handeln humanisieren wollten. Trotz dieser kritischen Haltung gegenüber staatlichem Handeln konnte sich die Soziale Arbeit in den Nationalstaaten mehr oder weniger etablieren. Heute ist Soziale Arbeit ein Teil des jeweiligen Wohlfahrtsstaatssystems, ein Bestandteil der Sozialen Sicherung. Diese Entwicklung verdankt die Soziale Arbeit ihrer Anpassungsleistung. Sie arrangierte sich mit dem jeweiligen politischen und gesellschaftlichen System, indem sie besonders diejenigen professionellen Fähigkeiten ausbildete, die im jeweiligen System gefragt waren und die entsprechende Anerkennung einbrachten. (Vgl. Lenz 2003b, S. 50f.) So fokussiert französische Sozialarbeit z.B. eher auf Gruppen und deutsche Soziale Arbeit eher auf Einzelne, wenn es um das Thema Migration geht.

Heute zeigt sich die Soziale Arbeit entsprechend der nationalen politischen und gesellschaftlichen Rahmenbedingungen sehr unterschiedlich, hinsichtlich ihres Status, ihrer Professionalität, ihrer Methoden, ihrer Institutionalisierung, ihrer Verrechtlichung und ihrer Wirkung auf die Geschlechterverhältnisse. Dadurch verfügt sie über sehr verschiedenartige Möglichkeiten, mittels derer sie auf die Herausforderungen der sozialen Probleme reagiert. Auch wenn sich die Staaten der EU quasi darauf verständigt haben, dass Sozialpolitik harmonisiert werden soll, differiert die Wirkung Sozialer Arbeit in den einzelnen Staaten.

Um die nationalstaatlichen Unterschiede zu skizzieren, wird hier auf das Modell von Walter Lorenz zurückgegriffen. Er hat zur Beschreibung der Sozialen Arbeit vier Schlüsselkriterien herausgearbeitet, die in ihrer Komplexität und Wechselwirkung untereinander betrachtet werden müssen, um nationale Soziale Arbeit zu charakterisieren. Als Schlüsselkriterien benennt er das jeweilige Wohlfahrtsstaatsmodell, die Lebenswelten der Menschen, die professionellen Standards und die Institutionelle Praxis der Sozialen Arbeit. Innerhalb dieses Zusammenspiels entstehen professionelle Identitäten und Aufgabenbereiche, die der Sozialen Arbeit im jeweiligen System zugewiesen werden. (Vgl. Lorenz 2004, S. 45)

Meine These lautet: Das Spannungsfeld dieser vier Faktoren gewinnt durch den europäischen Integrationsprozess an Dynamik und wirkt sehr unterschiedlich auf die Geschlechterverhältnisse. Mit dem gewählten Wohlfahrtsstaatsmodell bestimmen sich die grundlegenden Rahmenbedingungen und vor allen Dingen die damit verbundene Grundhaltung des Staates gegenüber seinen Bürgern und Bürgerinnen. Diese Grundhaltung nimmt entscheidenden Einfluss auf die nationalstaatliche Ausprägung der Sozialen Arbeit und die Gestaltungsmöglichkeiten der Lebenswelt der Adressantinnen und Adressaten. Dabei wird je nach gewähltem Wohlfahrtsstaatsmodell das Geschlechterverhältnis tendenziell egalisiert oder potentiell verfestigt.

Die Lebenswelten und die Möglichkeiten zur Gestaltung der Produktions- und Reproduktionsarbeiten sind von Individualisierungsprozessen, gesellschaftlichen Rahmenbedingungen und zugrunde liegenden Leitbildern abhängig, wie feministische Forscherinnen (z.B. Pfau-Effinger 2000) aufgezeigt haben. Vor allen Dingen die jeweiligen Familienleitbilder und die damit verbundenen Sphären und kulturellen Definitionen von privatem und öffentlichem Raum bieten Einschränkungen und Gestaltungsmöglichkeiten der weiblichen und männlichen Lebenswelten. Zur Veranschaulichung des Charakters von Sozialer Arbeit und ihrer Wirkung auf das Geschlechterverhältnis wird dies exemplarisch anhand vier europäischer Staaten beleuchtet (vgl. Tab. 1):

Schweden z.B. als Prototyp des sozialdemokratischen Wohlfahrtsstaatsmodells sieht die Verantwortung für soziale Probleme und vor allem für deren Beseitigung beim Staat. Soziale Bürgerrechte, die für Männer und Frauen gleichermaßen gelten, bilden die Anspruchsgrundlage. Es geht darum, ein hohes Maß an sozialer Gerechtigkeit herzustellen. Dies drückt sich auch in der Prioritätensetzung aus. In Schweden wird z.B. die Armutsquote vor allem bei Kindern durch staatliche Unterstützung deutlich gesenkt. Versorgungsansprüche und Erwartungen der Bürger und Bürgerinnen richten sich nicht mehr vorrangig an Familien, sondern an den Staat, was zu einer deutlichen Entlastung von Familien und vor allem von Frauen führt. Das in Schweden zugrunde gelegte *Bedürfnisprinzip zum Angebot sozialer Dienstleistungen* im Gegensatz zum Marktprinzip bietet darüber hinaus eine hohe Integration von Frauen in den Erwerbsarbeitsmarkt. (Vgl. Fischer u. a. 2002, S. 142f.)[28]

Es existiert eine Grundverständigung zwischen Staat und Bürgern und Bürgerinnen, was sich auch in der institutionellen Ausgestaltung der Sozialen Arbeit ausdrückt. Die Ausbildung ist an der Universität verortet und die Praxis organisiert sich hauptsächlich in kommunalen Institutionen. Auf dieses historisch gewachsene System wirkt die aktuelle Aktivierungspolitik völlig anders als im Kontext des liberalen Wohlfahrtsstaatsmodells. Soziale Arbeit wirkt tendenziell distributiv. Die Menschen erleben vom Grundsatz her den Staat mit dem sozialdemokratischen Modell nicht gegen sich gerichtet. Die Verantwortung für die Problemlösung wird vom Staat mitgetragen. Um diese Gestaltungsmöglichkeit zu bewahren, hat sich Schweden bewusst gegen die Teilnahme an der Währungsunion entschieden.

Land	Wohlfahrts-staatsmodell	Soziale Arbeit	Wirkung auf Geschlechterverhältnis
Schweden	sozial-demokratisch	distributiv	Entlastung von Familien (Frauen)
Großbritannien	liberal	normierend	Belastung von Familien (Frauen)
Litauen	liberal	im Aufbau	Belastung von Familien (Frauen)
Deutschland	konservativ	normierend/ distributiv	Belastung/ Entlastung

Tabelle 1: Wohlfahrtsstaatsmodelle und Auswirkungen

---

[28] Der Wandel vom „Marktpinzip" zum „Bedüfnisprinzip" beim Zugang zu sozialen Dienstleistungen ermöglicht eine stärkere Erwerbsbeteiligung von Frauen am Arbeitsmarkt auch in Bereichen mit niedrigeren Qualifikationniveaus. Dennoch bleibt der Arbeitsmarkt segregiert. (Vgl. Fischer u. a. 2002, S. 142ff)

In *Großbritannien,* Prototyp des liberalen Wohlfahrtsstaates hat sich der Charakter der Sozialen Arbeit mit Thatcher und der Einführung des liberalen Gedankengutes völlig geändert. Die massiven Kürzungen der Sozialausgaben, Eingriffe in die Selbstvertretungsrechte der ArbeitnehmerInnen und Einführung von Marktprinzipien sind Kennzeichen dieses liberalen Paradigmenwechsels. Die in der englischen Sozialen Arbeit praktizierte partnerschaftliche Entwicklung von Gemeinwesenarbeit und Förderung der Selbsthilfe wurde zurück gedrängt zugunsten von stärkeren Kontrollansprüchen gegenüber der Klientel. Die Normierungsfunktion steht im Vordergrund[29]. Der Staat zieht sich aus der Verantwortung zur Lösung sozialer Probleme weitgehend zurück. Reproduktionsarbeit soll möglichst privat vor allem von Familien geleistet werden und das heißt faktisch: von Frauen. Gleichzeitig wächst der ökonomische Druck auf Frauen und die Arbeitsmarktlage führt dazu, dass sie vermehrt prekäre Beschäftigungsverhältnisse annehmen müssen. Das Vertrauen in die Hilfe durch professionelle Soziale Arbeit ist in der Bevölkerung, wie Karen Lyons ausführt, deutlich gesunken. (Vgl. Lyons 1997, S. 144) Soziale Arbeit beteiligt sich an der Durchsetzung verschärfter Zumutbarkeitskriterien, wenn Sozialleistungen in Anspruch genommen werden müssen, wobei vor allem allein erziehende Frauen einer besonderen Kontrolle unterliegen. Frauen in Notsituationen sind individuellen Bedürfnisprüfungen unterworfen und müssen Auflagen erfüllen, um Unterstützung zu erhalten. Dies bedeutet faktisch eine Verschärfung der ungleichen Geschlechterverhältnisse.

Der Kontrollcharakter drückt sich bereits in der räumlichen Ausgestaltung der Sozialzentren aus, in denen Mitarbeiterinnen durch Glaswände vor den Hilfesuchenden geschützt werden. Insgesamt haben diese Veränderungen zu einer Demoralisierung der Fachkräfte geführt. Die mit Toni Blair erhoffte Wende und Rücknahme der Einschnitte im Sozialbereich sind weitgehend ausgeblieben. Trotzdem erholt sich die Soziale Arbeit in Großbritannien langsam. Beispielsweise fordert sie fachliche Standards ein. Als Erfolg kann gewertet werden, dass die Ausbildung von 4 auf 6 Semester erweitert wurde (vgl. Lorenz 2004, S. 44).

Ob bei der Fortschreibung der Sozialen Arbeit in Großbritannien die europäische Entwicklung hilfreich sein kann, bleibt abzuwarten, da Großbritannien in der historischen Entwicklung eher wie ein skeptischer Beobachter anstatt als Akteur in Erscheinung tritt. In Großbritannien stehen die betroffenen Bürger und Bürgerinnen staatlichen Maßnahmen aufgrund der verschärften Kontrollansprüche des Staates eher ablehnend gegenüber.

Ein ähnlich distanziertes Verhältnis zwischen Staat und Bürger und Bürgerinnen zeigt sich in *Litauen.* Wobei in Litauen die historische Entwicklung eine

---

[29] Dies gilt für social work, quasi die staatliche Soziale Arbeit und kann nicht auf youthwork übertragen werden.

andere Wirkung entfaltet als in Großbritannien. Nach dem Zusammenbruch der Sowjetunion verabschiedete sich Litauen radikal vom damaligen Versorgungsmodell. Die grundlegende Skepsis gegenüber dem, was vom Staat kommt, spielt bei der Entwicklung eines neuen Wohlfahrtsstaatsmodells und der Entwicklung von Sozialer Arbeit eine prägende Rolle. Je nach Region zeigte sich beim Aufbau des Systems Sozialer Sicherung, wozu auch Soziale Arbeit zählt, der unterschiedliche Einfluss der westlichen Berater und Beraterinnen[30].

Soziale Arbeit entwickelt in Litauen ein eigenes Profil, das sicherlich auch durch die neuen Probleme mit geprägt wurde. Die Bevölkerung konnte die Mechanismen der freien Marktwirtschaft am Anfang nicht einschätzen. Viele Frauen sind nach dem Wegfall ihrer Arbeitsplätze auf falsche Arbeitsversprechen hereingefallen und werden zur Prostitution gezwungen. Vor allen Dingen alte Menschen (das sind überwiegend Frauen) sind massiv von Armut betroffen und viele der arbeitslos gewordenen Männer haben gravierende Alkoholprobleme. Soziale Arbeit reagiert darauf mit Projekten und Initiativen, die häufig in Zusammenarbeit mit den universitären Ausbildungsstätten entwickelt werden. Die europäische Vernetzung spielt dabei eine wichtige Rolle. Trotz dieser Impulse und kreativen Ideen zeigt sich, dass der Transformationsprozess sehr viele Opfer fordert und viele Menschen unter den sozialen Folgen dieses Prozesses leiden. Bislang halten die Aufbruchstimmung und das Bekenntnis im Land zur Europäischen Union an. Welche Wirkung Soziale Arbeit in Litauen im Bezug auf das Geschlechterverhältnis entfalten wird, ist derzeit noch nicht einschätzbar.

Mit gravierenden sozialen Folgen von grundlegenden Transformationsprozessen muss auch *Deutschland* spätestens seit der Wiedervereinigung umgehen. Anders als in den neuen Beitrittsländern, ist die Aufbruchstimmung in Ostdeutschland inzwischen einer Resignation und Desillusionierung gewichen. Die Arbeitslosenrate und Armutsquote in den neuen Bundesländern liegt im Durchschnitt deutlich höher als in den westdeutschen Bundesländern. Vor allem Frauen werden auf das Modell der Versorgerehe zurück geworfen und müssen die Schließung von Kindertagesstätten und den Wegfall der Unterstützung für ledige Mütter verkraften. Obwohl sich ostdeutsche Frauen mehrheitlich an Erwerbsarbeit orientieren und sie das Familienmodell der Doppelversorger mit staatlicher Kinderbetreuung bevorzugen (vgl. Pfau-Effinger 2000), werden sie auf das in Westdeutschland vorherrschende konservative Hausfrauen- bzw. Vereinbarkeitsmodell verwiesen. Hier zeigt sich deutlich, wie sich die Grenzen zwischen Privat und Öffentlich per staatlicher Definition verschieben können.

Vor dem Hintergrund des konservativen Wohlfahrtsstaatsmodells, das die sozialen Rechte tendenziell am Status seiner Bürger und Bürgerinnen ausrichtet,

---

[30] Während in Kaunas beim Aufbau der Ausbildung auf US-amerikanische Konzepte zurückgegriffen wurde, überwogen in Vilnius Ideen aus Deutschland und Finnland.

zeigt sich eine Reproduktion der Unterschiede auch zwischen den Geschlechtern. Maßnahmen beruhen auf paternalistischen Motiven aber auch auf Anerkennung und Wertschätzung sozialer Bürgerrechte. Soziale Arbeit bewegt sich entsprechend zwischen Hilfe und Kontrolle. Sie wirkt sowohl distributiv als auch normierend. (Vgl. Lenz 2000, S. 47) Markant präsentiert sich auch die institutionelle Ausgestaltung mit der vielfältigen Trägerlandschaft. Die Kooperation zwischen der Ausbildung in Sozialer Arbeit an Fachhochschulen und der sozialen Praxis sieht regional sehr unterschiedlich aus. Problematisch gestaltet sich die in Deutschland mit der Aktivierungspolitik[31] verbundene Diffamierung der Bürger und Bürgerinnen. Tendenziell werden arbeitslose Männer und Frauen für ihre Arbeitslosigkeit selbst verantwortlich gemacht. So zählen Kinder bei Müttern als deren individuelles Vermittlungshemmnis und nicht die fehlenden Kinderbetreuungsmöglichkeiten. Es hat den Anschein als ob sich der Staat aus der Verantwortung für die Entstehung wie für die Lösung sozialer Probleme zurückzieht. Die soziale Ungleichheit zwischen verschiedenen Gruppen wird immer gravierender und Soziale Arbeit soll neue Kontrollaufgaben wahrnehmen, wobei aktivieren natürlich moderner klingt. Bislang begegnet die Soziale Arbeit den neuen Anforderungen ausgesprochen *ambivalent*. Während einige z.B. in Jobcentern neue Arbeitsfelder zur Ausbreitung sozialarbeiterischer Methoden wie Case-Management sehen, warnen andere vor einer einseitigen Funktionalisierung der Sozialen Arbeit quasi gegen die AdressatInnen.

Zusammengefasst zeigt sich bereits an den wenigen Beispielen die nationalstaatliche Verflechtung von Sozialer Arbeit. Die Umgehensweise mit sozialen Problemen und die Wirkung auf das Geschlechterverhältnis werden wesentlich durch den jeweiligen nationalen Bezug zwischen Staat und seinen Menschen geprägt. Die Harmonisierung der europäischen Sozialpolitiken steckt noch in den Kinderschuhen. Also ein guter Zeitpunkt für die Frage:

Welches sind die Perspektiven Sozialer Arbeit in Europa, die der Geschlechterfrage gerecht werden?

Die Perspektiven für Soziale Arbeit in Europa lassen sich keineswegs eindeutig ermitteln.

Vor allem unter den aktuellen Umstrukturierungsbedingungen besteht die Gefahr, dass Soziale Arbeit zurück gedrängt und in den ehrenamtlichen Bereich verwiesen wird. Ein-Euro-Jobber sollen jetzt als Streetworker mit jugendlichen

---

[31] Die Bundesregierung begegnet spätestens seit Hartz IV sozialen Problemen mit der Aktivierungspolitik und der Leitlinie des Forderns und Förderns. Wobei von Fördern wenig zu sehen und zu merken ist – das Übergewicht liegt deutlich auf der Seite des Forderns.

Aussiedlern aus Osteuropa Kontakt aufnehmen und Streitschlichterprogramme in Schulen betreuen. (Vgl. KN, August 2005) Selbst rechtlich abgesicherte Bereiche stehen unter einem hohen Ökonomisierungsdruck, der mit Dequalifikation oder Unterbezahlung der Fachkräfte einhergeht. Gleichzeitig wird eine Professionalisierung in Sozialmanagementbereichen erforderlich, mit der Zielsetzung Soziale Arbeit marktgerecht umzugestalten[32].

Hier kann durchaus die Frage aufgenommen werden, inwieweit der Ökonomisierungsdruck auf die Nationalstaaten aufgrund des Europäischen Integrationsprozesses und die damit verbundene neoliberale Umgestaltung der Sozialen Sicherung die Kernidentität professioneller Sozialer Arbeit bedroht und ein neuer Typus Sozialer Arbeit konstituiert wird. Gleichzeitig ergeben sich Chancen aus dem Europäischen Integrationsprozess. Vor allen Dingen in Form der Gleichstellungspolitik erfährt Soziale Arbeit eine rechtliche Absicherung, wenn sie sich den Fragen der Geschlechtergerechtigkeit widmet. Als professioneller Reproduktionsbereich steht Soziale Arbeit bisher für Unterstützung, Hilfe, Schutz und auch Kontrolle von Menschen mit sozialen Schwierigkeiten zur Verfügung. Entsprechend der sozialen Ungleichheit und Prozesse der geschlechtsspezifischen Schließung nehmen Frauen eher die Hilfen der Sozialen Arbeit in Anspruch. (Vgl. Diezinger/ Mayr-Kleffel 1999) Männer mit sozialen Problemen gelten als unmännlich bzw. verweiblicht.

Im Moment besteht die Gefahr, dass Soziale Arbeit die Nähe zum Alltag ihrer KlientInnen verliert, da die Einführung marktwirtschaftlicher Prinzipien zu einer Entfremdung vom Alltag führt. Hier sind Logiken gefragt, die sich nicht an menschlichen Bedürfnissen ausrichten. Andererseits wird suggeriert, dass professionelle soziale Hilfen im Ehrenamt ausgeführt werden könnten. D.h. professionelle Soziale Arbeit, also Frauenarbeit, soll privatisiert und von bürgerschaftlichem Engagement ersetzt werden. Wobei die Lösung nicht darin bestehen kann, sich gegen bürgerschaftliches Engagement auszusprechen. Im Gegenteil, denn ohne soziale Bewegungen hätte sich die professionelle Soziale Arbeit nicht entwickelt[33].

Eine weitere Gefahr besteht in der Vereinnahmung der Sozialen Arbeit zur Legitimation unverhältnismäßiger Kontrollmaßnahmen gegen Arbeitslose und damit zur Individualisierung von Arbeitslosigkeit. Über Bedarfsprüfungen und Hilfepläne im Stundentakt wird das gesellschaftliche Bedingungsgefüge von Arbeitslosigkeit ausgeblendet und als soziales Problem individualisiert. Es besteht die Gefahr, dass diese Entwicklung zu einer weiteren Verschärfung sozia-

---

[32] Es bleibt anzuwarten, ob hier eine geschlechtshierarchische Verteilung der Arbeitsbereiche erfolgt und Managementaufgaben Männern übertragen werden.
[33] Soziale Bewegungen und die kritische Auseinandersetzung mit sozialen Problemen und deren Entstehungszusammenhängen geben nach wie vor wesentliche Impulse für Soziale Arbeit.

ler Ungleichheit führt von der Frauen besonders betroffen sein dürften. Hoffnungen, dass diese Trends aufgehalten werden können, ergeben sich auch aus dem aktuellen Europäischen Integrationsprozess. Mit dem 'Non' der Franzosen und Französinnen und dem 'nee' der Niederländer und Niederländerinnen zur EU-Verfassung ist der europäische Integrationsprozess nicht gestoppt. Die Ablehnung kann jedoch als ein möglicher Ausdruck für eine fehlende adäquate sozialpolitische Entwicklung der Europäischen Union gewertet werden. Hier muss die EU einen neuen Kurs einschlagen. Zentral für die Soziale Arbeit bleibt ihre Alltagsnähe, ihre Verbindung zu sozialen Bewegungen und Verbundenheit mit den sozialen Problemen von Männern und Frauen, Jungen und Mädchen. Um diese Alltagsnähe aufrechterhalten zu können, benötigt sie neue Strategien.

Eine Strategie zur Weiterentwicklung einer geschlechtergerechten Sozialen Arbeit könnte Gender Mainstreaming (GM) sein. Mit der Umsetzung des GM-Konzeptes werden in der EU und ihren Mitgliedstaaten seit einigen Jahren Erfahrungen gesammelt. Auch in einzelnen Arbeitsfeldern der Sozialen Arbeit wurde GM thematisiert und teilweise implementiert. Z.B. in der Jugendarbeit (vgl. Rose 2003). GM ist nicht nur ein politisches Konzept, sondern kann in der Organisations- und Personalentwicklung angewendet werden. Des Weiteren können mit GM alle Praxisfelder analysiert und hinterfragt werden (vgl. Flösser 2002, S.1).

Auf den drei Ebenen – Organisation, Mitarbeiterinnen und Praxis – bietet sich GM als Strategie der Qualitätsentwicklung und -sicherung an. Eine Organisation kann sich beispielsweise unter dem Genderaspekt entwickeln und verändern, indem sie hinterfragt: wie sind bei uns Positionen besetzt, Hierarchien verteilt zwischen Frauen und Männern? Wer macht was? Wer bzw. welche Sparte bekommt welche Finanzmittel? Wie sind unsere Öffnungszeiten? Welche Angebote machen wir – wie nehmen Frauen und Männer, Mädchen und Jungen diese wahr? Wo in unserer Arbeit sind geschlechtsspezifische Fragestellungen und Themen relevant? Gehen wir unterschiedlich mit unseren Adressaten und Adressantinnen um? Welche geschlechtsbezogenen Identitätsprozesse werden ermöglicht? Was gilt als weiblich, zu weiblich, nicht weiblich genug oder anders herum: Was gilt als männlich, zu männlich oder zu wenig männlich? Bereits das Nachdenken über die eigene Praxis beeinflusst die Wahrnehmung der Geschlechterverhältnisse und kann längerfristig zu Veränderungen führen.

Die Auseinandersetzung ist ausgesprochen anspruchsvoll und intensiv, da sie – und zwar im wahrsten Sinne – uns unmittelbar betrifft: Geschlecht ist ja auch eine zentrale Kategorie der eigenen Identität. Festzuhalten bleibt, dass sich Gender Mainstreaming als Konzept zur Qualitätsentwicklung Sozialer Arbeit anbietet, nicht zuletzt weil es bereits im europäischen Integrationsprozess verankert worden ist. Die Integration der Geschlechterfrage ist ein guter Weg, eine gute Strategie, europäische Perspektiven in der Sozialen Arbeit zu entwickeln.

Literatur

Beinzger, Dagmar/ Diehm, Isabell (Hrsg.) (2003): Frühe Kindheit und Geschlechterverhältnisse. Frankfurt a. M.

Cremer, Christa u.a. (Hrsg.) (1990): Frauen in sozialer Arbeit – Zur Theorie und Praxis feministischer Bildungs- und Sozialarbeit. Weinheim/ München

Diezinger. Angelika/ Mayr-Kleffel, Verena (1999): Soziale Ungleichheit. Freiburg im Breisgau

Fischer, Ute L./ Riegraf, Birgit/, Theobald, Hildegard (2002): Staatstransformation der Nachkriegszeit: Wege zu einem „frauenfreundlicheren Staat"? In: Schäfer, Eva/Fritzsche, Bettina/Nagode, Claudia (Hrsg.): Geschlechterverhältnisse im sozialen Wandel. Interdisziplinäre Analysen zu Geschlecht und Modernisierung. Opladen, S. 135-168.

Flösser, Gaby (2002): Gender Mainstreaming – eine Strategie zur Modernisierung der Jugendhilfe. www.eundc.de. Stand: 19.09.2005

Homfeldt, Hans Günther/ Brandhorst, Katrin (Hrsg.) (2004): International vergleichende Soziale Arbeit. Hohengehren

Lenz, Gaby (2000): Frauenansichten in der administrativen Sozialen Arbeit. Bielfeld

Lenz, Gaby (2003a): Genderperspektiven – eine Notwendigkeit in der Sozialen Arbeit. In: Beinzger/ Diehm (Hrsg.) (2003): S. 53-70

Lenz, Gaby (2003b): Sozialpolitik und Soziale Arbeit – Herausforderungen durch den europäischen Integrationsprozess. In: Gilde-Rundbrief 2, 2003, S. 49-57

Lorenz, Walter (2004): Soziale Arbeit und der Umgang mit Grenzen – Globalisierung als Herausforderung für sozialpolitisch bewusstes Handeln. In: Homfeld/ Brandhorst (Hrsg.) (2004): S. 40-51

Lyons, Karen (1997): Soziale Arbeit in Großbritannien. In: Puhl/ Maas (Hrsg.) (1997): S. 143-160

Pfau-Effinger, Birgit (2000): Kultur und Erwerbstätigkeit in Europa. Opladen.

Puhl, Ria/ Maas, Udo (Hrsg.) (1997): Soziale Arbeit in Europa. Weinheim/ München

Rabe-Kleberg, Ursula (1990): Sozialer Beruf und Geschlechterverhältnis. Oder: Soziale Arbeit zu einem Beruf für Frauen machen. In: Cremer u.a. (Hrsg.) (1990): S. 60-71

Rose, Lotte (2003): Gender Mainstreaming in der Kinder- und Jugendarbeit. Weinheim/ Berlin/ Basel

Zur Produktivität von Generationenbeziehungen in der Kinder- und Jugendarbeit

Ulrike Werthmanns-Reppekus

Bei dem Begriff 'Generationenbeziehungen' assoziieren wir je nach Alter und Lebenslage Bilder wie: Mütter, Väter, Söhne, Töchter, Großmütter, Großväter, Enkelkinder und Sätze wie 'früher war alles anders… besser…. schlechter…… genauso'. Gesellschaftspolitisch gebrieft assoziieren wir: demographische Tannenbaum-, Pilz- und Urnenmodelle, Rentnerberge und -schwemmen und 1,3 geborene Kinder pro Frau. Theoriegeladen sehen wir Ansätze von Generationengerechtigkeit aller Couleur, fordern neue Generationsverträge, so der 11. Kinder- und Jugendbericht, oder beklagen die Begriffe Demographie und Generationengerechtigkeit als Kampfbegriffe oder Leerformeln, die die unsoziale Ideologie des Neoliberalismus transportieren (Butterwegge, 2004, S. 13ff). Und das Motto des letzten Kirchentages in Hannover hieß „Wenn dein Kind dich morgen fragt.." (wobei das Motto auch hätte heißen können: „Wenn kein Kind dich morgen fragt…").

Langer Rede kurzer Sinn: Die Generationen – Bindestrich – Wortpaare nehmen überhand! Generationengerechtigkeit, -solidarität, -vertrag, -beziehungen, -verhältnisse, -konflikte usw. Und auch in der Erziehungswissenschaft ist zu beobachten, dass das Generationenthema eine Renaissance – anknüpfend an die geisteswissenschaftliche Pädagogik – erfährt. (vgl. Schweppe 2004, Böllert 2001). Im Folgenden soll der Generationenbegriff in der Kinder- und Jugendhilfe kurz beleuchtet und am Handlungsfeld Kinder- und Jugendarbeit sollen die Generationenbeziehungen auf ihre Produktivität hin hinterfragt werden.

1 Der Generationen – Bindestrich – Fachbegriff in der Kinder- und Jugendhilfe

Unter anderem ist es Thomas Rauschenbach und Karin Bock zu danken, dass die Generationenbeziehungen im Kontext der Kinder- und Jugendhilfe beleuchtet werden. Neben Familie und Schule ist die Kinder- und Jugendhilfe die dritte Sozialisationsinstanz für Kinder und Jugendliche. Das Generationenproblem in der Kinder- und Jugendhilfe, d.h. die Generationenbeziehungen zwischen Adressaten und Professionellen und den Professionellen untereinander, wurden bis dato nicht systematisch aufgegriffen. Zurückverfolgen kann man zwei Strömungen: Zum ersten wird der Generationenbegriff als anthropologisch – pädagogische Grundbedingung (vgl. z.b. Schleichermacher, Dilthey, Nohl) des pädagogischen Verhältnisses benannt, wie wir es aus der geisteswissenschaftlichen Pädagogik kennen. Zum zweiten steht der Begriff der Generation soziologisch – historisch gesehen für einzigartige Erlebnisgemeinschaften, in der relativ Gleichaltrige historische Ereignisse ähnlich erlebt und verarbeitet haben (die Kriegsgeneration, die skeptische Generation, die 68er Generation usw.).

In den 1990er Jahren wurden zwischen Generationenverhältnissen (durch den Sozialstaat vermittelte Zusammenhänge zwischen Lebenslagen und kollektivem Schicksal) und Generationenbeziehungen (Interaktionen zwischen einzelnen Generationsangehörigen) differenziert. Darauf aufbauend hat Rauschenbach eine Typologie der Generationsbezüge entwickelt und um die Elemente der synchronen Perspektive (generationsspezifische Gemeinsamkeiten) und der diachronen Perspektive (Unterscheidungsmerkmale zwischen den Angehörigen verschiedener Generationen) erweitert (vgl. Bock 2002).

	Mikroperspektive		Makroperspektive		
	Teilnehmer-perspektive	Beobachter-perspektive	Teilnehmer-perspektive	Beobachter-perspektive	
Synchrone Perspek tive	(1 a) 'meine Schwester, meine Freunde'	(1 b) Geschwister, Gleichaltrige	(2 a) 'meine Generation'	(2 b) 'Kriegsgeneration' '68er Generation'	Intra-generati-ver Horizont
Diachrone Perspek tive	(3 a) 'mein(e) Vater/ Mutter, mein(e) Sohn/ Tochter'	(3 b) Großeltern, Eltern, Kinder etc.	(4 a) 'Meine Großeltern-generation'	(4 b) generativer, epochaler Wandel	Inter-generati-ver Horizont
	=Generationsbeziehungen		=Generationsverhältnisse		

Tab. 1: Perspektiven der Kategorie Generation. Quelle: Rauschenbach 1998, S. 19 entnommen aus Bock, 2002, S. 287

Nach Bock werden demnach aber öffentlich organisierte Generationsbezüge wie z.b. die Handlungsfelder der Kinder- und Jugendhilfe nicht erfasst. Diese wiederum müssen mit den Überlappungen zu den privaten Generationenbeziehungen in der Familie und den öffentlich – pflichtigen Generationenbeziehungen im Bildungssystem, sprich in der Schule, gesehen werden. Karin Bock stellt das anhand dreier sich schneidender Kreise dar.

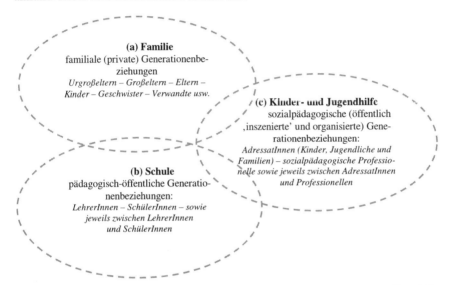

Abb. 1: Generationenbeziehungen (entnommen aus Bock, 2002, S. 290)

Die Familie steht für die private Ebene der Interaktion verschiedener Generationen in einem bestimmten sozialgeschichtlichen Kontext. Die Schule steht für verpflichtende, zeitlich begrenzte Interaktionen von Lehrenden und Lernenden, wobei beide Gruppen auch verschiedenen Altersgruppen angehören können und miteinander kommunizieren. Die Kinder- und Jugendhilfe stellt intergenerative Kontakte auf der Ebene Profis – Adressaten her, die Profis sind z.T. bewertend und begutachtend bezügl. der innerfamiliären Generationsbeziehungen ihrer Adressaten tätig, und die Profis können selbst unterschiedlichen Generationen angehören. Demnach überschneiden sich diese Beziehungen, wo es Überlappungen im Erfahrungsraum der Beteiligten gibt, da die Trennung Familie, Schule, Kinder- und Jugendhilfe eine analytische ist. Gerade die soziale Arbeit bewegt sich immer in diesen Schnittstellen von Interaktionen in öffentlichen Institutionen und privaten Lebensformen.

2 Generationenbeziehungen in der Kinder- und Jugendarbeit

„Die Familie ist jene Form menschlicher Interaktion, in der die generative Differenz, das Gebären und das Geborenwerden zu pädagogischen Generationenbeziehungen führt, in denen es um Erziehung, Anleitung und Vermittlung von Wissen geht". (Ecarius, 2002, S. 201). Salopp formuliert: Jugendliche haben, bevor sie mit Angeboten der Jugendarbeit konfrontiert werden oder sie suchen, immer schon Generationenbeziehungen im familiären Kontexten erlebt, die ihnen eine Idee von 'den Alten' aber auch von 'den Kleinen' vermittelt hat. Familie bleibt – trotz aller Pluralisierungstendenzen und Funktionswandel – der zentrale Ort des Aufwachsens, wobei ihre Generationenbeziehungen heute eher als Aushandlungsprozesse gekennzeichnet sind. Dadurch werden die traditionellen Generationenbeziehungen (die ältere Generation bestimmt und übernimmt Verantwortung) relativiert, Generationenbeziehungen werden stärker eine Angelegenheit öffentlicher Organisation (vgl. Böllert, 2001). Im Unterschied zu den 'unkündbaren' Familienbeziehungen, wechseln die Jugendlichen in den Feldern der Jugendarbeit zu freiwilligen Generationenbeziehungen und zu den – mindestens so wichtigen – peergroups. Nähe und Distanz sowie Machtbalancen wurden in der Familie erfahren und werden in der Jugendarbeit neu erprobt. Burkhard Müller, auf den ich im Folgenden zurückgreife, beschreibt die Generationenbeziehungen in dem sozialpädagogischen Arbeitsfelder Jugendarbeit als 'Arbeitsbündnis'. Jugendarbeit ist

„klarer als z.B. die Schule und ihr Unterricht, auf die allgemeinste Ebene der Generationenbeziehungen und Generationendifferenz ausgerichtet. Sie hat den gesellschaftlichen Auftrag, diese Beziehung und Differenz irgendwie zu verbessern, wobei die Kriterien solcher Verbesserung natürlich historisch variieren: entweder indem sie jugendkulturelle Freiräume anbietet, welche die Autonomiespielräume Jugendlicher gegenüber der Erwachsenengesellschaft vergrößert und ihre Chancen erhöht, eigene Wege zu gehen; oder aber, wenn man meint, die Spielräume des jugendkulturellen Moratoriums seien schon zu groß und Jugendliche drohten in gesellschaftliche Devianz abzugleiten, soll sie genau dies verhindern und bei der Einfädelung Jugendlicher in die sozialverträgliche Erwachsenenrolle mithelfen"... (Müller, 2002, S. 264)

Die Spannung der 'öffentlichen Väter und Mütter' bewegt sich also zwischen Berufsjugendlichen und Aufpassern. Diese Professionalisierung der Erwachsenenrolle sollte abgelöst werden von der raumorientierten Jugendarbeit, deren vornehmste Aufgabe es war, faktisch Räume mit Angeboten von hohem Gebrauchswert zur Verfügung zu stellen, aber auch Raum für Anerkennung. Nun ist Repädagogisierung in Sicht: es wird das 'leidenschaftliche Verhältnis' des 'reifen' zum 'werdenden Menschen' (Nohl) etwas cooler als Arbeitsbündnis tituliert. Müller fragt sich, wie die Generationenbeziehungen dann zwischen Jugendarbeiter/ innen und Jugendlichen aussehen:

- Wenn es stimmt, dass Jugendliche für den zu erstrebenden Erwachsenenstatus sowohl eine eigenständige Jugendkultur sowie relevante Erwachsene brauchen, sind dann die Jugendarbeiter/ innen diese relevanten Erwachsenen?

- Oder sind sie neutrale Vermittler bei intergenerativen Konflikten?

- Oder sind sie Schiedsrichter in allen Lebenslagen?

- Oder sind sie 'andere Erwachsene', also die die Antagonismen zwischen den Generationen aufgehoben haben?

- Um meinerseits noch zwei Dinge draufzusetzen: auch die Antagonismen zwischen den Geschlechtern und Kulturen?

Da sich die Heiligsprechungen in der Empirie der Jugendarbeit in Grenzen halten, kann man davon ausgehen, dass alle Modelle Überforderungsmodelle sind oder Selbstverwirklichungsmodelle von Pädagogen/ innen, die letztlich zu Lasten der Jugendlichen gehen können. Psychoanalytisch gesehen, ist die Dynamik der Adoleszenz die Neuauflage des frühkindlichen Entwicklungskonfliktes, jetzt müssen 'Hänschen' und 'Gretchen-Klein' hinaus in die Welt und sich den Anforderungen des Großwerdens stellen. Für Jugendarbeiter/ innen bedeutet personale Nähe nicht nur „Subjektbezüge zu Erwachsenen anzubieten, sich als verständnis- und humorvoller, aber zugleich wertorientierter, 'kantiger' und konfliktbereite Partnerin oder Partner jugendlicher Unreife zu stellen" (Müller, 2002, S. 271). Sondern es bedeutet auch, „sich als Objekt der jugendlichen Entwicklungsthematik verwenden zu lassen" (a.a.O., S. 272). Um die Rolle nicht zu therapeutisieren, geht es Müller darum, die Beziehungsseite der sachlichen Angebote (Räume stellen, Hilfen geben, Freizeitangebote organisieren) zu durchschauen.

Daraus folgt, dass Jugendarbeiter/ innen in der professionellen Gestaltung von Generationsbeziehungen bereit und fähig sein müssen,

„einige der Konflikte stellvertretend zu ertragen, die von den Jugendlichen an den entscheidenden Orten für jene psychische Arbeit (mit den Eltern, mit den Instanzen gesellschaftlicher Chancenverteilung wie Schule, Arbeitgeber, auch im Verhältnis zum Normendruck der eigenen Clique etc.) noch nicht oder nicht ohne Unterstützung geführt werden können. Jugendarbeiter müssen aushalten können, von den Jugendlichen mit allen jenen Instanzen unbewusst verwechselt zu werden, müssen bejahen können, sich mit den Jugendlichen unter der Bedingung solcher Verwechslung auseinander zu setzen und dürfen doch dieser Verwechslung selbst nicht erliegen". (a.a.O., S. 277/ 8).

Vielleicht heißt es einfach übersetzt: Jugendarbeiter/ innen müssen sich ihrer 'Stellvertreter/ innen' Rolle bewusst sein und aushalten können, dass sie als Übungsprojekte für das Balancieren mit Macht, Ansprüchen, Erwartungen, Forderungen und Wünschen fungieren. Je brüchiger, kälter, härter die 'wahren' Vertreter/ innen gesellschaftlicher Institutionen (von der Familie über Schule und Arbeitgeber bis zur Politik) sind, umso anspruchsvoller wird die Stellvertreterrolle. Eine Rolle, die besonders in sparsamen Zeiten gerne als Pflichtaufgabe zur freiwilligen Leistung heruntergebrochen und auf der Bühne der Kinder- und Jugendhilfe unbesetzt bleibt. Was besonders prekär ist, wenn man bedenkt, dass trotz aller demographischen Krisenszenarien sich die Altersgruppe der 15-18jährigen zumindest bis 2010 bzw. 2012 noch im Plusbereich bewegen wird (vgl. Rauschenbach 2004, S. 16).

3   Fazit

Ich hoffe, die Ausführungen haben deutlich gemacht, dass es sich lohnt über die Produktivität von Generationenbeziehungen in der Kinder- und Jugendarbeit nachzudenken. Denn es geht dabei nicht nur um die Beziehung Sozialpädagoge – Jugendlicher, sondern auch um das generative Zusammentreffen unterschiedlicher Akteure in der Profession. Dass beides beeinflusst wird von den Generationenbeziehungen und -verhältnissen in den 'Nachbarsystemen' Schule und Familie wurde angedeutet. Patentrezepte lassen sich daraus nicht machen, insofern sollen die vier folgenden Gedanken zur Diskussion anregen:

1.   Auf der theoretischen Ebene lässt die Generationenperspektive sowohl die familiären Generationsverstrebungen bedeutsam werden, die sozusagen die Folie bilden, auf der Kinder- und Jugendarbeit agiert, als auch ihre historische Dimension. Im Kontext der historischen Dimension werden die sozialgeschichtlichen Verhältnisse bedeutsam, in denen und möglicherweise deretwegen öffentlich organisierte, pädagogische Beziehungen – hier Jugendarbeit – inszeniert werden (das KOMM e.V. in Nürnberg hatte etwas mit der 68er Generation zu tun).

2.   Auf der Ebene des professionellen Handelns im pädagogischen Alltag der Jugendarbeit in der offenen wie in der Verbandsjugendarbeit ist die Generationenperspektive hilfreich, um die eigene Rolle zu reflektieren. Stellvertretend für andere müssen Jugendarbeiter/ innen Projektionsfläche für Konflikte der Jugendlichen sein in der Auseinandersetzung mit der älteren Generation. Für die Mädchenarbeit hat Stauber das deutlich gemacht, in dem sie generationenbezogene Mädchenarbeit als die Arbeit am und mit dem Widerspruch bezeichnet und als Arbeit an und mit der Differenz. In diesem

Zusammenhang zitiert sie Winkler. „Möglicherweise liegt (.) die Aufgabe der Pädagogik darin (.) die Generationendifferenz bewusst zu inszenieren". (Stauber 2004, S. 38)

3. Schließlich lassen sich Generationenbeziehungen auch außerhalb des pädagogischen Verhältnisses 'Profi – Adressat' inszenieren. Aus der biographietheoretischen Perspektive plädiert Hurrelmann für den generationsübergreifenden Austausch in Form von Interessensbörsen, Patenschaftsprojekten und stadtteilorientierten Kooperationen. Kinder- und Jugendarbeit kann dafür gleichermaßen Raum und Zentrum sowie Lernfeld sein. Eine Auseinandersetzung darüber, welche Bedeutung z.b. Handys, Piercings, Rapper und Computer haben und wie wichtig Besuche, Perlenketten, Volkslieder und Radios sind, kann nicht erzwungen, aber versucht werden. Wenn die These von Rauschenbach von der Entprivatisierung und Entfamilialisierung der Generationen zutrifft, wenn die Selbstbezüglichkeit der Generationen wächst, da jede Generation in höherem Maß für sich selbst verantwortlich ist (vgl. Rauschenbach 2004, S. 18ff) brauchen wir solche 'Kontaktstellen' mehr als zuvor. Im Bereich der Kinder- und Jugendkulturarbeit können wir beispielhaft beobachten, wie der Kontakt mit Künstler/innen neue Begegnungen zwischen den Generationen schafft, die nicht 'sozialpädagogisiert' sind. Somit ist die Produktivität von Generationenbeziehungen in der Kinder- und Jugendarbeit eine wichtige Facette im Motto des 11. Kinder- und Jugendberichtes: Aufwachsen in öffentlicher Verantwortung.

4. Die Produktivität von Generationenbeziehungen in der Jugendarbeit lässt sich theoretisch und praktisch, professionell durchbuchstabieren. Aber ich möchte zum Schluss noch eine andere Perspektive beleuchten: Seit mehr als 40 Jahren haben wir in unserem Land – unabhängig von dem Besitz eines deutschen Passes – Generationen von Bürgern und Bürgerinnen, von Kinder und Jugendlichen, die sich als Ausländer fühlen. Möglicherweise ist es uns, neben vielen anderem, bis dato nicht gelungen, die Generationenbeziehungen und -verhältnisse mit einem interkulturell geschärften Blick zu betrachten. Dieser könnte helfen, Problemlagen besser zu analysieren und Interaktionen empathischer zu gestalten.

Literatur

Bock, Karin: Generationsbeziehungen im Kontext der Kinder- und Jugendhilfe. In: Schweppe (Hrsg.) (2002): S. 283-300

Böllert, Karin: Generationen. In: Otto/ Thiersch, (Hrsg.) (2001): S. 660 – 664

Butterwegge, Christoph: Leben die Alten auf Kosten der Jungen? Generationen(un)gerechtigkeit als Ideologie. In: deutsche Jugend 1/ 2004, S. 13-20

Ecarius, Jutta: Krisenszenarium oder Neue Solidarität? Zum Wandel von Generationsbeziehungen und seine Bedeutung für die Erziehungsverhältnisse. In: Schweppes, (Hrsg.): S. 201-221

Hurrelmann, Klaus: Schwindende Kindheit – Expandierende Jugendzeit. Neue Herausforderungen für die biographische Gestaltung des Lebenslaufs. Vortrag bei der Dr. Margit Egnèr Stiftung in Zürich, internet o.J.

Müller, Burkhard: Sozialpädagogische Arbeitsbündnisse – Beziehungen zwischen den Generationen. Dilemma und Aufgabe der Jugendarbeit. In: Schweppe, Cornelia (Hrsg.) (2002): S. 263-281

Otto, Hans-Uwe; Thiersch, Hans (Hrsg.) (2001): Handbuch Sozialpädagogik/ Sozialarbeit. Neuwied/ Kriftel

Rauschenbach, Thomas (2004): Vertrag der Generationen. Über die Notwendigkeit neuen Denkens. In: Theorie und Praxis der Sozialen Arbeit 5/ 2004, S. 13-21

Schweppe, Cornelia (Hrsg.) (2002): Generation und Sozialpädagogik. Weinheim und München

Stauber, Barbara: Veränderte Generationenbeziehungen und ihre Konsequenzen für die Mädchenarbeit. In: neue praxis, 1/ 2004, S. 30-40

Die Potenziale des Alters nutzen – Chancen für den Einzelnen und die Gesellschaft

Gerhard Naegele

1 Vorbemerkungen

Begriffe und Schlagworte wie 'Potenziale des Alters' oder 'Produktivität des Alters' sind – zumindest in der altenpolitischen Diskussion – derzeit von hoher Aktualität. Überspitzt formuliert könnte man sagen, sie sind auf dem Wege, zu den gerontologischen Worten des Jahres 2005 zu avancieren, wenn es denn so etwas gäbe. So hatte bekanntlich der kürzlich vorgelegte 5. Altenbericht der Bundesregierung explizit die „Potenziale des Alters in Wirtschaft und Gesellschaft" zum Thema. Und betont dabei in einer jüngst zu den Ergebnissen, auf die ich in meinem Beitrag – zumindest teilweise – auch eingehen werde, vorgelegten Broschüre, dass „unsere Gesellschaft nicht auf diese Potenziale verzichten kann – weder in der Arbeitswelt, noch in der Wirtschaft, weder in der Familie noch in der Kommune."

Diese Äußerungen stehen dabei im Einklang mit dem bereits ein Jahr zuvor vorgelegten Fortschrittsbericht zum nationalen Nachhaltigkeitsbericht der Bundesregierung. Hier heißt es wörtlich:

> „Es ist künftig davon auszugehen, dass [...] die gesellschaftlichen und wirtschaftlichen Zukunftsaufgaben von einer insgesamt geringeren und im Durchschnitt älteren Bevölkerung bewältigt werden müssen. Hieraus erwachsen vielfältige Herausforderungen sowohl an die Politik als auch an den Einzelnen, die insbesondere darin bestehen, Bedürfnisse der heutigen Generationen mit den Lebenschancen zukünftiger Generationen so zu verknüpfen, dass eine gerechte Teilhabe aller an der Gesellschaft möglich wird (Grundgedanke einer nachhaltigen Entwicklung). Vor dem Hintergrund der verlängerten Lebenserwartung ist diese ,Freisetzung des Alters' nicht mehr zukunftsfähig. Gleichzeitig zeigt sich, dass die meisten Älteren selbst keineswegs an einem Rückzug aus wichtigen gesellschaftlichen Aktionsfeldern interessiert sind. Vorausgesetzt, die ,Bedingungen stimmen', kann sogar erwartet werden, dass ein Teil der Älteren von heute und insbesondere der Älteren von morgen zu einer Fortsetzung, ja sogar zur Ausweitung ihres Engagements in Beruf, Wirtschaft und Gesellschaft bis hin zur Übernahme neuer Aufgaben bereit ist" (Bundesregierung 2004).

2   Zur 'Hochkonjunktur' des Produktivitätsdiskurses

Wie erklärt sich nun diese plötzliche 'Hochkonjunktur' des Produktivitätsdiskurses, welche wichtigen Entwicklungslinien lassen sich erkennen? Zunächst gibt es eine 'offizielle' Version, wie sie auch die 5. Altenberichtskommission selbst verwendet: Demnach ist es heute vielfach üblich geworden, das Altern der Bevölkerung primär als Belastung der Gesellschaft oder als Kostenfaktor vor allem der nachfolgenden Generationen zu sehen. Auch wenn außer Frage steht, dass die demografische Entwicklung steigende Ausgaben für die Altersversorgung oder die soziale und pflegerische Infrastruktur mit sich bringt, so ist diese Betrachtungsweise doch zu einseitig ausgerichtet. Vielmehr gilt auch, dass der demografische Wandel und das Altern der Bevölkerung auch Chancen für den Einzelnen wie für die Gesellschaft und nicht zuletzt auch für wirtschaftliches Wachstum und in der Folge für neue Arbeitsplätze beinhalten. Es ist von daher auch die Kernbotschaft des 5. Altenberichtes, dass es gelte, die gewachsenen Potenziale auf Seiten der älteren Menschen selbst – verglichen mit früheren Kohorten – künftig vermehrt als Anknüpfungspunkte für eine gegen den vorherrschenden Belastungsdiskurs gerichtete Politik der besseren Nutzung der Ressourcen älterer Menschen zu begreifen und zu nutzen. Und der 5. Altenbericht liefert dazu auch eine Vielzahl von – wie ich finde – beachtlichen Beispielen.

Auf eine weitere, nahe liegende Begründung für die plötzliche 'Hochkonjunktur' der Altersproduktivität und -potenziale soll wenigstens kurz hingewiesen werden. Sie hat aber bei der Bearbeitung des 5. Altenberichtes keine Rolle gespielt: Liegt es nicht in Zeiten, in denen die öffentlichen Kassen leerer, die finanziellen Verteilungsspielräume enger und die demografischen Belastungen sichtbarer werden, auch nahe, die Alten selbst 'stärker zur Kasse' zu bitten, z.B. über mehr finanzielle Eigenbeteiligung, Mehrarbeit und Mehreinsatz? Und liegt es nicht nahe, in diesen Zeiten die Idee der Altersproduktivität gleichsam als ideologische Folie zu bemühen, mit der es leichter ist, Kürzungen und soziale Verschlechterungen zu kaschieren bzw. im Extrem sogar zu begründen?

3   Gerontologische Zugänge zum Produktivitätsdiskurs

Verlässt man einmal die offiziellen und aktuellen Begründungslinien, so muss die plötzliche Hochkonjunktur des Produktivitätsdiskurses aber auch deshalb überraschen, dass sie es hierzu bereits eine längere Tradition gibt. Dabei gilt zunächst – und dies trifft sowohl auf frühere wie auf die aktuellen Vorstöße zu – dass dem Konzept der Altersproduktivität keine eindeutige Begriffsbildung zugrunde liegt, ja dass sich dem interessierten Betrachter der Diskussion und Literatur manchmal sogar so etwas wie eine 'Beliebigkeit' in der Anwendung auffällt. Dies verwundert übrigens nicht bei der inhaltlichen Breite, die diesem Konzept in ihrer Anwendung vielfach zuteil wird. Dies gilt im Grundsatz auch für den 5. Altenbericht selbst, wenn hier der Begriff des Potenzials „allgemein im Sinne einer noch nicht verwirklichten Möglichkeit" definiert wird:

> „Unter 'Potenzialen des Alters' sind sowohl vom Individuum wie von der Gesellschaft präferierte Lebensentwürfe und Lebensformen, die zur Wirklichkeit werden können, als auch die den älteren Menschen für die Verwirklichung von Lebensentwürfen und Lebensformen zur Verfügung stehenden Ressourcen zu verstehen. Dabei kann zwischen einer stärker individuellen und einer stärker gesellschaftlichen Perspektive differenziert werden. Während aus einer stärker individuellen Perspektive die Verwirklichung persönlicher Ziel- und Wertvorstellungen im Vordergrund steht, ist aus gesellschaftlicher Perspektive vor allem von Interesse, inwieweit ältere Menschen zum einen auf Leistungen der Solidargemeinschaft angewiesen und zum anderen in der Lage sind, einen Beitrag zum Wohl der Solidargemeinschaft zu leisten" (5. Altenbericht, Berlin 2005: 28)

Gemeinsam ist allen – alten wie neuen – Zugängen, dass die Thematisierung von Alterspotenzialen oder von Altersproduktivität stets im Dienst von Bemühungen steht, einen Beitrag zur Überwindung/ Verbesserung des vermeintlich primär negativen Altersbildes in der Gesellschaft zu leisten – und zwar in völlig unterschiedlichen Kontexten. Dies traf hierzulande in der Vergangenheit insbesondere auf die Gerontopsychologie und ihre Hauptvertreter wie *Ursula Lehr* oder *Hans Thomae* zu, die sich schon sehr früh darum bemüht haben, über die Betonung von Kompetenzen und Potenzialen älterer Menschen positive Konnotationen zum Alter herzustellen. Dabei hat sie sich traditionell auf die individuellen physiologischen und psychologischen Kapazitäten älterer Menschen konzentriert. In dieser Perspektive kann sich Produktivität in ihren Wirkungen aber nicht primär nur auf den einzelnen älteren Menschen sich selbst beziehen, sondern kann im Rahmen von Interaktionsprozessen auch auf andere Personen ausstrahlen. So verstandene Produktivität beinhaltet dann auch immer geistige, emotionale und motivationale Ausdrucksformen, wie zum Beispiel andere in Werten und Zielen oder durch eigenes Vorleben positiv motivieren.

Auch heute noch ist dieser Sicht individualisierter Anwendung unter Gerontopsychologen und unter vielen Pädagogen weit verbreitet, wenn z.B. *Ursula Staudinger* (1996) auf die förderlichen Auswirkungen des Verhaltens pflegebedürftiger Menschen in konkreten Pflegesituationen auf die Leistungsbereitschaft und Motivation des Pflegepersonals hinweist oder wenn z.B. der Vorsitzend der 5. Altenberichtskommission *Andreas Kruse* in einer jüngeren Veröffentlichung die bewusst angenommene Abhängigkeit hilfebedürftiger älterer Menschen, die

er als die Fähigkeit des Menschen beschreibt, „die in einer bestimmten Lebenssituation notwendigen Hilfen anzunehmen, die persönliche Abhängigkeit dabei
als ein natürliches Phänomens des Menschseins zu deuten sowie die Fähigkeit,
nicht mehr rückgängig machbare Einschränkungen und Verluste anzunehmen",
explizit auch unter der Perspektive von Potenzialen beschreibt, die sich nicht
nur im Zusammenhang mit der eigenen Bewältigung von Einschränkungen und
Hilfebedürftigkeit positiv auswirken, sondern auch bei den professionell damit
Befassten (Kruse 2005).

Auch die 5. Altenberichtskommission nimmt in Teilen eine in diesem Sinne individualisierende Sichtweise ein, wenn explizit auf das Konstrukt der 'Mitverantwortung' abgehoben wird, d.h. vom einzelnen älteren Menschen selbst
Mitverantwortung für sich selbst wie für gesellschaftliche Anliegen gleichermaßen gefordert und die Wahrnehmung einer so verstandenen Mitverantwortung
als Ausdruck der Nutzung vorhandener Potenziale zur praktischen Ausübung
von Mitverantwortung interpretiert wird.

Mit dieser Argumentation wird allerdings zugleich die Brücke zu einer
stärker gesellschaftlichen Betrachtung geschlagen. Im Gegensatz zur Gerontopsychologie hat sich die deutsche Alterssoziologie, die dafür zuständige Teil-
disziplin innerhalb der Gerontologie, erst sehr viel später in den Potenziale- und
Produktivitätsdiskurs eingeschaltet, allerdings mit einer durchaus vergleichbaren
geronto-politischen Zielrichtung. Beispielsweise haben in Veröffentlichungen
aus den frühen 1990er Jahren Hans-Peter Tews u.a., darunter auch ich, bereits
implizit gegen eine falsch verstandene 'Ruhestandsmentalität' argumentiert und
schon in diesem Kontext an die 'Pflicht' der Älteren selbst appelliert, das insbesondere durch die massiven Frühverrentungsprogramme weitgehend 'entberuf-
lichte' Alter individuell und gesellschaftlich stärker einzusetzen. In überspitzter
Form mündete diese Argumentation in der Forderung nach einer „(Wieder-)
Verpflichtung des gesellschaftlich entpflichteten Alters" (Naegele 1993). Auch
wenn wir damals erhebliche Kritik vor allem aus der Altenszene selbst einste-
cken mussten, die damals u.a. glaubten, wir würden so etwas wie eine gesetzlich
verordnete 'Sozialzeit' für Ältere fordern, zeigt sich heute, dass die damalige
Argumentation im Grunde gar nicht so weit von der Logik des jüngsten Alten-
berichts entfernt war.

Hans Peter Tews (1996) konzeptualisierte damals Produktivität explizit als
„Werte erzeugendes, sozial nützliches Verhalten", das sich in Geld- und Sach-
leistungen und/ oder in Zur-Verfügungstellung von Zeit ausdrückt und jeweils
an Tauschverhältnisse gebunden ist. Er unterschied dabei eine (1) individuelle
Produktivität als Eigenbeitrag zur Aufrechterhaltung der selbstständigen Lebensführung, vergleichbar der eben angesprochenen, stärker individualisieren-
den psychologischen Perspektive, eine (2) intra- und (3) intergenerationelle

Produktivität in Form von sozial nützlichen Austausch- und Hilfebeziehungen innerhalb und zwischen den Generationen, innerhalb und außerhalb des Familienverbandes, eine (4) Umfeld-Produktivität vor allem beim bürgerschaftlichen Engagement sowie (5) eine gesellschaftliche Produktivität insbesondere mit Blick auf eine stärkere soziale und politische Partizipation älterer Menschen.

4 Active Ageing und Produktivität im Alter

Diese Argumentationslogik der frühen 1990er Jahre, auch deren Nähe zum heutigen 5. Altenbericht der Bundesregierung aus dem Jahre 2005 unschwer zu erkennen ist, findet sich vor allem wieder im aktuellen EU-Konzept vom active-ageing, als dessen Protagonist der englische Sozialwissenschaftler *Alan Walker* gelten kann. In Interpretation der WHO-Formel 'Add life to the years' gilt es als die 'richtige Antwort' der EU-Mitgliedstaaten auf die vielfältigen individuellen, sozialen und ökonomischen Herausforderungen des demografischen Wandels und zielt insbesondere auf die Herstellung von (sozialen und gesellschaftlichen) 'Nützlichkeitsbezügen' in den Alltagshandlungen der älteren Menschen. Insbesondere wird dabei auf folgende Dimensionen und Prinzipien abgehoben, die zugleich Anknüpfungspunkte für praktische Alterspolitik bieten sollten:

- Nützlichkeitsbezug, und zwar bezogen auf sich selbst (z.b. Gesundheit, Selbständige Lebensführung) wie auf dritte (z.b. Hilfe für andere Ältere);

- Einbezug aller Gruppen älterer Menschen, d.h. Vermeidung von sozialem Ausschluss (insbesondere mit Blick auf die Hochaltrigen, einkommensschwache Ältere, MigrantInnen);

- Prävention und Lebenslauforientierung, d.h. Altern ist als Prozess verstehen, aktives Altern gilt es im Lebenslauf zu entwickeln;

- Streben nach intergenerationeller Gerechtigkeit;

- Im Alter gibt es nicht nur Rechte sondern auch Pflichten;

- Ermöglichung von Beteiligung und Empowerment der Betroffenen (z.B. im Bereich sozialer Dienste;

- Respektierung nationaler und kultureller Unterschiede.

Zur praktischen Umsetzung des EU-Konzeptes von active ageing werden insbesondere die folgenden vier Handlungs- und Gestaltungsfelder vorgeschlagen, die sich übrigens allesamt auch im fünften Altenbericht an prominenter Stelle wieder finden:

• Arbeitswelt;

• Gesundheitsförderung und Prävention;

• Politische Aktivbürgerschaft;

• Bürgerschaftliches Engagement.

5   Altersproduktivität und Generationenvertrag

Eine in diesem Sinne auf Dritte gerichtete, praktizierte Produktivität im Alter
mit ihren sowohl in individueller wie in gesellschaftlicher Perspektive sozial
nützlichen Dimensionen, getreu dem Tews`schen Motto von 1996: „Ich für
mich mit anderen zusammen für mich und für andere", kann dabei zweifellos
auch übergeordneten gesellschaftlichen Zielen im Zusammenhang mit der Neu-
justierung des gesellschaftlichen Generationenvertrages dienen. So kann sie
zunächst als Lern- und Erfahrungsraum für alle daran beteiligten Generationen
fungieren. Daneben kommt ihr auch eine direkte stützende Wirkung für das
gesellschaftliche Generationenverhältnis zu. Dies erfolgt auch heute noch weit
überwiegend durch Hilfen Älterer im Familienverband, wie zahlreiche empirische Studien belegen und die als wichtiger Beitrag der Älteren selbst zur Stabilität des so genannten kleinen Generationenvertrag interpretiert werden können.
Dabei wird vorausgesetzt, dass erst ein funktionsfähiger so genannter kleiner
Generationenvertrag die Grundlage dafür bietet, dass der so genannte große
gesellschaftlichen Generationenvertrag in seiner Rolle als ein immer noch tra-
gendes Fundament der Sozialen Sicherung hierzulande überhaupt funktionieren
kann. In dieser Perspektive ist dann auf Dritte gerichtete und praktizierte intra-
wie intergenerationelle Altersproduktivität immer auch ein Gegengewicht zum
'mainstream' von Individualisierung und privater Selbstvorsorge.

Praktizierte Altersproduktivität kann darüber hinaus auch in einer weiteren
gesamtgesellschaftlichen Generationenperspektive gewürdigt werden. Sie trägt
nämlich mit dazu bei, dass die die Alten das ausgleichen bzw. 'zurückzahlen'
können, was ihnen eine demografisch insgesamt rückläufige jüngere und mittle-
re Generation trotz wachsender Zeit- und nicht selten auch wachsender ökonomischer Not im Rahmen ihres Beitrags zum gesellschaftlichen Generationenvertrag gewährt.

6 Bereiche praktizierter und möglicher Altersproduktivität

Damit ist zugleich ein tragender Grundsatz für die Forderung nach Ausweitung des bürgerschaftlichen Engagements älterer Menschen benannt (z.B. Naegele & Rohleder 2001), die auch im 5. Altenbericht als Teil einer weiteren wichtigen gesellschaftlichen Zukunftsaufgabe im Zusammenhang mit der produktiven Nutzung des Alters konzeptualisiert wird und zu der gerade eben auch unter der Überschrift 'Organisation und Unterstützung lokaler Strukturen einer neuen Kultur des Helfens' eine bundesweite Diskussion begonnen hat. In diesem Zusammenhang sind drei Dinge von Bedeutung:

- Zum einen ist, wie empirische Umfragen zeigen, insbesondere bei den jüngeren Älteren das bürgerschaftliche Engagementpotenzial keineswegs ausgeschöpft. Dies gilt insbesondere für alternative, projektorientierte und weniger verpflichtende Einsatzbereiche jenseits des traditionellen Ehrenamts bei Kirchen und Wohlfahrtsverbänden. Nach vorliegenden Erfahrungen bestehen zum Beispiel noch weitgehend ungenutzte Ressourcen in der Mitwirkung bei der kommunalen Sozialplanung, in der Qualitätssicherung – zum Beispiel Mitwirkung als ExpertInnen in Heimbeiräten–, in intergenerationellen Bildungsprojekten sowie insbesondere in der Unterstützung der verschiedenen Formen der Altenselbsthilfe. Besonderer Bedarf liegt im Bereich der Migrationssozialarbeit (Naegele & Rohleder 2001).

- Zweitens werden (vor allem sehr alte) ältere Menschen selbst in wachsendem Maße zu Empfängern von bürgerschaftlichem Engagement aufgrund steigender Hilfe- und Pflegebedürftigkeit. Dies gilt neuerdings insbesondere für demenzkranke Ältere.

- Beide Dimensionen verweisen auf die Notwendigkeit zur alterssensiblen Revitalisierung traditioneller Konzepte der Sozial- und Gemeinwesenarbeit.

Drei weitere, lange Zeit vernachlässigte Dimension der Altersproduktivität beziehen sich schließlich auf den Bereich der ökonomischen Produktivität. Auch dafür lassen sich unterschiedliche Interpretationsformen finden. Der 5. Altenbericht beschäftigt sich dabei intensiv mit folgenden drei ökonomischen Dimensionen:

- Bezahlte Erwerbsarbeit älterer Menschen als dem in einer Arbeitsgesellschaft zentralen und nicht ersetzbaren Bereich der Produktivitätsnutzung. Dabei wird für eine Überwindung der Frühverrentungspolitik und- praxis plädiert, allerdings bei Beibehaltung differenzierter, auf die Unterschiedlichkeit in den Lebenslagen und Arbeitsbedingungen der Menschen abgestimmter und stärker flexibilisierter Berufsaustrittsbedingungen – schon um bestehende soziale Ungleichheiten nicht noch zu vertiefen bzw. neue soziale Ungleichheiten zu vermeiden.

- Die zum Teil stark gestiegenen Alterseinkommen- und -vermögen. Sie müssen als ganz als wesentliche Voraussetzung der Nutzung und Entfaltung von Potenzialen überhaupt angesehen werden. Dabei plädier der 5. Altenbericht in Anbetracht der wachsenden Differenzierung in den ökonomischen Lagen der älteren Menschen für eine Alterssicherungspolitik, die auch künftig schwerpunktmäßig auf die GRV setzt und dabei zugleich auf ein Leistungsniveau zielt, das deutlich über einer steuerfinanzierten bedarfs- und bedürftigkeitsgeprüften armutsvermeidenden Mindestsicherung liegt. Ich selbst darf in diesem Zusammenhang betonen, dass private Sicherungselemente im Kontext einer integrierten Altersicherungspolitik lediglich ergänzende Funktionen einnehmen sollten und allenfalls die quantitative Relation zwischen GRV und privater Absicherung in der Gesamtversorgung zur Debatte stehen kann, nicht aber der immer wieder geforderte Ersatz.

- Seniorenwirtschaft. In Fortsetzung der bereits von der Enquete-Kommission Demografischer Wandel begonnenen Diskussion um die Seniorenwirtschaft begreift die 5. Altenberichtskommission diesen Bereich zum einen als wichtiges Element zur Steigerung der Lebensqualität älterer Menschen durch Dienste und Angebote auf privaten Konsumgüter- und Dienstleistungsmärkten. Andererseits begreift sie den Sektor der Seniorenwirtschaft aber auch als einen neuen Impulsgeber für wirtschaftliche Entwicklung und Beschäftigung. Allerdings sieht sie dies als eine ambitionierte Aufgabe an, die zumindest in der Anfangsphase noch öffentlicher Unterstützung bedarf.

7   Einige Schlussfolgerungen – zugleich ein Ausblick

- Es gilt, auf Ambivalenzen und ungewollte Nebenwirkungen des neuen Produktivitätsdiskurses zu achten. Es gilt, eine Instrumentalisierung der zweifellos gewachsenen Potenziale des Alters sowohl für politische wie für wirtschaftliche Zwecke zu vermeiden. Auch aus diesem Grunde ist es erforderlich, auch künftig Sorgfalt bei der Konzeptualisierung von Begriffen oder Schlagworten wie Produktivität und Potenzialen älterer Menschen walten zu lassen.

- Nicht alle ältere Menschen sind gleichermaßen zur Ausübung von Alters-produktivität befähigt, bereit und in der Lage. Die Ausbildung und Nutzung von Potenzialen ist im Kontext einer lebenslangen Entwicklung zu betrachten. Vorhandene Potenziale für sich selbst und andere zu nutzen, hängt maßgeblich von den in früheren Lebensabschnitten vorgefundenen Entwicklungsbedingungen und -chancen ab. Soziale Ungleichheiten in früheren Lebensphasen wie im Alter sind in äußerst hohem Maße wirksam. Als ganz wesentlich erweisen sich in diesem Zusammenhang soziale Herkunft, Bildung, Geschlechtzugehörigkeit, Gesundheitszustand und ethnische Zugehörigkeit. U.a. auch aus diesem Grund hat sich die Kommission in zwei Unterkapiteln ausführlich mit den beiden Themen 'Bildung im Alter' und 'ältere Migranten' beschäftigt.

- Produktivität und Potenziale im Alter entfalten sich nicht im Selbstlauf. Sie bedürfen förderlicher Rahmenbedingungen, um überhaupt erst einmal angestoßen zu werden, aber vor allem, um dauerhaft und nachhaltig sichergestellt zu sein. Dies gilt umso mehr bei wachsenden Anteilen älterer Menschen an der Gesamtbevölkerung einerseits und kollektiven Alternsprozessen andererseits. Die Forderung nach Nutzung und Entfaltung von Alterspotenzialen darf nicht allein den betroffenen älteren Menschen allein zur Umsetzung zugewiesen werden. Es gibt – und hier folgt die Kommission der Kernidee des Subsidiaritätsprinzips – verschiedene Vorleistungsverpflichtete und -verpflichtungen, insbesondere seitens des Staates und der ihn tragenden gesellschaftlichen Gruppen – insbesondere in den Feldern Arbeit, Bildung, Einkommen und Gesundheit. Die sozial selektive Verteilung von Potenzialen und Ressourcen im Alter belegt dies ganz eindeutig.

- Mit der Frage nach den Potenzialen des Alters in und für Wirtschaft und Gesellschaft stellt sich zugleich die Frage nach der Gestaltung des Lebenslaufs und der Verteilung gesellschaftlich relevanter Aufgaben, Rechte und Pflichten im Lebenslauf, denn damit sind ganz wesentliche, förderliche wie hemmende Rahmenbedingungen impliziert. „Wenn unter den Bedingungen des demografischen Wandels die Potenziale der Altersgruppen zur gesellschaftlichen Entwicklung sowie zum Erhalt von Lebenschancen genutzt werden sollen, dann könnten die etablierten Formen der Arbeitsteilung und Aufgabenzuweisung innerhalb des Lebenslaufs – zwischen den Generationen und Geschlechtern – nicht einfach fortgesetzt werden". ….. „Potenziale des Alters neu zu bestimmen, ist ohne Veränderung der Lebensläufe nicht möglich" (5. Altenbericht: 16). Eine ganz zentrale Verbindung dabei ist die zwischen Arbeit und Lernen.

Literatur

Baltes, M./ Montada, L. (Hrsg.) (1996): Produktives Leben im Alter. Frankfurt a. M.
u. New York

Bundesministerium für Familie, Senioren, Frauen und Jugend (Hrsg.) (2005): Potenziale
des Alters in Wirtschaft und Gesellschaft. Der Beitrag älterer Menschen zum Zusammenhalt der Generationen. Fünfter Bericht zur Lage der älteren Generation in
der Bundesrepublik Deutschland. Bericht der Sachverständigenkommission. Vervielfältigung (unveröffentlicht). Berlin.

Bundesregierung (2004): Perspektiven für Deutschland. Unsere Strategie für eine nachhaltige Entwicklung. Fortschrittsbericht. http://www.bundesregierung.de/ Anlage
740735/ pdf_datei.pdf. Stand: 04.06.2005

Kruse, A. (2005): Selbständigkeit, bewusst angenommene Abhängigkeit, Selbstverantwortung und Mitverantwortung als zentrale Kategorien einer ethischen Betrachtung
des Alters. In: Zeitschrift für Gerontologie und Geriatrie. Heft 5 (in Druck)

Naegele, G. (1993): Solidarität im Alter. Überlegungen zu einer Umorientierung der
Alterssozialpolitik. In: Sozialer Fortschritt. Heft 8, 1993,. S. 191 – 196

Naegele, G./ Rohleder, C. (2001): Bürgerschaftliches Engagement und Freiwilligenarbeit im Alter. In: Theorie und Praxis der sozialen Arbeit. Heft 11, 2001, S. 415 –
421

Pohlmann, S. (Hrsg.) (2002): Facing an Ageing World – Recommendations and Perspec-
tives. Regensburg

Tews, H. P. (1996): Produktivität des Alters. In: Baltes/ Montada (Hrsg.) (1996): S. 184–
210

Staudinger, U. (1996): Psychologische Produktivität und Selbstentfaltung im Alter. In:
Baltes/ Montada (Hrsg.) (1996): S. 344 – 373

Walker, A. (2002): The principles and potential of active ageing. In: Pohlmann (Hrsg.)
(2002): S. 113 – 118

Anforderungen an eine neue soziale Professionalität in einer alternden Gesellschaft

Ulrich Otto

Ressourcen hin, Ressourcen her – meine Hauptthese ist einfach: gerade die 'Experten-Professionen' helfen in Gesellschaften des langen Lebens immer häufiger immer weniger. Es spricht manches dafür, *dass* gerade in dieser Situation unsere 'als ob'- und 'möchte-gern'- Profession (Peter Gross) den Spieß umdrehen könnte, <u>dass</u> sie sich nicht mehr aufhielte mit Fragen, ob sie denn nun wirklich etwas exklusiv könne, dafür alleinzuständig sei usw.

Ausgerechnet die Arbeit mit Älteren spricht dafür, dass es zu einer Neu-Aufwertung Sozialer Arbeit kommt, weil eine *bestimmte Sorte* Fachlichkeit gebraucht wird. Paradoxerweise – so die These – könnte bisher behauptete Schwäche zur Stärke werden: weil a) Soziale Arbeit mit Blick auf ihren Professionsstatus weniger hermetisch dasteht als andere sog. Professionen – vor allem, *weil sie* nicht dem Expertenmodell gefolgt ist, *weil sie* gerade bei standardisiert-spezialisierten 'Technologien' schwächelt. Und weil b) sich hinter der 'Schwäche' Sozialer Arbeit ein starker Zug verbirgt – letztlich doch der Bezug auf den – so nennt es schon Alice Salomon – 'ganzen Menschen'. Es spricht in dieser Perspektive einiges dafür, dass so etwas wie eine Art 'unprofessioneller Professionalität' und eine 'integrative' statt einzeldisziplinärer Fachlichkeit gebraucht wird.

Aber spricht nicht gerade das schwierige Feld Altenarbeit gegen meine These neuer Stärke, nachdem die große Arbeitsplatzhoffnung von vor 10-15 Jahren spätestens mit der hegemonialen Pflegeidee des SGB IX zerplatzt ist,

- zerplatzt ist im Angesicht absichtsvoller Ökonomisierung,

- im Amalgam aus harter Professionalität einerseits; weicher, fürsorglicher, letztlich alleingelassener Privatheit andererseits,

- in Ablehnung ausgerechnet der genau hier integrierenden Potenz, die Sozialer Arbeit von der Gerontologie durchaus zugetraut wurde – geeignetere Professionen gab es damals ja nicht.

Mit diesem Zerplatzen könnte die kurze Geschichte sozialpädagogischen Aufblitzens in einem ja doch rasant anschwellenden Feld abgeschlossen worden

sein. *Sie ist es aber interessanterweise nicht, – muss* es jedenfalls nicht sein,
wenn eine neu-alte Chance neu genutzt würde. Das Chancengerede will ich an
drei absichtlich unterschiedlich verorteten Belegen erden.

•   Chancen-Beleg 1: Das *Pflegeleistungsergänzungsgesetz* kann durchaus als
    Einstieg in eine 'partielle Sozialpädagogisierung der Pflege' gewertet wer-
    den, ohne die es offensichtlich nicht geht – eben bei *nicht*-verrichtungsbe-
    zogenen Bedarfen, bei Tagesstrukturierung und Assistenz. Und die *perso-
    nenbezogenen Budgets* schaffen vergrößerte Wahl- und Definitionsspiel-
    räume, aber neue entstandardisierte Arrangements funktionieren *nicht ohne*
    lebensweltbezogene Assistenz, *ohne* Unterstützungsmanagement – das zei-
    gen internationale Erfahrungen eindeutig – und diese Funktionen muss je-
    mand kompetent übernehmen.

•   Chancen-Beleg 2: In den 10 Jahren hat sich die *Debatte über Engagement-
    und Netzwerkpotenziale* extrem verdichtet. Paradigmatisch wieder die Al-
    tenszene: Noch zögerlich aber doch mit Verve geht es nun darum, Ehren-
    amt auch in bisherigen Tabuzonen – in dienstleistungsbezogenen 'Hard-
    ware'-Bereichen – salonfähig zu machen, der stärkste Indikator dafür ist die
    Pflege Älterer. Auch die Nutzung noch entferntester Netzwerksegmente
    geht in die nächste Runde ('long distance caring'), und immer mehr wird
    die riesige Herausforderung begriffen, wie eigentlich die sozialen Netze de-
    rer zu stabilisieren sind, die nach einem mobil-pluralisierten Leben nun auf
    einen verstreuten und bröckeligen Konvoy aus wechselvollen Lebensab-
    schnittspartnerschaften mit oder ohne Abkömmlinge verwiesen sind.

•   Chancen-Beleg 3: die internationale, fachliche Neuorientierung beim ge-
    sellschaftlichen Zentralproblem Pflege – mit multidisziplinärer Karriere und
    wahrscheinlich multiprofessioneller Auswirkung: 'integrated care' – wieder
    zusammengefügte Pflege und Sorge, wieder zusammenwirkende Professio-
    nen und Private in einem gemeinsamen Prozess des Fallverfolgs, in der Per-
    spektive auf Gesamtergebnisse, auf den *impact* mehr als auf den *output*.
    Und mit diesem impact, mit der Problemlösungskompetenz immer speziali-
    sierterer Institutionen sieht es im Feld schlecht aus. Die integrierte Sicht
    kann endlich nicht mehr anders, als in koproduktiver Zurückhaltung die
    Selbstpflegekompetenzen der KundInnen zu stärken, ihre Autonomie-
    po-tenziale zu stützen, auch die Autonomiequelle soziales Netzwerk syste-
    matisch zu fördern und in ihren negativen Seiten zu begrenzen.

Was will ich mit den drei Entwicklungen aussagen? Dass herkömmliche Profes-
sionalisierungsmuster ausgerechnet bei dem 'durchschnittlichen Lebensrisiko'
Älterwerden an offenbare Grenzen stoßen – Grenzen, die nicht neu sind, aber

durch die Demografie besonders virulent werden. Und jetzt *be*griffen werden. Hier kommen die *Chancen* ins Spiel, aber nur wenn sie aktiv *er*griffen werden - im Kontext meiner These: wenn Soziale Arbeit die Stärken ihrer angeblichen Schwächen systematisch kultiviert.

1. Der erste Ansatzpunkt für eine sozialpädagogische Professionschance könnte in der *multiprofessionellen Kooperation* liegen. Der doppelte Zusammenhang mit der Demografie liegt auf der Hand: a) Es sind *immer komplexere* Probleme, die erfolgreich und nachhaltig einzeldisziplinär nicht mehr bearbeitet werden können. b) Und *ihre Zahl* nimmt zu, die Zahl der Bedarfslagen, die nur noch unter Beteiligung mehrerer Professioneller bearbeitet werden können. Durch holistische Ansätze in *der einen* eigenen Person solche Probleme lösen zu wollen, funktioniert nicht länger. Nein, *es scheint auf:* die Zukunftschance einer Sozialpädagogik als einer disziplinüberschreitenden, verknüpfenden, interaktions- und moderationsstarken Profession. *Gemeint sind* nicht nur *Fall*vollzüge, sondern auch konzeptionelle und organisationsbezogene Professionsintegration, *gemeint sind* multiprofessionelle Perspektiven sowohl durch dafür gesondert Angestellte wie auch in ganz vielen eingebetteten Vollzügen, *gemeint ist* der 'Fall von' (Stichwort: 'Diagnostik') ebenso wie der 'Fall für' (Stichwort: 'Übergänge bearbeiten'). Hier gibt es zentrale gemeinschaftsstiftende Paradigmen, an die anzuknüpfen voranbringen kann. Und *natürlich* – das unvermeidliche *Aber* – ist multiprofessionelle Kooperation gemein schwierig – gerade von einer 'schwachen' Profession aus.

2. Der *zweite* Ansatzpunkt für eine neue sozialpädagogische Chance in der Altenhilfe ergibt sich aus dem Charakter des Klientenbezugs, den eine genau hinsehende soziale Demografie genau nachzeichnen kann: Mehr vielleicht als in anderen Feldern ist es in der Altenhilfe der *Regel*fall, dass der *Einzel*fall *keine* kontextfreie *Solitär*person ist bzw. sein kann. *Kontextuierung:* Es geht um die *Person in ihren räumlichen und sozialen Bezügen* – viel zu sperrig für 'richtige Professionen', die lieber in desinfizierte, kontextfreie Praxen und zum tete-a-tete einladen, (und wenn dies denn nicht geht, dann doch lieber Angehörige nur in engen Rollen und engen Besuchs-Zeitfenstern sehen wollen). Dabei lässt sich wiederum gerade im Altenarbeitsbereich zeigen, wie eine radikalisierte Einlösung jener 'Verpflichtung zur *Kontextualisierung*' aussehen könnte – im guten wie im schlechten.

Durch die generalisierte *Netzwerkperspektive* ergibt sich eine Potenzierung der für Soziale Arbeit sowieso oft diffusen Beziehungskomponenten. Die hier verlangten Kompetenzen reichen von Methoden der sozialen Diagnose, des Assessments von personalen, situativen und sozialräumlichen Ressourcen und Belastungen über direkte und indirekte Netzwerkintervention bis hin zu Formen organisiert-konzertierter Unterstützung bezogen auf eine ganze Fallstrecke und die bessere Qualifizierung sowohl personaler, wie institutioneller Netzwerke. Dabei ist es – auch hier das *Aber* – *einerseits* frappierend, in welch überwältigender Weise sich Soziale Arbeit heute auf Soziale Netzwerke und Räume bezieht, auf einen 'kontextuierten Fall' also, wie seltsam deklamatorisch diese-Netzwerkbezüge *andererseits* bleiben, wie selten sie wirklich in ausbuchstabiertes Agieren münden (vgl. Otto & Bauer, 2005; Bauer & Otto, 2005). (Im übrigen ist es überaus heikel, Professionalisierung professionell zu begrenzen, ist es überaus heikel, mit Klienten netzwerkorientiert zu arbeiten, die der Umklammerung informeller Hilfen häufig viel lieber entfliehen würden – hin zur durch-und-durch-Fremdhilfe, die als weniger invasiv empfunden wird.)

3   Und der *dritte* Ansatzpunkt für eine neue sozialpädagogische Chance heißt *Koproduktion*. Gerade die genaue Demografie macht überdeutlich, dass professionelle Hilfen nur die Spitze des Hilfe-Eisbergs ausmachen. Und gerade angesichts der schieren Demografie in einer Gesellschaft des langen Lebens und der fragilen Netze ist es gänzlich alternativlos, professionelle Hilfe konsequent auf ihren Gebrauchswert für Selbsthilfe, für eine autonome Lebenspraxis zuzurichten. Das heißt zugleich, dass die direkte Hilfe, das 'professionelle Selbertun als ´stellvertretendes´ Handeln' in den Hintergrund treten muss gegenüber indirekten Vollzügen des 'arrangierens', 'vernetzens', des 'In-Stand-Setzens' und 'Befähigens' oder des 'Fallmanagements'.

Kaum eine andere Profession hat so viel Erfahrung mit diesem Burkhard Müller´schen 'Fall mit', dem Modus der *Koproduktion* und der *Aushandlung*. Nirgendwo deutlicher als in der Altenarbeit markiert er zugleich den radikalen Abschied von Expertenmodellen. Auch hier wird die durch die *Experten*brille postulierte Schwäche zur Stärke, wobei der mögliche professionelle Beitrag immer ein höchst begrenzter ist.

Denn größtmögliche Autonomie, aber eine nicht solitäre Autonomie, sondern eine im vernetzten Kontext – das ist die professionelle Leitidee aus dem Netzwerk- und dem Koproduktionsgedanken. Sie sucht ständig nach leistungsfähigen Produktivkräften – im Einzelfall ebenso wie in lokalen Milieus und der lokalen Unterstützungslandschaft – in multiprofessionellen Settings bis hin zu formell-informellen Mixes inklusive bürgerschaftlichem Engagement. Koproduktion ist sehr häufig auch 'sequenzialisierte Koproduktion', auf der Zeitleiste eines Unterstützungsprozesses, Ziel die Sicherung des ganzheitlichen Anspruchs auch bei vielen Beteiligten und in langen Handlungsketten. (Und die schon angesprochenen *Übergänge* müssen individuell wie institutionell nicht nur *gemanagt* sondern auch *bewältigt* werden, wozu Soziale Arbeit aus vielen Gründen vieles beitragen kann).

Ein großes *Aber* bezieht sich auf den schmalen Grat zu neueren und noch raffinierteren Vermachtungen, wie sie nicht nur unter dem Gesichtspunkt der Gouvernementalität, sondern auch in vielen früheren Diskursen problematisiert wurden. Ein zweites *Aber* richtet sich darauf, dass es *nicht* um die „Errichtung künstlicher Demarkationslinien" (Riemann) in Feldern Sozialer Arbeit gehen darf, die doch prinzipiell *inter*disziplinär geprägt sind – nicht zuletzt die multiprofessionsbezogene Kooperationsforderung verdeutlich dies, die zu ihrer besseren Einlösung Entwicklungsprozesse *bei allen* beteiligten Professionen voraussetzt.

Und die damit zusammenhängende *Aber*-Frage – wem außer Sozialer Arbeit selbst es etwas brächte, wenn die skizzierte Neuaufstellung gelingt bzw. gelänge? – sollte aufstacheln und ernüchtern zugleich: wenn *andere* Professionen in der gleichen Sache – in den skizzierten Kompetenzen und Aufgaben – schneller und überzeugender wären, dann wäre *der Sache* ähnlich gut geholfen, freilich wird es dann für Soziale Arbeit sehr, sehr eng. Hier könnte die Altenarbeit nochmals paradigmatisch dastehen – in der guten wie in der schlechten Version.

Literatur

Otto, U./ Bauer, P. (Hrsg.) (2005): Mit Netzwerken professionell zusammenarbeiten. Bd.
    1: Soziale Netzwerke in Lebenslauf- und Lebenslagenperspektive, Tübingen
Bauer, P./ Otto, U. (Hrsg.) (2005): Mit Netzwerken professionell zusammenarbeiten. Bd.
    2: Institutionelle Netzwerke in Sozialraum- und Kooperationsperspektive. Tübingen

Bürgerschaftliches Engagement als Option für eine selbst bestimmte Gestaltung des Alters und Zielorientierung in der offenen Altenarbeit

Karin Stiehr

1 Bürgerschaftliches Engagement als Option für eine selbst bestimmte Gestaltung des Alters

Bürgerschaftliches Engagement als Ausdruck der Selbstbestimmung – in Zeiten leerer öffentlicher Kassen und des allerorts erlebten Sozialabbaus trifft diese Konnotation auf immer größere Skepsis.

Halten wir trotzdem fest: Was in den sozialen Bewegungen der Siebziger-jahren in Deutschland zum Ausdruck kam, fand in den Niederlanden sein Pendant in der Forderung nach mehr Bürgerschaftlichkeit und Zivilgesellschaft einerseits und weniger Staat in den kleinräumigen Lebenskontexten, der Nachbarschaft und des Quartiers andererseits. Bürgerschaftliches Engagement ist gelebte Demokratie von unten und hervorragend geeignet, Gemeinschaften qua Solidarität in der Erreichung eines bestimmten Zieles zu fördern. Der Status des Freiwilligen ist frei von den Zwängen der Erwerbsarbeit, der Effizienz und der Marktgängigkeit der erbrachten Leistungen. Im Gegenteil: Die finanzielle Bedrängnis, in die der öffentliche Sektor geraten ist, führt zunehmend zur Stilisierung von Freiwilligen als Retter des Sozialen. Und nicht zuletzt wächst mit dem Grad an sozialer Integration und Partizipation das subjektive Empfinden von Lebenszufriedenheit.[34]

Ältere Menschen haben den besonderen Status, den das bürgerschaftliche Engagement verleiht, längst für sich entdeckt. Vor 10 Jahren noch forderten ältere Protagonisten in der Debatte um das Ehrenamt die Übernahme von mehr Verantwortung für ihre eigene Generation und einen gesellschaftlichen Paradigmenwechsel, nach dem Ältere nicht nur als Konsumenten wohlfahrtsstaatlicher Leistungen, sondern auch als deren Produzenten auftreten könnten. Hierfür sollte der Staat mehr 'Gelegenheitsstrukturen' schaffen, zum Beispiel in Form von Seniorenbüros, die Ältere in ehrenamtliche Arbeit vermitteln und die Initiierung eigener Freiwilligenprojekte Älterer unterstützen.

---

[34] Vgl. u.a. Scharf et al. (2001)

Inzwischen sind es nicht mehr Einzelne, die die gesellschaftliche Teilhabe durch bürgerschaftliches Engagement wünschen und praktizieren. Es sind die Älteren, die hier die höchsten Zuwachsraten vorweisen: Nach den Ergebnissen des 2. Freiwilligensurveys 2004 stieg das freiwillige Engagement der Bevölkerung über 14 Jahren zwischen 1999 und 2004 um 2% von 34 auf 36%, das der älteren Menschen ab 55 aber sogar um 6%.[35] Das Votum der Älteren scheint somit eindeutig. Sie nutzen bürgerschaftliches Engagement, um ihre Zeit und ihre Kenntnisse für gesellschaftliche Belange einzusetzen und praktizieren hiermit ein Stück Selbstbestimmung.

Aber: Das Produktionspotenzial älterer Menschen ist auch längst ins Rampenlicht der Aufmerksamkeit derer geraten, die an der Lösung der Finanzierungsprobleme unserer sozialen Sicherungssysteme arbeiten. „Älteren Menschen kommt", so heißt es auf der Website des Bundesministeriums für Familie, Senioren, Frauen und Jugend, „eine Schlüsselrolle bei der Bewältigung der anstehenden Herausforderungen des demografischen Wandels zu. Ihre Erfahrungen und Potenziale sind für die Gesellschaft unverzichtbar."[36]

Die Förderung einer sozialen Teilhabe, die sich an den Bedürfnissen anderer orientiert, ist seit nun auch mehr als einem Jahrzehnt explizites Ziel sozialpolitischer Maßnahmen auf kommunaler, Landes- und Bundesebene. Der 3. Bericht zur Lage der älteren Generation bescheinigt den Älteren denn auch mehrheitlich, die Voraussetzungen für eine 'mitverantwortliche Lebensführung' zu erfüllen. Diese Form der Lebensführung finde ihren Ausdruck in den für andere Menschen erbrachten Leistungen und Hilfen sowie in der Übernahme von Verantwortung durch die Ausübung freiwilliger und ehrenamtlicher Tätigkeiten in der Kommune, der Nachbarschaft, in Vereinen, Verbänden und Organisationen.[37]

Einige Theoretiker sehen bereits Hinweise darauf, dass sich im Paradigmenwechsel vom versorgenden zum aktivierenden Sozialstaat nun auch die seniorenpolitischen Programmatik des 'aktiven Alterns' entfaltet.[38] Aber auch empirische Erfahrungen zeigen, dass sich die sozialpolitische Argumentation auf einem schmalen Grat bewegt. Bemerkenswerterweise werden Erwartungen vor allem an die 'kompetenten' Älteren gerichtet, die auf ein hohes Maß an

---

[35] Bundesministerium für Familie, Senioren, Frauen und Jugend; tns infratest: 2. Freiwilligensurvey 2004 – Ehrenamt, Freiwilligenarbeit, Bürgerschaftliches Engagement, Kurzzusammenfassung, http://www.bmfsfj.de/ RedaktionBMFSFJ/ Arbeitsgruppen/ Pdf-Anlagen/ 2.freiwilligensurvey-kurzzusammenfassung,property=pdf.pdf

[36] www.bmfsfj.de/Politikbereiche/aeltere-menschen,did=12452.html

[37] Vgl. Bundesministerium für Familie, Senioren, Frauen und Jugend 2001: 60f.

[38] Zur Kritik dieser Argumentation, insbesondere im Hinblick darauf, dass die Verantwortung für die Lösung gesellschaftlicher Problemlagen auf die Ebene individuellen Handelns verlagert wird, vgl. u. a. Otto 2005 und Künemund 2001

Wissen und andere Ressourcen zurückgreifen können. Sie beziehen sich auf diejenigen Älteren, wie Detlef Knopf es formuliert,

> „die sich tendenziell einem sozialpolitischen Regulierungszugriff immer mehr entziehen wollen und werden. (...) Die Fähigkeit zur autonomen Wahl und Selbststeuerung ist den kompetent Alternden wesentlich. Diese Fähigkeit lässt sich nicht mit der Absicht, das gewachsene Potenzial der Älteren ‚gesellschaftlich zu nutzen', durch offenen oder sanften Druck unterlaufen. Alle in diese Richtung gehenden Bemühungen müssen den Eigensinn und -nutz der älteren Menschen als bestimmende Größe berücksichtigen."[39]

Daneben erscheint es auch bedenklich, dass die Lösung der Problemlagen vorwiegend einer, und zwar der älteren Generation übertragen wird. Selbst wenn im Sinne der Diskussion zur Bewältigung der durch den sozialen Wandel induzierten Probleme die Potenziale der jungen Alten im Hinblick auf Selbsthilfe und Ehrenamt in höherem Maße als heute ausgeschöpft werden könnten, so bleibt zu bedenken, dass die Zahl von Menschen im 4. Lebensalter mit Pflegebedarf und vergleichsweise hohem Isolationsrisiko in einer gesellschaftlich zuvor nie gekannten Weise zunehmen wird. Auch wenn langfristig Hoffnung besteht, dass die Phase der Pflegebedürftigkeit im hohen Alter reduziert werden kann, wird im Zuge des starken Zuwachses in der Gruppe der über 80-Jährigen die Zahl behinderter, gesundheitlich beeinträchtigter und pflegebedürftiger älterer Menschen vorerst stark ansteigen. Bei derzeit nur eingeschränkten medizinischen Behandlungsmöglichkeiten werden demenzielle Erkrankungen in den kommenden Jahrzehnten besonders zunehmen. Allein in den nächsten 20 Jahren wird für die Zahl der Personen mit Hirnleistungsstörungen ein Anstieg von fast 50 % vorausgesagt.[40]

Bei den zahlreichen Problemen, mit denen unsere Gesellschaft künftig zu kämpfen haben wird, sind die Bedarfe Hoch- und Höchstaltriger nur ein kleiner Ausschnitt aus dem Gesamtbild; aber auch sie allein dürften die Kräfte der jungen Alten weit übersteigen.

Die abzusehenden Probleme erfordern Anstrengungen der ganzen Gesellschaft. Neue Konzepte der Bürgerarbeit, die im Status nicht geringere Schätzung als Erwerbsarbeit findet und auch vermehrt jüngere Generationen anspricht, werden benötigt. Gleichzeitig kann die bereits erkennbare Wertschätzung von im Ehrenamt erworbenen Schlüsselqualifikationen bei Arbeitgebern dazu genutzt werden, Phasen der Arbeitslosigkeit mit ehrenamtlichen ‚Praktika' zu füllen, die einen Wiedereinstieg in die Erwerbstätigkeit erleichtern. Es bleibt jedoch zu hoffen, dass sich Ansätze eines obligatorischen Ehrenamts, die auch heute schon in der Diskussion erkennbar werden, nicht durchsetzen werden,

---

[39] Knopf 2002: 74 f.
[40] Vgl. Garms-Homolovà 2001: 87

sondern der persönliche Nutzen eines bürgerschaftlichen Engagements dem freiwilligen Ermessen der Beteiligten überlassen bleibt.

Jenseits dieser prinzipiellen Überlegungen ist jedoch ohnehin anzunehmen, dass sich die ins Visier genommenen Älteren nicht ohne weiteres das gerade erworbene Instrument zur Selbstbestimmung, nämlich bürgerschaftliches Engagement, beschneiden lassen und sich fremdbestimmten Zwängen unterwerfen werden. Es liegt ein feiner, aber entscheidender Unterschied darin, ob die Überlassung von Verantwortung von den Älteren selbst, also 'von unten' artikuliert, oder von einem Staat 'von oben' eingefordert wird.

2   Bürgerschaftliches Engagement als Zielorientierung in der offenen Altenarbeit

Bürgerschaftliches Engagement hat als Zielorientierung in der offenen Altenarbeit Mitte der Neunzigerjahre mit Seniorengenossenschaften und Seniorenbüros Einzug gehalten. Seniorengenossenschaften folgen dem Leitbild eines aktiven Beitrags älterer Menschen zur Wohlfahrtsproduktion, indem sie selbstorganisiert Leistungen des Staates, des Marktes und des Dritten Sektors ergänzen. Seniorenbüros dienen zum einen als Ort, an dem Ältere sich in selbstorganisierten Projekten finden können, sie fungieren zum anderen aber auch als Instanz zur Vermittlung älterer Freiwilliger in gemeinnützige Organisationen mit dem Ziel, die tätigen Hauptamtlichen zu unterstützen.

Allerorts sind mittlerweile weitere Modelle entstanden, in denen sich ältere Menschen entweder in ihrer eigenen Altersgruppe zusammentun oder in 'Jung-Alt-Projekten' gemeinwohlorientiert arbeiten. Die neuesten Programme zur Förderung der Freiwilligenarbeit älterer Menschen auf Bundesebene sind 'EFI – Erfahrungswissen für Initiativen' mit der Ausbildung von seniorTrainerInnen und 'generationsübergreifende Freiwilligendienste'. Weiterhin bilden sich derzeit 'Seniorkompetenzzentren', die selbstorganisiert die Förderung der Freiwilligenarbeit betreiben, zum Beispiel zur Teilnahme an generationsübergreifenden Freiwilligendiensten beraten.

Auffällig ist in diesem Zusammenhang, dass derartige Programme mit großem Aufwand an Ressourcen implementiert werden, die tradierten Strukturen der Altenhilfe aber vergleichsweise zurückhaltend sind, wenn es um diese Formen der Ehrenamtsförderung geht. Vielleicht ist einer der Gründe der, dass noch in vielen Fällen das Ehrenamt als potentieller Job-Killer betrachtet wird, mit dem impliziten Ziel, professionelle bezahlter Arbeit durch qualitativ geringwertige unbezahlte Arbeit zu ersetzen.

In der Tat sind solche Befürchtungen nicht völlig grundlos, finden sich doch Beispiele für Vorkommnisse, dass zuvor hauptamtlich geleitete Einrichtungen an Teams von Freiwilligen übergeben wurden. Deshalb muss es darum gehen, die Debatte um das bürgerschaftliche Engagement Älterer – auch als Zielorientierung für eine anspruchsvolle offene Altenarbeit – offensiv zu führen.

Wesentlich ist dabei, Ältere, die sich die basisdemokratischen Vorzüge des bürgerschaftlichen Engagements zu eigen machen wollen, in dieser Absicht zu unterstützen. Gleichzeitig dürfen professionelle Qualitätsstandards in bestimmten Arbeitsfeldern nicht unterlaufen werden. Es ist deshalb eine gleichrangige Aufgabe in der Sozialarbeit, sowohl ältere Engagierte als auch die Klientel vor kurzschlüssigen Annahmen zu schützen, die jüngeren Älteren würden die Herausforderungen des demografischen Wandels maßgeblich bewältigen können.

Die Beratung, Begleitung, Qualifizierung und Supervision von engagierten Menschen, die Initiierung gemeinwohlorientierter Projekte (und ihre Begleitung in eine möglichst weitgehende Unabhängigkeit) wird zunehmend auch in Felder der Sozialarbeit Einzug halten, die der Thematik derzeit noch zurückhaltend gegenüber stehen. Zunächst sollte man sich aber der Tatsache stellen, dass bestimmte Aufgabenfelder vor allem *anders* bearbeitet werden. Sicherzustellen, dass diese andere Qualität ihre eigentlichen Vorteile entfalten kann und in ihren nicht-professionellen Aspekten weder zu Lasten der Klientel noch der Engagierten geht, ist eine anspruchsvolle Leistung.

Die Sozialarbeit dürfte für diese Aufgabe allerdings nicht ausreichend gerüstet sein, solange in der Ausbildung Themen des bürgerschaftlichen Engagements und des Freiwilligenmanagements nicht systematisch Berücksichtigung finden. Die größte Herausforderung dürfte hier darin liegen, jungen Sozialarbeiterinnen und Sozialarbeitern nicht nur Techniken des Managements und Aufbaus einer Kultur der Freiwilligenarbeit zu vermitteln, sondern sie auch zu einer sicheren Bewältigung der Gratwanderung zu qualifizieren, die unter Ausbalancierung der unterschiedlichen Interessen der Freiwilligen, der Klientel und der Gemeinschaft erfolgen muss.

Und nur durch ein ausgewogenes Angebot an professioneller Unterstützung – also gerade nicht den Kahlschlag hauptamtlicher Strukturen – lassen sich die bürgerschaftlichen Potentiale einer alternden Gesellschaft angemessen ermutigen und nutzen.

Literatur

Bundesministerium für Familie, Senioren, Frauen und Jugend (2001): Dritter Bericht zur Lage der älteren Generation: Alter und Gesellschaft. Berlin

Garms-Homolová, Vjenka (2001): Unterstützungssysteme für Hilfe und Pflege im Alter, in: Pohlmann, Stefan (Hrsg.): Das Altern der Gesellschaft als globale Herausforderung – Deutsche Impulse, S. 122 – 171, Stuttgart, Berlin, Köln

Institut für Soziale Infrastruktur (Hrsg.) (2002): Grundsatzthemen der Freiwilligenarbeit, Theorie und Praxis des sozialen Engagements und seine Bedeutung für ältere Menschen, Stuttgart, Marburg, Erfurt

Knopf, Detlef (2002): Alter zwischen Ent- und Verpflichtung. In: Institut für Soziale Infrastruktur (Hrsg.) (2002). S. 69-84

Künemund, Harald (2001): Gesellschaftliche Partizipation und Engagement in der zweiten Lebenshälfte – empirische Befunde zu Tätigkeitsformen im Alter und Prognosen ihrer zukünftigen Entwicklung. Berlin

Otto, Ulrich (Hrsg.) (2005): Partizipation und Inklusion im Alter – Aktuelle Herausforderungen. Jena

Scharf, Thomas/ Wenger, Clare/ Thissen, Frans u.a. (2001): Soziale Integration und Partizipation älter Menschen in ländlichen Räumen Europas. In: Sozialer Fortschritt. Vol. 50 (9/ 10). S. 208-213

Bürgerschaftliches Engagement im gesellschaftlichen Wandel!

Annette Zimmer

Einleitung

Wir leben in einer interessanten Zeit: Es ist Wandel und Veränderung angesagt. Dies gilt für unsere Arbeitswelt, wie für die familiäre Situation, aber auch für die Politik und nicht zuletzt für den Wohlfahrtsstaat. Thema des diesjährigen Bundeskongresses Soziale Arbeit ist die Produktivität des Sozialen. Und hier genau setzt der folgende Beitrag an. Es geht um die Frage, wie wir uns gegenüber den Anforderungen unser post-industriellen und globalisierten Gesellschaften verhalten? Was tun wir für das allgemeine Wohl? Und was machen wir konkret, damit unser Gemeinwesen für uns und unsere Kinder sowie für Nachbarn und Nachbarinnen attraktiv und produktiv bleibt.

Eingeführt wird im Folgenden in die Thematik des bürgerschaftlichen Engagements und ein Überblick über den Stand der Forschung sowie über die verschiedenen Ansätze der wissenschaftlichen Betrachtung bürgerschaftlichen Engagements gegeben. Im Einzelnen wird eingegangen auf:

- die Begrifflichkeit: Was versteht man unter Bürgerschaftlichem Engagement?

- die Attraktivität des Themas: Warum ist Bürgerschaftliches Engagement derart in?

- die Motivation zum Bürgerschaftlichen Engagement: Wer engagiert sich und was motiviert zum Bürgerschaftlichen Engagement?

- die Engagementbereiche: Wo findet bürgerschaftliches Engagement statt?

- Die Perspektive: Wo stehen wir in punkto Engagement und wo geht es hin?

1 Was versteht man unter bürgerschaftlichem Engagement?

Entstehung und Popularität des Begriffs Bürgerschaftliches Engagement ist in engem Zusammenhang zur Arbeit der Enquete-Kommission des Deutschen

Bundestages der ersten Legislaturperiode der Rot-Grünen Koalition unter Kanzler Schröder zu sehen. Die Mitglieder der Kommission 'Zukunft des Bürgerschaftlichen Engagements' haben mit dieser Begriffswahl eine ganz bewusste Entscheidung getroffen. Sie wollten den engen Zusammenhang von Engagement, Bürgerschaft und Bürgersinn deutlich machen.

Damit knüpfen sie an ein republikanisches Verständnis von Bürgerschaft an. Es geht um die Bürger und Bürgerinnen, die sich auf vielfältige Weise und selbstorganisiert in die Belange unseres Gemeinwesen einbringen und so die Zukunft von Staat und Gesellschaft wesentlich mitbestimmen und prägen (vgl. Enquete-Kommission 2002: 57).

Abgrenzen wollten sich die Mitglieder der Kommission mit ihrer Begriffswahl insbesondere von einer Tradition, die den Einsatz für das Gemeinwohl primär mit dem Begriff der 'Ehre' verbindet. Vielfach ist es nicht mehr bekannt, wo die Bezeichnungen 'Ehrenamt' und ehrenamtliches Engagement ihren Ursprung haben. Knapp zusammengefasst, ist das Ehrenamt eine Erfindung des preußischen Staates in Zeiten leerer Kassen, also im ersten Viertel des 19. Jahrhunderts. Im Zuge der Preußischen Verwaltungsreform wurde damals die gemeindliche Selbstverwaltung eingeführt und reformiert, aber gleichzeitig fest in das staatliche Gefüge eingebunden.

Da im Gefolge der napoleonischen Kriege der preußische Staat im Prinzip zahlungsunfähig war, wurden im Rahmen der Verwaltungsreform – ähnlich wie heute – kostengünstige Wege der Effektivitätssteigerung und Effizienzverbesserung der öffentlichen Verwaltung gesucht. Hierbei gerieten die *Ehrenmänner* ins Blickfeld. Zahlreiche Aufgaben der Verwaltungstätigkeit wurden unentgeltlich – eben als Ehrenamt – ausgewählten Honoratioren übertragen. Die Ehre bestand darin, dass eine öffentliche Aufgabe – eine Staatsaufgabe bzw. ein Amt – dem Bürger übertragen wurde. Übrigens waren die Honoratioren damals zur Übernahme dieser *öffentlichen Ämter* verpflichtet (vgl. Sachße 2000).

Eine entsprechende Traditionslinie lässt sich auch für den Bereich der kommunalen Sozialpolitik aufzeigen. Herauszustellen sind hier insbesondere die Vorläufer und Ursprünge der dualen Struktur der Wohlfahrtspflege. Bekanntlich machte die Stadt Elberfeld Mitte des 19. Jahrhunderts die Durchführung der öffentlichen Armenpflege als integralen Teil der öffentlichen Verwaltung zur ehrenamtlichen Aufgabe männlicher Bürger. Die Ehrenmänner rekrutierten sich aus der Gruppe der *Besserverdienenden* und hatten dieses Amt für drei Jahre unentgeltlich inne. Auch diesem Ehrenamt konnte man sich nicht entziehen.

In der deutschen Tradition ist ein Ehrenamt somit im Kern eine *staatlich abgeleitete* Tätigkeit. Man tut etwas für seine Gemeinde und sein Land, doch die Initiative hierzu geht nicht 'von unten' aus. Es ist *kein Akt* der Selbstorganisation, vielmehr wird man dazu mehr oder weniger verpflichtet. Da es eine staatlich abgeleitete Tätigkeit ist, ist man mit der Übernahme des Ehrenamtes auch näher am Staat und seiner Autorität. Man ist ein ordentlicher Staatsbürger, aber eher in einem traditionell obrigkeitsstaatlichen Sinn.

Mit der Einführung der neuen Begrifflichkeit *Bürgerschaftliches Engagement* wollten die Mitglieder der Kommission deutlich machen, dass sie vor allem das Engagement 'von unten', die Selbstorganisationen der vielen Bürger und Bürgerinnen ansprechen, die das Leben bei uns lebenswert macht. Und noch ein weiterer wichtiger Aspekt ist in diesem Zusammenhang zu nennen: Bürgerschaftliches Engagement schließt auch die kritische Haltung zum Status - quo ein. Es ist der Bürger, die Bürgerin, die mit vielfältigen Aktivitäten das Gemeinwesen unterstützt. Hierzu zählen eben auch kritische Stimmen, Unmutsäußerungen bis hin zum organisierten Protest.

Womit die vielfältigen Aktivitäten angesprochen wären, die unter dem Begriff bürgerschaftliches Engagement gefasst werden. „Alle Formen des Engagements haben im Alltag Bedeutung für den Zusammenhalt im Gemeinwesen" (Enquete-Kommission 2002: 57), so der Bericht der Enquetekommission. Bürgerschaftliches Engagement schließt daher die politische, soziale wie auch gesellige Komponente mit ein. Insofern ist es ein breites Spektrum von Aktivitäten und Engagementformen, das diese Begrifflichkeit umfasst. Im Einzelnen handelt es sich um:

- die einfache Mitgliedschaft sowie die aktive Mitarbeit in Leitungs- und Führungsaufgaben in Vereinen, Verbänden, Gewerkschaften sowie politischen Gremien,

- die freiwillige unbezahlte Mitarbeit in karitativen oder gemeinwohlorientierten Einrichtungen, wie etwa in Krankenhäusern, Schulen, Museen oder Bibliotheken,

- die verschiedenen Formen direkt-demokratischer Bürgerbeteiligung, wie etwa im Rahmen von Volksbegehren oder Volksentscheiden, sowie schließlich auch

- die Beteiligung an Protestaktionen im Rahmen der Bürgerinitiativbewegung oder auch der neuen sozialen Bewegungen, wie etwa der Ökologie-, Anti-Atomkraft- oder Frauenbewegung (Roth 2000).

Im Bericht der Enquete-Kommission „Zur Zukunft des Bürgerschaftlichen Engagements" sind die Tätigkeitsbereiche und -felder im Einzelnen aufgeführt und auch in ihren jeweiligen Tätigkeitsprofilen charakterisiert. Der Bericht unterscheidet zwischen politischem und sozialem Engagement, dem Engagement in Vereinen, Verbänden und Kirchen sowie in öffentlichen Funktionen. Weiterhin

genannt werden die verschiedenen Formen der Gegenseitigkeit, wie etwa Nachbarschaftshilfen oder Tauschringe. Nicht zu Letzt ist die Selbsthilfe angeführt;
und es wird auf das Engagement von Unternehmen – auf Spenden- und Sponso-
ringleistungen – eingegangen (Enquete-Kommission 2002: 64ff). Die Aufzäh-
lung macht mehr als deutlich: Beim bürgerschaftlichen Engagement handelt es
um einem facettenreichen und sehr heterogenen Gegenstand, der in alle Bereiche unserer Lebenswelt hineinreicht. Kurzum: Bürgerschaftliches Engagement
ist das Spenden von Zeit und oder Geld im Dienst der Allgemeinheit und des
allgemeinen Wohl.

Lässt man die Vielfältigkeit der bürgerschaftlichen Aktivitäten Revue pas-
sieren, so kann man sich nur wundern, dass lange Zeit dieser Themenbereich in
den Sozialwissenschaften mehr oder weniger bedeutungslos war. Dies ist inzwischen nicht mehr der Fall. Deutlich ablesen lässt sich das wachsende wissenschaftliche Interesse an dem Boom der Veröffentlichungen zu dieser Thematik.
Wie ist dieser Boom zu erklären? Warum beschäftigt man sich in Wissenschaft,
Politik und allgemeiner Öffentlichkeit gerade jetzt verstärkt mit dem bürgerschaftlichen Engagement?

1 Warum ist Bürgerschaftliches Engagement in der Wissenschaft derart in?

Die zentrale These, die insbesondere in der internationalen Literatur hierzu
vertreten wird, stellt eine Verbindung her zwischen der Renaissance der Bedeutung des bürgerschaftlichen Engagements und der Erschöpfung der Reformpotentiale und -fähigkeit von Markt und Staat. Hatten in den 1970-iger Jahren die
Sozialwissenschaften vor allem auf den Staat als Reformmotor und als Garanten
von Wohlfahrt, Gerechtigkeit und dem Konzept eines 'guten Lebens' gesetzt, so
schlug das Pendel der Politikberater bereits spätestens Mitte der 1980-iger Jahre
zur anderen Seite aus. Jetzt war es der Markt, der im freien Spiel der Kräfte die
Zukunftsfähigkeit unserer Gesellschaft garantieren sollte. Lord Dahrendorf
stellte damals das Ende des 'Sozialdemokratischen Zeitalters' fest. Und Re-
formstrategien blickten vorrangig auf Großbritannien oder die USA, wo Ronald
Reagan und Maggie Thatcher dem Wohlfahrtsstaat vorwarfen, dass er die Bürger entmündige und sie zu abhängigen Empfängern staatlicher Almosen degra-
diere.

Heute wissen wir, dass sowohl die reine Marktdynamik, noch 'Gottvertrau-
en' in die Allmacht staatlicher Regelungen, die aktuellen Probleme unserer
globalisierten Wirtschaft und individualisierten Gesellschaft lösen kann. Vielmehr war spätestens nach dem Zusammenbruch des ehemaligen Ostblocks klar,

dass der Staat nicht die Lösung sein kann. Gleichzeitig zeigen die negativen Folgen einer globalisierten Wirtschaft – vor allem die drastische Zunahme von Kinderarmut in allen Regionen dieser Welt – dass der Neo-Liberalismus eben auch kein Allheilmittel darstellt.

Insofern ist die Gesellschaft aktuell verstärkt auf sich zurückverwiesen. Reformpotentiale, neue Ideen und Ansätze für eine zukunftsfähige Entwicklung werden zunehmend wieder in gesellschaftlichen Kontexten gesehen. Damit rückte das Gemeinwesen im klassischen Sinn und insofern der einzelne Bürger und die Bürgerin wieder ins Zentrum des sozialwissenschaftlichen Interesses. Es ist also höchste Zeit, sich mit dem bürgerschaftlichen Engagement und seinen Potentialen für die Weiterentwicklung von Staat und Gesellschaft zu befassen. Eigentlich hätten schon Ende der 1980-iger Jahre Expertenkommission einberufen und Forschungsmittel in beachtlichem Umfang bereitgestellt werden müssen. Dem war jedoch leider nicht so!

Wie so häufig, musste erst eine Schreckensmeldung die Runde machen. Es war der Aufsatz des amerikanischen Verwaltungswissenschaftlers Robert Putnam mit dem schönen Titel 'Bowling Alone' (Putnam 1995) oder 'Kegelngehen in Einsamkeit' der die Trendwende herbeiführte. In diesem Aufsatz stellte Putnam fest, dass sich die Tendenz zur Individualisierung und des Sich-Alleinunterhaltens in der amerikanischen Gesellschaft umfassend vorhanden sei. Und dies, so seine These, mit gravierenden Folgen für Gemeinwesen und Demokratie. Man investiere nicht mehr Zeit und Energie in gemeinschaftliche Belange, weder im geselligen noch in sozialen oder politischen Bereich, sondern man habe als postmoderner Mensch überhaupt kein Interesse mehr am Gemeinwesen. Der moderne Amerikaner – einen einsame, vor dem Fernseher sitzende Kartoffelchips konsumierende Monade – die nicht zur Wahl geht und aus der Gewerkschaft, dem Schulverein und der lokalen Kirchengemeinde ausgetreten ist. Kurzum: Der moderne Mensch – ein Desaster für Demokratie und Gemeinwesen.

Es war eine Schreckensvision, die auch in Deutschland in vielfältigen Formen an die Wand gemalt wurde. Der Münchner Soziologe Heiner Keupp prägte den Begriff der 'Gesellschaft der Ichlinge'. Ulrich Beck brachte die Sorge zum Ausdruck, dass „in der 'Hitze' der Individualisierungsprozesse das Soziale, der Konsens 'verdampft'". Und Wilhelm Heitmeyer, Soziologe in Bielefeld, beschrieb in seinen Publikationen die Zukunftsvision einer 'desintegrierten Gesellschaft', die sich durch 'egoistischen Hyperindividualismus' auszeichnet und ausschließlich von 'utilitaristisch-kalkulativem Verhalten' geprägt wird (zitiert bei Braun 2001).

Es war diese Befürchtung, dass nach dem Staats- und dem Marktversagen nun auch von der Gesellschaft nicht mehr viel zu erwarten sei, welches eine systematische Befassung mit dem Thema bürgerschaftliches Engagement in seinen vielfältigen Formen ermöglichte. Auch die Einsetzung der Enquetekommission war auf diese Befürchtung zurückzuführen. Nicht von ungefähr, wurde die Kommission unter dem Leitmotiv „Zur Zukunft des Bürgerschaftlichen Engagements" einberufen. Man ging davon aus, dass wir uns nicht mehr engagieren und auch zur Mitgliedschaft und zum Mitmachen in Vereinen, Verbänden und Initiativen nicht mehr bereit sind.

Doch was zeigte sich, als man das bürgerschaftliche Engagement in seinen vielfältigen Formen und Facetten genauer betrachtete? Müssen wir dem Ende unseres Gemeinwesens entgegensehen? Oder gibt es noch Hoffnung?

2 Wer engagiert sich und was motiviert zum bürgerschaftlichen Engagement?

Fast zeitgleich mit der Enquetekommission wurde der erste sog. Freiwilligensurvey unter Schirmherrschaft des Bundesfamilienministeriums durchgeführt. 15.000 Bürger und Bürgerinnen über 14 Jahre mit Wohnsitz in Deutschland (Bundesministerium 2001) wurden nach ihrem Engagement befragt. Hierbei zeigte sich: Wir sind eine durchaus engagierte Nation. Gemäß den Ergebnissen der Untersuchung von 1999 war mehr als jeder Dritte der Bewohner Deutschlands über 14 Jahr kontinuierlich bürgerschaftlich engagiert. Die Ergebnisse des ersten Freiwilligensurvey führten zur Wende in der wissenschaftlichen wie politischen Debatte über bürgerschaftliches Engagement. Anstelle der wilden Befürchtungen und Mutmaßungen trat ein nüchterner Ton. Ab jetzt ging es verstärkt um die Frage, einer sinnvollen und angemessenen Förderung des bürgerschaftlichen Engagements.

Im Jahr 2004 wurde der Freiwilligensurvey (Bundesministerium 2004) als repräsentative Erhebung des bürgerschaftlichen Engagements in Deutschland wiederholt. Es zeigt sich, der positive Trend zu mehr Engagement und aktiver Beteiligung wird durch die schwierigen wirtschaftlichen Verhältnisse in Deutschland nicht in Frage gestellt. Im Gegenteil: Gemäß den Ergebnissen der aktuellen Untersuchung hat sich das bürgerschaftliche Engagement sogar intensiviert: 36% der Bundesbürger waren danach gemeinschaftlich in einem breiten Spektrum von Tätigkeitsfeldern und -bereichen aktiv. Damit liegt Deutschland im oberen Mittelfeld der vergleichbaren entwickelten Länder der Welt und Europas. D.h. in punkto Engagement sind wir nicht so aktiv wie unsere Nachbarn im Norden – die Skandinavier und die Niederländer – aber wir können mit den Briten durchaus mithalten und sind weitaus engagierter als vergleichsweise die Südeuropäer.

Auf die Frage: Wo wir uns primär engagieren, gibt der Freiwilligensurvey eine klare Antwort. Es sind nach wie vor die Bereiche Freizeit und Geselligkeit, die sich besonderer Beliebtheit erfreuen, allen voran der Sport. Mehr als ein Drittel der Befragten machte nach den Ergebnissen in diesem Bereich 'aktiv' mit. Den zweiten und auch dritten Rangplatz nehmen die ebenfalls freizeitorientierten Bereiche 'Freizeit und Geselligkeit' sowie 'Kultur und Musik' ein. Von beachtlicher Bedeutung ist gemäß den Ergebnissen der Freiwilligensurveys aber immer noch das soziale Engagement, die Tätigkeit in einem Wohlfahrtsverband, in der Nachbarschaftshilfe oder in einer Selbsthilfegruppe. Diesem Tätigkeitsfeld sowie dem Bereich 'Schule oder Kindergarten' kommt den Ergebnissen des Freiwilligensurvey zufolge eine wichtige und in der Tendenz sogar zunehmende Bedeutung zu. Auch der Bereich Kirche und Religion ist immer noch attraktiv für bürgerschaftliches Engagement. Weit abgeschlagen in der Attraktivität für bürgerschaftliches Engagement rangieren dagegen die Bereich Politik, Interessenvertretung und auch lokales bürgerschaftliches Engagement.

Gefragt wurde auch, wie viel Zeit man für bürgerschaftliches Engagement investiert. Gemäß dem Freiwilligensurvey werden im Durchschnitt etwa 15 Stunden pro Monat aufgewendet. Allerdings zeigten die Ergebnisse auch, dass hier eine große Bandbreite besteht. Es gibt eine 'Kerngruppe' von Hochengagierten, die mehr als 5 Stunden pro Woche bürgerschaftlich tätig sind.

Selbstverständlich ist von großem Interesse, wer sich eigentlich engagiert. Hier kommen die Surveys zu keinen überraschenden Ergebnissen. Nach wie vor sind die sog. Männer in den besten Jahren, die in hohem Maße engagiert sind. Dieser Personenkreis ist gut ausgebildet und in guter Position, verheiratet, hat zwei Kinder und zählt zur gehobenen Mittelschicht. Nach wie vor sind mehr Männer als Frauen bürgerschaftlich engagiert. Auch sind Frauen und Männer in unterschiedlichen Bereichen aktiv. Als Faustregel kann festhalten: Wo gearbeitet werden muss – im sozialen und im kirchlich-religiösen Bereich sowie bei Schule und Kindergarten – sind deutlich mehr Frauen engagiert als Männer. Demgegenüber besetzen Männer häufiger die repräsentativen ehrenamtlichen Positionen, wie etwa den des Vereinsvorsitzenden. Auch sind Männer stärker im Sport und Freizeitbereich aktiv. Statistisch erklärt sich das niedrige Engagement der Frauen dadurch, dass die genannten Bereiche – Freizeit und Sport – generell von Frauen weniger frequentiert werden als von Männern.

Ein Ergebnis des ersten Freiwilligensurvey überraschte positiv: Die sog. Null-Bock Generation der Jugendlichen wurde nicht bestätigt. Vielmehr handelt es sich bei den 14 – 24 Jährigen um eine aktive Gruppe, wobei man sich schwerpunktmäßig im persönlichen Lebensumfeld engagiert. Leider bestätigt wurde dagegen die schon bekannte Tatsache, dass verfügbare Zeit eben nicht mit höheren Engagementquoten korrespondiert. Es sind gerade diejenigen, die in der Gesellschaft hoch integriert sind und über einen großen Bekanntenkreis verfügen, die auch sehr aktiv mitmachen im bürgerschaftlichen Engagement. Während jene, die gesellschaftlich eher isoliert sind – wie etwa Arbeitslose, aber zu einem gewissen Teil auch SeniorInnen – sich in geringerem Umfang bürgerschaftlich engagieren.

Vergleicht man die Ergebnisse des ersten und zweiten Freiwilligensurveys, so lassen sich interessante Trends erkennen, die durchaus erfreulich sind, aber die zum Teil auch nachdenklich stimmen. Insgesamt ist festzuhalten, dass wir es in Deutschland in punkto Engagement mit einer recht stabilen Größe zu tun haben. Die Engagementquoten wie die Engagementbereiche haben sich in den letzten fünf Jahren nicht drastisch verändert. Allerdings lassen sich Veränderungen in einzelnen Engagementbereichen feststellen: So ist positiv herauszustellen, dass Senioren und Seniorinnen, insbesondere die sog. jungen Alten ab Mitte 50, sich stärker engagieren. Es kommt die aktive Generation der 68-iger in die Jahre, die auch weiterhin aktiv bleibt. Ebenfalls positiv ist der Trend eines leicht verstärkten Engagements von Arbeitslosen. Schließlich ist als positiv herauszustellen, dass die neuen Bundesländer in punkto Engagement deutlich aufholen und sich die Unterschiede zwischen alten und neuen Ländern nivelliert haben. Auch die gesellschaftliche und politische Anerkennung des bürgerschaftlichen Engagements hat aus der Sicht der Engagierten deutlich zugenommen. Schließlich bestätigen die Ergebnisse des 2. Freiwilligensurvey die Bedeutung des sog. gebundenen Engagements. Der Verein ist der Ort bürgerschaftlichen Engagements schlechthin. Mehr als 90% des Engagements findet im Umfeld von Vereinen statt. Damit wird die lange Debatte über das sog. neue Ehrenamt wie auch über die projektbezogene und infrastrukturell ganz freie Tätigkeit klar relativiert.

Doch kommen wir auch zu den Schattenseiten und weniger erfreulichen Ergebnissen des 2. Freiwilligensurvey: Bedenklich stimmt, dass das Engagement im politischen Bereich, insbesondere bei den Parteien, aber auch bei den Interessenvertretungen, weiter zurückgeht. Die Parteien sind gemäß der Ergebnisse des 2. Freiwilligensurvey die Verlierer der Engagemententwicklung. Noch bedenklicher ist jedoch, dass sich das Engagement nach wie vor durch einen deutlichen sog. Mittelstandbias auszeichnet. Dies gilt insbesondere für die Jugendlichen und jungen Erwachsenen. Mit anderen Worten: Gut situierte Jugendliche, die das Gymnasium besuchen, sind verstärkt aktiv, während Jugendliche aus Problemfamilien und ohne schulischen Abschluss sich nahezu überhaupt nicht engagieren. Ohne Zweifel führt dies zu einer weiteren Benachteiligung dieser Jugendlichen und jungen Erwachsenen. Denn gesellschaftliche und soziale Integration über Engagement und freiwillige Aktivität wird gerade auch als Ausweis im Lebenslauf sowie als Lernfeld für sog. Soft Skills immer wichtiger.

Hier weisen die Ergebnisse des Freiwilligensurveys ein wichtiges Arbeitsfeld aus, das in dieser Form von der Sozialarbeit bisher eher weniger in den Blick genommen wurde. Schließlich weisen die Ergebnisse auch eine deutliche Zurückhaltung der Jugendlichen und jungen Erwachsenen gegenüber sog. gebundenen Formen des Engagements – sprich einer kontinuierlichen und damit einplanbaren Aktivität – in Vereinen und Verbänden aus. Die Klage vieler Vereine und Verbände über mangelnden Nachwuchs und Schwierigkeiten, Führungs- und Leitungspersonal gerade bei der jüngeren Generation zu finden, wird hierdurch verständlich.

Erhoben wurden im Freiwilligensurvey auch die Motive und persönlichen Gründe des Engagements. Danach halten sich die sog. egoistischen Motive und die sog. altruistischen Motive für bürgerschaftliches Engagement in etwa die Waage. 'Spaß an der Tätigkeit', die Möglichkeit, 'sich zu entfalten' und etwas Neues dazuzulernen, wie auch der Integrationsfaktor 'Mit sympathischen Menschen zusammenkommen', sind ganz wichtige Motive für bürgerschaftliches Engagement. Doch auch die Zielsetzung, 'Etwas für das Gemeinwohl zu tun' sowie 'Anderen zu helfen', also klassisch altruistische Motivlagen, haben eine wichtige Bedeutung. Kurzum: Wir sind keine Gesellschaft der 'Ichlinge', aber auch keine der reinen Gutmenschen. Vielmehr werden im bürgerschaftlichen Engagement individuelle Vorlieben und Präferenzen zunehmend mit Gemeinschaftsorientierung verbunden. Wir sind in gewisser Weise 'solidarische Individualisten', die ihre Ziele und Neigungen verfolgen und dabei aber die Gemeinschaft nicht aus den Blick verlieren.

Auch der Frage nach den Bedingungen, welche bürgerschaftliches Engagement begünstigen und welche dies eher verhindern, wurde im 2. Freiwilligensurvey nachgegangen. Hier zeigt sich, dass das Umfeld eine große Rolle spielt. Auf den sog. Mittelstandbias wurde schon hingewiesen. Mehr noch als die wirtschaftliche Basis ist die soziale Einbindung eine zentrale Größe im Hinblick auf Engagementbereitschaft. Vor allem die sehr gut integrierten Bürger und Bürgerinnen, d.h. diejenigen mit einem großen Bekanntenkreis und vielen Freunden, sind besonders aktiv. Ferner kommt der Kirchenbindung – also der Zugehörigkeit zu einer aktiven religiösen Gemeinschaft mit intensivem Gemeindeleben – ein wichtiger Stellenwert zu.

Die Problematik dieses Ergebnisses erschließt sich nicht sofort auf den ersten Blick. Doch wenn man bedenkt, dass vor dem Hintergrund verstärkter Mobilität und Individualisierung gesellschaftliche Integration und Einbindung in soziale Kontexte eine der ganz großen Herausforderungen unserer Zeit darstellt, so relativiert sich das Integrationspotential des bürgerschaftlichen Engagements erheblich. Vor allem diejenigen, die bereits sehr gut integriert sind, profitieren von ihrem Engagement in sozialer, wie zum Teil auch in beruflicher Hinsicht.

Dagegen sehen sich diejenigen, denen soziale Kontakte fehlen und die wenig in lokale Gemeinschaften integriert sind, mit strukturellen Hindernissen konfrontiert. Auf Robert Putnam geht die Unterscheidung zwischen dem 'bridging' und dem 'bonding' sozialen Kapital zurück. Gemeint ist hiermit, dass Engagement dazu dienen kann, Brücken zu bauen und sich mit Anderen zu vernetzen bzw. neue Leute kennen zulernen und so gesellschaftliches Vertrauen aufzubauen. Engagement kann aber auch dazu benutzt werden, dass man 'unter sich bleibt', sich noch enger zusammenschließt und sich insofern gegenüber 'neuen Leuten' abschottet. Da wir es in Deutschland überwiegend mit gebundenem Engagement, also einer Aktivität, die im Kontext von Vereinen und Verbänden stattfindet, zu tun haben, stellt sich natürlich die Frage: Wie durchlässig sind die Infrastrukturen des bürgerschaftlichen Engagements in unserem Lande? Wie offen sind unsere Vereine und Verbände gegenüber Neulingen, Zugezogene sowie gegenüber Migranten und Migrantinnen.

Hierauf gibt der Freiwilligensurvey keine Antwort. Als repräsentative Bevölkerungsumfrage ist er dazu auch nicht in der Lage. Was fehlt in der aktuellen Forschungslandschaft sind Untersuchungen zu den Organisationen – den Vereinen und Verbänden -, in denen bürgerschaftliches Engagement schwerpunktmäßig stattfindet. Wie offen und zugänglich ist die Infrastruktur des bürgerschaftlichen Engagements in Deutschland? Bleibt man im Verein eher 'unter sich', oder aber freut man sich über jedes neue Mitglied? Gelingt es den Vereinen und Verbänden, auch die Jugend anzusprechen und an die Organisation zu binden? Oder aber versagen die Organisationen in punkto Einbettung und Einbindung von Jugendlichen und jungen Erwachsenen? Einiges scheint darauf hinzudeuten, dass dies der Fall ist.

Dies ist umso bedauerlicher, als in Deutschland eine große Engagementbereitschaft vorhanden ist. Bürgerschaftliches Engagement in seinen vielen Facetten und Variationen ist in gewisser Weise ein 'schlummernder Riese'. Sehr viel mehr Mitbürger und -bürgerinnen würden aktiv werden, wenn sie nur richtig angesprochen würden, wenn die Organisationen in entsprechender Weise auf sie zugehen würden, und sich die richtige Gelegenheit bieten würde. Womit der interessante und spannende Bereich der Infrastruktur des Bürgerschaftlichen Engagements, also die Organisationen und Orte, wo man aktiv wird, angesprochen wäre.

3   Wo engagiert man sich?

Zweifellos sind hier an erster Stelle die Vereine zu nennen. Die Anzahl der eingetragenen Vereine wird auf gut 500.000 geschätzt (Zimmer/ Priller 2004: 68). Dass man die Anzahl der eingetragenen Vereine nicht statistisch genau angeben kann, liegt daran, dass die bei den Amtsgerichten geführten Vereinsregister nicht 'gepflegt' werden müssen. D.h. als e.V. anerkannt zu werden, ist die Eintragung ins Vereinsregister notwendig. Doch es besteht keine Meldepflicht, wenn der Verein seine Aktivitäten einstellt oder diese maßgeblich verändert. Als Faustregel kann man festhalten, dass man von etwa 650 Vereinen pro 100.000 Einwohner ausgehen kann (ebd..). Mehr als 500.000 Vereine – ist dies nun viel oder wenig?

Einen ersten Hinweis bietet die Betrachtung der Gründungsaktivität der Vereine. Wenn man sich dies anschaut, so trifft Putnams These des 'Bowling Alone' bei uns nicht zu. Seit Gründung der Bundesrepublik und verstärkt seit etwa Mitte der 1970-iger Jahre erleben wir eine zunehmende und ungebrochene Attraktivität des Vereins. Nach 1990 haben hier auch die neuen Bundesländer nachgezogen. Neueren Berechnungen zufolge kann man in den neuen Ländern inzwischen von einer Anzahl von Vereinen ausgehen, die sich etwa zwischen 80.000 bis 100.000 bewegt. Insofern liegen die neuen Bundesländer hinsichtlich der Vereinsdichte mit der alten Bundesrepublik inzwischen in etwa gleich auf (Zimmer/ Priller 2004: 69).

Im vergangenen Jahr wurde in Münster eine Vereinsbefragung durchgeführt (Zimmer/ Hallmann 2005). Die Ergebnisse bestätigen die große Bedeutung der Vereine für die lokale Gemeinschaft. Ohne allzu sehr ins Detail zu gehen, kann man die zentralen Ergebnisse – die Highlights – der Studie so zusammenfassen:

*   die Münsteraner Vereine verfügen über rund eine halbe Million Mitgliedschaften und bilden insofern einen dichtes Netz lokaler Beziehungen,

*   mit einem Haushaltsvolumen von mehr als 200 Millionen Euro entspricht ihre Finanzkraft in etwa der der Universität, die die größte Unternehmung vor Ort ist,

*   mehr als 10.000 Personen sind in Münster bei Vereinen beschäftigt, die daher wesentliche Arbeitgeberfunktion übernehmen,

*   mehr als 30.000 Münsteraner und Münsteranerinnen sind bei Vereinen unentgeltlich-bürgerschaftlich engagiert.

Doch nicht nur aufgrund ihrer großen Zahl und ihrer Wirtschaftskraft sind Vereine ein hoch spannender Untersuchungsgegenstand. Als einfach zu gründende Organisationen spiegeln Vereine in beachtlichem Ausmaß gesellschaftliche Strömungen, Bedarfe und Veränderungen wider. Setzt man die Gründungsjahre der Vereine in Bezug zu ihren Tätigkeitsbereichen, so zeigt: Vereine sind zeitgeistabhängig. Sie reagieren auf gesellschaftliche Bedarfe und spiegeln Veränderungen im politischen Umfeld.

Beispielsweise ist in Münster mehr als jeder zweite im Bereich Soziale Dienste oder Gesundheitswesen aktive Verein in den letzten fünfzehn Jahren entstanden. Der Aus- und Umbau des Sozialstaates ist hier als entscheidender Faktor zu nennen. Ferner boomt derzeit in Münster der Förderverein. Jede öffentliche Einrichtung – angefangen beim Theater, über die vielen Münsteraner Schulen bis hin zu den Instituten der Universität – hat inzwischen einen Förderverein. Es sind vor allem Geldsammelstellen, denen angesichts der immer knapper werdenden öffentlichen Mittel eine wichtige Bedeutung zukommt. Man kann kaum keinen besseren Beweis dafür liefern, dass bürgerschaftliches Engagement direkt auf aktuelle gesellschaftliche Bedarfe reagiert. Die Fördervereine sind insbesondere bemüht, Staatsversagen in Form einer seit Jahren defizitären Bildungspolitik auszugleichen.

Insofern ist es nicht verwunderlich, dass die Münsteraner Vereine sich als wichtiges Moment der Stadtgesellschaft sehen. Ihre Bedeutung für Münster ist ihnen wohl bewusst. Ganz eindeutig schätzen sie ihre gesellschaftliche Relevanz als eher wachsend denn im Schwinden begriffen ein. Dies gilt für ihren Stellenwert als gemeinschaftliches Element wie auch für ihre wachsende Bedeutung als Dienstleister und Anbieter von personenbezogenen Leistungen, gerade im sozialen und im Gesundheitsbereich.

Die Münsteraner Vereine wurde auch gefragt, 'Wo der Schuh drückt', und mit welchen Problemen sind sie aktuell konfrontiert? Die Antworten auf diese Fragen sind hochinteressant. Selbstverständlich wurden von den Münsteraner Vereinen Finanzprobleme angegeben. Bei der schwierigen öffentlichen Haushaltslage ist dies auch nicht verwunderlich. Am häufigsten genannt wurde von den Vereinen jedoch die Schwierigkeit, genug Ehrenamtliche zu finden.

Damit ist man mit einem Paradoxon konfrontiert: Nach den Ergebnissen der Freiwilligensurveys sowie anderer repräsentativer Bevölkerungsumfragen haben wir es mit einer zunehmend aktiveren Bevölkerung zu tun. Das Engagement wächst und hat in den letzten Jahren nachweislich in allen Bereichen mit Ausnahme der genuin politischen Aktivität in Parteien, Gewerkschaften und klassischen Interessenvertretungen deutlich zugenommen. Ferner sind die Bürger und Bürgerinnen auch zunehmend zur Übernahme ehrenamtlicher Tätigkeiten bereit. Die Umfragen stellen eine wachsende Engagementbereitschaft fest.

Aber dennoch klagen die Organisationen – und zwar sowohl die lokalen Vereine als auch die überregional tätigen Dachorganisationen und Verbände – über wachsende Probleme bei der Ansprache und Rekrutierung von Ehrenamtlichen. Wie ist dieses Paradoxon zu erklären? Gehört bei Vereinen und Verbänden 'Jammern zum Handwerk', so dass man die Klagen nicht so ernst nehmen soll, oder verbirgt sich dahinter ein tatsächliches Problem.

Zunächst muss man festhalten, dass der Gründungsboom von Vereinen auch mit einem steigenden Bedarf an ehrenamtlichen Leitungs- und Führungspersonal einhergeht. Die klassischen Ämter – Vereinsvorsitz, Schriftführung, Kassenwart – sind zu besetzen. Gleichzeitig, so zeigen die Ergebnisse der Münsteraner Studie auch, haben viele Vereine ihre internen Strukturen den Bedarfen und Managementerfordernissen von Dienstleistungsunternehmen angepasst. Kurzum: Sie verfügen inzwischen über komplexe interne Organisationsstrukturen mit Abteilungen, Arbeitsbereichen und Projektgruppen. Auch hierfür braucht man Führungs- und Leitungspersonal, das die Organisation gut kennt, sich längerfristig bindet und zum Teil sehr unangenehme Entscheidungen treffen muss.

Es wurde ferner festgestellt, dass das Leitungs- und Führungspersonal in Vereinen und Verbänden recht häufig die sog. Ochsentour absolviert, um dahin zu kommen, wo man Leitungsaufgaben übernimmt. Es sind in der Regel Männer, die diese Positionen innehaben und die schon seit Jahren, ja besser Jahrzehnten mit der Organisation verbunden sind. Quereinsteiger werden in der Regel hier nicht akzeptiert. Entsprechendes gilt für Frauen sowie auch für Jüngere. Die Neigung, dass man gern 'unter sich bleiben möchte', ist gerade auf den Führungsebenen der Organisationen noch deutlich ausgeprägt. In den meisten Fällen werden neue Positionen durch Ansprache der jetzigen Vorstandsmitglieder besetzt. Man kennt sich, und man integriert nur diejenigen, die wissen, wie es läuft und sich bereits angepasst haben. Insofern ist es nicht verwunderlich, dass trotz zunehmender Engagementbereitschaft die Organisation dennoch über mangelndes Interesse an der Übernahme von Aufgaben innerhalb der Organisation bzw. des Vereins klagen.

Kurzum: Man findet nicht die Richtigen! In Münster gibt es viele engagementbereite Studierende. Doch diese sind keine klassischen Münsteraner. Es gibt auch viele sehr gut-ausgebildete Frauen in Münster, die sich gern engagieren würden. Doch die entsprechen nicht dem gewünschten Image des 'gestandenen Mannes' in verantwortlicher Position. In der Sprache der Soziologen und Pierre Bourdieus fehlt diesen Engagementbereiten der gewünschte Habitus. Man passt nicht in den Verein oder Verband und wird daher auch schnell wieder 'herausgeekelt'.

Von kritischen Vereinsengagierten wird diese Problematik zunehmend erkannt und nach Wegen einer größeren Offenheit und auch Durchlässigkeit der Vereinsstrukturen gefragt. Angedacht werden hierbei gezielte Projekte der Organisationsentwicklung und -veränderung sowie Angebote der Fort- und Weiterbildung für Interessierte. Besonders ansprechen will man hiermit vor allem Frauen und auch Mitglieder der jüngeren Generation. Da solche Angebote, Know-how vermitteln, das man auch außerhalb der Vereinsarbeit sehr gut nutzen kann, ist es durchaus realistisch, dass man hiermit einen breiten Personenkreis erreicht. Zweifellos würden infolge solcher Maßnahmen Vereinsarbeit und Vereinsstrukturen nicht nur durchlässiger sondern auch transparenter werden.

Mit dem Stichwort Transparenz wird ein weiterer Engagementbereich angesprochen, der vor allem in jüngster Zeit deutlich an Attraktivität gewonnen hat: Die Stiftungen. Infolge der historischen Entwicklung war Deutschland lange Zeit ein im internationalen Vergleich eher unterentwickeltes Stiftungsland. Dies hat sich inzwischen nachhaltig geändert. Das Stiftungswesen boomt. Inzwischen geht man von einer Zahl von gut 12.000 aktiven privaten Stiftungen in Deutschland aus (Anheier 2003: 53). Es ist jedoch zu vermuten, dass die Zahl höher zu veranschlagen ist. Die Stiftungen unterliegen der Aufsicht der Länder und werden in den Stiftungsregistern der Regierungspräsidien geführt. Ein Recht auf Ein- und Durchsicht besteht hier nicht. Auch sind die Stiftungen nicht zur Publizität verpflichtet. Insofern ist es gar nicht so einfach, anzugeben, wie bürgerschaftlich engagiert wir Deutschen in punkto Stiftungen sind. Dennoch kommen Untersuchungen, z.B. des Bundesverbandes Deutscher Stiftungen oder des Maecenata Instituts in Berlin, übereinstimmend zu dem Ergebnis, dass wir einen echten Stiftungsboom in den letzten Jahren erlebt haben. Es gab in Deutschland noch nie so viele private Stiftungen wie derzeit (vgl. Anheier 2003: 66). Ferner geht man davon aus, dass die sog. Erbengeneration auch weiterhin verstärkt stiften wird. Ein besonders florierender Zweig des Stiftungswesens ist die Bürgerstiftung. Hier braucht man kein großes Vermögen, sondern die Bürgerstiftung ist ein Mittelding zwischen Verein und traditioneller Stiftung. Viele können zustiften, und zwar für allgemeine und auch für spezifische Zwecke (Walkenhorst 2004).

Im Auftrag der Münsteraner Stiftung Westfalen Initiative für Gemeinwohl und Eigenverantwortung wurde im Jahr 2004 vom Zentrum für Nonprofit-Management (www.npm-online.de) die Stiftungslandschaft in Westfalen erfasst und eine Stiftungsdatenbank – die Foundatio – erstellt. Auch hier waren die Ergebnisse ganz erstaunlich: In der Region Westfalen, die sich aus den Regierungsbezirken Arnsberg, Detmold und Münster zusammensetzt, sind rund 1000 Stiftungen tätig. Gut ein Drittel davon sind kirchliche Stiftungen. Die deutliche Mehrheit sind vergleichsweise junge Stiftungen und erst in den letzten zwanzig

Jahren entstanden. Betrachtet man die Stiftungszwecke, so ordnet sich eine beachtliche Anzahl der westfälischen Stiftungen dem Bereich Soziales zu. Doch auch die Bereiche Kunst und Kultur, Bildung, Wissenschaft und Forschung sowie Sport und Umwelt sind maßgeblich in der Westfälischen Stiftungsszene vertreten (www.stiftungsverbund-westfalen.de).

Allerdings – und hier beginnt die Schattenseite des aktuellen Stiftungsbooms – bei der Mehrheit der Stiftungen handelt es sich um kleine und Kleinststiftungen, die über ein Vermögen von unter 100.000 Euro verfügen. Eine ganze Reihe von Stiftungen sind sogar mit weniger als 50.000 Euro ausgestattet. Angesichts der derzeitigen Zinssätze ist die Höhe der Erträge dieser Stiftungen sehr leicht abzuschätzen. Die Mehrheit dieser Klein- und Kleinststiftungen sind daher auch auf Kooperation oder aber auf Zustiften hin angelegt. Allerdings findet in der Mehrheit der Fälle keine gezielte Werbung um Zustiftungen statt. Koope rationen kommen bisher auch kaum zustande, da man in der Regel keine Kenntnis von den anderen Stiftungen hat.

Insgesamt lässt die Publizität des Stiftungswesens in Westfalen wie überall in Deutschland zu wünschen übrig. Nur eine Handvoll von Stiftungen veröffentlicht Jahresberichte. Die Stiftungen sind auch nur bedingt im Internet präsent. Und viele Stiftungen sind mehr oder weniger unerreichbar, und zwar weil keine Geschäftstelle unterhalten wird oder aber diese so gut wie nie besetzt ist. In punkto Transparenz ist man in der Regel recht verhalten. Anfragen über die Höhe der Bewilligungen, den Fokus der Stiftungsaktivitäten sowie der Strategie im Hinblick auf die Gewinnung von Zustiftungen wurden im Kontext der Erhebung des Zentrums für Nonprofit Management entweder gar nicht oder nur ausweichend beantwortet. Interessanterweise wurde als Grund für die geringe öffentliche Präsenz der Stiftungen angegeben, dass man nicht von Anfragen und sog. Bettelbriefen überschwemmt werden möchte. Ein nicht sehr schlüssiges Argument, da man Anfragen nach Bewilligungen doch gerade dann gut kanalisieren kann, wenn man eine gezielte Förderpolitik betreibt und diese auch gut nachlesbar dokumentiert.

So gut wie gar nicht beantwortet wurden Frage nach der Besetzung der Leitungsgremien der Stiftung. Im Unterschied zu Vereinen sind Stiftungen von ihrer Organisationsform her keine demokratischen Institutionen. In der Regel werden die neuen Mitglieder des Leitungsgremiums von den ausscheidenden eingesetzt. Was wir hier häufig sehen, ist Closed-Shop und Honoratiorenpolitik pur. Dies ist im Übrigen nicht nur in Deutschland in dieser Form geregelt. So sind auch in der einflussreichen US-amerikanischen Stiftungswelt Frauen in den Leitungsgremien – den Boards – deutlich unterrepräsentiert, und zwar weil sie erst gar nicht gefragt und in Betracht gezogen werden, ein solches Amt zu übernehmen.

Kurzum: Was man bei Vereinen und Verbänden beobachten kann, trifft in noch stärkerem Ausmaß für die Stiftungslandschaft zu. Die Potentiale des bürgerschaftlichen Engagements werden nur bedingt genutzt. Vereine, Verbände und Stiftungen dienen nicht immer vorrangig dazu, Brücken zu bauen und generations- wie bereichsübergreifendes Engagement zu ermöglichen. Vielmehr dominiert noch die Einstellung, dass man lieber unter sich bleiben möchte und daher Transparenz und Offenheit eher kleinschreibt. Dies hat zur Folge, dass die Engagementpotentiale nicht voll genutzt werden. Bei den Vereinen hat diesbezüglich schon ein Prozess des Nachdenkens und Umdenkens eingesetzt. Demgegenüber sind gerade die vielen kleinen Stiftungen noch stark mit selbst beschäftigt und begreifen sich eher weniger als Motoren und Katalysatoren einer aktiven Bürgergesellschaft.

4   Resümee: Wo stehen wir in punkto Engagement und wo geht es hin?

Zweifellos sind wir in den letzten Jahren in punkto Ehrenamt moderner geworden. Bürgerschaftliches Engagement ist weiter gefasst als das klassische Ehrenamt. Es werden nicht nur mehr Bereiche und Aktivitäten eingeschlossen, sondern man sieht sich als bürgerschaftlich Engagierter auch als Gegenpool und kritisches Potential zu Staat und Verwaltung. Bürgerschaftlich Engagierte sind in weiten Bereichen nicht nur engagiert sondern zugleich auch emanzipiert. Es lässt sich daher Wandel und Veränderung feststellen, wobei der Trend in Richtung Zivilgesellschaft geht: Keine Unter- und Nachordnung zur staatlichen Autorität sondern ein Engagement auf Augenhöhe.

Die Ergebnisse der Freiwilligensurveys zeigen ferner, dass die bundesdeutschen Bürger und Bürgerinnen in punkto Engagement durchaus im internationalen Vergleich mithalten. Wir sind nicht an der Spitze, aber wir liegen im guten Mittelfeld, was Intensität, Dauer und Verbreitung von Engagement angeht. Gleichzeitig zeigen die Ergebnisse des aktuellen Survey aber auch, dass gerade benachteiligte Gruppen, insbesondere die weniger gut ausgebildeten Jugendlichen und junge Erwachsene, unterdurchschnittlich engagiert sind. Demgegenüber sind die hoch-integrierten und gut situierten gesellschaftlichen Gruppen besonders aktiv. Das Integrationspotential des bürgerschaftlichen Engagements darf man daher nicht überschätzen. Integration durch bürgerschaftliches Engagement ist eine Aufgabe, der sich unser Gemeinwesen noch annehmen muss.

Damit dies gelingen kann, muss etwas mit der zivilgesellschaftlichen Infrastruktur – sprich den Vereinen, Verbänden und Initiativen geschehen, die bürgerschaftliches Engagement in hohem Maße binden. Aus einer 'geschlossenen Gesellschaft', die häufig Zugangbarrieren aufbaut, muss ein offenes Forum werden, dem man sich gern anschließt. Ein besonderes Problem stellt die Übernahme von Leitungs- und Führungsaufgaben in Vereinen und Verbänden dar. Noch ist in vielen Organisationen die sog. Ochsentour angesagt und ein Quereinstieg nur schwer, wenn überhaupt möglich. Noch bleibt man lieber 'unter sich', als dass man Einstiegs- und Qualifizierungsmöglichkeiten für Jüngere, für Frauen sowie auch für ausländische Mitbürger und Mitbürgerinnen eröffnet. Hier ist sicherlich noch viel zu tun. Perspektivisch muss sich auch die Infrastruktur des bürgerschaftlichen Engagements – sprich die vielen Vereine, Verbände, Initiativen und nicht zuletzt die Stiftungen – auf die veränderten Bedingungen einer Gesellschaft einstellen, die zunehmend durch Mobilität und schnellen Wandel geprägt wird.

Literatur

Anheier, Helmut K., (2003): Das Stiftungswesen in Deutschland. Eine Bestandsaufnahme in Zahlen. In: Bertelsmann Stiftung (Hrsg.) (2003): S. 43-85

Bertelsmann Stiftung (Hrsg.) (2004): Handbuch Bürgerstiftungen. Ziele, Gründung, Aufbau, Projekte. Gütersloh.

Bertelsmann Stiftung (Hrsg.) (2003): Handbuch Stiftungen. Ziele, Projekte, Management, Rechtliche Gestaltung. Wiesbaden.

Braun, Sebastian (2001): Bürgerschaftliches Engagement – Konjunkturen und Ambivalenzen einer Debatte. In: Leviathan, Heft 1. 29. Jg.: S. 84-109

Bundesministerium für Familie, Senioren, Frauen und Jugend (Hrsg.) (2001): Freiwilliges Engagement in Deutschland. Band 1. Gesamtbericht. Stuttgart.

Bundesministerium für Familie, Senioren, Frauen und Jugend (Hrsg.) (2004): 2. Freiwilligensurvey 2004. Ehrenamt, Freiwilligenarbeit, Bürgerschaftliches Engagement. Kurzzusammenfassung. www.bmfsfj.de/RedaktionBMFSFJ/Arbeitsgruppen/Pdf-Anlagen/2.freiwilligensurvey-kurzzusammenfassung.pdf; Stand: 13.04.05

Enquete-Kommission „Zukunft des Bürgerschaftlichen Engagements" des Deutschen Bundestages (2002): Bericht Bürgerschaftliches Engagement. Auf dem Weg in eine zukunftsfähige Bürgergesellschaft. Opladen. (Der Bericht ist identisch mit der Bundesdrucksache 14/ 8900 vom 3, Juni 2002)

Putnam, Robert (1995): Bowling Alone. America´s Declining Social Capital. In: Journal of Democracy 1995 No 6: 65-78

Roth, Roland (2000): Bürgerschaftliches Engagement. Formen, Bedingungen, Perspektiven. In: Zimmer/ Nährlich (Hrsg.) (2000): S. 25-48

Sachße, Christoph (2000): Freiwilligenarbeit und private Wohlfahrtskultur in historischer Perspektive. In: Zimmer/ Nährlich (Hrsg.) (2000): S. 75-88

Walkenhorst, Peter (2004): Innovation und Tradition. Zur Entwicklung von Bürgerstiftungen in Deutschland. In: Bertelsmann Stiftung (Hrsg.) (2004): S. 61- 102

Zimmer, Annette/ Hallmann, Thorsten (2005): Münster engagiert. Ergebnisse der Münsteraner Vereinsbefragung, Münster. (Broschüre des Instituts für Politikwissenschaft)

Zimmer, Annette/ Nährlich, Stefan (Hrsg.) (2000): Engagierte Bürgerschaft. Traditionen und Perspektiven, Opladen.

Zimmer, Annette/ Priller, Eckhard, 2004: Gemeinnützige Organisationen im gesellschaftlichen Wandel, Wiesbaden

Soziale Arbeit und Empowerment – einige kritische Bemerkungen zur Suche nach einer politischen Sozialen Arbeit

Piotr Sałustowicz

Der gesellschaftspolitische Rahmen für das steigende Interesse am Empowerment-Ansatz ist recht kompliziert und an sich widersprüchlich. Dieser Ansatz wird zwar zunehmend auch in der Sozialen Arbeit als eine zentrale Perspektive im professionellen Handeln diskutiert, jedoch kann die Soziale Arbeit auch in diesem Fall keinen Monopolanspruch auf diesen Ansatz erheben – Empowerment wird in der Wirtschaft (Empowerment der Konsumenten), in der Sozialpolitik – z.b. in solchen Programmen wie in dem EU-Equal Programm oder der Mikro-Kreditfinanzierung – oder in der Politik – im Kontext der Bürgerrechte oder der Aktivierung und Förderung der Zivilgesellschaft- zu finden sein.

Es stellt sich die Frage, was Empowerment für die Soziale Arbeit bedeuten kann. Die Antwort lautet: alles oder nichts. Es kommt auf das Selbst-Verständnis der Sozialen Arbeit an und es kommt darauf an, wie dieser Ansatz definiert wird (vgl. Herriger 1997).

Die Standard-Definitionen von 'Empowerment', die man in der Literatur findet, heben die Fähigkeit von Individuen, Gruppen und Gemeinschaften hervor, über ihre Lebensbedingungen eine Kontrolle auszuüben oder eine solche erlangen zu können und auch die eigenen Zielsetzungen und Zielerreichung eigenständig zu formulieren und realisieren, infolgedessen sind sie auch in der Lage sich selbst und anderen bei der Verbesserung der Lebensbedingungen zu helfen (Adams 2004, 8, Gutiérrez/ Parsons/ Cox 1998, Herriger 1997, Simon 1994). Anders ausgedrückt, sie besitzen oder gewinnen Macht dazu. Eine besondere Betonung sollte, meiner Meinung nach, auf das kollektive Handeln bei der Erreichung der individuellen oder gemeinschaftlichen Ziele und der Verbesserung der Lebensbedingungen oder -lagen gelegt werden, was für mich das konstitutive Element des Empowerment-Ansatzes wäre. Anders ausgedrückt, der Empowerment Ansatz kommt für mich erst dann in Frage, wenn es sich zeigt, dass sich die individuellen oder gemeinschaftlichen Ziele oder Verbesserungen der Lebenslagen bzw. -situationen von Individuen, Gruppen oder Gemeinschaften nur auf der Basis eines kollektiven Handelns erreichen lassen. Dabei handelt es sich hier um einen sozialen, kollektiv gesteuerten 'bottom up' Prozess, der die Aufhebung der Diskriminierungs-, Sozialbenachteiligungs-,

Exklusions-, Entmachtungs- oder Gewaltstrukturen zum Ziel hat. Es werden selbstverständlich alle in Frage kommenden Ressourcen mobilisiert, um diesen Prozess in Gang setzen zu können, wobei von der Existenz dieser Ressourcen – in einem gewissen Ausmaß – auf der Seite der Adressaten ausgegangen wird. Daher steht der Empowerment Ansatz in deutlichem Gegensatz zu dem sog. Defizit-Orientierten Ansatz in der Sozialen Arbeit (Simon 1994, 1, Herriger 1997). Zugleich schließe ich die Fälle aus, wo z.b. die Individuen aufgrund ihrer eigenen Ressourcen (Geld, Bildung, oder Recht) oder der professionellen Interventionen (Beratung, Therapie) befähigt werden, über ihre Lebenssituation eine Kontrolle zu haben oder zu erlangen. Das heißt, ich schließe aus meinen Überlegungen z.b. das Konzept des individuellen 'Self-Empowerments' oder des lebensweltlich buchstabierten Empowerment (Herriger 1997, 13) aus, weil die Gefahr besteht, dass das Empowerment-Konzept an Schärfe verliert und so umfassend wird, dass sich unter diesem Konzept nicht nur sehr unterschiedliche sondern auch teilweise widersprüchliche Perspektiven finden würden. Das würde zwar bedeuten, dass man ein neues sehr umfassendes Etikett gefunden hat, das als modernes Aushängeschild für die Soziale Arbeit fungieren könnte, aber man beraubt sich zugleich der Möglichkeit einer klaren Herausarbeitung der Relationen zwischen der Sozialen Arbeit und Empowerment.

Der Fokus auf den eng definierten Empowerment-Ansatz speist sich gleichzeitig aus den unterschiedlichen, von alltagsweltlichen, gesellschaftspolitischen bis den gesellschaftstheoretischen ausbuchstabierten Horizonten des Erlebens und Erkennens vom zunehmenden Zerfall des wohlfahrtsstaatlichen 'Kittes', und sich daraus ergebenden Diagnosen von wachsenden Erosionen und Brüchen im Sozialen. Aus der alltagsweltlichen Perspektive werden als besonders gravierend die Entwertungsprozesse der erworbenen Handlungskompetenzen, insbesondere in der Arbeitswelt und dem Verlust von sozialem Kapital erfahren und erlebt, während die gesellschaftstheoretische Diagnose sich einer recht bunten Rhetorik bedient, die von Globalisierung, Neo-Liberalismus, Kapitalismus bis zur sozialen Ungleichheiten zu reichen scheint und das Gesellschaftliche auf Solidarität, Gerechtigkeit und Gleichheit zu verpflichten sucht (vgl. Sünker 2005). Im gesellschaftspolitischen Horizont spielt der Empowerment-Ansatz vor allem eine zentrale Rolle in den Politiken bei der Aktivierung der sozialintegrativen Potentiale von Bürgern und lokalen Gemeinschaften. Die Delegation der sozialintegrativen und sozialpolitischen Aufgaben an die Bürgergesellschaft (vgl. Olk 2005) kann aber abhängig von der vertretenen politischen Position ganz Unterschiedliches meinen: Für die Konservativen kehrt der Gedanke der Wohltätigkeit als sozialer Kitt zurück, für die Neo-liberalen ist die Selbstverantwortung des Einzelnen die Grundlage des bürgerlich-gesellschaftlichen Daseins, für die breit definierte Linke sollte die Aktivierung der Bürgergesellschaft entweder das 'Gegengesellschaft-Projekt' fördern oder den Sozialstaat in seiner bisherigen Funktion der Reduzierung von sozialen Ungleichheiten (distributive Sozialpolitik) verteidigen.

Die Folgen des enger definierten Empowerment Ansatzes in der Sozialen Arbeit berühren – wie es scheint – ihre professionelle Identität, die vielleicht neu definiert werden muss. Es könnte befürchtet werden, dass sich dadurch eine Spaltung anbahnt und Grabenkriege zwischen den unterschiedlichen Fraktionen ausbrechen, schließlich müssten auch die Qualifikationsprofile und Ausbildungsprogramme entsprechend geändert werden. Zweifelsohne handelt es sich hier um stark 'ideologisch' okkupierte Bewusstseinsformen in der Sozialen Arbeit. Drängt die Soziale Arbeit in die Felder, die längst von anderen besetzt sind oder zieht sie sich aus solchen zurück, wo sie eigentlich überflüssig wird? Was diese Wende in der Sozialen Arbeit legitimieren würde, wäre die einigermaßen sichere Regionen ihrer etablierten Praxis – wie Einzelfallhilfe, Beratung oder Kriseninterventionen, die vor allem die Lebenswelt der Einzelnen betreffen, zu verlassen, um sich auf neues Terrain zu bewegen – das die kollektiven Lebenslagen, systembedingten Ausschlussmechanismen und ungerechten Zugangsmöglichkeiten zu öffentlichen Gütern zum Anlass des auf Mobilisierung der kollektiven Potentiale fokussierten professionellen Handelns nimmt. Ist das nicht der Versuch einer nostalgischen Wiederbelebung der Tradition von civil-rights-movement or poor people's movement oder, ist das in der Tat ein legitimes Feld der politischen Produktivität Sozialer Arbeit (vgl. Salustowicz 1998), wie das Heinz Sünker reklamiert (2005) Diese gewisse 'Hypermobilität' der Sozialen Arbeit, auf neue Trends in der Gesellschaft sofort zu reagieren, wurde von einigen Kritikern aufgegriffen und als Omnipotenzillusionen entlarvt. Zwar wird das Moment des Aktivierens, das auch im Empowerment Ansatz steckt, als eine genuine Eigenschaft der Sozialen Arbeit reklamiert (Kessel/ Otto 2003, Simon u.a. 1994), aber die Kritiker der etablierten oder sich der neuen Sozialpolitik (dem aktivierenden Staat) beugenden Sozialen Arbeit sehen darin eher die Funktion einer repressiven Kontrolle und einer den Systemnormalitätsstandards unterworfenen Inklusion als eine emanzipatorische Kraft (Dahme/ Wohlfahrt, 2003). Ist das zukunftsorientiert, oder ist das ein Rückfall in eine Vergangenheit, in der der Sozialstaat noch im Entstehen begriffen war? Die Zeitperspektive in der Sozialen Arbeit wird also nicht mehr systemtheoretisch, mit der Frage, wann zu helfen ist, beantwortet, sondern mit dem Versuch, ob es sich hier um eine Zukunfts- bzw. Rückwärtsorientierung handelt.

Daraus lässt sich die Frage bezüglich einer der möglichen Zielsetzungen von Empowerment kritisch formulieren. Soll dieser Ansatz eine 'Gegengesellschaft' anstreben, die sich selbst-organisiert und soziale Gerechtigkeit als Maßstab nur für die inneren Austauschprozesse gelten lässt – und den Anschluss –

systemtheoretisch gesprochen – an ihrer Umwelt bewusst vernachlässigt oder sogar verweigert? Haben derartige 'Gegengesellschaften' eine Chance zu überleben? Wenn 'ja', dann werden sie in der Regel keine 'Inseln des Glücks' sein, wie die Selbstorganisation und Selbsthilfe und Solidarität in favelas oder in Gettos zeigen. Sich-Selbst-Überlassen-Sein und dann die Versuche die eigenen Ressourcen wie Geld, Bildung, Recht, soziale Bindungen mit der Außenwelt ohne eine externen Hilfe, zu aktivieren, zeigen zurzeit eher bescheidene Resultate. Im Folgenden nenne ich ein Beispiel. Zoto sollte eine Art Gewerkschaft der Armen sein, eine Selbstorganisation von den Bewohnern von Tondo, eines der größten Elendsviertel in Manila. Zoto zählt 10 000 Mitglieder, unterhält Kindertagestätten und Krankenstationen, bildet Gesundheitshelfer aus und kann auf eine ausländische Unterstützung (u.a. der deutschen Hilfsorganisation Brot für die Welt) zurückgreifen, einer von den wenigen Vorteilen der Globalisierung (Uchatius 2004, 20). Diesen 10 000 organisierten Armen in Manila stehen 4 Millionen Menschen, die in Elendsviertel dieser 14-Millionen großen Metropole leben gegenüber. In Deutschland wird die Frage der Armut und von Armutsstadtvierteln nach wie vor tabuisiert. Es ist kein Wahlthema, trotz der alarmierenden Hilfsrufe seitens der Wohlfahrtsverbände oder Experten. Hinter den soliden Hausfassaden schreitet der Prozess der sozialen Entmischung voran, was zur erneuten Konzentration von Überflüssigen führt. Auf der einen Seite bilden sich Viertel mit einer hohen Anzahl an Sozialhilfeempfängern und Ausländern, mit Schulen, deren Schülerpopulationen aus über 80% ausländischer Kinder und Jugendlichen bestehen, auf der anderen Seite entstehen immer mehr 'gated communities' – ein Trend, der sich in den Großstädten immer stärker abzeichnet und die soziale und räumliche Spaltung der Gesellschaft vergrößert.

Spricht sich die Soziale Arbeit für die Förderung von 'Gegengesellschaften' aus, unterliegt sie nicht selbst der Gefahr einer Marginalisierung? Empowerment für eine Gruppe der Bevölkerung bedeutet vielleicht einen Machtverlust auf der Seite der Anderen, sei es in diesem Fall für die Sozialen Arbeit. Sie muss mindestens programmatisch an Normalitätsstandards und der Inklusionslogik festhalten – sie muss ihre Mitwirkungsbereitschaft bei der Realisierung von mindestens solchen operativen Zielen wie: Integration auf dem ersten Arbeitsmarkt, Intakthaltung der Familienstrukturen oder Sicherung von standardisierten Lebenskarrieren deklarieren, wenn sie sich selbst aus dem politisch geförderten Hilfe-System nicht exkludieren will. Man kann jedoch dieser These entgegenhalten, dass die soziale Politik in der Manier des aktivierenden Staates, gerade danach sucht, vorhandene Selbsthilfe-Potentiale zu mobilisieren. Ich-AG-Projekte wären – was die wirtschaftliche Integration anbelangt – ein Beweis dafür. Das die Erfolge dieses Programms recht bescheiden sind, liegt nicht nur daran, dass die Adressaten (z.B. Langzeitarbeitslose) nicht ausreichend auf diese

Aktivitäten fachlich vorbereitet sind, und dass sie erschwerten Zugang zu Bank-
krediten haben, sondern auch an dem Versuch der Adressaten, sich als individuelle Akteure auf dem offenen Markt zu behaupten, mit den weitgehend kapital-
und organisatorisch überlegenen Konkurrenten konkurrieren zu müssen, ohne
eine ausreichende Unterstützung von der Umwelt (Nachbarschaften, Käufer-
Zirkels usw.) zu besitzen. Dies sollte mit der Nischen-Philosophie reparierbar
sein. Finde eine von niemandem besetzte Nische – lautet der Ratschlag. Finde?
Wen wundert es, dass Consultative Group to Assist the Poorest (CGAP) empfiehlt die sog. *micro-finance programme* für die Ärmsten, u.a. auf der Basis
einer schnellen Expansion und einer breit angelegten Lieferung zu entwickeln,
um den Vorteil der Wirtschaft im großen Maßstab zu nutzen (Mayoux 2001,
437). Dabei spielen das soziale Kapital und die Bildung von Netzwerken eine
entscheidende Rolle.

Ich möchte als Beispiel auf die Gender-Frage, was das soziale Kapital und
die Bildung von Netzwerken betrifft, eingehen. Eins ist sicher, dass die Ungleichheiten zwischen den Geschlechtern für die Bildung des sozialen Kapitals
eine große Rolle spielen. Welche Implikationen sich aus diesen Ungleichheiten
für das Empowerment von Frauen ergeben, kann nur unter der Berücksichtigung
der konkreten kulturellen Kontexte beantwortet werden, denn die Formen und
das Ausmaß der Ungleichheiten zwischen den Geschlechtern können sehr unterschiedlich sein. In einem sehr interessanten Beitrag schildert z.B. Linda Mayoux
die Situation der Mikro-Kredit-Programme für Frauen in Kamerun, die die Frage des Empowerment als ein zentrales Anliegen deklarieren und durch drei
Indikatoren zu operationalisieren versuchen: 1. die Einkommenssteigerung
durch eigene wirtschaftliche Aktivität; 2. die Kontrolle über das Einkommen; 3.
Entwicklung der kollektiven wirtschaftlichen und sozialen Aktivitäten (Mayoux
2001, 444). Wie weit eine Stärkung der wirtschaftlichen Macht der Frauen
durch diese Programme gelungen ist, lässt sich heutzutage keineswegs eindeutig
beantworten, schon aus dem Grund, dass es sich hier um einen langwierigen
Prozess handelt, der keineswegs als abgeschlossen gelten kann. Insofern soll die
Tatsache, dass das Einkommen der micro-enterprise Frauen immer noch recht
niedrig ausfällt, weil es eine Geschlechtssegregation auf dem Markt gibt, die
ungleich entwickelten vertikalen Netzwerke zugunsten der Männer und eine
makro-wirtschaftliche und institutionelle Diskriminierung von Frauen bedeutet,
nicht heißen, dass das Projekt zum Scheitern verurteilt wäre (Mayoux 2001,
449). Die Frage der Einkommenskontrolle gestaltet sich im Falle der Kamerun-
frauen recht kompliziert, denn die familiären Verhältnisse sind polygam und das
schränkt die Rechte von Frauen deutlich ein. Dabei herrscht noch ein sehr traditionelles Werte- und Normensystem, dass die Frauen von den Männern als abhängig und unterworfen betrachtet werden können. Es scheint aber, dass die

micro-enterprise-Projekte den Frauen mehr Macht gegeben haben, über ihre Position neu zu verhandeln und ungleiche Rechte in Frage zu stellen (Mayoux 2001,452). Was den dritten Indikator anbelangt, hat sich die Frage des ungleichen Zugangs zu gemeinschaftlichen Ressourcen, etwa im Falle von Kredit-Gemeinschaften und sog. Village-Banks gezeigt. Die Ungleichheiten unter den Frauen führten einer weiteren Verschiebung der Macht zuungunsten der ärmsten und sozialbenachteiligten Frauen (Mayoux 2001, 455). Das bestätigt auch die geäußerte Kritik am Empowerment Ansatz, dass er eine Stärkung der Macht auf der einen Seite mit einem Dis-Empowement der anderen verbindet (Adams 2004, 16). Am Rande sei zu bemerken, dass sich die politische, soziale und kulturelle Kontextdifferenz zwischen der kamerunschen Gesellschaft und z.b. der polnischen Gesellschaft nicht leugnen lässt, trotzdem wird das Empowerment von Frauen aus den ländlichen Regionen in Polen durch Micro-enterprise-Projekte mit ähnlichen Problemlagen und Schwierigkeiten konfrontiert.

Spielt der Gedanke über die wichtige Rolle des sozialen Kapitals, wie es sich z.b. bei der finanziellen Sicherung der Selektion der Kreditnehmer und bei der Kreditverteilung zeigt (Mayoux 2001, 438), dann könnte man gleichzeitig die Vermehrung dieses Kapitals als wichtige Aufgabe von Sozialer Arbeit deklarieren, unter der Annahme, dass „das soziale Kapital implizit positiv und vorteilhaft sei" (Mayoux 2001, 439). Angesichts der Diskussion über die 'Bowling-alone' These und über die Frage des Vertrauens in der heutigen Gesellschaft, muss die Rolle der Sozialen Arbeit bei der Bildung des sozialen Kapitals erst kritisch geprüft werden. Die Bildung von vertikal strukturierten Netzwerken ist naturgemäß keine leichte Aufgabe, wie der schon oben erwähnte Prozess der sozialen Entmischung in den Städten zeigt. Während die horizontalen Netzwerke, zwar gewisse Selbstorganisations- und Solidaritätsfähigkeit als Ressourcen mobilisieren, können sie aber auch Isolationskulturen und Ausschlusspraktiken zementieren (Jordan 1996), worauf selbst die Weltbank recht sensibel zu reagieren scheint (Mayoux 2001, 439). Die Weltbank weist darauf hin, dass die sozialen Netzwerke, welche den Menschen einen Zugang zum Markt sichern, sich gegen den neuen Anbietern auf den Markt sperren können, sie können also die Innovationen und Kreativität hindern, und sie können sich, wenn sie ethnisch oder religiös organisiert sind, sogar gegen Individuen oder die Gesellschaft als Ganzes richten (Mayoux 2001, 439).

Zusammenfassend: Für das Empowerment durch Micro-enterprise-Projekte spielt offensichtlich das soziale Kapital eine zentrale Rolle, daher werden die Maßnahmen, die auf die Bildung dieses Kapitals zielen, besonders zu analysieren sein. Wie hat sich hier die Soziale Arbeit zu positionieren? Könnte sie als Netzwerk-Konstrukteur oder als Unternehmer-Coach in Betracht kommen? Mit Sicherheit ist sie dazu in der Lage. Was kann aber die Soziale Arbeit aus den

Mikro-Kredit-Programmen in der Dritten Welt lernen? Die Mikro-Kredit-Programme gehen zuerst auch von der Annahme aus, dass Ersparnisse und Kredite einen Beitrag zum wirtschaftlichen Empowerment, vor allem von Frauen leisten: weil sie die Frau in die Lage versetzen, zu entscheiden, wie sie diese finanzielle Ressource einsetzt. Weiterhin geht man davon aus, dass unabhängig davon, für welche Art von wirtschaftlichen Aktivitäten sich die Frau entscheidet, werden die Mikro-Kredit-Programme einen Beitrag zur Einkommensverbesserung leisten. Das wirtschaftliche Empowerment trägt ebenfalls zum Wohle der Frau und ihrer Familie bei. Schließlich gibt es der Frau die Möglichkeit, eine Aufnahme von Verhandlungen bezüglich ihrer sozialen und politischen Position, was zum sozialen und politischen Empowerment der Frau führt (Mayoux 2001, 439). Hier kommt die Soziale Arbeit in der Rolle des 'grassroots trainers' und in dem speziellem Fall, wo es um das Empowerment der Frauen geht, des 'gender trainers' zum Zug (Mayoux 2001, 460f)

Die Frage der Geschlechterungleichheit lässt sich also direkt mit der Problematik des politischen Empowerments im Sinne des Erwerbs der partizipatorischen Kompetenzen und des Aufbaus von Solidargemeinschaften (Herriger 1997, 186 f) bei der Erkämpfung oder Sicherung der Menschen- und Bürgerrechte verbinden. Es darf nicht verschwiegen werden, dass die Politik auf dem besten Wege ist, den Respekt vor der Menschenwürde und die Wahrung der Menschenrechte zum Spielball der hegemonialen Interessen zu degradieren. Für die Soziale Arbeit ist hier die Tür sehr weit geöffnet, mindest scheint es so zu sein, denn ein Teil von ihr definiert sich als Menschenrechts-Profession. In diesem Kontext ist die Rolle des 'grassroots trainers oder organizers' besonders wichtig, denn die Soziale Arbeit ist mit der Frage konfrontiert: 'How people get power?' – Diese Frage wird von Si Kahn, einem 'grassroot leadership- Guru' mit der Bemerkung quittiert, dass der gute Wille gegen die Armut und Diskriminierung etwas zu unternehmen, an sich allein nicht ausreichend sei und eine gewisse Professionalität eines 'organizers' dazu gehöre und das 'Organisieren' keine mystische Angelegenheit, sondern eine praktisch von jedem/ jeder erlernbare Technik sei (1994). Das Organisieren von Armen und Diskriminierten beschränkt sich beim ihm zunächst auf die Ebene der lokalen Gemeinschaften (communities) und versucht die lokalen Machtstrukturen in Frage zu stellen. Es handelt sich um eine offensichtliche Fortsetzung des Alinsky´s Ansatzes von radikaler Gemeinwesensarbeit (vgl. Herriger 1997, 29ff). Si Kahn empfiehlt aber eine Fokussierung der Aktivitäten auf die Bildung einer politischen Basis von Armen und Diskriminierten. Dies soll durch die Vermittlung von Kenntnissen und Handlungskompetenzen bezüglich der politischen Partizipation – von der Frage der Überprüfung der Eintragung in die Wählerliste bis zum Kandidieren für kommunale Ämtern – geschehen (1994,87). Diese Ratschläge sagen zwar einiges über den Zustand der Demokratie in den USA aus, könnten aber in Deutschland mit gewisser Befremdung zur Kenntnis genommen werden. Für manche deutschen Kommunen scheint aber dieser Gedanke nicht ganz abwegig zu sein, denn die politische Vertretung der Sozialhilfeempfänger bzw. Arbeitslosen durch ihre eigenen Leute könnte ihnen mehr Gehör für ihre Probleme und Bedürfnisse schaffen. Wählerinitiativen haben aber einen äußerst schwierigen Stand in der von etablierten Parteien besetzten Landschaft. Auch Wählerproteste können eine gewisse Wirkung erzielen. Sehr oft nehmen sie bedauerlicherweise eine Form des passiven Verweigerungsverhaltens 'Nicht-Zur-Wahl-Gehens' an.

Nun, in der hoch institutionell verankerten Sozialen Arbeit, wie z.B. in Deutschland, scheint diese Perspektive nicht besonders auf Gegenliebe zu stoßen, denn die Entpolitisierung der Sozialen Arbeit ist ein Ergebnis des langwierigen Entlastungsprozesses der politischen Verantwortung durch die Verschiebung der rechtlichen, finanziellen und professionellen Zuständigkeit für bestimme soziale Lagen auf den bürokratisch -organisierten Dienstleistungssektor. Die 'managerielle Revolution' in der Sozialen Arbeit nimmt zwar Abschied von den Logiken des bürokratischen Handelns, sie ersetzt sie aber durch die Logik der Marktrationalitäten, in deren Rahmen das ökonomische Kosten/ Nutzen-Kalkül die absolute Priorität genießt (vgl. Schnurr 2005). Dadurch wird die Entpolitisierung der Sozialen Arbeit weiter vorangetrieben.. Auf der anderen Seite gehen auch Soziale Bewegungen auf Distanz zur beruflichen Sozialen Arbeit; Nach ihrer bisherige Ablehnung „einer entmündigenden sozialen Expertokratie" (Herriger 1997, 34) wird sicherlich auch die Ablehnung der von Angebot und Nachfragen bestimmenden und durch das ökonomische Kosten/ Nutzen-Kalkül steuerbaren Dienstleistungen im sozialen Bereich folgen. Der der Sozialen Arbeit zur Verfügung stehende freie Raum für die Bildung eines politischen Bewusstseins (Freire), für die zivilgesellschaftlich motivierten Aktionen, oder für eine Anwaltschaft für die Rechte der Armen und Diskriminierten wird damit gesellschaftspolitisch sehr eng bestimmt. Man könnte sich die Frage stellen, ob es eine solche Notwendigkeit in einem Rechts- und Sozialstaat wie Deutschland überhaupt gibt. Eine negative Antwort hätte bedeutet, dass Deutschland frei von jeglicher Diskriminierung und von jeglicher Verletzung der Menschenwürde sei. Also, ein Paradies?! Und doch werden ständig Frauen, Behinderte, Ausländer, Asylanten, Sträflinge, Drogenabhängige, HIV-infizierte als Opfer der Diskriminierung oder der die Menschenwürde verachtenden Praktiken und Verfahren (etwa Asylverfahren) in Deutschland genannt. Auch die wachsenden sozialen Ungleichheiten und die Entstaatlichung der Sozialpolitik gepaart mit den repressiv operierenden Inklusions- und Exklusionsprogrammen des aktivierenden Staates schließen immer mehr Menschen aus Teilhabe und Teilnahme am gesellschaftlichen Leben aus. Es zeichnet sich immer deutlicher die Spaltung der

Gesellschaft in 'Integrierte' und 'Überflüssige' ab (Castel 2000, Bauman 2004)
Was aber tun? Das Dilemma, das die Soziale Arbeit mit Zielsetzung des politischen Empowerments und ihr zur Verfügung stehenden Mitteln zu lösen hat, tritt deutlich hervor.

Fazit:

Nachdem diese Analyse auf die möglichen Grenzen einer politischen Sozialen Arbeit in der Gesellschaft hinweisen konnte, gehe ich davon aus, dass es für den Empowerment-Ansatz in diesem Lande, trotz seiner potentiellen emanzipatorischen Produktivität in den Bereichen: Erhaltung und Förderung des Human und sozialen Kapitals, Stärkung der ökonomischen Selbstandigkeit von Armen und diskriminierten Gruppen, oder partizipative Demokratie, keine besonders förderungsgünstigen Rahmenbedingungen gibt. Höchstwahrscheinlich wird er wie eine wunderschöne, exotische Pflanze nur in den akademischen Glashäusern weiter gezüchtet werden.

Literatur

Adams, R. (2004): Social Work and Empowerment. New York.
Bauman, Z. (2004): Wasted Lives. Modernity and its Outcast. Cambridge.
Castel, R. (2000): Die Metamorphosen der sozialen Frage. Eine Chronik der Lohnarbeit. Konstanz
Dahme H.-J./ Wohlfahrt N. (2003): Die 'verborgene' Seite des aktivierenden Staats. In: Sozial Extra, Jahrgang 2003. Nr. 8/ 9. S.17 – 21
Gutiérrez,L.M./ Parsons, R.J./ Cox,E.O. (1998): Empowerment in Social Work Practice. A Sourcebook. Pacific Grove.
Herriger, N. (1997): Empowerment in der sozialen Arbeit, Eine Einführung, Stuttgart, Berlin, Köln
Jordan, B. (1996): A Theory of Poverty and Social Exclusion. Cambridge.
Kahn, S. (1994): How People Get Power. Revised Edition. Washington.
Mayoux, L. (2001): Tackling the Down-Side: Social Capital, Women's Empowerment and Micro-Finance in Cameroon. In: Development and Change 2001. Vol. 32, 435 – 464
Olk, Th. (2005): Soziale Arbeit und die Krise der Zivilgesellschaft. In: Neue Praxis. Jahrgang 2005. Nr. 3. S. 223 – 230
Salustowicz, P. (1998): Soziale Solidarität, Zivilgesellschaft und politische Soziale Arbeit. In: Neue Praxis. Jahrgang 1998. Nr. 2. S. 111 – 124
Schnurr, S. (2005): Managerielle Deprofessionalisierung? In: Neue Praxis. Jahrgang 2005. Nr. 3. S. 238 – 242

Simon, B.L. (1994): The Empowerment Tradition in American Social Work. A History. New York.

Sünker, H. (2005): Gelingende Sozialität. In: Neue Praxis. Jahrgang 2005. Nr. 3. S. 251-257

Uchatius, W. (2004): Die Fledermausmenschen von Manila. In: Die Zeit vom 16.12.2004. Nr. 52. S. 17 – 20

Soziale Bewegungen als Kämpfe um Soziale Teilhabe oder: Die Rhythmisierung des gesellschaftlichen Raums

Susanne Maurer

Aktuelle Auseinandersetzungen um *Soziale Teilhabe* nehmen nicht zuletzt auf Wissen, Erfahrungen und konkrete (Selbst-)Organisationsformen aus dem Kontext *Sozialer Bewegungen* Bezug. Mich beschäftigt in diesem Zusammenhang insbesondere die Frage nach der Instrumentalisierbarkeit des transformativen Potentials Sozialer Bewegungen.

Mit dem Titel meines Beitrages möchte ich nicht zuletzt die energetische Qualität von ‚Bewegung im gesellschaftlichen Raum' ansprechen, die ich hier in einigen Punkten weiter ausloten werde.[41] Damit verbinden sich erste Hinweise auf eine mögliche Rekonzeptualisierung von ‚Opposition im gesellschaftlichen Raum'. Meines Erachtens müssen soziale Bewegungen und Bewegungen kritischen Denkens in ihren rhythmischen Aspekten und Qualitäten erkannt und anerkannt werden: Momenten der ‚Öffnung' folgen oft Momente der ‚Schließung' (vielfach spielen öffnende und schließende Momente auch ineinander) – dies nicht zuletzt, um Erfahrungen und Erfolge sozialer Kämpfe zu sichern und zu bewahren. Ein Ausblick schließlich bezieht sich auf die Unabdingbarkeit konkreter Orte (also die Dimension der Lokalität) für die Möglichkeit Sozialer Kämpfe.

‚Moderne Soziale Arbeit' ist in Folge der industriellen Revolution insbesondere im (ausgehenden) 19. Jahrhundert entstanden und realisiert worden und repräsentierte sowohl den Versuch einer ‚lindernden' (oder auch ‚beschwichtigenden') ‚Antwort' auf die sozialen Konflikte und Kämpfe der Zeit, als auch den Versuch, die (individuelle wie kollektive) menschliche Erfahrung von Elend, Not und Bedürftigkeit gesamtgesellschaftlich zum Thema zu machen. In meiner Perspektive kann (und muss) Soziale Arbeit von daher auch als Akteurin der Problematisierung sozialer Konflikte betrachtet werden.

Die ‚Thematisierungsmacht' Sozialer Arbeit in Bezug auf soziale Probleme sowie deren – durchaus ambivalente – Ausgestaltung in Arbeitsansätzen und konkreten Praxen ist in historisch spezifischer Weise nicht zuletzt mit den Programmen und Strategien der Frauenbewegungen um 1900 verwoben (vgl. Maurer 2004). ‚Theorien Sozialer Arbeit' als Reflexionsrahmen sozialpädagogischer

---

[41] Vgl. ausführlicher dazu auch Maurer 2005a.

Handlungsvollzüge können daher weder allein auf Sozialstaatstheorien noch auf Theorien zu (sozial)pädagogischen Handlungsfeldern fokussiert werden, sondern müssen systematisch die konflikthaften gesellschaftlichen Prozesse und Phänomene einbeziehen, auf die sich nicht zuletzt Soziale Bewegungen, wie die Frauenbewegungen zu Beginn des 20. Jahrhunderts, richten und zu deren Entfaltung und Bearbeitung sie als kollektive Subjekte beitragen. So erweist sich bspw. die konzeptionelle Entwicklung Sozialer Arbeit, wie sie Anfang des 20. Jahrhunderts maßgeblich durch die in der Frauenbewegung agierenden bürgerlichen Frauen vorangetrieben wurde, mehr als bisher angenommen, als sozial*politisch* dimensioniert (siehe etwa Marie Baums frühe Studien als Fabrikinspektorin (1906); vgl. auch Maurer/ Schröer 2002). Die von diesen Akteurinnen formulierten Teilhabewünsche und -ansprüche werden zwischen 1870 und 1925 mit Bezug auf die konkreten lokalen Kontexte artikuliert und häufig auch realisiert. Die Aktivitäten bürgerlicher Frauen sind also Bestandteil derjenigen gesellschaftlichen Dynamik, die insbesondere den kommunalen Raum verstärkt in einen sozialpolitischen Raum verwandelt und in diesem Zusammenhang ‚soziale Hilfelandschaften' – als konkrete lokale Realisierungsebene des wohlfahrtsstaatlichen Arrangements – implementiert.

Wenn nun von Sozialer Arbeit als ‚Produkt' und Akteurin im tiefgreifenden Prozess der Dynamisierung von Gesellschaft (seit dem ausgehenden 18., insbesondere aber im Verlauf des 19. Jahrhunderts) die Rede ist, so kann dasselbe über Soziale Bewegungen gesagt werden. Beide repräsentieren je unterschiedliche Versuche Gesellschaft zu verändern – sei es in der Perspektive von ‚Sicherheit/ Absicherung' (in Bezug auf existentielle Nöte und Risiken, die historisch jeweils in neuer Gestalt in Erscheinung treten; vgl. hierzu auch Ewald 1993) oder in der Perspektive, bspw. im Medium von Bildung die Lebensverhältnisse der Menschen zu öffnen – in Richtung Gleichheit, Solidarität, Gerechtigkeit, Demokratie. Hier geht es also um Zugang zu Lebensmöglichkeiten (‚access for all'), um die Verteilung von Ressourcen, letztlich: um Soziale Teilhabe.

1   Zum Begriff ‚Soziale Bewegung'

Systematisierende Begriffsklärungen sind stets mit der Fluidität Sozialer Bewegungen konfrontiert: Der ‚Gegenstand' entzieht sich offenbar der eher schließenden begrifflichen Rahmung. In einer frühen Definition kennzeichnet Joachim Raschke ‚Soziale Bewegung' als ‚mobilisierenden kollektiven Akteur', „der mit einer gewissen Kontinuität auf der Grundlage hoher symbolischer Integration und geringer Rollenspezifikation mittels variabler Organisations- und

Aktionsformen das Ziel verfolgt, sozialen Wandel herbeizuführen, zu verhindern oder rückgängig zu machen" (Raschke 1985: 77).

Um hier die wichtigsten Qualitäten Sozialer Bewegungen zu kennzeichnen – und zwar relativ unabhängig von bestimmten Ideologien und Programmen – möchte ich die folgenden Punkte hervorheben: Soziale Bewegungen artikulieren ('voicing') und repräsentieren Rebellion gegen wahrgenommene und erfahrene Einschränkungen und Zumutungen; sie zielen auf eine weit reichende Veränderung bzw. Transformation der Gesellschaft ‚als Ganzes'; sie formulieren einen (utopischen) Horizont der Hoffnung, eines 'besseren Lebens in Gesellschaft', in dem menschlichen Bedürfnissen und Sehnsüchten in ‚besserer', gelingenderer Weise entsprochen werden kann. In jedem Fall sind Soziale Bewegungen 'Produkte' spezifischer Erfahrungen eines 'Lebens in Gesellschaft'; gleichzeitig sind sie daran beteiligt, neue Kontexte (und Kulturen) für solche Erfahrungen hervorzubringen, zu kreieren. ‚Nicht einverstanden sein mit dem, was ist' bildet die grundlegende Voraussetzung Sozialer Bewegungen, sie agieren von daher ‚oppositionell'.

Die *Neuen* Sozialen Bewegungen seit den 1960er Jahren zeichneten sich insbesondere durch die *konkrete Verbindung von Politik und Alltag* aus, sie verbanden gegengesellschaftliche Konzepte – mehr als die ‚alten' Sozialen Bewegungen – mit alternativen Lebensentwürfen. Es geht hier also um ‚Emanzipation' in allen Lebensbereichen: Ein gesellschaftlicher Rahmen für eine neue Qualität von Lebenszusammenhängen sollte geschaffen werden, in denen der Mensch sich selbst verwirklichen kann. Mit den ‚Alternativen Lebensformen', die im Kontext Sozialer Bewegungen entstehen und hervorgebracht werden, werden Forderungen und Ansprüche an eine neue Gesellschaftsordnung also nicht in den traditionellen Bahnen von Parteien und anderer bestehender politischer Organisationen umgesetzt, sondern vielmehr durch individuelle Anstrengung, Erkenntnis und Aktion für das Ziel der Freiheit, verstanden als Qualität menschlichen Lebens im Sinne der Realisierung der eigenen Subjektivität. Wichtige Begriffe in diesem Zusammenhang sind bspw. die ‚Selbstorganisation der Bedürfnisse', ‚gelebte Solidarität', ‚gegenseitige Hilfe', ‚Basisdemokratie', ‚allseitige Entfaltung des Individuums', ‚Initiative', ‚Zufriedenheit und Arbeitslust' oder ‚Ganzheitlichkeit'.[42]

An dieser Stelle ergeben sich (historisch) – wie schon einmal um 1900 – enge Bezüge zu *sozialen bzw. sozialpädagogischen Reformprojekten,* denn die alternativen Lebensversuche haben auch eine nachhaltige alternative Infrastruk-

---

[42] Man kann hier von einer auch emotional angelegten Gesellschaftskritik sprechen, die ihre Wurzeln im utopischen Sozialismus sowie der abendländischen Zivilisations- bzw. Kulturkritik hat, und – durchaus heterogen – auf marxistische, anarchistische, hedonistische Quellen zurückgreift. Die moralische Bedeutung einer solchen Form des Protestes ist nicht zu unterschätzen.

tur hervorgebracht, was sich in den gesellschaftlichen Bereichen Arbeit, Konsum, Bildung, Gesundheit, und eben insbesondere auch Soziale Arbeit zeigt (vgl. Roth 1998).

> „Soziale Bewegungen sind Ausdruck, wenn auch nicht der einzige und auch nicht ausschließlich, eines *Kampfes um Differenz* (...) in einem doppelten Sinne: eines Kampfes um *Anerkennung oder Respektierung von Differenz* wie eines *Kampfes um die Überwindung differentieller Bedingungen*, einer weniger gewollten als zugefügten Andersheit" (Fuchs 1999: 343).

Nimmt man diese Charakterisierung von Martin Fuchs auf, so wird der innere Zusammenhang zwischen den Anliegen Sozialer Bewegungen und denjenigen Sozialer Arbeit in besonderer Weise deutlich.

2 Dynamisierung und Rhythmisierung des gesellschaftlichen Raums

Fasst man Soziale Bewegungen als „aktive, kontext- und ergebnisoffene Interventionen, die sich aus den Interpretationsleistungen und aus der Reflexion der praktischen Erfahrungen der Beteiligten konstituieren" (Fuchs 1999: 403), so verweist dies unter anderem auf einen Begriff von *Gesellschaft als Raum* – als offenes Gebilde, das sich in durchaus spannungsvollen und kontroversen Prozessen permanent neu erschafft (und erschaffen muss).[43] Soziale Bewegungen stehen damit für die Dynamisierung, Rhythmisierung und Neu-Interpretation des gesellschaftlichen Raums. Konkret wie symbolisch geht es hier darum, ‚öffentlichen Raum' umzunutzen und damit auch zurückzugewinnen – als Ort, an dem Menschen in Gesellschaft sich gegenseitig wahrnehmen und zu erkennen geben können, als Boden für eine teilnehmende, teilhabende, selbst gestaltende Praxis, als Bühne für alternative Gesellschaftsphantasien, als Szenario ‚reisender Politiken', die schnell wieder, sozusagen um die Ecke, in Nischen verschwinden können.

Sich entgegen Geboten und Verboten ‚am falschen Ort' aufzuhalten und dort ‚das Falsche zu tun' (entgegen vorgegebener Funktionszuschreibungen, sich selbst Autorität im Raum anmaßend, anlegend, zulegend) ist ein bekanntes Phänomen sub- oder gegenkultureller Praxis: ‚dem System', ‚den (Vor-) Herrschenden', ‚den Erwachsenen', ‚der Männergesellschaft', ‚den Ordnungsmächten', ‚den Normalitäten' Räume bzw. Territorien abtrotzen bringt auch die Kör-

---

[43] So hat etwa Alain Touraine den Gedanken ins Spiel gebracht, insbesondere die Neuen Sozialen Bewegungen als „Schlüsselkategorie zum Verständnis der geschichtlichen Situation der Gegenwart" (Hornstein 1999: 250) aufzufassen und damit auch ein neues Verständnis des gesellschaftlichen Raums skizziert (vgl. Fuchs 1999: 84–102). – Vgl. für eine differenzierte Auseinandersetzung unter Bezugnahme auf Pierre Bourdieu und Anthony Giddens Martin Fuchs 1999: 343–353.

perlichkeit gesellschaftlicher Konflikte in Erinnerung – im konkreten Aufeinan-
derprallen der Körper bei Go-Ins, Sit-Ins, Besetzungen (bis hin zum sich selbst
Anketten unter Eisenbahnschienen, um die Transporte von Atom-Müll zu blockieren). Als ob die abstrakt gewordenen gesellschaftlichen Verhältnisse über
sich selbst riskierende Körperpraxen wieder fassbar würden... – Raum wird hier
ganz deutlich zur politischen Arena.

Politik meint hier: Um welche Streitfragen und Gestaltungsaufgaben geht
es in der Gesellschaft eigentlich gerade wirklich (vgl. auch Rancière 2002)?
Was ist brisant, was soll verhindert, was erreicht werden? Und wer erhebt dabei
seine Stimme und versucht sich Gehör zu verschaffen? Metaphorisch gesprochen: Wie verschaffen sich die Menschen Raum? Wie gelangen sie in den Raum
gesellschaftlicher Wahrnehmung, Bedeutung und Anerkennung?

Die Demonstrationspraxis[44] der Bewegungen um und infolge von '1968'
verweist zum einen auf den öffentlichen Raum der Straße als Ort politischer
Auseinandersetzung (,auf die Straße gehen' – für oder gegen etwas). Hier
drückt sich die Dynamik der Bewegung auch konkret als beschleunigte, eigen-
mächtig rhythmisierte Bewegung aus – es wird nicht einfach gegangen, sondern
immer wieder, Arm in Arm eingehakt, sozusagen kollektiv, schnell gelaufen,
begleitet von Sprechchören als rhythmisiertem kollektivem Sprechen ...

Zum anderen haben im Kontext der Neuen Sozialen Bewegungen – in einer
vielschichtigen Wechselbeziehung zwischen emanzipatorischer Alltagspraxis
und kollektiver Aktion sowie Artikulation von Anliegen im öffentlichen Raum –
auch Neukonzeptionierungen von Sphären des Politischen überhaupt stattgefunden: ,Kämpfe um Zugang' bzw. um *Soziale Teilhabe* spielten dabei genauso
eine Rolle wie Bewegungen der Separierung. ,Soziale Bewegung' wird hier
überdeutlich auch zur Frage nach den Bewegungs-Richtungen der Politik, nach
den strategisch-taktischen Ausrichtungen: hinein in die oder heraus aus den
Institutionen?

3 Bewegliche Ordnungen

Besonders die Neuen Sozialen Bewegungen – wie die Neue Linke, die Bürger-
rechts- und Studentenbewegungen seit den 1960er Jahren, zu denken ist hier
insbesondere auch an den antiautoritären Impuls der Außerparlamentarischen
Opposition (APO) – haben neue Konzepte von Politik und politischem Handeln
hervorgebracht, und damit zur Öffnung und Destrukturierung der Sphäre des
Politischen beigetragen. Nicht nur die feministischen Bewegungen, jene aller-

---

[44] Vgl. hierzu historisch auch das hochinteressante Projekt „Als die Deutschen demonstrieren lernten...", siehe Warneken 1986.

dings wesentlich, haben daran gearbeitet, das sogenannte ‚Private' zu politisieren (als gesellschaftliche Sphäre, im eigenen Leben und im eigenen Selbst). So wurde ‚das Politische' sozusagen ‚entgrenzt', wurde als fließend, sich verschiebend, sich wandelnd erkannt und rekonzeptualisiert, erschien als de-lokalisiert und allgegenwärtig zugleich, als stets, ganz alltäglich – und dabei vielleicht nie wirklich – erreichbar.

Die Neuen Sozialen Bewegungen haben damit auch historisch frühere – eher juridische, formale – Vorstellungen von Emanzipation transformiert, indem sie deren subjektive Dimension in spezifischer Weise betonten. An dieser Stelle kommt die Foucault'sche Figur der Gouvernementalität ins Spiel: So lässt sich herausarbeiten, wie Regieren im neuen Sinn des Neoliberalismus hier in zu problematisierender Weise auf die Impulse und Praxen der emanzipatorischen Bewegungen trifft (vgl. Weber/ Maurer 2006). Sehr irritierend in diesem Zusammenhang ist insbesondere die Erkenntnis, dass die im Kontext oppositioneller Theoriebildung[45] aktuell häufig anzutreffende Präferenz für das Fließende, Offene, Heterogene und Relationale, im Denken wie in politischen Konzepten, sich unversehens in ein Instrument bzw. eine willkommene Ressource im Sinne neoliberaler Deregulierung verwandeln kann. Wie könnte ein solcher Effekt (selbst)kritisch relativiert werden?

Michel Foucault machte darauf aufmerksam, dass die Sozialen Bewegungen mit ihren Befreiungsversuchen und Freiheitsvisionen weder ‚außerhalb' noch ‚gegenüber' der Macht (verstanden als Kräftefeld und relationales Gewebe, aber auch als Macht*geschehen*) vorgestellt werden können, sondern immer Teil einer gesellschaftlichen Gesamt(an)ordnung sind. ‚Innerhalb der Macht' tragen sie mit ihren Aktivitäten in der *Wirkung* (in der Regel nicht in der *Intention*!) dazu bei, dass neue – der Zeit gemäß – effektivere Regierungsweisen sich entwickeln und entfalten können. Das ist analytisch und gesellschaftstheoretisch von großer Bedeutung, im Kontext eines gesellschaftskritischen politischen Selbstverständnisses allerdings ein gewisses Problem, das denn auch zu Neukonzeptionierungen von ‚Widerstand', ‚Subversion', ‚Gegen-Gesellschaft' herausfordert (vgl. etwa Laclau/ Mouffe 1995; Haraway 1995; Holloway 2002; Hardt/ Negri 2003), um das Widerspenstige Sozialer Bewegungen zu ‚rekonstruieren'.[46]

---

[45] Angesprochen ist hier die Strömung der Vernunft- und Erkenntniskritik, wie sie insbesondere auch in feministischer erkenntnispolitischer Perspektive aufgenommen und weiter entfaltet wurde. Ich selbst sehe mich dieser Strömung durchaus zugehörig.

[46] Vgl. hier etwa den „Internationalen Kulturkongress ‚Indeterminate! Kommunismus'" vom 7.-9. November 2003, insbesondere den Aufruf der Frankfurter Basisgruppe DemoPunK (es gab auch einen zweiten, anders lautenden Aufruf einer Berliner Gruppe im Umfeld des „Argument"): „Kommunistische Kongresse zu veranstalten hat solange Sinn, solange der Skandal, der den Namen Kapitalismus trägt, fortbesteht. (...) Heute den Kommunismus als wirkliche Bewegung zu konstituie-

Das zeigt sich nicht zuletzt daran, dass inhaltliche Programmatiken (oder ‚Identifizierungen') nicht mehr den Haupt-Schauplatz politischer Auseinandersetzungen bilden (ganz anders als etwa noch in den 1970er Jahren), sondern die Frage nach angemessenen politisch(-kulturellen) Praktiken, also: nach der symbolischen (und medial vermittelten oder vermittelbaren) Politik.[47] Kritische TheoretikerInnen arbeiten in den letzten Jahren denn auch in veränderter Weise daran, ein Subjekt der agency[48] zu denken, um „jenseits der Fallen der Bewusstseinsphilosophie" fragen zu können, „wie Subjekte sich in den Widersprüchen der symbolischen Ordnung als eigenständige, eigensinnige Produkte dieser Ordnung einnisten" und verweisen dabei wiederum auf die Gouvernementalitäts-Debatte, die sich ebenfalls auf der Spur der Möglichkeiten bewege, „die taktischen Dispositive der Macht umzukehren und in Instrumente des Widerstandes zu verwandeln" (Sarasin 2003: 55).

4   Ein neuer Begriff von ‚Opposition'?

Provoziert ebenso wie inspiriert von Michel Foucault arbeite ich derzeit an einer Rekonzeptualisierung meiner bisherigen Überlegungen zu den Dynamiken im Kontext kritischen Denkens und oppositioneller Bewegungen (vgl. Maurer 1996; 2006). In meinen empirischen Studien zu Sozialen Bewegungen hat es sich dabei als produktiv erwiesen, zu de-totalisieren und sehr genau die ‚Bewegungen innerhalb der Bewegungen' zu rekonstruieren. Damit meine ich die sehr komplexe Suche nach immer wieder neuen Orientierungen, Perspektiven und Bezugspunkten, die auch als ‚Sehnsucht nach dem *anderen*' verstanden werden kann – danach, erfahrene Begrenzungen/ Zumutungen zu überwinden (und zwar auch innerhalb der Sozialen Bewegungen und ihrer Ideologien selbst) und von daher immer wieder neue Perspektiven einzunehmen und zu erforschen. Indem ich die Vorstellung von Fluidität und Heterogenität gerade auch auf die Binnen-

---

ren, kann einerseits heißen, nach gesellschaftlichen Entwicklungen zu suchen, in denen die neue Gesellschaft im Schoße der alten entsteht (man mag solche Entwicklungen in der Globalisierung, der immateriellen Arbeit, im Internet oder Linux erblicken). Andererseits geht es aber auch um den performativen Einsatz des Kommunismus als handlungsanleitenden Bezugspunkt emanzipatorischer Politik." (vgl. www.kommunismuskongress.de)

[47] Vgl. hier experimentelle politisch-kulturelle bzw. -künstlerische Aktivitäten; hier sei beispielhaft das Projekt „eingreifen – viren, modelle, tricks (ausstellung :: symposium :: workshop)" des Bremer Frauenkulturlabors thealit im Jahr 2003 genannt, das von Ulrike Bergermann, Elke Bippus, Marion Herz, Helene von Oldenburg, Claudia Reiche, Andrea Sick und Jutta Weber konzipiert wurde (vgl. www.thealit.de).

[48] Vgl. hier auch die hochinteressante Arbeit von Martin Fuchs (1999), der seine theoretischen Auseinandersetzungen zu Sozialen Bewegungen mit einer auf Indien bezogenen Fallstudie verbindet.

verhältnisse des kollektiven Rahmens Sozialer Bewegungen bezog, und mich
den Erfahrungen mit solchen ‚Bewegungen innerhalb der Bewegungen' zu-
wandte, tauchte eine andere Frage auf: Wo (und wie) sind all jene Erfahrungen
eigentlich ‚gespeichert' (aufgehoben), und wie können sie ausgewertet und in
einer zukünftigen Perspektive weiterbearbeitet werden?

Meiner Auffassung nach müssen für die Erinnerungen an erfahrene Re-
striktionen und Kämpfe ebenso, wie an die Erfahrungen mit den darauf bezogenen Gegen-Bewegungen, Räume und Orte geschaffen werden. Das Plädoyer gilt
also sogenannten ‚Gedächtnis-Orten' und -Praxen, wo kritische Erinnerungsar-
beit geleistet werden kann – nicht zuletzt, um die eigene Verwicklung und Verstrickung in das ‚Netz der Macht' zu reflektieren. Von da aus können auch neue,
veränderte Impulse der Kritik – und der kritischen, verändernden Aktion – entstehen (vgl. hierzu genauer Maurer 2005b).

5   Ausblick

„In der Grenzüberschreitung und der Vorstellung anderer Möglichkeiten liegt
die universalistische Hoffnung" (Fuchs 1999: 23). – Wenn vor dem Hintergrund
gouvernementalitätsanalytischer Überlegungen über die Instrumentalisierbarkeit
sozialer Bewegungs-Formen (wie Selbstorganisation, Selbstverwaltung, Netz-
werkbildung etc.) im gesellschaftlichen Raum nachgedacht werden muss, so
erscheint dabei zweierlei wichtig: Zum einen ist in diesem Zusammenhang die
mögliche (Aus-)Richtung der transformativen Absicht zu klären: Was wird aus
den kritischen dynamisierenden Kräften im gesellschaftlichen Raum, wenn die
ganze Gesellschaft – im Zuge von Globalisierungsprozessen und neoliberaler
Deregulierung – zu einer ‚beweglichen Ordnung' geworden ist? Können sich
Soziale Bewegungen dann wirklich nur noch *mit*- und nicht mehr *gegen*-
bewegen? Zum anderen ist nach dem Verbleib des Rebellischen als *Qualität des
Nicht-Einverstanden-Seins* zu fragen. Welche Formen nimmt es in der gegenwärtigen gesellschaftlichen Situation an, wie bringt es sich zum Ausdruck?[49]

Ich möchte hier abschließend die These formulieren, dass das mehr oder
weniger unbestimmte *Unbehagen in der Gesellschaft* immer wieder einen konkreten Ort braucht, an dem es sich auch konkret artikulieren kann. Dies gilt
insbesondere vor dem Hintergrund einer Entwicklung, die den politischen Raum

---

[49] Der entscheidende Stachel scheint mir hier die *Qualität der ‚Zumutung'* zu sein, die durchaus
auch unabhängig von ihrem Inhalt wahrnehmbar bleibt. Hier gibt es meines Erachtens eine Korres-
pondenz mit Michel Foucaults Hinweis, dass die Technik selbst (bspw. der Umstand der Thematisierung des Verhaltens der Menschen), nicht deren spezifischer Inhalt, das Problematische darstelle
(vgl. Soiland 2005).

des Nationalstaats als Arena politischer Prozesse zunehmend prekär werden lässt. Von einem solchen Ort aus kann die unbestimmtere Kritik am Bestehenden ins Politische transformiert („übersetzt') werden und sich mit expliziter *Kritik an Normalitäts- oder Aktivierungs-, aber auch Selbstgestaltungs(!)-Zumutungen* verbinden.

> „Die politischen Energien und Qualitäten brauchen Zeit, erkennbare Orte, Autonomiefähigkeit der Subjekte, einschließlich einer glücklichen Verbindung von Spontaneität und Dauer, ein gegenständliches Gegenüber (Reibungsfläche), den freien Wechsel zwischen Rückzug (Schlaf, Pause, Entlastung) und der Konzentration der Kräfte (Solidarität, Schutz, Wachheit) (...) Die Parameter (Formen) vereinigen sich zum Politischen in emanzipatorischer Richtung dann, wenn sie ein Maß zueinander finden" (Negt/ Kluge 1993: 10).

Oskar Negt und Alexander Kluge gehen davon aus, dass „unter dem Gesichtspunkt der Emanzipation" „die Frage nach den Bedingungen und Maßverhältnissen" gestellt werden muss, „unter denen der politische Rohstoff (Interessen, Gefühle, Proteste...)" über die bereits genannten Parameter hinaus auch „Eigenwillen und subjektive Autonomie, die sich zu einem Gemeinwesen verbinden, Ausdrucks- und Unterscheidungsvermögen, das die wesentliche Lebenserfahrung öffentlich erkennbar hält" erfolgreich produziert (vgl. Negt/ Kluge 1993: 47). Wird diese Frage von Oskar Negt und Alexander Kluge aufgenommen, so kann mit Michel Foucault und Donna Haraway weitergedacht werden. Foucault entwickelt eine Konzeption von lokalem Widerstand und postuliert die „permanente Kritik des historischen Seins" (vgl. Bührmann 1995: 213ff.). Widerstand soll demnach an jenen alltäglichen Praxen und lokalen Kräfteverhältnissen ansetzen, die als Grundlage für gesellschaftliche Spaltungen fungieren. Zum einen geht es hier darum, „sich den von den Humanwissenschaften produzierten Gewissheiten, Wahrheiten, Klassifizierungen und Normierungen zu widersetzen" (ebd.: 213f.), sich vielmehr lokalen und unterworfenen Wissensarten zuzuwenden und eine Wissenskultur bzw. -praxis zu entfalten, „die die Individuen selbst privilegiert und deren Interessen zur Sprache kommen lässt" (ebd.: 215).

Vor einem solchen Hintergrund lässt sich schließlich auch ein überarbeiteter Begriff von Sozialer Bewegung entfalten, der Dissens und Konflikt ‚im Inneren' der Strömungen ebenso aufnimmt wie ‚im Gesamtraum' der Gesellschaft (vgl. Fuchs 1999) und diesen Raum als Arena *politischer Auseinandersetzungen um soziale Teilhabe* deutlich werden lässt.

Literatur

Baum, Marie (1906): Drei Klassen von Lohnarbeiterinnen in Industrie und Handel der Stadt Karlsruhe. Karlsruhe.

Bührmann, Andrea (1995): Das authentische Geschlecht. Die Sexualitätsdebatte der Neuen Frauenbewegung und die Foucaultsche Machtanalyse. Münster.

Ewald, Francois (1993): Der Vorsorgestaat. Frankfurt am Main.

Fuchs, Martin (1999): Kampf um Differenz. Repräsentation, Subjektivität und soziale Bewegungen. Das Beispiel Indien. Frankfurt am Main.

Haraway, Donna (1995): Die Neuerfindung der Natur. Primaten, Cyborgs und Frauen. Frankfurt am Main/ New York.

Hardt, Michael/ Negri, Antonio (2003): Empire. Die neue Weltordnung. Frankfurt am Main/ New York.

Holloway, John (2002): Die Welt verändern, ohne die Macht zu übernehmen. Münster.

Hornstein, Walter (1999): Neue soziale Bewegungen und Pädagogik. Zur Ortsbestimmung der Erziehungs- und Bildungsproblematik in der Gegenwart (1984). In: Hornstein, Walter (1999): S. .

Hornstein, Walter (1999): Jugendforschung und Jugendpolitik. Entwicklungen und Strukturen in der zweiten Hälfte des 20. Jahrhunderts. Weinheim/ München.

Kessl 2005: Der Gebrauch der eigenen Kräfte – eine Gouvernementalität Sozialer Arbeit. Weinheim/ München.

Kessl, Fabian/ Reutlinger, Christian/ Maurer, Susanne/ Frey, Oliver (Hrsg.) (2005): Handbuch Sozialraum. Wiesbaden.

Laclau, Ernesto/ Mouffe, Chantal (1995): Hegemonie und radikale Demokratie. Zur Dekonstruktion des Marxismus. Wien (London 1985).

Maurer, Susanne (1996): Zwischen Zuschreibung und Selbstgestaltung. Feministische Identitätspolitiken im Kräftefeld von Kritik, Norm und Utopie. Tübingen.

Maurer, Susanne (2004): Zum Verhältnis von Frauenbewegungen und Sozialer Arbeit um 1900 – Versuch einer historisch-systematischen (Re-)Kontextualisierung nebst Überlegungen zu einer reflexiven Historiographie in der Sozialpädagogik (Habilitationsschrift). Hildesheim.

Maurer, Susanne (2005a): Soziale Bewegung. In: Kessl u.a. (2005), 630-648.

Maurer, Susanne (2005b): Gedächtnisspeicher gesellschaftlicher Erfahrung? Zur politischen Dimension von Frauen- und Geschlechterforschung. In: Casale, Rita/ Rendtorff, Barbara/ Andresen, Sabine/ Moser, Vera/ Prengel, Annedore (Hrsg.): Geschlechterforschung in der Kritik. Jahrbuch Frauen- und Geschlechterforschung in der Erziehungswissenschaft. Opladen et al.: 107-125.

Maurer, Susanne (2006): Gouvernementalität ‚von unten her' denken. Soziale Arbeit und soziale Bewegungen als (kollektive) Akteure ‚beweglicher Ordnungen'. In: Weber/ Maurer (Hrsg.): 233-252.

Maurer, Susanne/ Schröer, Wolfgang (2002): „Ich kreise um ..." – Die Bildungstheorie der Mitte am Beispiel von Gertrud Bäumer. In: Liegle, Ludwig/ Treptow, Rainer (Hrsg.): Welten der Bildung in der Pädagogik der frühen Kindheit und der Sozialpädagogik. Freiburg im Breisgau: 288-306.

Negt, Oskar/ Kluge, Alexander (1993): Maßverhältnisse des Politischen. Frankfurt am Main.

Raschke, Joachim (1985): Soziale Bewegungen. Frankfurt am Main.

Roth, Roland (1998): Achtundsechzig als sozialer Protest. Stichworte zu einigen sozialpolitischen Motiven der APO. In: Widersprüche. Zeitschrift für sozialistische Politik im Bildungs-, Gesundheits- und Sozialbereich 68/ 18. 1998. Nummer 2: 37-47.

Sarasin, Philipp (2003): Geschichtswissenschaft und Diskursanalyse. Frankfurt am Main.

Soiland, Tove (2005): Kritische Anmerkungen zum Machtbegriff in der Gender-Theorie auf dem Hintergrund von Michel Foucaults Gouvernementalitätsanalyse. In: Widersprüche. Zeitschrift für sozialistische Politik im Bildungs-, Gesundheits- und Sozialbereich 25/ 95. 2005. Nummer 1: 7-25.

Warneken, Bernd-Jürgen (Hrsg.) (1986): Als die Deutschen demonstrieren lernten. Das Kulturmuster „friedliche Straßendemonstration" im preußischen Wahlrechtskampf 1908-1910. Begleitband zur Ausstellung der Projektgruppe im Ludwig-Uhland-Institut für empirische Kulturwissenschaft der Universität Tübingen. Tübingen.

Weber, Susanne/ Maurer, Susanne (Hrsg.) (2006): Gouvernementalität und Erziehungswissenschaft. Wissen – Macht – Transformation. Wiesbaden.

II. Den Sozialen Staat durch Soziale Arbeit aktivieren

Die Solidarität des sozialen Staates – Die Solidarität des reformierten Sozialstaates

Dietrich Lange
Hans Thiersch

Solidarisch mit...

1. Als zentrales Motiv in der ‚großen Erzählung' vom Proletariat wird Solidarität im Solidaritätslied von Berthold Brecht und Hanns Eisler besungen (geschrieben für den 1931 uraufgeführten Film ‚Kuhle Wampe'). Erscheint es auch im Gestus der Melodie und des Textes kämpferisch, agitierend, von der richtigen Sache überzeugt, enthält es doch daneben noch eine andere Botschaft – einige Ausschnitte seien zitiert:

> „Vorwärts und nicht vergessen,/ worin unsere Stärke besteht!
> Beim Hungern und beim Essen/ vorwärts, nie vergessen die Solidarität!
> Wer im Stich lässt seinesgleichen,/ lässt ja nur sich selbst im Stich.
> Unsere Herren, wer sie auch seien,/ sehen unsre Zwietracht gern,
> denn solang sie uns entzweien,/ bleiben sie doch unsre Herrn."

Dominant erscheint der Appell, der jedoch auch Mahnung und Warnung artikuliert. Aufgerufen wird, ‚vorwärts in die neue Zeit' zu marschieren – Marschgestus der Melodie. Gewarnt wird vor dem Vergessen der eigenen Stärke – sich bei Niederlagen nicht entmutigen zu lassen – und der Solidarität. Die Warnung, Solidarität zu vergessen wird verstärkt durch ‚nie' – bei der Stärke heißt es nicht.

Solidarität erscheint ‚immer' gefährdet, beim Hungern, dass jeder gegen jeden um's Überleben kämpft – Verelendung entsolidarisiert; beim Essen, dass sie nicht mehr nötig erscheint, weil die Grundbedürfnisse befriedigt sind. So muss permanent an die Notwendigkeit von Solidarität erinnert und appelliert werden. So kraftvoll und optimistisch das Solidaritätslied zunächst tönt, so viele Befürchtungen, wie gefährdet Solidarität permanent ist, schwingen doch mit. Die Warnungen vor dem Vergessen der Solidarität nehmen dann in den beiden nächsten zitierten Versen einen drohenden Ton an. Solidarität erscheint als Verbindung der Gleichen. Wer diese Verbindung mit ‚seinesgleichen' verlässt, gibt die Wechselseitigkeit der Gleichen auf, verzichtet auf die Unterstützung seinesgleichen mit der Konsequenz, dass er ‚sich selbst im Stich lässt'. Zwei Konse-

quenzen werden angedroht, Identitätsverlust und sozialer Tod. Wer nicht solida-
risch ist, verliert sich selbst, da er die Zugehörigkeit zur Gemeinschaft der Gleichen verliert.

Neben dem Vergessen – beim Hungern und beim Essen – ist die Solidarität
auch durch die Herrschenden bedroht. Die folgen dem Motto der römischen
Herrschaftslehre: ‚divide et impera pars' – spalte und herrsche über die [uneini-
gen] Teile. Solange die Beherrschten sich spalten (lassen), können sie be-
herrscht werden; Solidarität kann sich nicht entwickeln.

Die Botschaft des Solidaritätsliedes ist einfach: Nur durch Solidarität ist
Herrschaft, Unterdrückung und Ausbeutung zu überwinden; aber Solidarität ist
permanent gefährdet durch das Vergessen und die Herrschaftsstrategien. Das
Solidaritätslied vereinigt: Anrufung der Solidarität, Appell als Mahnung und
Warnung, sie zu vergessen, Drohung, dass sich das Individuum verlöre, verließe
es die Gemeinschaft seinesgleichen. Diese Mischung aus Warnung, Mahnung,
Versprechen und Drohung kann aus heutiger Sicht befremden. Die Botschaften
der Erzählung „Proletarier aller Länder,/ einigt euch und ihr sei frei".

Kritisiert werden Tendenzen des Inhalts und der Form des Solidaritätsliedes: Solidarität als zwanghafte Beziehungsform, um endlich zu siegen. Und
würde so gesiegt werden, dominierte der Zwang, der die notwendige Freiwillig-
keit auflöste und anstelle des freien Willens die Einordnung fortsetzte, die Frei-
heitserfahrungen negierte.

Das lässt sich verallgemeinern: Postmoderne, systemtheoretische und neoliberale Positionen sehen das autonome Individuum, das freiwillig ohne Ver-
lustängste auf Solidarität und Erzählungen wie Hoffnungen auf gesamtgesellschaftliche Emanzipation verzichten kann, auf der Überholspur. Solidarität
verschwindet im Neben enttäuschter Illusionen und Ideale.

2.   Die heutige Situation aber ist widersprüchlich. Die Rede von Solidarität ist
neuerdings 'in'; sie begegnet allerorten im allgemein-ethischen Kontext, vor
allem aber auch in sozialpolitischen, sozialen Zusammenhängen. Es spricht
einiges dafür, dass entgegen den Analysen und Prophezeihungen des Chors
postmoderner, systemtheoretischer und neoliberaler Positionen, Solidarität aus
dem Diskurs, der einseitigen Bindung an die ‚Sieg des Proletariats-Erzählung'
herausgelöst werden kann und als ‚kleiner Erzählungen' weiter Bestand haben
wird. Die heutige Situation aber ist nicht nur widersprüchlich, sondern missver-
ständlich. Solidarität wird als 'catch all-Konzept' – gleichsam als Breitbandan-
tibiotikum – genutzt und in den unterschiedlichsten Kontexten beschrieben,
beschworen und eingefordert. Es ist notwendig, dass wir zunächst sagen, in
welchem Sinn wir im Folgenden von Solidarität reden wollen.

Wir sagen zunächst, was wir nicht meinen. Solidarität wollen wir nicht verstehen als sozialethische Pauschalformel, in der das gegebene Sozialsystem, so wie es sich entwickelt hat, beschrieben, legitimiert und verteidigt wird. – Solidarität wollen wir auch nicht verstehen als jenen wohlfeilen Appell, dass Betroffene sich in der Not untereinander helfen und so, im Ausgleich der Not unter denen, die in Not sind, einen Ausgleich finden, also als Appell, der dies, die nicht betroffen sind, außen vorlässt und die Fragen nach Hintergründen und vor allem nach weiterführenden Zusammenhängen verdeckt: Arbeiter sichern Arbeitsplätze durch Lohnverzicht, Familien organisieren Hilfen für Familien, denen es noch schlechter geht. Solidarität soll also nicht verstanden werden als eine direkte Umverteilung von Lasten, die andere, also z.b. Arbeitgeber oder Familien ohne Kinder aus der Verantwortung nimmt, als Umverteilung, die die Gesellschaft in unterschiedlichsten Figurationen gleichsam zweiteilt in jeweils Betroffene und jeweils nicht Zuständige, als Umverteilung die Betroffene, die zum unmittelbaren Handeln aufgefordert sind, abhebt von Strukturproblemen, die die Not erzeugen, aber nicht thematisiert werden.

Was meinen wir mit Solidarität? Dass Solidarität – in welchen konkreten Formen auch immer, in welchen sozialwissenschaftlichen, philosophischen oder moralischen Diskursen thematisiert oder dethematisierend – Bestand haben wird, geht aus dem ‚Problem' hervor, das Solidarität artikuliert: Wie die Autonomie des Individuums als Selbstbestimmung ‚unter dem stummen Zwang der Verhältnisse' – die Menschen machen ihre eigene Geschichte, aber unter vorgefundenen, sie bestimmenden Bedingungen (Marx) – und nötigen Abstimmungen zwischen den Menschen zu vermitteln ist. „Wäre doch in... der Abschaffung der Monade durch Solidarität, zugleich die Rettung des Einzelwesens angelegt, das gerade in seiner Beziehung aufs Allgemeine ein Besonderes würde" (Adorno 1973, 176).

Solidarität ist eine Beziehungsform, die Verbindungen und Verbindlichkeiten zwischen Individuen ermöglicht, die über die institutionalisierten Formen von Tausch und Vertrag hinausgehen. Sie ermöglicht die Vermittlung gleicher oder ähnlicher Interessen und Bedürfnisse. Sie ist eine Beziehungs- und Assoziationsform, die Verletzung von Menschenrechten, sei es Gerechtigkeit oder Freiheit, nicht nur artikuliert, sondern auch Widerstand entstehen lässt. Solidarität zielt – verallgemeinert geredet – auf wechselseitige Hilfe und Unterstützung. Solche wechselseitige Hilfe und Unterstützung aber ist im historischen Kontext nicht immer im Muster von Solidarität, sondern auch in anderen Hilfsmustern geleistet worden.

3.   In früheren Jahrhunderten – besonders ausgeprägt im christlichen Mittelalter – wurde Hilfe in der Form von Almosen gegeben, Almosen im Horizont von

Caritas. Die, die es können, helfen denen, die darauf angewiesen sind, in ihrer Not. – Drei Momente sollen besonders herausgehoben werden. Hilfe – als christliche Caritas verstanden – ist begründet in jener prinzipiellen Gleichheit der Menschen vor Gott, in der alle als Sünder auf Gnade verwiesen sind und Hilfe brauchen; im Armen, im Bettler wird die Wahrheit des menschlichen Lebens besonders sinnfällig. Diese prinzipielle Gleichheit in der menschlichen Situation vor Gott aber wird überlagert und aufgehoben dadurch, dass die, die helfen, damit ein Stück der helfenden Barmherzigkeit Gottes repräsentieren, sich also vor Gott ein besonderes Verdienst erwerben. Die Hilfe dient so auch und mehr dem, der hilft, als dem, dem geholfen wird. Dies aber verführt – so hat der Philosoph Simmel analysiert – zu einer Arroganz des Helfens, die sich in ihrer Großmütigkeit über die Armen erhaben weiß. – Diese Arroganz der Hilfe hat Nietzsche – im Kontext seiner Analyse des Ressentiments – verallgemeinert verstanden und schneidend analysiert: Wer helfen kann, genießt darin seine Überlegenheit gegenüber den Schwächeren, die auf ihn angewiesen sind. Er sieht sich in einer Stärke, die ihm sonst im Leben abgeht, er braucht die Schwächeren, um sich als stark erfahren zu können, Hilfe kompensiert die Schwäche des Helfers. – Dies Moment der Arroganz der Hilfe wird im Konzept der Caritas noch in einem anderen, die ursprüngliche Intention von Hilfe unterlaufenden Subtext deutlich. Hilfe als Caritas ist die spontane Reaktion auf eine Situation der Not; die Not ist ebenso sinnfällig wie die Hilfe direkt und unmittelbar. Diese Figur geht – das ist ihre Leistung und Intention – damit einher, dass der Helfer von dem, dem geholfen wird, keine Gegenleistung erwartet: Er sieht die Not und gibt, um sie zu lindern. (Diese Einseitigkeit im Helfen und die darin liegende Nichterwartung der Gegenseitigkeit wird sehr schön deutlich in einer cassidischen, von Buber berichteten Legende: Ein Rabbi hatte einem Bettler gegeben, der aber ging in die Kneipe; dort entdeckten ihn die Schüler des Rabbis und nahmen ihm das Geld wieder weg. Der Rabbi aber, dem sie das Geld, entrüstet über den Missbrauch der Gabe, zurückbrachten, brachte es seinerseits – mit der Bitte um Verzeihung – dem Bettler zurück.) – Die Nichterwartung von Gegenleistung also führt zum Moralisieren, zur Erwartung eines geziemenden Verhaltens und – weitergehend – von Demut und Dankbarkeit. Hilfe – und dies ist eine andere Form der Arroganz des Helfens – führt zur Demütigung und Beschämung dessen, dem Hilfe zuteil wird.

Und schließlich: Dieses Muster der unmittelbaren, direkten Hilfe in der Not ist bezogen auf eine in Ungleichheiten bestimmte Gesellschaftsstruktur. Sie wie sie ist, sie soll und kann nicht geändert werden. Wem die Gnade oder das Glück zuteil geworden ist, dass er helfen kann, soll dies tun; die Hilfe bleibt bezogen auf die unmittelbare Situation: „Arme habt ihr alle Zeit bei euch", heißt es in der Bibel. Hilfe bleibt beschränkt auf die Unmittelbarkeit der Situation,

Fragen von Macht und Ohnmacht, Fragen der Veränderung von Machtstrukturen bleiben immunisiert.

Gegen dieses Muster von Hilfe kann das Konzept Solidarität profiliert werden, so wie es sich im 18. Jahrhundert im Kontext der humanen Ideale der Aufklärung (und der Französischen Revolution) entwickelt und dann im Zug der Demokratisierung der Moderne und in den Kämpfen der sozialen, sozialistischen Bewegungen ausgebildet hat. – Menschen sind als Menschen gleich, dies aber bezieht sich nun – in der Formel der Französischen Revolution geredet – auf Freiheit, Gleichheit und Brüderlichkeit, also auf die Verbindung von Gerechtigkeit und Gleichheit als den Anspruch aller auf ein in eigener Verantwortung gestaltetes Leben, einen Anspruch, der sich in der Solidarität aller realisiert. Menschen helfen sich, weil sie als Bürger miteinander für die Realisierung von Gerechtigkeit und Partizipation im sozialen Leben zuständig sind. Hilfe in diesem Kontext verstanden – ist bezogen auf Ungerechtigkeit und die darin vorenthaltenen Lebenschancen, auf verstümmelnde ausbeutende Verhältnisse und auf die Solidarität im gemeinsamen Kampf gegen diese Verhältnisse.

4. Dieses Konzept von Solidarität geht einher mit der Ausbildung eines neuen gesellschaftlich vermittelten allgemeinen Unrechtsbewusstseins und von daher einer neuen Kultur von Gerechtigkeit und Anerkennung. Dieses Konzept realisiert sich in der Moderne in unterschiedlichen Gestalten, neben z.B. einem radikal sozialistischen Konzept bildet sich das eher sozialdemokratisch geprägte Konzept aus, das für den wohlfahrtsstaatlich gezähmten Industriekapitalismus und für unsere gegenwärtige Gesellschaft bestimmend wird.

In diesem Horizont wird Hilfe von unterschiedlichen Gruppen der Betroffenen füreinander organisiert in Bezug auf konkrete Situationen vorenthaltener Gerechtigkeit, also z.b. in Parteien, in Genossenschaften oder in kirchlichen und kommunalen Verbänden.

Die Maxime von Gerechtigkeit in Solidarität wird zunächst gruppenspezifisch – gleichsam partikularistisch – realisiert; der darin liegende Widerspruch zum universalistischen Anspruch von Solidarität führt dann im Übergang zum 19. Jahrhundert zur Ausgestaltung eines allgemeinen Gesellschaftsprinzips. Solidarität als Hilfe aller für alle wird zur allgemeinen gesellschaftlichen Aufgabe. Die mit Entfremdung und Inhumanität der modernen Industriegesellschaft gegebenen Probleme werden als Ansprüche auf Gerechtigkeit, Lebensgestaltung und solidarische Unterstützung verstanden. Also: Statt der Angewiesenheit auf Unterstützung Ansprüche an den Status des Bürgers, statt der Herablassung und Arroganz von Hilfe solidarische Unterstützung, statt dem unmittelbaren Faktum von Not die Frage nach gesellschaftlichen und lebensgeschichtlichen Konstellationen, statt der Verhältnisse und Machtstrukturen, wie sie sind, die Perspektive und Erwartung von Veränderungen im Zeichen von Gerechtigkeit.

Neben den Praktiken unmittelbarer Hilfe, die weiter existieren, und neben den vielfältigen Formen solidarischer Unterstützung, die sich in Vereinen und Verbänden und neuerdings zunehmend in Projekten ehrenamtlicher und bürgerschaftlicher Initiativen darstellen und expandieren, bilden sich – als charakteristische neue Form – Repräsentationen einer sozialstaatlich geprägten Solidarität aus. Ansprüche werden in soziale Rechte kodifiziert, Hilfe wird in institutionell und professionell strukturierten Programmen geleistet; dass sie in Bezug auf unterschiedliche Nöte und Risiken von Krankheit, Arbeitslosigkeit, Alter oder allgemeinen Lebensbelastungen unterschiedlich organisiert sind, muss hier nicht weiter beschrieben werden. Wichtig für unseren Zusammenhang ist, dass in allen unterschiedlichen Programmen Solidarität einen neuen Charakter gewinnt. Das alte Diktum Luhmanns, dass man Programme habe, die realisiert werden müssten und dadurch die Unmittelbarkeit von Hilfe obsolet werden, trifft – so einseitig und überzogen es formuliert ist – die Tendenz der modernen Entwicklung. Solidarität wird Solidarität von Systemen und damit indirekt und abstrakt. Die das Konzept Solidarität bestimmende Erfahrung, in der gleichen Situation betroffen und zur gegenseitigen Hilfe herausgefordert und verpflichtet zu sein, verschiebt sich zu einer Frage der spezifischen Professionalität und darin einer Berufsethik, die die Sicherung der modernen, universellen Solidaritätsanspruchs auf Freiheit, Gerechtigkeit, Brüderlichkeit, also auf Partizipation und Anerkennung sichern muss. Solidarität wird in der Gesellschaft an Spezialisten delegiert, deren Berufskonzept auf die Prinzipien von Solidarität verpflichtet ist.

Dieses Konzept einer rechtlich, institutionell und professionell inszenierten Solidarität ist geprägt von Problemen, die seine – guten und für das Selbstverständnis der Moderne unwiderrufbaren – Intentionen unterlaufen. – Die Kodifizierung in Rechten erreicht nicht alle, die in Nöten auf Hilfe angewiesen wären. Die Einlösung von Rechtsansprüchen ist unterschiedlich und oft mit unzureichenden Ressourcen ausgestattet: Der moderne Sozialstaat – und in ihm die Soziale Arbeit – präsentiert eine eigene Hierarchie von Hilfen, die in manchen Bereichen den Macht- und Privilegienstrukturen der Gesellschaft eher entspricht, als dass sie, wie es die Intention des Sozialstaats wäre, unterlaufen und korrigiert würden; die Arbeit in Frauenhäusern ist ebenso benachteiligt wie die mit Jugendlichen in randständigen Arbeits- und Lebensverhältnissen, die Arbeit mit Menschen, die von Wohnungslosigkeit bedroht oder betroffen sind, ist unzulänglich ebenso wie die in MigrantInnenprogrammen. Sozialstaat und Soziale Arbeit verzichten auf Arbeit an der Partizipation (Integration) und begnügen sich mit der Verwaltung gesellschaftlich gegebener Randständigkeit, so wie es unter dem Titel der Verwaltung von Exklusion neuerdings dargestellt wird.

Die Berufsethik, die in den Institutionen und Programmen die Standards einer modern verstandenen Solidarität garantieren soll, ist dazu nicht durchgehend stark genug. Alte Formen einer Arroganz der Hilfe – und der damit einher gehenden Formen der Entwertung und Beschämung derer, die auf Unterstützung angewiesen sind, kehren zu neuer – und in ihrer Rationalität und Subtilität oft schwer durchschaubare – Form fachlicher Überlegenheit zurück.

Und: Die Gestaltung von Solidarität in Institutionen und Programmen setzt, wo sie gelingt oder wo ihr Anspruch deutlich ist, Maßstäbe einer fachlich angemessenen und qualifizierten Hilfe, die die laienhaften – also nicht fachlich ausgewiesenen – Aktivitäten caritativ oder ehrenamtlich bürgerschaftlicher Aktivitäten tendenziell in Frage stellen, ja entwerten; „ist das, was nicht fachlich ausgewiesen geschieht, wirklich gut genug, wäre fachlich ausgewiesene Hilfe nicht angemessener?" – Und schließlich: Einher gehend mit solcher Entwertung wird der Öffentlichkeit das Gefühl vermittelt, Probleme würden fachlich angemessen angegangen und seien damit gleichsam in guten Händen. Die allgemeine Öffentlichkeit ist so entlastet und – mit gutem, sachlich begründetem Gewissen – aus ihrer Zuständigkeit entlassen. Die Verfachlichung von Solidarität – wenn wir so abgekürzt reden dürfen – führt zur Delegation an die Fachlichkeit und damit zur Entleerung des gesellschaftlichen Lebens. – Und schließlich: Mit der Etablierung solcher professioneller Zuständigkeit verliert sich – so scheint uns – auch zunehmend das Wissen, dass solche Entlastungen unterstützt und bezahlt werden müssen; im Kontext der allgemeinen hohen Zusatzausgaben im Rahmen der steuervermittelten finanziellen Umverteilungen schwindet das Wissen um die notwendigen Kosten solcher Delegation und der Wille, sie zu übernehmen.

5.   So problematisch aber das Konzept Solidarität im Horizont solcher internen Schwierigkeiten und gesellschaftlichen Nebenfolgen ist, so sind die Schwierigkeiten mit diesem Konzept in unserer Gesellschaft damit noch nicht hinreichend gefasst. Das Konzept Solidarität – so wie wir es beschrieben haben – bleibt auch in seinen Schwierigkeiten im Horizont jener modernen Gerechtigkeit – und Solidaritätskultur, die dadurch bestimmt ist, dass die gesellschaftlich erzeugten Probleme der Belastung, Randständigkeit und Ausgrenzung als Herausforderung und Aufgaben der Gesellschaft im Ganzen verstanden und angegangen werden müssen. Gilt aber diese Grundintention noch? – Der Sozialstaat der Moderne und in ihm die Soziale Arbeit haben sich unter Produktions- und Konsumtionsbedingungen entwickelt, die auf eine gesamtgesellschaftliche Balance zwischen Kapitel- und Sozialinteressen hinzielten, – auf einen Kompromiss – so Heimann – der nur widerwillig eingegangen, für die Produktivität und das Selbstverständnis der Gesellschaft unverzichtbar erschien. Im Zeichen des Wandels der Produktion von der fordistischen zur nachfordistischen Produkti-

onsweise, der Globalisierung von Produktion und Konsum, der zunehmenden Bedeutung von Informations- und Wissenstechnologien und der gewandelten Funktion des Nationalstaats brechen die, den Sozialstaat und seine Realisierungsmöglichkeiten prägenden Voraussetzungen weg. Die Frage nach Solidarität stellt sich neu.

Im Folgenden wollen wir nun aber nicht primär die, die derzeitige gesellschaftliche Situation bestimmenden Realfaktoren weiter verfolgen, sondern den Wandel der, mit diesen gesellschaftlichen Veränderungen einher gehenden Konzepte zur Kritik und Destruktion von Solidarität. – Die Auseinandersetzung mit solchen Konzepten scheint uns überfällig; allzu lang hat sich die Soziale Arbeit – in den Selbstverständlichkeiten des modernen Sozialstaats und seiner ‚Behaglichkeit' aufgehoben fühlend – der Auseinandersetzung mit den grundlegenden sozialethischen Voraussetzungen und Einwänden zum Solidaritätskonzept nicht gestellt.

6.   Aktuelle Befunde über gesellschaftliche Entwicklungen verkünden das Ende der Solidarität. Dieses tatsächliche oder mit Interesse propagierte Ende verweist auf gesellschaftliche Umbrüche. So notierte der Schriftsteller Peter Härtling kürzlich eher resignativ: „Die Begriffe der Industriegesellschaft – ich denke an Solidarität – sind historisch geworden, wirken nicht mehr" (ders. 1999, 11).

In einem Aufsatz über Solidarität beruft sich Niklas Luhmann auf Max Adler (ein wichtiger Theoretiker des österreichischen Marxismus der 20ger und 30ger Jahre), um zu begründen, warum in kapitalistischen Gesellschaften Solidarität nicht zu realisieren sei:

> „Solidarität ist, meint Max Adler, nur in einer klassenlosen Gesellschaft möglich. Solange die Klasse nicht abgeschafft sind, müssen wir also in einer nichtsolidarischen Gesellschaft leben. Solidarität artikuliert sich damit als Formel einer Ideologie, die Mängel konstatiert und in Ansprüchen an eine Gesellschaft, wie sie sein sollte" (89).

Dass sich Luhmann ausgerechnet auf einen Marxisten und seiner Vorstellungen einer klassenlosen Gesellschaft beruft, erscheint als ein ironisches Argument: Wenn schon ‚alte Sozis' Solidarität in der Klassengesellschaft für unrealisierbar halten und sie auf die klassenlose vertagen, dann spricht alles dafür, dass sie in einer nach Funktionen ausdifferenzierten Gesellschaft weder etwas zu suchen hat und wohl auch immer weniger zu finden wäre.

Eine der zentralen Ursachen des Scheiterns des ‚real existierenden Sozialismus' ist – im Verständnis der Systemtheorie – darin zu finden, dass Ausdifferenzierungen, vor allem die von politisch-administrativen und ökonomischen Systemen nicht realisiert wurden.

Um die erweiterte Ausdifferenzierung von Staat und Ökonomie, die Einheit von Wirtschaft und Gesellschaft abzusichern, erscheint Solidarität als notwendige gesellschaftliche Beziehungsform, um die Gemeinsamkeit der Interessen aller zum Ausdruck zu bringen. Hier schleiche sich jedoch der 'Formfehler' mit Wirkungen ein, Solidarität könne staatlich verordnet bzw. erzwungen werden.

Da Solidarität die Verhinderung von Ausdifferenzierungen unterstütze, ist sie aus der Sicht der Systemtheorie eine Form gesellschaftlicher Beziehungen, die Entwicklung und Modernisierung blockiert.

Solidarität artikuliere Mängel einer nach Funktionen ausdifferenzierten Gesellschaft und Ansprüche, wie gesellschaftliche Verhältnisse sein sollten.

„Flexibilität tritt an die Stelle von Solidarität. In einer Gesellschaft, in der alle Unternehmer sind, steht endlich wieder jeder gegen jeden. Ein neoliberales Konzept mit dem – im Bewusstsein, dass Arbeiterorganisationen nur in sozialistische Knechtschaft führen – zum letzten Befreiungsschlag ausgeholt wird. Endlich sind alle gleich..." (ders. 1999, 3).

Ausdifferenzierte gesellschaftliche Verhältnisse beendeten die Beziehungsform der Solidarität, darin stimmen Luhmann und Kurnitzky überein, wenngleich sie auf dem Hintergrund unterschiedlicher gesellschaftstheoretischer Positionen argumentieren. Flexibilität als allseitige Anpassungsfähigkeit an die von Subsystemen – insbesondere an die von ökonomischen – geforderten Qualifikationen und Kompetenzen ersetzt Solidarität. Oder: Flexibilität lässt weder Zeit noch Bewusstein für Solidarität. Wenn alle Menschen nicht mehr Schwestern und Brüder, sondern UnternehmerInnen, sei es ihrer Arbeitskraft oder sonstiger Unternehmungen sind, dann gelten nur noch Konkurrenz und Flexibilität, wobei die letztere die Folge der ersten ist. Der Triumph der ausdifferenzierten oder synonym der kapitalistischen Gesellschaft zeigt sich in der Ersetzung der Solidarität durch Flexibilität.

Solidarität ist, darin sind sich Luhmann und Kurnitzky einig, eine für ausdifferenzierte Gesellschaften überholte, unpassende, unverträgliche Beziehungsform. Kurnitzky 'bedauert' das Ende der Solidarität, ihre 'endgültige' Ablösung durch Flexibilität, weil durch diese Entwicklung die Gerechtigkeitslücke in der ausdifferenzierten Gesellschaft so groß wird, dass für die Opfer der Konkurrenz, die die geforderte Flexibilität weder leisten noch aushalten können, weder Solidarität noch Veränderungen zu erwarten sind.

Sollte sich herausstellen, dass Solidarität eine für ausdifferenzierte Gesellschaften überholte und unverträgliche Beziehungs-Assoziationsform ist, die aber dennoch auf Mängel in den bestehenden gesellschaftlichen Verhältnissen verweist, ergeben sich zwei mögliche Konsequenzen: Entweder werden die

Mängel als naturwüchsige Folgen der Gesellschafts- und Wirtschaftsordnung akzeptiert, oder solidarische Assoziationsformen entstehen (auf's Neue), die die zunehmende Hegemonie des ökonomischen Subsystems regulierend begrenzen. Die Überholung der Solidarität durch die real existierenden gesellschaftlichen Verhältnisse wäre zufriedenstellend, wenn diese zufriedenstellend wären. Da aber Not, Armut und Ausschluss im ‚Turbokapitalismus' zunehmen, bleibt die Kritik. Die aber kann in der Praxis zurzeit immer weniger die adäquate Form einer neuen Solidarität finden bzw. realisieren.

> „Die Auszehrung der Solidarität geht Hand in Hand mit der Erschöpfung der Gesellschaftskritik. Gegen alle Erwartungen führt der Abbau des Sozialstaates nicht zu einem nennenswerten Erstarken der Kritik gesellschaftlichen Unrechts. Eine der Lehren am Ende des sozialdemokratischen Jahrhunderts besteht darin, dass gerade die Zeiten relativen Wohlstandes eine Gesellschaft experimentierfreudig stimmen. Ein verlässliches Gefühl der Zusammengehörigkeit bringt die Kritik am Gemeinwesen nicht zum Verstummen, sondern gibt ihr erst einen wirksamen Resonanzboden. Allerdings, in Zeiten knapper Kassen schwindet mit der Solidarität auch die innovative Phantasie der Sozialkritik" (Schmidt 1996).

Flexibilität, die nach Sennett (1998) und Kurnitzky an die Stelle von Solidarität getreten ist, mag zum einen als befriedigend erfahren werden, wird aber andererseits auch als permanenter Mangel erlebt – etwas fehlt. Die Spannung von Flexibilität und Solidarität – von Eigeninteresse und Gemeinschaftlichkeit verweist auf ein altes Problem: Solidarität wird in der einen oder anderen Konstellation als Zwang erfahren, sowohl ‚solitaire' als auch ‚solidaire' (Albert Camus) sein zu können. Das französische Wortspiel ist eindrücklicher als das deutsche von einsam und gemeinsam.

Die Vorstellungen anderer gesellschaftlicher Verhältnisse, die die Mängel der Flexibilität aufheben könnten, würden bei der Wahlmöglichkeit zwischen solitaire und solidaire beginnen. Wenn einsam kein Zwang mehr wäre, genauso wie gemeinsam, dann wären mit dieser Wahl andere Formen von Flexibilität eröffnet.

7.   Warum das Ende der Solidarität mittlerweile akzeptiert zu sein scheint, obwohl mit diesem Ende ‚etwas fehlt' und Perspektiven wie die Hoffnung auf gesellschaftliche Verhältnisse, die nicht länger zu Ausschluss, Marginalisierung und Desintegration führen, verloren gehen, ist eine der zentralen Fragen in dem Buch von Zygmunt Baumann: „Das Unbehagen in der Postmoderne" (1999).

> „Das Unbehagen in der Moderne erwuchs aus einer Art Sicherheit, die im Streben nach dem individuellen Glück zu wenig Freiheit tolerierte. Das Unbehagen in der Postmoderne entsteht aus einer Freiheit, die auf der Suche nach Lustgewinn zu wenig individuelle Sicherheit tole-

riert... Und daher garantiert eine Freiheit ohne Sicherheit keinen zuverlässigen Nachschub an Glück als eine Freiheit ohne Sicherheit. (11 f.).

Solidarität wird zwar nicht explizit erwähnt, doch die Gegenüberstellung von Sicherheit als Signum der Moderne und Freiheit als dem der Postmoderne verweist auf das Problem der Postmoderne, ob und vielleicht auch wie Sicherheit und Freiheit zu balancieren seien. Solidarität ist im gewissen Sinn ein Tausch von individueller Freiheit gegen eine Sicherheit gemeinsamer Interessenverfolgung. Sie ist eher gemeinsame Verwirklichung anstatt Selbstverwirklichung. Solidarität verlangt den Zusammenschluss einzelner Interessen zu einem gemeinsamen. Sie kann damit als partieller Freiheitsverlust erfahren werden. Mit den beiden Begriffen von Sicherheit und Freiheit verweist Baumann auf den Widerspruch, der in Solidarität verborgen ist. In der Ein- und Unterordnung verspricht Solidarität Sicherheit, was aber auf Kosten der Freiheit gehen kann. In der Verfolgung der eigenen ‚Gelüste', die Befriedigungen versprechen, kann mensch nur noch sich selbst vertrauen: Jeder sei sich selbst der Nächste. Wenn aber jeder nur sich selbst noch der Nächste ist, dann ist der Andere der Fremde, mit dem wenig verbindet.

Die Verbindungen realisieren sich einzig im Tausch und im Vertrag, sozusagen als (lebens-)notwendige Akte. Nicht nur ‚Ich ist ein Anderer' (Rimbaud), sondern alle Anderen sind fremd und konkurrent. Die Nähe ist verloren; die isolierten Monaden nehmen, wenn nötig, formale Beziehungen zueinander auf, die sie wenigst möglich berühren.

Solidarität gerät in die Kritik oder erscheint illusionär, weil sie fordert, das eigene individuelle Streben nach Glück, Freiheit und Gewinn, Absprachen und Einigungen mit anderen unterstellen zu sollen, die ähnliches wollen. Solidarität negiert nicht das menschliche Streben nach ‚pursuit of happiness', dem Glücksversprechen, sondern postuliert nur, dass es eher in der Gemeinsamkeit als in der Einsamkeit zu realisieren wäre.

Der ‚lonely wolf' scheitert im Verständnis der Solidarität eher als das ‚Schaf in der Herde'. Doch die Herde scheint immer den ‚guten Hirten' zu benötigen, der sie zusammenhält und zu fruchtbaren Weidegründen führt. Dieses pastorale Motiv ist sowohl in christlichen wie in Metaphern der Arbeiterbewegung zu finden.

8.   Es bleiben widersprüchliche Einschätzungen. Neben den Hinweisen, auf Solidarität könne in der ‚Postmoderne' bzw. der nachindustriellen Gesellschaft verzichtet werden, mehren sich die Stimmen, die warnen, wenn auch ihre Ressourcen verbraucht sind, wird sie dennoch gebraucht.

In diesem Zusammenhang ist noch einmal die Einschätzung von Zygmunt Baumann zu erinnern, dass die postmoderne Gesellschaft nicht mehr in der Lage sei, Solidarität aus sich selbst hervor zu bringen, sie sei, um sie zu erhalten, auf politische Interventionen angewiesen (s. 1999, 369). Obwohl sie Baumann für ‚unabdingbar' hält, kann und wird sie der ‚Staat' immer weniger oder gar nicht mehr leisten (können):

> „Das demokratische Regime an sich fördert nicht (geschweige denn: garantiert) die Umwandlung von Toleranz in *Solidarität* – das heißt die Anerkennung des Unglücks und Leiden anderer Menschen als in *meine* Verantwortung fallend und die Linderung und schließliche Aufhebung des Elends als *meine* Aufgabe Entsprechend der gegenwärtigen Funktionsweise politischer Mechanismen übersetzen demokratische Regierungssysteme Toleranz vielmehr meistens mit Gefühllosigkeit und Gleichgültigkeit" (113ff.).

An sich sei die Aufgabe des ‚demokratischen Regimes' die Verantwortung für die Leiden der Anderen zu fördern und zu unterstützen. Andererseits ist die Wahrnehmung der Situation des Anderen die zentrale moralische Herausforderung, die das Individuum zu aller erst betrifft. Bleibt Solidarität also angewiesen auf die ‚moralische Herausforderung des Individuums' (vgl. 84ff)? Wer schützt, erhält oder motiviert zur Solidarität? Es müssten eindeutige und transparente Interventionen sein, um Solidarität ins Spiel zu bringen.

9.   Wir gehen davon aus, dass Solidarität als Prinzip unverzichtbar bleibt. Menschen müssen miteinander auskommen und müssen sich darum bemühen; das Neben- und Gegeneinander unterschiedlicher Interessen, die Macht-, Dominanz- und Verdrängungsstrukturen und – schließlich – die Unterschiedlichkeit von Lebenslagen und -situationen ist verwiesen auf ein ausdrückliches Wissen und einen ausdrücklichen Willen gegen Ausgrenzung und Randständigkeit und für Anstrengung und Aufwand zur Gemeinsamkeit. In diesem Sinn ist Solidarität als Prinzip integraler Bestandteil einer demokratischen und humanen Moderne und muss als solches offensiv vertreten und ausgewiesen werden.
    Solidarität aber ist ein sozialethisches Prinzip, es muss unterschieden werden von konkreten Lebensmustern und Institutionen, in denen es – in gegebenen politischen und gesellschaftlichen Verhältnissen – sich jeweils repräsentiert. Solidarität als Prinzip ist keine unmittelbare Struktur- und Handlungsanweisung, es ist eine Maxime, die zur Orientierung und Kritik von Lebensverhältnissen und Institutionen gilt, auf die die Gestaltungsformen in den je unterschiedlichen Settings und ihren Strukturgesetzlichkeiten bezogen sein müssen. Um Tragweite und Grenzen des Prinzips Solidarität deutlich machen zu können, wäre es also notwendig, sehr konkrete Aufgabenfelder und Handlungs- und Organisationsmuster im einzelnen zu erörtern; wir können nur versuchen, das Prinzip Solidarität angesichts der gegebenen so kontroversen und unüberschaubaren Situation auszuschärfen.

Solidarität muss sich im Zeichen der Universalisierung des Prinzips auf alle verfügbaren gesellschaftlichen Ressourcen und alle unterschiedlichen Gruppen in der Gesellschaft beziehen. Solidarität darf sich nicht mit der Zweiteilung der Betroffenen und Nichtbetroffenen begnügen, sie zielt auf die Gemeinsamkeit der Zuständigkeit in Ressourcen, sozialen Rechten und Partizipation. – (Da Gemeinsamkeit als Raum gemeinsamer Zuständigkeit definiert werden musst, stellt sich im Zeichen von Solidarität auch die Frage nach der Zuständigkeit und Potenz der Lebensräume, die als gemeinsam gelten, konkret also jener Nationalstaaten, in denen Solidarität bisher praktiziert wird. Erhard Eppler hat die hier fällige Diskussion zu Notwendigkeit und Grenzen, zu Eigenzuständigkeit und Öffnung in weitere, aber verbindliche Zuständigkeiten im Staatengefüge angemahnt.)

Im Zeichen der heutigen Vergesellschaftung realisiert sich Solidarität im Spiel lebensweltlicher und professionell-institutioneller Solidaritäten, die ineinander greifen und sich ergänzen müssen. Solidarität repräsentiert sich als Netz von Solidaritäten, als weit gespanntes, im einzelnen unterschiedliches, ja gegensätzlich organisiertes Netz von Verbindlichkeiten.

> „Wenn solidarisches Handeln nicht mehr in der konkreten Lebenspraxis verankert ist, also nicht mehr ständig durch erfahrbare Notwendigkeiten motiviert wird, wenn also die realen ‚Assoziationsverhältnisse' für Solidarität fehlen, verändert sich der erzwungene Gleichschritt traditionaler Solidarität in einen lockeren, zeitlich begrenzten und relativ unverbindlichen Schulterschluss moderner Solidarität" (Sander 1999, 11).

Die Zuständigkeiten in diesem Netz von Solidaritäten müssen bestimmt werden im Spiel von Freiheit und Rücksichtnahme, also gegen die Hemmungslosigkeit von Eigeninteressen und gegen die, die Freiheit beeinträchtigenden, bevormundenden Nötigungen. Selbstgestaltung und Rücksichtnahme dürfen nicht gegeneinander ausgespielt werden, es braucht neue Balancen zwischen ihnen.

Das Netz von Solidaritäten zeigt sich in unserer Gesellschaft ebenso als Spiel lebensweltlicher wie professionell-institutionalisierter Solidaritäten.

- Institutionell-professionell organisierte Solidarität muss ausgewiesen werden gegenüber den institutionell-organisatorischen Selbstbezüglichkeiten – ihrer intellektuellen Selbstreferenz – in denen Lebensmöglichkeiten und -zuständigkeiten übergangen und verfehlt werden, und gegenüber neuen Formen einer strukturell-professionellen Arroganz denen gegenüber, die auf Unterstützung angewiesen sind. Berufsethik muss in den Prinzipien der Bürgergesellschaft – also der Anerkennung der Zuständigkeit und Gestaltungskraft aller Bürger – verwurzelt sein.

- Die verbandlichen und vereinsfundierten bürgerschaftlichen Aktivitäten dürfen sich nicht als Ersatz für die professionell-institutionalisierte Arbeit ausgeben. Dies zu betonen scheint gerade heute notwendig angesichts der intensiven, dramatischen Darstellung und Propagierung solcher Aktivitäten, die als Kern des Sozialen in der modernen Gesellschaft ausgegeben werden. Es braucht nebeneinander die Darstellung, die Propagierung und den ausdrücklichen Willen zu Qualität und Aufwand der institutionellen und professionellen Arbeit und die Darstellung, Ermunterung und Sicherung der vereinlichen und verbandlichen bürgerschaftlichen Aktivitäten. Solidarität im Horizont sozialer Gerechtigkeit kann sich nur im Spiel von Basissicherungen und bürgerschaftlichen Aktivitäten, von gesellschaftlich staatlicher Zuständigkeit und bürgerschaftlichem Engagement realisieren.

Und schließlich: Dieses Spiel von Solidaritäten ist unverzichtbar auch, wenn wir – zum Schluss und als Ausblick – auch über die Probleme des Sozialen in unserer Gesellschaft hinaus in die Dramatik der derzeitigen Weltinnenpolitik sehen. So hilfreich und vielfältig gerade hier – und immer wieder ausgelöst durch Katastrophen und besonders zugespitzte Notstände – Solidarität im Muster vereinlich-bürgerschaftlichen Engagements ist, so unzulänglich bleibt dies, wenn es nicht einher geht mit dem Ausbau belastbarer professionell-institutionell gesicherter sozialer Strukturen, so wie es in den auf Nachhaltigkeit zielenden Programmen für die Länder außerhalb unserer Ersten Welt immer wieder gefordert und bisher nur mit absolut unzulänglichen Ressourcen ausgestattet wird.

10. Solidarität wird solange nicht am Ende sein, wie Menschen in der Lage und fähig sind, jenseits von Unverbindlichkeit und Gleichgültigkeit Ungerechtigkeit wahrzunehmen. Dass die Konkurrenz immer wieder dazwischen kommt, müsste nicht destruktiv sein, solange sie nicht zur Missachtung der/ des Anderen führt.

Staat, Politik und andere versuchen eine Ressource zu benützen, die, wenn sie eine verändernde Kraft haben kann, sich nur in dem Widerstand gegen die vereinheitlichenden Momente der Vergleichgültigung bewähren kann. Solidarität als Sympathie und Empathie oder als Organisationsform, Bedürfnisse als Interessen zu artikulieren und zu organisieren hat immer eine moralische und vernünftige Grundlage. Solidarität bleibt ein nach wie vor gefährdeter und gefährlicher Traum, sowohl für bestehende als auch zukünftige Verhältnisse, gefährdet durch die Ausweitungen der Individualisierung und Verelendung, gefährlich in ihrem Missbrauch totalisierender Einheitszwänge. Solidarität in all ihren Ambivalenzen hat darin Bestand, dass sie an Verletzungen und an ein Leben jenseits vernichtender Konkurrenz erinnert, diesen Vorschein bewahrt.

Solidarität wäre am Ende, wenn es diese Erinnerungen und das Eingedenken nicht mehr gäbe.

Literatur

Adler, Max (1964): Die solidarische Gesellschaft. Wien.

Adorno, Theodor W. (1973): Minima Moralia. Frankfurt/ Main.

Andelm, Sigrun (1979): Angst und Solidarität. München.

Baumann, Zygmunt (1999): Unbehagen in der Postmoderne. Hamburg.

Böhnisch, Lothar/ Schröer, Wolfgang/ Thiersch, Hans (2005): Sozialpädagogisches Denken. Weinheim.

Härtling, Peter (1999): Die Richtung der neuen Kunstwelt. In: Frankfurter Rundschau vom 20.08.1999

Heimann, Eduard (1980): Soziale Theorie des Kapitalismus. Frankfurt/ Main.

Kopp, Robert (Hrsg.) (1997): Solidarität in der Welt der 80er Jahre. Basel

Kurnitzky, Horst (1999): Die Unternommenen. In: Frankfurter Rundschau vom 31.07.1999

Luhmann, Niklas (1997): Die Differenzierung von Interaktion und Gesellschaft. In: Kopp (Hrsg.) (1997)

Sander, Uwe (1999): Solidarität in anonymen Gesellschaften. In: Gewerkschaftliche Monatshefte 1/ 1999

Schmidt, Thomas (1996): Die Sphären der Toleranz in einer multikulturellen Gesellschaft. In: Frankfurter Rundschau vom 01.06.1999

Sennett, Richard (1998): Der flexible Mensch. Berlin.

Thiersch, Hans (2005): Moral und Soziale Arbeit. In: Otto, Hans-Uwe, Thiersch, Hans: (2005) Handbuch Sozialarbeit/ Sozialpädagogik. München, S. 1245-1258

Politische Partizipation und Anerkennung im Kontext Sozialer Arbeit

Ingrid Burdewick

„Ich bin ein Unsichtbarer. [...] Ich bin ein wirklicher Mensch, aus Fleisch und Knochen, aus Nerven und Flüssigkeit – und man könnte vielleicht sogar meinen, daß ich Verstand habe. [...] Die Unsichtbarkeit, die ich meine, ist die Folge einer eigenartigen Anlage der Augen derer, mit denen ich in Berührung komme, des Baus ihrer *inneren* Augen, jener Augen, mit denen sie durch ihr körperliches Auge die Wirklichkeit sehen." (Ellison 2003, S. 7)

Axel Honneth bezieht sich in seiner Publikation „Unsichtbarkeit" (2003) auf diese Passage aus einen Roman Ralph Ellisons. Der Ich-Erzähler im Roman berichtet von seiner Unsichtbarkeit. Auch wenn er physisch präsent sei, würde er in den Augen derer, mit denen er in Kontakt komme, nicht anwesend sein. Erst einige Seiten später erschließt sich, dass der Ich-Erzähler ein Schwarzer ist. Diejenigen, die durch ihn hindurchschauen, sind Weiße. Hier geht es also um die Unsichtbarkeit einer Person nicht im Sinne der körperlichen Nichtexistenz, sondern der „Nichtexistenz in einem sozialen Sinn" (ebd., S. 10). Honneth wählt dieses literarische Beispiel, um damit eine subtile Art und Weise der rassistischen Demütigung und somit letztlich eine Form mangelnder Anerkennung zu thematisieren.

Der Anerkennungsaspekt steht auch im Zentrum dieses Beitrags, allerdings mit Blick auf eine andere Themenstellung als die der rassistischen Demütigung. Im Folgenden wird die Bedeutung der Anerkennungsproblematik am Beispiel der auf die Lebensphase Jugend bezogenen Partizipationsdiskussion – und damit an einem zentralen Thema der Jugendarbeit – konkretisiert. Dies geschieht auf Basis einer qualitativen empirischen Untersuchung zur politischen Partizipation 11- bis 18-Jähriger. Die Befunde dieser Studie zeigen, dass Jugendliche den Eindruck haben, mit ihren spezifischen Interessen im Bereich der etablierten Politik weitgehend ignoriert zu werden (vgl. Burdewick 2003a). Auch hier geht es also um eine Form des Nichtauftauchens bzw. des Nichtgesehenwerdens.

Bei der Studie handelt es sich um eine Querschnittserhebung, in der mit der Methode des problemzentrierten Interviews ein sehr offenes verbales Verfahren zur Anwendung kam. Die Interviews wurden mit 11- bis 18-jährigen Abgeordneten eines Jugendparlaments durchgeführt. Im Zentrum standen dabei Fragen nach der Einstellung zur Politik im Allgemeinen, zur Arbeit im Jugendparlament im Besonderen und zu den biografischen Orientierungen in Bezug auf ein politisches Engagement im Erwachsenenalter. Ausgewertet wurde das Datenmaterial mit der Methode der Grounded Theory (vgl. Strauss/ Corbin 1996). Dabei kristallisierte sich der Aspekt der Anerkennung als zentrales Phänomen heraus. Dies soll zunächst an einigen Beispielen verdeutlicht werden, um dann auf die Anerkennungskonzeption Honneths und ihre Bedeutung für die politische Partizipation der jungen Generation zurück zu kommen und schließlich die Anerkennungsthematik im Kontext Sozialer Arbeit in den Blick zu nehmen.

1   Jugend, Politik und soziale Anerkennung

Die zunehmende Distanzierung der jungen Generation von der etablierten Politik ist Thema zahlreicher empirischer Untersuchungen und Analysen (vgl. z.B. Deutsche Shell 2002, Gille/ Krüger 2000, Hoffmann-Lange 1995). Die aktuelle Shell-Studie diagnostiziert beispielsweise einen kontinuierlichen Rückgang des politischen Interesses Jugendlicher und junger Erwachsener seit 1991 (vgl. Schneekloth 2002, S 92). Von Jugendlichen, die in einem Jugendparlament mitwirken, mag man ein nun ausgeprägteres politisches Interesse und eine größere Nähe zur Politik erwarten als von weniger engagierten jungen Leuten. Die im Rahmen der hier vorgestellten empirischen Studie interviewten JugendparlamentarierInnen beschreiben ihr Verhältnis zur Politik jedoch keineswegs durchgängig als positiv, sondern als äußerst ambivalent. Einerseits weisen sie eine deutliche Distanz gegenüber den Institutionen und Repräsentanten[50] der etablierten Politik auf, andererseits zeigen sie durchaus Interesse an politischen Themenbereichen und Fragestellungen. Die Grundprinzipien einer demokratischen Gesellschaftsordnung, zum Beispiel das Prinzip der Gleichheit oder der Wahrhaftigkeit, erfahren eine hohe Akzeptanz, ebenso wie die Sphäre des Politischen als solche, „in der riskant über Wohl und Wehe der Gesellschaft entschieden wird" (Habermas/ Friedeburg/ Oehler/ Weltz 1961, S.74). Zentral für das Verhältnis der interviewten Jugendlichen zur Politik ist jedoch der von ihnen geschilderte Eindruck, keine ausreichende Wertschätzung im Bereich der Politik zu erhalten. Die Befragten machen deutlich, dass die Politik sich nicht für sie und ihre Interessen interessiert: „Manchmal denken die Politiker einfach zu

---

[50] Da die Interviewten, wenn sie allgemein von Akteuren und Akteurinnen im politischen Bereich reden, in der Regel die männliche Form benutzen, obwohl die Interviewerin stets beide Formen verwandt hat, wird im Rahmen der Ergebnisdarstellung aus der qualitativen Analyse von Politikern und Politikerinnen entsprechend der Wortwahl der befragten Jugendlichen ausschließlich in der männlichen Form gesprochen.

kurzsichtig. Die erhalten die Rohstoffe nicht für die Nachkommen [...], denken bestimmt ‚die Kinder lass die reden' oder sagen ‚die Kinder haben sowieso keine Ahnung davon.'„ (Marco, 17)[51]

Dieses mangelnde Interesse hat nach Ansicht der Interviewten verschiedene Ursachen: Zum einen seien die meisten Politiker zu alt, um die junge Generation verstehen zu können und zum anderen zu egoistisch, um sich überhaupt auf andere Interessen als die eigenen einlassen zu können. In den Interviews kommt in diesem Kontext deutlich zum Ausdruck, dass die Befragten ein überwiegend moralisch-idealistisches Politikverständnis haben und politische Fragestellungen oftmals sehr emotional betrachten. Vor allem Unehrlichkeit und 'Machtbesessenheit' werden bei Politikern aufs Schärfste verurteilt: „Ich hab das Gefühl, die Politiker tun nur so, als wenn sie sich für ihre Mitmenschen einsetzen. Die sagen immer: ‚Wir machen das und das und alles wird besser, wenn wir erst mal an der Macht sind.' Aber im Grunde geht es nur um Macht." (Kyra 15)

Wegen der als „öde" (Carola, 18), „eintönig" (Tobias, 13) und „lahmarschig" (Linda, 15) erlebten Strukturen etablierter Politik und wegen des Gefühls der Ohnmacht gegenüber politischen Machtstrukturen sehen die Interviewten für sich wenig Möglichkeiten, ihre Interessen hier wirksam einbringen zu können: „Wenn ich mir diese dicken Oberleute im Bundestag angucke... [...] man steht nur noch selber hilflos da. Man kann überhaupt nichts machen." (Kyra, 15)

Die Interviewten beschreiben sich als Fremde im politischen System. Sie machen deutlich, dass sie sich aus dem politischen Bereich ausgeschlossen fühlen, dass sie ihre Interessen in der Politik nicht vertreten sehen, dass sie aber andererseits auch nicht verstehen, was in der Politik passiert: „Die [Politiker] brasseln ganz schön viel und schmeißen mit Fremdwörtern um sich. Und wir sitzen alle nur da ‚Bahnhof! Abfahrt.' Es ist nicht so jugendverständlich."(Linda, 15) Darüber hinaus verbalisieren die Befragten, dass sie hohe Ansprüche an ihre eigene politische Kompetenz und Informationsaktivität haben – „Irgendwie musst du dich ein bisschen informieren, was in der Politik so abgeht." (Kyra, 15) – und trotz ihrer Distanz zur Sphäre der konventionellen Politik durchaus an politischen Themenstellungen, wie Umweltschutz oder Rentensicherung, interessiert sind.

---

[51] Die Namen der Jugendlichen sind anonymisiert, die nachfolgende Zahl bezieht sich auf ihr Alter zum Zeitpunkt des Interviews.

2   Soziale Anerkennung und politische Partizipation Jugendlicher – Impulse aus der Sozialphilosophie

Welche Bedeutung hat Anerkennung im Kontext der politischen Partizipation Jugendlicher? Entscheidende Hinweise zur Beantwortung dieser Frage liefert die Konzeption Honneths.

Er rekonstruiert in seiner Studie „Kampf um Anerkennung" (1998) das Anerkennungsmodell Georg Wilhelm Friedrich Hegels. Er stellt das Hegel'sche Modell vom Kopf auf die Füße, indem er es empirisch verankert. Dabei bezieht er sich vor allem auf Sozialpsychologie George Herbert Meads und die psychoanalytische Objektbeziehungstheorie Donald W. Winnicotts. In diesem Zusammenhang arbeitet Honneth drei grundlegende Typen der Anerkennung heraus. Die erste Form der Wertschätzung basiert auf emotionaler Zuwendung in Primärbeziehungen, die zweite auf der Zuerkennung von Rechten und die dritte auf der Achtung des oder der Einzelnen als Person, deren Fähigkeiten als wertvoll für eine konkrete Gemeinschaft gelten. Durch die drei Formen der Anerkennung wird das Subjekt in seiner jeweiligen Besonderheit bestätigt und zugleich bilden sie die zentrale Basis für das Zusammenleben in demokratischen Gesellschaften. Diese drei Typen der Wertschätzung sollen im Folgenden mit Blick auf die politische Partizipation Jugendlicher skizziert werden (vgl. Tab. 2, S. 233).

1. Emotionale Zuwendung: Das primäre Anerkennungsmuster wird als emotionale Zuwendung oder Liebe in Primärbeziehungen wie Liebesziehungen, Freundschaften oder auch Eltern-Kind-Beziehungen beschrieben. Diese Form der wechselseitigen Achtung hat einen entscheidenden Einfluss auf die Grundlegung eines stabilen Selbstvertrauens. Ein stabiles Selbstvertrauen bildet wiederum die Basis für eine selbstbestimmte Teilnahme am öffentlichen Leben. Grundlegendes Merkmal dieser Anerkennungsform ist, dass Subjekte sich „wechselseitig in ihrer konkreten Bedürfnisnatur bestätigen und damit als bedürftige Wesen anerkennen" (Honneth 1998, S. 153). Da emotionale Zuwendung nur auf Grundlage von Gefühlen wie Sympathie oder gegenseitiger Anziehung gewährt werden kann, ist die Zahl der Personen, auf den sich dieser Anerkennungstypus übertragen lässt, stets begrenzt. Dieser Form der Wertschätzung liegt folglich ein „moralischer Partikularismus [zugrunde], der durch keinen Versuch der Verallgemeinerung aufzulösen ist" (Honneth 1990, S. 1049). Von daher gehört dieser Typus der Anerkennung nicht in die Sphäre der Politik, sondern eher in den Bereich privater Beziehungen.

Beispielhaft verweist ein 13-jähriges Mädchen auf diese Anerkennungsform, wenn sie die mangelnde Fürsorge der politischen Akteure für junge Leute beklagt. Ihrer Ansicht nach sollen sich die Politiker in Jugendliche 'reinfühlen können' und sich um junge Leute 'kümmern'. Die Interviewpartnerin wünscht sich eine Achtung als 'bedürftiges Wesen'. Die Interaktion, die sie hier anspricht, ähnelt der Beziehung zwischen Eltern und ihren Kindern oder auch pädagogischen Interaktionen. Hier sind also Beziehungen angesprochen, die ein symmetrisches Verhältnis zwischen gleichwertigen Interaktionspartnern weitgehend ausschließen. In diesem Zusammenhang wird eine Problematik deutlich, die sich in der Debatte um eine altersgemäße politische Mitbestimmung von jungen Leuten zwangsläufig stellt. Fordert man eine den Erwachsenen gleichberechtigte Mitbestimmung von Jugendlichen in der Politik, schreibt man den jungen Leuten zumindest partiell die Rolle eines mündigen Bürgers oder einer mündigen Bürgerin zu. Dies aber ist eine Position, die eine Fürsorgebeziehung kaum zulässt. Auf diese Problematik macht auch Honneth aufmerksam. Seiner Ansicht nach kann eine Fürsorgebeziehung im Grunde genommen nur dort bestehen, wo eine Person „zur Teilnahme an praktischen Diskursen physisch oder psychisch nicht in der Lage" (Honneth 2000, 170) ist. In diesem Fall verlöre aber das moralische Prinzip der Gleichbehandlung seine Gültigkeit. In dem Moment,

> „in dem die andere Person als ein gleichberechtigtes Wesen unter allen anderen dadurch anerkannt wird, daß sie in praktische Diskurse einbezogen ist, [wird] die einseitige Beziehung der Fürsorge ein Ende nehmen müssen; gegenüber Subjekten, die ihre Überzeugungen und Sichtweisen öffentlich zu artikulieren vermögen, verbietet sich eine Einstellung der Wohltätigkeit" (ebd.).

Stefan Danner stellt diese Problematik in Bezug auf die Forderung nach einer den Erwachsenen gleichberechtigten Mitsprache von Kindern und Jugendlichen in Partizipationsprojekten folgendermaßen dar: „Sobald Kinder und Jugendliche als politische Akteure aufgefasst werden, bewegen sie sich nicht mehr in einem pädagogischen Schonraum, sondern unterliegen der Realität politischer Prozesse" (Danner 2000, S. 228). Ohne dies hier weiter vertiefen zu wollen: An dieser Stelle zeigt sich, wie wichtig eine trennscharfe Differenzierung zwischen Politik und Pädagogik im Kontext der Auseinandersetzung mit der politischen Partizipation der jungen Generation ist (vgl. Burdewick 2005) – eine Differenzierung, die in Konzepten zur politischen Beteiligung von Kindern und Jugendlichen oftmals nicht oder nur unzureichend vorgenommen wird (vgl. dazu auch Danner 2000).

2.   Kognitive Achtung: Das zweite Anerkennungsmuster basiert auf dem Prinzip der Gewährung gleicher Rechte, die für die Entwicklung der Selbstachtung von entscheidender Bedeutung sind. Grundlegend ist in diesem Kontext die Anerkennung jedes Individuums als gleichberechtigte Person, die fähig ist, autonom aus vernünftiger Einsicht zu handeln. Die Achtung einer Person als

Rechtssubjekt bedeutet in diesem Zusammenhang also nicht allein, sie als ein gleichberechtigtes Mitglied der Gesellschaft zu schätzen. Es geht vielmehr gleichermaßen darum, eine Person als moralisch zurechnungsfähig anzuerkennen. Durch eine solcherart erfahrene Anerkennung erhält ein Subjekt die Möglichkeit, sich selbst als ein Wesen zu betrachten, das mit allen anderen Mitgliedern des Gemeinwesens die Eigenschaft teilt, als moralisch zurechnungsfähig geachtet zur werden.

Diese Zurechnungsfähigkeit wird Jugendlichen im politischen Bereich nur in begrenztem Maße zugestanden[52]: Jugendliche sind von politischen Teilnahmerechten – insbesondere dem Wahlrecht – weitgehend ausgeschlossen. Sie befinden sich hier in einem „Grenzbereich" (Berger 2004, S. 326). In einigen Bundesländern haben sie ab 16 Jahren zwar das Recht, bei den Kommunalwahlen ihre Stimme abzugeben. Ein allgemeines aktives und passives Wahlrecht erhalten junge Menschen aber erst mit dem Erreichen der Volljährigkeit.

Hier besteht eine Diskrepanz: Junge Menschen haben im Zuge der Individualisierung und Pluralisierung der Lebensbedingungen heute wesentlich mehr Verantwortung für ihre Lebensgestaltung zu übernehmen als frühere Jugendgenerationen, zum Beispiel für ihre Schullaufbahn, für Konsumentscheidungen oder die Berufswahl. Auch die Krise der Arbeitsgesellschaft hat Jugendliche längst erreicht. Probleme wie drohende Arbeitslosigkeit oder Lehrstellenmangel waren bereits der „Shell-Studie" aus dem Jahr 1997 zufolge ein zentrales Thema für junge Menschen (Fischer/ Münchmeier 1997, S. 13, vgl. dazu auch Münchmeier 2005, S. 98f.). Die zunehmende Selbstständigkeit Jugendlicher und die Entgrenzung der Lebensphase Jugend in die Arbeitswelt (vgl. Schröer 2004) finden jedoch wenig Entsprechung im politischen Bereich. In Bezug auf ihre Rechte zur politischen Mitbestimmung werden Jugendliche offensichtlich nach wie vor behandelt, als befänden sie sich in einem Schonraum, in dem sie gesellschaftliche Mitwirkung höchstens spielen dürfen (vgl. Böhnisch/ Schröer 2002, S. 95f.).

3. Soziale Wertschätzung: Der dritte von Honneth herausgearbeitete Anerkennungstypus beruht schließlich auf der Erfahrung von Achtung als sozialer Wertschätzung, die sich in der Persönlichkeit als Selbstwertgefühl bzw. Selbstschätzung niederschlägt. Soziale Wertschätzung ermöglicht es einer Person, sich über die Erfahrung affektiver Achtung und rechtlicher Anerkennung hinaus auf eigene Eigenschaften und Leistungen positiv zu beziehen. Hier wird der Einzel-

---

[52] In diesem Kontext sind auch Befunde der Entwicklungspsychologie zur moralischen Urteilsfähigkeit von Bedeutung: Junge Menschen können ab dem 12. Lebensjahr genauso urteilsfähig sein wie Erwachsene und die politische Kompetenz vieler Erwachsener ist im Kern nicht unbedingt weiter entwickelt als die Jugendlicher (vgl. Kohlberg 1997, Oser/ Althoff 2001, Hurrelmann 1998 und Burdewick 2003b).

ne als Subjekt, dessen Fähigkeiten für die konkrete Gemeinschaft von konstitu-tivem Wert sind, wertgeschätzt.

In den Interviews wird deutlich, dass Jugendliche den Eindruck haben, mit ihren spezifischen Vorstellungen kaum Berücksichtigung im Bereich der Politik zu finden. Sie fühlen sich als Jugendliche von erwachsenen Politikern nicht beachtet und können sich offenbar nicht vorstellen, in ihrer Besonderheit eine Wertschätzung im Bereich der (Erwachsenen-)Politik zu erhalten. Dies dürfte einer der grundlegenden Impulse für ihre Distanzierung von der etablierten Politik sein. Sie haben dort in ihrer Differenz zu den Erwachsenen keinen Raum.

Anerkennungs-formen	Primärbezie-hungen, Liebe, Freundschaft	Rechtsver-hältnisse, Rechte	Wertgemein-schaft, Solidarität
Anerkennungsweise	*Emotionale Zuwendung*	*Kognitive Achtung*	*Soziale Wertschätzung*
Persönlichkeits-dimension	*Bedürfnis- und Affektnatur*	*Moralische Zurechnungs-fähigkeit*	*Fähigkeiten und Eigenschaften*
Praktische Selbst-beziehung	*Selbstvertrauen*	*Selbstachtung*	*Selbstschätzung*
Entwicklungs-potenzial		*Generalisie-rung, Materiali-sierung*	*Individuali-sierung, Egali-sierung*

Tab. 2: Anerkennungsformen (Vgl. Honneth 1998, 211)

Welche Bedeutung haben die Befunde der hier vorgestellten empirischen Unter-suchung und die Überlegungen zur Anerkennungsproblematik für das gesell-schaftliche Zusammenleben?

3   Gesellschaftlicher Zusammenhalt und politische Partizipation

Honneth entfaltet seine Anerkennungskonzeption im Kontext kritischer Gesell-
schaftstheorie. Das Ideal einer gerechten Gesellschaft bildet dabei den Maßstab
der Analyse. Seiner Ansicht nach bedarf es vor dem Hintergrund zunehmender
Individualisierung in posttraditionalen Gesellschaften eines normativen Bedeutungshorizonts, der es ermöglicht, Differenzen anzuerkennen. Dieser für die
Anerkennungsform der Solidarität zentrale Werthorizont sei in der durch die
Vielfalt der Lebensformen und Deutungsmuster geprägten Gesellschaft weitgehend in Auflösung begriffen. Er zeichnet sich durch die wechselseitige Wertschätzung von Personen aus, die sich auf ein gemeinsames Ziel bzw. eine gemeinsame Lebenspraxis beziehen (vgl. Honneth 2000, S. 329). Eine Quelle
dieser Solidarität könnte die Bindung der Gesellschaftsmitglieder an freiheitsverbürgende Institutionen bilden, und zwar an Institutionen, die sie sich selbst
geschaffen haben und an denen sie partizipieren. Ähnlich argumentiert auch der
kanadische Sozialphilosoph Charles Taylor: Er hebt ebenso die Wichtigkeit
eines allen gemeinsamen Bedeutungshorizonts für die Anerkennung der Differenzen hervor. Eine Basis für die Schaffung eines solchen Horizontes sei der
„Ausbau und die Hege unserer Wertungsgemeinsamkeiten [...]; und eines der
maßgeblichen Verfahren, um das zu erreichen, wäre ein politisches Leben der
Beteiligung" (Taylor 1997, S. 63).

Was lässt sich daraus für die politische Partizipation Jugendlicher folgern?
Jugendlichen fehlt dieser normative Kontext, jedenfalls was die Bindung an
freiheitsverbürgende politische Institutionen anbelangt. Ihr Eindruck keine ausreichende Anerkennung in der Politik der Erwachsenen zu finden, führt zu einer
deutlichen Distanzierung von der etablierten Politik. Politik ist – wie eine 18-
jährige Interviewpartnerin es ausdrückt – irgendwo 'da hinten' und hat aus Sicht
von jungen Leuten wenig Bezug zu ihren Interessen und Problemen.

Will man der Distanzierung der jungen Generation von der Politik entge-
genwirken, ist es einerseits sinnvoll, nach adäquaten, altersgerechten politischen
Mitwirkungsmöglichkeiten zu suchen, in denen die Wünsche, Probleme und
Vorstellungen von Jugendlichen eine Wertschätzung erhalten. Andererseits
könnte die Kritik junger Menschen an den Inhalten und Formen etablierter Politik aber ebenfalls zum Anlass genommen werden, um sich mit entsprechenden
Veränderungsmöglichkeiten im Bereich der Politik auseinander zu setzen.

Dies bedeutet im Übrigen nicht, dass die Politik sich nun stromlinienförmig
den Bedürfnissen der jungen Generation anzupassen hätte. Es geht vielmehr
darum, Jugendliche nicht ausschließlich als Objekte politischer Erziehung und
politischer Entscheidungen zu betrachten, sondern ihnen in der Politik als Sub-
jekten mit spezifischen Vorstellungen, Problemen und Fähigkeiten einen größe-

ren Stellenwert einzuräumen. Dies wird vor dem Hintergrund der zunehmenden Selbstständigkeit Jugendlicher und der Entgrenzung der Lebensphase Jugend wichtiger denn je. Mag der weitgehende Ausschluss Jugendlicher aus dem Bereich der traditionellen Politik etwa in den 1950er und 1960er Jahren, als die Lebensphase Jugend eher als Übergangsmoratorium zum Erwachsenenalter begriffen werden konnte, noch nicht weiter problematisch gewesen sein, so stellt er sich auf Basis des Strukturwandels Jugendphase heute als gesellschaftliches Problem dar, das sich in einer mangelnden gesellschaftlichen Integration junger Leute äußert, die ihren Ausdruck unter anderem in einer Abwendung Jugendlicher von den politischen Institutionen und ihren Vertretern findet. Auch Gewalthandlungen Jugendlicher dürften sich zum Teil vor dem Hintergrund der hier beschriebenen Desintegrationsprozesse erklären lassen. Hier bedarf es ganz im Sinne Honneths „eine[r] radikale[n] Erweiterung von Beziehungen der Solidarität" (Honneth 1998, S. 287). Grundlage dafür ist die Orientierung an einem normativen Bedeutungshorizont, der eine Anerkennung der Differenzen gewährleistet.

Für die politische Beteiligung Jugendlicher lassen sich aus den Befunden der qualitativen Studie zwei wesentliche Aspekte ableiten. Zum einen sollten junge Leute durch pädagogische Flankierungen etwa in der Schule, im Elternhaus und in entsprechenden Beteiligungsmodellen befähigt werden, sich selbstbewusst und selbstständig für ihre eigenen Interessen einzusetzen. Die Vermittlung von Normen und Wertvorstellungen dient dabei nicht vorrangig der Integration in vorgegebene soziale und politische Muster, sondern hat die Aufgabe, den Heranwachsenden „zu eigenen tragfähigen Orientierungsmustern zu verhelfen, mit denen sie sich identifizieren, die sie aber auch (in altersgemäßer Form) reflektieren bzw. hinterfragen können" (Leu 1999, 86). Andererseits sollte für Heranwachsende eine politische Kultur der Beteiligung geschaffen werden, die sie als Experten und Expertinnen in eigener Sache anerkennt und es ihnen viel stärker ermöglicht, sich als wertvoll für die Gemeinschaft zu erfahren, als dies bisher der Fall ist. Dazu gehört auch eine Ausweitung der rechtlichen Möglichkeiten der politischen Mitbestimmung für Jugendliche. Hier bedarf es noch zahlreicher neuer Ideen und kreativer Lösungen. Eine adäquate altersangemessene Partizipation Jugendlicher bietet die Chance, dass die junge Generation mit ihren Wünschen, Interessen und Fähigkeiten eine größere Wertschätzung erlangt. Damit birgt sie die zukunftsweisende Möglichkeit in sich, gesellschaftliche Anerkennungsmuster dahingehend zu erweitern, dass junge Menschen in ihrer spezifischen Lebenssituation stärker berücksichtigt bzw. sichtbar werden, als dies bisher der Fall ist.

4   Politische Partizipation und soziale Anerkennung – Impulse für die Soziale Arbeit

Abschließend soll skizziert werden, welche Impulse sich aus den bisherigen Überlegungen zur politischen Partizipation und Anerkennung für die Soziale Arbeit ableiten lassen. Dabei erfolgt eine Differenzierung zwischen drei Dimensionen Sozialer Arbeit: 1. der pädagogischen, 2. der politischen und 3. der wissenschaftlich-theoretischen.

1. Politische Partizipation ist ein konstitutives Merkmal einer demokratischen Kultur, die auf dem Bewusstsein gemeinsamer Wertvorstellungen – wie Menschenrechte oder Gleichheit in Verschiedenheit (Minderheitenrechte) – sowie dem Engagement für diese Werte basiert. Im pädagogischen Kontext ist zu fragen, „über welche Eigenschaften Bürger verfügen müssen, um erfolgreich an demokratischen Institutionen und den ihnen entsprechenden Öffentlichkeiten teilnehmen zu können" (Brumlik 2002, S. 247). Hier geht es um die sozialisatorischen Grundlagen, welche eine demokratische Gesellschaft erst möglich machen. Gerhard Himmelmann begreift Demokratie mit John Dewey als „Lebensform" (Himmelmann 2002, S. 76), die von Heranwachsenden konkret erfahren werden muss, will man ihnen „konkrete Maßstäbe für die Beurteilung der Demokratie als Gesellschaftsform" (ebd.) vermitteln. Zudem legen entwicklungspsychologische Untersuchungen auf Basis des Kohlberg'schen Stufenmodells zur moralischen Urteilsfähigkeit nahe, dass das für eine verantwortungsbewusste politische Partizipation wichtige kritische Urteilsvermögen durch eine demokratische Kultur der Beteiligung grundlegend gefördert werden kann (vgl. Higgins 1987). Insofern stellt eine altersangemessene Beteiligung von Kindern und Jugendlichen an Entscheidungsprozessen, und zwar in allen sie betreffenden Bereichen, ein zentrales Moment politischer Bildung dar (vgl. Burdewick 2003b). Deshalb ist die Konzeption, Einrichtung und professionelle pädagogische Begleitung von Partizipationsmodellen für die junge Generation ein wichtiger Beitrag zur Bildung eines demokratischen Bewusstseins.[53] Auf der pädagogischen Ebene kommt der Sozialen Arbeit damit die Rolle zu, Wegbereiterin eines demokratischen Verständnisses gesellschaftlichen Zusammenlebens sein. Die Konzeption wechselseitiger Anerkennung impliziert zudem eine pädagogische Haltung gegenüber den Adressaten und Adressatinnen Sozialer Arbeit,

---

[53] In dieser Hinsicht zeigt sich die Bedeutung einer zivilgesellschaftlichen Grundlegung der Kinder- und Jugendhilfe im Kontext einer verstärkten rechtlichen Verankerung der Partizipation junger Menschen, die unter anderem im Kinder- und Jugendhilfegesetz (1990) und der UN-Kinderrechtskonvention (1992) ihren Ausdruck findet (vgl. dazu Böhnisch/ Schröer/ Thiersch 2005, S. 267f.).

nämlich sie unabhängig vom Alter als Subjekte mit spezifischen Vorstellungen und Fähigkeiten zu betrachten.

2. Die Parteinahme für eine Ausweitung gesellschaftlicher Anerkennungsmuster – und dies nicht allein in Bezug auf die politische Partizipation Jugendlicher – korrespondiert zudem mit dem Anspruch Sozialer Arbeit, sich für eine soziale Ordnung mit mehr Gerechtigkeit einzusetzen (vgl. Rommelsbacher 2005). Eine zentrale Rolle spielt dabei die Anerkennung der Gesellschaftsmitglieder in ihrer Gleichheit und spezifischen Besonderheit. Darin liegt eine zentrale politische Dimension der Sozialen Arbeit. Sie bestimmt die Eigenart Sozialer Arbeit als 'Anerkennungsarbeit'[54], die sich dem Ideal einer gerechten und „anständigen" (Margalit 1997, S. 11) Gesellschaft verschrieben hat.

3. Im Kontext einer qualifizierten Gerechtigkeitsdiskussion – wie sie die Anerkennungsthematik impliziert – geht es auf der wissenschaftlich-theoretischen Ebene schließlich darum, gesellschaftliche Desintegrationsprozesse sowie ihre Auswirkungen auf Individuen und soziale Gruppen transparent zu machen. In diesem Kontext sollten sowohl ethisch-normative Gerechtigkeitsforderungen als auch empirische Befunde zu den Gerechtigkeitsvorstellungen Einzelner oder sozialer Gruppierungen und reale sozioökonomische Machtverhältnisse in den Blick genommen werden. Dies fordert auch Silvia Staub-Bernasconi, wenn sie auf Basis von Überlegungen zu einer sozial gerechten Gesellschaft für eine stärkere Verbindung empirischer Analysen und ethisch-normativer Begründungen eintritt und eine zentrale Aufgabe der Sozialarbeitswissenschaft in der Erforschung der „realen Bedingungen" (Staub-Bernasconi 2005, S. 81) für die Missachtung ethisch-normativer Gerechtigkeitsforderungen sowie „für deren Begründung, Durchsetzung oder freiwilligen Einlösung" (ebd.) sieht.

Die beiden zuletzt genannten Dimension weisen freilich weit über die in diesem Beitrag exemplarisch entfaltete Thematik der Partizipation Jugendlicher hinaus. Hier ist beispielsweise wie in der eingangs zitierten Romanpassage die Anerkennung ethnischer und kultureller Minderheiten angesprochen. Festzuhalten bleibt, dass für die Soziale Arbeit eine weitere Beschäftigung mit dem Thema Anerkennung[55], sowohl was ihre weitere theoretische Fundierung und ihre politische Dimension als auch pädagogische Überlegungen anbelangt äußerst gewinnbringend sein dürfte.

---

[54] Vgl. dazu auch Sauerwalds Überlegungen zu einer Begründung der Sozialen Arbeit als „Anerkennungsarbeit" (Sauerwald 2002, S. 31).
[55] Und dazu gehören auch Fragen der Umverteilung von materiellen und immateriellen Gütern. Vgl. dazu die Kontroverse zwischen Fraser und Honneth (2003).

Literatur

Bauer, Brigitte/ Kluge, Sven/ Sauerwald, Gregor (Hrsg.) (2002): Kampf um Anerkennung. Zur Grundlegung von Sozialer Arbeit als Anerkennungsarbeit. Münster/ New York/ München/ Berlin.

Böhnisch, Lothar/ Schröer, Wolfgang/ Thiersch, Hans (2005): Sozialpädagogisches Denken. Wege zu einer Neubestimmung. Weinheim/ München.

Böhnisch, Lothar/ Schröer, Wolfgang (2002): Die soziale Bürgergesellschaft. Zur Einbindung des Sozialpolitischen in den zivilgesellschaftlichen Diskurs. Weinheim/ München.

Berger, Wolfgang (2004): Politische Beteiligung als Aufgabe der politischen Bildung. Chancen und Probleme der außerschulischen politischen Bildung. In: Breit/ Schiele, (Hrsg.) (2004): S. 326 – 350

Breit, Gotthardt/ Schiele, Siegfried (Hrsg.) (2004): Demokratie braucht politische Bildung. Bonn.

Brumlik, Micha (2002): Bildung und Glück. Versuch einer Theorie der Tugenden. Berlin/ Wien.

Burdewick, Ingrid (2003a): Jugend – Politik – Anerkennung. Eine qualitative empirische Studie zur politischen Partizipation 11- bis 18-Jähriger. Opladen.

Burdewick, Ingrid (2003b): Moralentwicklung und politische Urteilsfähigkeit im Kindes- und Jugendalter. Entwicklungspsychologische Aspekte der Debatte um die politische Partizipation der jungen Generation. In: deutsche jugend. Zeitschrift für die Jugendarbeit. Jg. 2003. Heft 6. S. 265 – 273

Burdewick, Ingrid (2005): Politische Partizipation – Jugend, Anerkennung und Pädagogik. In: Hafeneger/ Jansen./ Niebling (Hrsg.) (2005): S. 95 – 117

Danner, Stefan (2000): Politische Aktion, Lernarrangement oder Expertenwerkstatt? In: Neue Sammlung. Jg. 2000. Heft 2. S. 211-232

Deutsche Shell (Hrsg.) (2002): Jugend 2002. 14. Shell Jugendstudie. Frankfurt/ M.

Ellison, Ralph (2003): Der unsichtbare Mann. Reinbeck bei Hamburg.

Fischer, Arthur/ Münchmeier, Richard (1997): Die gesellschaftliche Krise hat die Jugend erreicht. Zusammenfassung der zentralen Ergebnisse der 12. Shell Jugendstudie. In: Jugendwerk der deutschen Shell (Hrsg.) (1997): S. 11-23

Fraser, Nancy/ Honneth, Axel (2003): Umverteilung oder Anerkennung? Eine politisch-philosophische Kontroverse. Frankfurt/ M.

Gille, Martina/ Krüger, Winfried (Hrsg.) (2000): Unzufriedene Demokraten. Politische Orientierungen der 16- bis 29jährigen im vereinten Deutschland. Opladen.

Habermas, Jürgen/ Friedeburg, Ludwig von/ Oehler, Christoph/ Weltz, Friedrich (1961): Student und Politik. Eine soziologische Untersuchung zum politischen Bewusstsein Frankfurter Studenten. Neuwied.

Hafeneger, Benno (Hrsg.) (2005): Subjektdiagnosen. Subjekt, Modernisierung und Bildung. Schwalbach/ Ts.

Hafeneger, Benno/ Henkenborg, Peter/ Scherr, Albert (Hrsg.) (2002): Pädagogik der Anerkennung. Grundlagen, Konzepte, Praxisfelder.Schwalbach/ Ts.

Hafeneger, Benno/ Jansen, Mechthild M./ Niebling, Torsten (Hrsg.) (2005): Kinder- und Jugendpartizipation. Im Spannungsfeld von Interessen und Akteuren. Opladen.

Higgins, Ann (1987): Moralische Erziehung in der Gerechte-Gemeinschaft-Schule – Über schulpraktische Erfahrungen in den USA. In: Lind/ Raschert (Hrsg.) (1987): S. 54-72.

Himmelmann, Gerhard (2002): Anerkennung und Demokratie-Lernen bei John Dewey. Wie kann man Anerkennung lernen? In: Hafeneger/ Henkenborg/ Scherr (Hrsg.) (2002): S. 63 – 79.

Hoffmann-Lange, Ursula (1995): Jugend und Demokratie in Deutschland. DJI-Jugendsurvey 1. Opladen.

Honneth, Axel (1990): Integrität und Mißachtung. Grundmotive einer Moral der Anerkennung. In: Merkur. Jahrgang 1990. Nr. 44. S. 1043-1054

Honneth, Axel (1998): Kampf um Anerkennung. Zur moralischen Grammatik sozialer Konflikte. Frankfurt/ M.

Honneth, Axel (2000): Das Andere der Gerechtigkeit. Aufsätze zur politischen Philosophie. Frankfurt/ M.

Honneth, Axel (2003): Unsichtbarkeit. Stationen einer Theorie der Intersubjektivität. Frankfurt/ M.

Hurrelmann, Klaus (1998): Jugendliche an die Wahlurnen! In der Altersspanne zwischen 12 und 14 Jahren entsteht die politische Urteilsfähigkeit. In: deutsche jugend. Jahrgang 1998. Heft 1. S. 9-17

Jugendwerk der deutschen Shell (Hrsg.) (1997): Jugend '97. Zukunftsperspektiven, Gesellschaftliches Engagement, Politische Orientierungen. Opladen.

Kohlberg, Lawrence (1997): Die Psychologie der Moralentwicklung. Herausgegeben von Wolfgang Althof unter Mitarbeit von Gil Noam und Fritz Oser. Frankfurt/ M.

Lenz. Karl/ Schefold, Werner/ Schröer, Wolfgang (Hrsg.) (2004): Entgrenzte Lebensbewältigung. Jugend, Geschlecht und Jugendhilfe. Weinheim/ München.

Leu, Hans Rudolf (1999): Die „biographische Situation" als Bezugspunkt eines sozialisationstheoretischen Subjektverständnisses. In: Leu/ Krappmann (Hrsg.) (1999): S. 77-107

Leu, Hans Rudolf/ Krappmann, Lothar (Hrsg.) (1999): Zwischen Autonomie und Verbundenheit. Bedingungen und Formen der Behauptung von Subjektivität. Frankfurt/ M.

Lind, Georg/ Raschert, Jürgen (Hrsg.) (1987): Moralische Urteilsfähigkeit. Eine Auseinandersetzung mit Lawrence Kohlberg. Weinheim/ Basel

Margalit, Avishai (1997): Politik der Würde. Über Achtung und Verachtung. Berlin.

Münchmeier, Richard (2005): Jugend – Werte, Mentalitäten und Orientierungen im Lichte der neueren Jugendforschung. In: Hafeneger (Hrsg.) (2005): S. 95 – 11

Oser, Fritz/ Althof, Wolfgang (2001): Moralische Selbstbestimmung. Modelle der Entwicklung und Erziehung im Wertebereich. Stuttgart.

Rommelsbacher, Birgit (2005): Soziale Arbeit und Menschenrechte. In: Thole/ Cloos/ Ortmann/ Strutwolf (Hrsg.) (2005): S. 101 – 111

Sauerwald, Gregor (2002): Kampf um Anerkennung (A.Honneth). Soziale Arbeit als Anerkennungsarbeit. Zur Utopie einer anständigen Gesellschaft (A. Margalit). In: Bauer/ Kluge/ Sauerwald (Hrsg.) (2002): S. 31 – 41

Schröer, Wolfgang (2004): Befreiung aus dem Moratorium? Zur Entgrenzung von Jugend. In: Lenz/ Schefold/ Schröer (Hrsg.) (2004): S. 19 – 74

Schneekloth, Ulrich (2002): Demokratie, ja – Politik, nein? Einstellungen Jugendlicher zur Politik. In: Deutsche Shell (Hrsg.) (2002): S. 91-137

Staub-Bernasconi, Silvia (2005): Gerechtigkeit und sozialer Wandel. In: Thole, Werner/ Cloos, Peter/ Ortmann, Friedrich/ Strutwolf, Volkhardt (Hrsg.) (2005): S. 75 – 87

Strauss, Anselm L./ Corbin, Juliet (1996): Grounded Theory. Grundlagen qualitativer Sozialforschung. Weinheim.

Taylor, Charles (1997): Das Unbehagen an der Moderne. Frankfurt/ M.

Thole, Werner/ Cloos, Peter/ Ortmann, Friedrich/ Strutwolf, Volkhardt (Hrsg.) (2005): Soziale Arbeit im öffentlichen Raum. Soziale Gerechtigkeit in der Gestaltung des Sozialen. Wiesbaden.

Klientin – Kundin – Nutzerin – Genossin?!

Timm Kunstreich

...mit 'Genossin' ist hier nicht jemand aus dem sozialistischen Milieu gemeint, sondern die Teilhaberin einer (Sozial-) Genossenschaft. Die Reihenfolge der Begriffe überrascht vielleicht oder ist zumindest ungewohnt, in systematischer und kritischer Absicht aber lässt sich die Abfolge der vier Begriffe als die Befreiung insbesondere der Frau aus patriarchaler Abhängigkeit lesen – auch wenn diese Interpretation im Gegensatz zur realen Entwicklung tatsächlicher massenhafter Klientifizierung steht. Unter diesem Aspekt lässt sich die Abfolge der Begriffe wie folgt skizzieren:

Zur Klientin oder zum Klienten wird ein Mensch, wenn er ein 'Defizit' bekunden muss, das er als 'Eintrittskarte' in ein Leistungssystem vorweisen muss. Die Prozedur der Trennung des würdigen vom unwürdigen Armen früher und die heutige Unterscheidung von Berechtigte und Nichtberechtigte weisen immer noch dieselbe systemische Struktur auf. Das Arbeitsförderungsgesetz, das in den 70er Jahren des letzten Jahrhunderts im Wesentlichen durch die direkte Inanspruchnahme von Rechten gekennzeichnet war, ist heute unter dem Motto 'Fördern und Fordern' nicht nur sehr voraussetzungsvoll, sondern durch die Bedürfnis- und Unterwerfungsprüfungen auch außerordentlich selektiv und diskriminierend geworden.

Ähnliches gilt für fast alle anderen Bereiche der sozialen Sicherung, so zum Beispiel für die Inanspruchnahme der Drogenhilfe, die nur noch gewährt wird, wenn Ausstiegwilligkeit signalisiert wird, oder für die Hilfen zur Erziehung, die inzwischen in einem Ausmaß wegen 'Erfolglosigkeit' der Maßnahme, d.h. wegen 'Erziehungsunfähigkeit' eingestellt werden, das selbst im JWG unbekannt war.

Der Aufstieg der Klientin zur Kundin ist ausschließlich ideologischer Art. Sicherlich ist mit der Anerkennung einer nützlichen Funktion im kapitalistischen Wirtschaftskreislauf ein historischer Fortschritt gegenüber feudaler Unmündigkeit erreicht – ob das aber die heutige 'Klientin' überhaupt bemerkt? Wenn in Zusammenhang mit dem sozialstaatlichen Sicherungssystems überhaupt von Kunde die Rede sein kann, dann ist es der Monopolkunde (konkret: die unterschiedlichen monopolistischen staatlichen Finanziers im System der Wohlfahrtsökonomie). Dieser mächtige Kunde hetzt die anbietenden Träger in eine Konkurrenz, die diese nur bestehen können, wenn sie möglichst viele 'good

cases' haben, im Fachjargon 'Sahnestücke' genannt, die die in den Leistungsvereinbarungen anvisierten Verhaltensnormierungen tatsächlich erreichen. Michael Langhanky hat darauf im Zusammenhang mit der explosionsartigen Entwicklung einer Neodiagnostik hingewiesen (2005, vgl. auch WIDERSPRÜ-
CHE, Heft 88).

Die 'Klientin' und die 'Kundin' sind für einen kritischen Diskurs also
kaum brauchbar. Andreas Schaarschuch und Gertrud Oelerich (2005) schlagen
deshalb in der Auseinandersetzung mit derartigen Typisierungen vor, den Begriff der Nutzerin und des Nutzers stark zu machen und in ein gebrauchswertori-
entiertes Konzept von Dienstleistung einzubeziehen. Sie markieren in dieser
vom Siegeszug des Neuen Steuerungs-Modells gekennzeichneten Debatte um
neoliberale Formen der Regulierung eine Position, die nicht nostalgisch zu einer
keynesianistischen Form des Sozialstaates zurück will, sondern die – ähnlich
wie die Autoren des Konzeptes Sozialpolitik als Infrastrukturpolitik (vgl. Stei-
nert und Hirsch in WIDERSPRÜCHE 97,2005) – eine Vielfalt von anerkannten
Lebensweisen und Kooperationsformen ermöglicht, die auf der Realisierung
elementarer   sozialer,   politischer   und   kultureller   sowie   ökonomischer
Grundrechte basiert. Dieses Verständnis von Dienstleistung beinhaltet,

> „dass es die Nutzerinnen und Nutzer sind, die ihr Leben, ihr Verhalten, ihre Gesundheit, ihre
> Bildung unhintergehbar aktiv produzieren, das heißt aneignen (müssen) und diese somit reali-
> ter die *Produzenten* sind – während die Professionellen, die diesen Aneignungsprozess in kei-
> ner Weise vollziehen können, in Hinblick auf diese Aneignungsprozesse ‚lediglich' co- pro-
> duktive Hilfestellungen und Anregungen zu geben, Lernarrangements bereit zu stellen, Alter-
> nativen aufzuzeigen, kritische Begleitung zu geben in der Lage sind etc. In systematischer
> Perspektive kommt somit dem Aneignungshandeln der Nutzerinnen und Nutzer im Dienstleis-
> tungsprozess der Primat zu (Schaarschuch 2003)." (Oelerich/ Schaarschuch 2005: 11, Hervor-
> hebung i.O.)

Idee und Konzept der Nutzerin bzw. des Nutzers und eine aus dieser Perspektive
formulierte Dienstleistungskonzeption ermöglichen in der Tat kritische und
weiterführende Anfragen an die aktuelle neoliberale Verfasstheit Sozialer Arbeit. Allerdings – und hier liegt die Grenze, die ich im Folgenden diskutieren
möchte – lässt dieses Konzept die Frage offen, wie denn Organisationen einer
derartigen Co- Produktion aussehen könnten. Im Anschluss an den von Andreas
Schaarschuch mehrfach herausgearbeiteten Bezug seines Konzeptes zu den
sozialen, politischen, und ökonomischen Grundrechten möchte ich im Folgenden prüfen, inwieweit Theorie und Praxis von Sozialgenossenschaften eine
derartige Organisationsform enthalten, die, wenn sie Akteure gewinnt, als Idee
zur Praxis drängt.

Die folgenden Ausführungen habe ich zuerst auf einer Veranstaltung der
Evangelischen Fachhochschule des Rauhen Hauses mit dem Zentralverband

Deutscher Konsumgenossenschaften e.V. am 6.12.2002 vorgetragen und in etwas erweiterter Form in Heft 97 der WIDERSPRÜCHE (2005) veröffentlicht. Grundsätzlich stimme ich Burkhard Flieger zu, wenn er hervorhebt, dass Sozialgenossenschaften als Element einer sozialen Infrastruktur das sozialpolitische Paradox aufheben können,

> „die sozialstaatlichen Korrekturen zur Bewältigung von marktwirtschaftlich nicht bewältigter, großteils sogar erzeugter Armut mit marktwirtschaftlichen Mitteln zu bewältigen. Analoge Veränderungen und Paradoxien zeigen sich bei der Sozialhilfe, in den sozialen Einrichtungen sowie bei der Sozialarbeit. D.h., auch die dortigen Probleme werden mit Mitteln bekämpft, die sie erzeugen." (Flieger 2003: 12).

Vier genossenschaftliche Prinzipien geben die Richtung an, in die derartige Paradoxien aufgehoben werden können (vgl. hierzu insgesamt: Flieger 2003)

1. Das 'Förderprinzip' – Der Zweck jeder Genossenschaft ist es, die GenossInnen zu fördern, je nachdem was Gegenstand der Genossenschaft ist, sei es nun Wohnung, Arbeit, Unterstützungsleistung usw. Das Förderprinzip ist damit eng an den Gebrauchswert von Aktivitäten gebunden. Im Unterschied zur Vernutzung und Ausbeutung der Arbeitskraft geht es hier um eine wie auch immer geartete Förderung im Sinne von zukünftiger Verbesserung der Lebenssituation. Ein 'Fordern', das nicht den Interessen der Akteure entspricht, ist in diesem Kontext überhaupt nicht denkbar. Diese Gebrauchswertorientierung wird unter anderem durch das zweite genossenschaftliche Prinzip unterstützt:

2. Identitätsprinzip – Dieses Prinzip unterstreicht, dass in Genossenschaften üblicherweise unvereinbare Rollen miteinander in den handelnden Personen vereinigt werden. So z. B. der Produzent mit dem Konsumenten, der Vermieter mit dem Mieter usw. Im Zusammenhang der Sozialgenossenschaften ist hier insbesondere die (mögliche) Identität von 'Professionellen' und 'Klient' von besonderer Bedeutung. Damit ist das Identitätsprinzip zugleich auch eine praktische Zurückweisung der Reduktion menschlicher Tätigkeit auf Lohnarbeit. Im genossenschaftlichen Kontext können alle anderen Formen kreativer Tätigkeit nicht nur theoretisch, sondern auch praktisch als gleichwertig erlebt werden. Gegen die Reduktion menschlicher Tätigkeit auf eine Ware und gegen eine einseitige Funktionalisierung spricht auch die Praxis des 3. genossenschaftlichen Prinzips:

3. Demokratieprinzip – Unabhängig davon wie hoch der Genossenschaftsanteil einer Person ist, jede Person hat eine Stimme. Dieses Grundelement demokratischer Partizipation geht zum einen weit über Mitbestimmung im Sinne des Betriebsverfassungsrechtes hinaus und ist zum anderen zugleich das wirksamste Gegenmittel gegen den 'Totalitarismus' moderner, neolibe-

raler Betriebsführung. Dass mit dem Demokratieprinzip Machtausübung im Sinne Hannah Arendts gemeint ist („Macht entspricht der menschlichen Fähigkeit, nicht nur zu handeln oder etwas zu tun, sondern sich mit anderen zusammenzuschließen und im Einvernehmen mit ihnen zu handeln." 1990:45), wird durch das 4. Prinzip noch einmal verstärkt:

4. Solidaritätsprinzip – Solidarität entsteht immer dann, wenn Menschen sich zusammenschließen, um etwas zu schaffen, was keine Person für sich alleine leisten könnte. Solidarität ist also der praktische Ausdruck einer positiv verstandenen Macht im Sinne von gemeinsamer Fähigkeit etwas zu tun. Realisiert sich diese Fähigkeit in hierarchischen Organisationen als Subkultur oder als transversale Sozialität, so realisiert sich im Solidaritätsprinzip der Genossenschaft – in wechselseitiger Ergänzung mit den anderen drei Prinzipien – eine Praxis, die statt Konkurrenz, Auslese und Selektion, Kreativität, Einmaligkeit und Reziprozität erlebbar macht.

Diese vier Prinzipien kennzeichnen das Genossenschaftskonzept als Ganzes. Sozialgenossenschaften als eine spezifische (und noch relativ bedeutungslose) Teilgruppe von real existierenden Genossenschaften haben darüber hinaus noch besondere Merkmale, auf die ich später noch eingehen werde. Zentral für das Konzept von Sozialgenossenschaften im Kontext einer Sozialpolitik als Infrastrukturpolitik ist jedoch der Zusammenhang von Genossenschaften und Bürgerrechten. Diesem Zusammenhang gilt folgende zentrale These:

Sozialgenossenschaften sind *notwendig*, um soziale Bürgerrechte (social citizenship) zu realisieren.

Dass 'Not' und 'Genossenschaft' historisch in einem Zusammenhang stehen, wird niemand leugnen. Aber es war nie die 'reine Not', sondern immer eine 'soziale Not', eine politisch-ökonomisch-kulturelle Not, die zu Selbstorganisationen wie die der Genossenschaft führte. Edward P. Thompson kennzeichnete diesen Zusammenhang mit dem Begriff der 'moralischen Ökonomie' (1980), Michael Vester betonte diesen Aspekt, wenn er in seiner noch immer grundlegenden historisch-psychologischen Untersuchung das 'Proletariat als Lernprozess' deutete (1970). Von beiden können wir lernen, dass es immer der aktuelle Zusammenhang von Not und Selbstorganisation ist, der Inhalt und Ausprägung solidarischer Aktionen erklärt, dass es jeweils die aktuellen sozialen Konflikte sind, die Selbstorganisationen der Machtunterworfenen oder Ohnmächtigen hervorbringen – wenn sie Hoffnung auf Veränderung haben. Hunger allein führt zum Verhungern, nicht zur Selbstorganisation. Es sind vielmehr existenziell wichtige, bewegende Fragen, die Menschen dann dazu bringen sich zusammenzuschließen, wenn sie eine gemeinsame Option haben. Für die Begründung meiner These bedeutet das: Die Notwendigkeit von Sozialgenossenschaften ist nicht aus historischer Reminiszenz zu begründen, sondern aus den aktuellen gesellschaftlichen Konflikten. Da in den heutigen Auseinandersetzungen die Genossenschaften als Ausdruck sozialer Bewegung so gut wie nicht vorkommen, ist es nötig, zunächst einige Überlegungen grundsätzlicher Art zum Verhältnis von 'Markt' als zentralem neo-liberalen Steuerungselement und 'Kooperation' als grundlegender menschlichen Fähigkeit zu machen. In einem zweiten Schritt werde ich Kooperation als Membership und Citizenship zueinander in Beziehung setzen, um in einem dritten Abschnitt diese Überlegungen an Beispielen für Sozialgenossenschaften zusammen zu führen. Im Ausblick erinnere ich an Natorps Vision einer 'Genossenschaft von Genossenschaften' als einer alternativen Vergesellschaftung im Sozialstaat, nicht als Reminiszenz, sondern um die Aktualität einer Tradition zu unterstreichen, in der m. E. auch das Konzept der sozialpolitischen Infrastruktur steht.

1   Markt und Kooperation

In den letzten Monaten habe ich in einigen Diskussionen die Idee der Sozialgenossenschaft getestet. Die Reaktionen reichten von freundlich-irritiert bis mitleidig-herablassend. Ein Kommentar tauchte jedoch mehrfach auf: „Das ist doch 19. Jahrhundert!" Wirft man einen Blick auf neuere Veröffentlichungen von Vertretern des Genossenschaftsgedankens, so wird deutlich, dass genau dieser Vorwurf auch gefürchtet wird. Es gibt hier eine starke Tendenz, Genossenschaften ausschließlich utilitaristisch zu begründen, Genossenschaft also als die beste Wahl im 'rational choice' des homo oeconomicus hervorzuheben, die eine besonders gelungene Teilhabe am kapitalistischen Markt verspricht.
  Nun ist das mit dem Alter einer Idee oder eines Konzeptes so eine Sache. Wenn Aktualität überhaupt ein Argument für irgendetwas ist, dann ist der Vorwurf, der Genossenschaftsgedanke käme aus dem 19. Jahrhundert, wenig stichhaltig, denn der Begründer der modernen Marktphilosophie lebte bekanntlich im 18. Jahrhundert: Adam Smith. Seine Untersuchung „On the Wealth of the Nations" wurde 1776 publiziert. Für den hier zur Diskussion stehenden Zusammenhang ist Adam Smith ein wichtiger Zeuge, verstand er sich selbst doch weniger als Ökonom denn als Moralphilosoph. Denn die Suche nach „übergreifenden Regeln des Zusammenlebens" (so die Definition von Moral von Micha Brumlik 2001: 1236) war in einer Zeit, in der das umfassende Definitionsmonopol der Kirche bzw. der Religion zerfiel, von zentraler Bedeutung. Smith interpretierte den Markt als die 'unsichtbare Hand' (invisible hand), die aus dem individuellen Verfolgen des Eigennutzes letztlich doch das gemeinschaftlich und gesellschaftlich Gute macht – also das Gemeinwesen produziert. Diese Auffassung beinhaltet eine doppelte Botschaft:

1. Gott ist nicht tot – er ist nur säkularisiert worden im Wirken des freien
   Austausches von Waren, (Hierauf bezieht sich Karl Marx indirekt, wenn er
   vom Fetischcharakter der Ware spricht).
2. Die positive Wirkung des Marktes kann sich nur entfalten, wenn alle nicht-
   marktkonformen Behinderungen des freien Marktes wegfallen. (Smith
   meinte zu seiner Zeit die feudalen Beschränkungen freier Individualität und
   des freien Marktes, wohl kaum den Sozialstaat heutiger Prägung, dessen
   Zweck es ja gerade ist, die Warenförmigkeit aller Waren, insbesondere die
   der Ware Arbeitskraft, zu sichern).

Smith selbst weist ausführlich nach, dass der Markt als Praxis und Metapher des
Austausches von Gütern und Waren uralt ist. Seitdem Menschengruppen mehr
herstellen, als sie unmittelbar für ihr tägliches Überleben brauchen, tauschen sie
ihre Mehrprodukte gegen die anderer. Auch die Wertbestimmung der getausch-
ten Sachen ist ebenso alt: Knappheit der Güter und/ oder die in sie investierte
Arbeit. Gerade die Besonderheit der Arbeit als einzig wertschaffende Tätigkeit
ist von Smith als erstem Arbeitswerttheoretiker moral-theoretisch und ökono-
mie-theoretisch herausgestellt worden. Das Geheimnis, wie aus diesem simplen
Vorgang des Austausches von Waren und Produkten die zentrale moralische
Vorraussetzung der Moderne wurde – wie aus millionenfachem Egoismus das
gemeinsame Gute wird – lüftete in der Tat hundert Jahre später Karl Marx. Er
analysierte den von Adam Smith beobachteten Vorgang als Übergang vom
einfachen zum erweiterten Warentausch. Im erweiterten Warentausch wird
tendenziell alles zur Ware, insbesondere aber die einzig wertschaffende Ware:
die Arbeitskraft. Marx analysierte auch den nun ganz und gar nicht metaphysischen Zweck dieses erweiterten Warentausches: die Akkumulation von Kapital.
Dessen Bewegungsformen und -inhalte formulierte er als 'Wertgesetz', d. h. als
den überindividuellen Zwang zur Akkumulation von Kapital. Die Alternative zu
diesem Zwang ist entweder der Untergang individueller Kapitaleigner oder die
Monopolisierung des entsprechenden Gewerbezweiges – oder die Revolution,
wie Marx hoffte. Da mir bis jetzt keine schlüssige Widerlegung des Wertgesetz-
tes bekannt ist, halte ich es mit Rosa Luxemburg und Jürgen Ritsert, die beide
sinngemäß formulierten: die Orthodoxie des Marxismus hängt am Dogmatismus
der Verhältnisse.

Marx allerdings war auch der schärfste Kritiker der Reduktion menschlicher Kooperation auf Warentausch. In den Grundrissen formulierte er: „Als
erste große Produktivkraft erscheint das Gemeinwesen selbst" (1974: 375).
Implizit folgte er hier Rousseau, der von einer ursprünglichen, quasi 'natürlichen' freien und gleichen Kooperation aller Menschen ausging, die historisch
durch repressive Institutionen verdeckt bzw. gestört worden ist. Die allseitige,
umfassende Kooperation als menschliche Selbstschöpfung und als menschlichen

Reichtum finden wir aber nicht nur bei Marx, sondern auch z. B. bei Peter Kropotkin. Der Mitbegründer des Anarchismus war vom Zaren in der zweiten Hälfte des 19. Jahrhunderts nach Sibirien verbannt worden. Hier hatte er genügend Zeit und Muße, naturwissenschaftliche Studien zu betreiben. Ungefähr gleichzeitig mit Darwins bahnbrechenden Untersuchungen zur Genese tierischer und menschlicher Arten interpretierte Kropotkin die selben Befunde in ganz konträrer Art. Während Darwin meinte, die Evolution durch das 'survival of the fittest' erklären zu können, das Sich-durchsetzen der jeweils den Bedingungen angemessensten Verhaltensmodi, beschrieb Kropotkin den gleichen Vorgang als das Überleben der Spezies, die am besten mit ihrer Umwelt kooperieren können. Die Blütenbestäubung und die Funktion der Insekten sind das bekannteste Beispiel für eine derart lebensnotwendige und 'grenzüberschreitende' Kooperation. Während Darwins Befunde sowohl mit liberalistischen Konkurrenzvorstellungen als auch mit rassistischen Inhalten sozial gefüllt wurden (Sozialdarwinismus) bzw. werden und so mit dem Marktmodell kompatibel sind – was wir bis heute in Konzepten des 'rational choice' und anderer utilitaristischer Ansätze finden – erweiterte Kropotkin seine Beobachtungen zu einem umfassenden Konzept von Kooperation als Basis einer lebensnotwendigen gegenseitigen Unterstützung. Sein sozialökologisches Konzept der Gegenseitigkeit (des Mutualismus – Mutualité, Mutuality) ist bis heute – nicht zuletzt aus politischen Gründen – in der Sozialen Arbeit nur wenig rezipiert worden. Eine explizite Ausnahme bilden die Untersuchungen von David Gil (1992;2006), implizit schließt hier Hans Falck mit seiner Membershiptheorie an (1997).

Fazit: 'Markt' heute ist nicht nur eine metaphysische, sondern vor allem eine hegemoniale Metapher. Während 'Markt' die Austauschbarkeit der Menschen zur Vorraussetzung hat und damit die Einzigartigkeit jedes Menschen negiert, ist Kooperation als Praxis des Sozialen die Bedingung dafür, dass jede und jeder Einzelne in ihrer bzw. seiner Einzigartigkeit anerkannt wird. Aus dem Marktmodell lässt sich bestenfalls eine 'rational choice'-Soziale Arbeit ableiten, wie sie in der zurzeit dominierenden Sozialpolitik deutlich wird: 'Fördern und Fordern' heißt es im rosa-grünen Lager, 'Fordern und Fördern' schallt es vom liberal-konservativen Lager zurück. Beide laufen letztlich auf die selbe Botschaft hinaus: Wer die Wahl hat, sich helfen zu lassen und das nicht tut, der hat seine Chance vertan. In der Konsequenz legitimieren beide Ausgrenzung und Selektion. Hingegen ist auf der Basis des Konzeptes von Kooperation als eigenständiger Realität ein sinnvolles und kritisches Konzept Sozialer Arbeit möglich, mit dem sich die Notwendigkeit von Sozialgenossenschaften begründen lässt.

2 Kooperation, Membership und Citizenship

Dem Marktmodell entspricht eine Vorstellung vom Menschen als isoliertem Individuum. Es ist die 'Monade' (der Einzeller), wie Leibniz diesen Zustand treffend kennzeichnete. Sie erlebt sich stets in Konkurrenz zu anderen Monaden und ihr ist 'Gesellschaft' eigentlich ein Ärgernis, wie Ralf Dahrendorf es vornehm soziologisch ausdrückt oder wie es drastischer Margret Thatcher formuliert: „So eine Sache wie Gesellschaft gibt es nicht. Ich kenne nur Individuen." Es lassen sich noch viele Charakteristika dieses monadenhaften Individualismuses nennen, sie stimmen alle darin überein, „dass sie das Individuum als geschlossenes System ansehen" (Falck 1997, S.13), und damit als Gegensatz zu Gruppe bzw. Gesellschaft. Das Konzept der Kooperation hingegen entwirft ein anderes Bild vom Menschen, eines das durch ein 'dauerhaftes Verbundensein' und durch wechselseitigen 'bedingten Zugang' gekennzeichnet ist. Diese von Hans Falck vorgeschlagene Definition von Membership/ Mitgliedschaft geht davon aus, dass Menschsein nur im ständigen kooperativen Miteinander möglich ist, und dass die unterschiedlichen Zugänge zueinander in jeder Kooperation immer wieder neu erprobt werden müssen.

> „In der Membershiptheorie gehen wir davon aus, dass sich der Mensch durch seine Interdependenz auszeichnet. Auf einer bewussten Ebene legt Membership wert auf die Zusammengehörigkeit, Gemeinschaft, ethnische Identität (an Stelle von ethnischen Gegensätzen) und Verbundenheit. Aus der Sicht der Sozialen Arbeit ist der Begriff Gerechtigkeit wichtiger als der der Barmherzigkeit. Soziale Gerechtigkeit betont all das, auf das ein Member Anrecht hat, weil er eben ein Member ist. Die Vorstellung wird verworfen, dass nur die Wohlhabenden verpflichtet sind, durch Spenden oder durch Steuern für arme Menschen aufzukommen. Membership und soziale Gerechtigkeit führen zu bestimmten Verpflichtungen" (Falck 1997: 129).

Diese Vorstellung einer bedingungslosen Mitgliedschaft hat – wie wir noch sehen werden – wichtige Konsequenzen. Für die Soziale Arbeit folgt daraus: „Per Definition verringert Membership den Abstand zwischen Sozialarbeiter und Klienten. Das grundlegende Verhältnis zwischen beiden beruht auf Gegenseitigkeit. Gegenseitigkeit heißt, dass das, was *für* den Klienten getan wird, soweit wie möglich *mit* ihm getan wird" (Falck 1997: 40 – Hervorhebung im Original). Dieser Ansatz hat auch weit reichende methodische Folgen: „Die Membershiptheorie verwirft den Glauben, dass es so etwas wie einen Fall, eine Gruppe, oder eine Gemeinschaft gibt und dass man mit ihnen arbeitet. Alle traditionellen Konzepte überbetonen die Grenzen zwischen den Bereichen. Der wissenschaftlichen Erkenntnis, dass Grenzen halb durchlässig sind, dass sie durch das Prinzip der Selektion gesteuert werden und dass es einen Zugang von einem Bereich zum anderen gibt, egal, ob es sich um eine Zelle, ein Gespräch, ein Symbol oder eine Persönlichkeit handelt, wird nicht Rechnung getragen. Da die Gründe für persönliche Probleme und Situationen niemals individueller sondern sozialer Natur sind, muss die Lösung bzw. ein Lösungsansatz die sozialen Gründe beachten. Der Sozialarbeiter interveniert nicht in einen Fall, eine Gruppe oder eine Gemeinschaft. Er interveniert im Leben eines Menschen, der mit anderen Menschen zusammen lebt." (Falck 1997: 129).

Membership ist also eine 'kooperative Seinsform', die sich in vielen unterschiedlichen Mitgliedschaften realisiert. Das gilt sowohl für formelle als auch für informelle Mitgliedschaften. Auf die Bedeutung eher informeller, transversaler Mitgliedschaften bin ich unter dem Aspekt von Sozialitäten an anderer Stelle genauer eingegangen (Kunstreich 2000: 15ff.). Diese Mitgliedschaften lassen uns unsere Einmaligkeit erleben; in den Sozialitäten erfahren wir Anerkennung und Bestätigung. Im Folgenden will ich den Schwerpunkt auf die formellen Mitgliedschaften legen, nicht als Gegensatz zu informellen, sondern als deren Vorraussetzung: Die grundlegende Form von Mitgliedschaft ist in modernen Gesellschaften durch die praktische Ausgestaltung dessen gekennzeichnet, was Thomas Marshall 'Citizenship' nennt – Bürgerschaft im Sinne des Bürgerstatus. In seiner „Soziologie des Wohlfahrtstaates" (1972) untersucht Marshall am Beispiel Großbritanniens das Verhältnis von Bürgerrechten und sozialen Klassen. Dabei interessiert ihn vor allem der besondere Bezug zur Arbeiterklasse. Hier stellt er eine Entwicklung in den Mittelpunkt, die den Arbeitern zunächst die bürgerlichen Freiheits- und Schutzrechte zubilligt, damit überhaupt so etwas wie der 'freie Lohnarbeiter' entstehen kann. Diese Rechte fasst er unter den Terminus 'civil citizenship' zusammen. In den Klassenauseinandersetzungen des 19. Jahrhunderts erkämpfte sich die Arbeiterklasse weit gehende politische Rechte (insbesondere das Wahlrecht), die Marshall unter dem Aspekt des 'political citizenship' zusammenfasst. Schließlich entsteht in den Auseinandersetzungen des 20. Jahrhunderts – vorangetrieben durch sozialdemokratische Regierungsbeteiligungen – der moderne Wohlfahrtsstaat, der die zentralen Risiken der Lohnarbeiterschaft rechtlich absichert: 'social citizenship'. Diese Entwicklung verläuft nicht linear, sondern ist widerspruchsvoll und alles andere als konfliktfrei. Alle drei zusammen allerdings begründen erst die 'volle Mitgliedschaft' in modernen kapitalistischen Gesellschaften.

> „Wird eines dieser Rechte eingeschränkt, so ist auch der Bürgerstatus als ganzer tangiert. Obwohl dieses Konzept in einigen Aspekten kritisch diskutiert worden ist (...), so stellt es doch einen produktiven analytischen Bezugspunkt für die Diskussion des Bürgerstatus dar" (Schaarschuch 2000, S.173).

Das gilt insbesondere für den wechselseitigen Bezug dieser drei unterschiedlichen, aber gleichrangigen Bürgerrechtsbereiche. Bedürftigkeitsprüfungen, erzwungene Mobilität für einen neuen Arbeitsplatz, Verletzlichkeit der Wohnung usw. sind Eingriffe in die zivilen Schutz- und Freiheitsrechte, die z. Zt. mit der Inanspruchnahme bestimmter sozialer Bürgerrechte verbunden sind. Diese und andere Widersprüche machen es erforderlich, zivile, politische und soziale Bürgerrechte so weiter zu entwickeln, dass diese Widersprüchlichkeit zumindest reduziert wird. Für die politischen Bürgerechte gilt z. B., dass sie so weiter zu entwickeln sind, dass die politischen Teilhaberechte mit mehr Inhalt gefüllt werden als mit der Aufforderung, alle vier Jahre den Stimmzettel abzugeben. Hierzu formuliert Andreas Schaarschuch grundsätzlicher: „Die Anerkennung ziviler Schutzrechte gegenüber hoheitlichem Zwang wie professioneller Intervention sowie die grundlegende Demokratisierung der Institutionen zur Realisierung der politischen Rechte der Nutzer ist somit eine *notwendige* Bedingung der Möglichkeit Sozialer Arbeit" (1996: 92/ 93, Hervorhebung im Original) auf der Basis umfassender Teilhabe- und Mitgliedschaftsrechte. Von dieser Position einer auch sozialpolitisch verstandenen Membershiptheorie her lässt sich die eingangs aufgestellte These zur Sozialgenossenschaft konkretisieren:

Überall dort, wo durch Ausschluss von sozialen Teilhaberechten die praktische Wahrnehmung politischer Rechte eingeschränkt und zivile Schutz- bzw. Freiheitsrechte ausgehebelt werden, sind Sozialgenossenschaften notwendig.

Menschen, die wegen ihrer brachliegenden, nicht mehr nachgefragten Qualifikation, wegen ihrer Behinderung, ihres Alters (Kind oder alter Mensch), ihres Geschlechts (Frau) oder ihres minderen Rechtsstatus (Ausländer) ihre Bürgerrechte nicht umfassend realisieren können, sollten individuelle und kollektive Verfügungsmacht über Ressourcen erlangen können, die ihren Ausschluss in einer Weise aufheben, dass diese nicht mit dem Zwang zu hegemonialer 'Normalität' verbunden sind, sondern die soziale Eigensinnigkeit dieser Menschen und ihre Teilhabe an den universellen Rechten sichern. Erst universelle Gleichheit sichert individuelle Freiheit und gruppenspezifische Differenz. Sozialgenossenschaften sind ein Ansatz, diese sozialpolitische Orientierung praktisch werden zu lassen.

3   Sozialgenossenschaften

Das Attribut 'sozial' in 'Sozialgenossenschaft' soll auf zweierlei hinweisen. Zum Einen soll damit unterstrichen werden, dass es bei diesem Ansatz darum geht, das Ökonomische vom Sozialen her zu denken, d. h. dass in jeder Vorstellung einer 'rein' ökonomischen Beziehung der soziale Gehalt nicht nur unterschlagen wird, sondern dass umgekehrt eine ökonomische Beziehung aus sich heraus nicht erklärt werden kann: Sie kann sich nur in sozialen Praxen realisieren. Diese Behauptung wird plausibel, wenn wir – zum Anderen – davon ausgehen, dass das Soziale eine eigenständige Realität ist, die sich als Beziehungsgeflecht zwischen den Akteuren in einer Vielfalt von Mitgliedschaften manifestiert (ausführlich vgl. Kunstreich 1999). Was das konkret bedeuten kann, werde ich an einigen Beispielen von Sozialgenossenschaften versuchen zu verdeutlichen. Dabei folge ich dem Vorschlag von Burghard Flieger, der in seiner intensiven Beschäftigung mit Sozialgenossenschaften von drei unterschiedlichen Typen derartiger Zusammenschlüsse ausgeht (vgl. Flieger 2003: 11-35):

1. Sozialgenossenschaften als Selbstorganisation der Ausgegrenzten bzw. der Betroffenen
2. Sozialgenossenschaften als treuhänderische Wahrnehmung von Rechten anderer: solidarische Sozialgenossenschaften
3. Genossenschaften, in denen sich Fachkräfte zusammenschließen: professionelle Sozialgenossenschaften

Zu (1):

> „Bei Sozialgenossenschaften Betroffener geht es um Personen, die zur Lösung eines sozialen Problems in Selbsthilfe oder mit Hilfe von in diesem Bereich beruflich Tätiger zur gestützten Selbsthilfe greifen. Dies können Arbeitslosengenossenschaften, Blinden- und Kriegsversehrtengenossenschaften oder auch andere Ansätze ähnlicher Intention sein. Auf Grund besonderer Eigenschaften der Beteiligten wie Krankheit, Behinderung, Randgruppenstatus etc. erfahren sie als Wirtschaftsunternehmen im Wettbewerb vielfältige Benachteiligungen. Als Ausgleich hierfür versuchen sie deshalb, wenn sie produktivgenossenschaftlichen Charakter haben, ihren Mitgliedern (teil-)geschützte Beschäftigungs- bzw. Arbeitsmöglichkeiten zu bieten." (Flieger 1998: 139)

Weitere Praxisbeispiele derartiger Sozialgenossenschaften finden sich im Bereich des selbstbestimmten Lebens im Alter und in der Selbstorganisation von Behinderten. Bekannte Beispiele sind die Bremer Behindertengenossenschaft und die Hamburger Assistenzgenossenschaft. Entstanden aus der Kritik an der Anstalt – in großer wie in kleiner Form – läuft ihr Grundgedanke darauf hinaus, das, was Behinderte für ihr alltägliches Leben brauchen, gemeinschaftlich zu organisieren und ggf. kollektiv 'einzukaufen'. Diese Praxis der 'Normalisierung' lässt sich als Praxis der Sicherung umfassender Bürgerrechte verstehen, geht es doch bei diesem Verständnis von 'Normalisierung' nicht darum, den einzelnen behinderten Menschen an eine herrschende Normalität anzupassen (was vollständig nie gelingen kann und die Stigmatisierung verstärkt), sondern umgekehrt, Behinderten die Möglichkeiten in die Hand zu geben, ihr Leben so zu gestalten, wie das 'alle tun'. Dieser zunächst umfassende Ansatz ist seit Einführung der Pflegeversicherung für viele Behinderte schwieriger geworden. Mit der Trennung von 'Case' (soziale und rechtliche Absicherung) und 'Care' (pflegerische Alltagsbetreuung) sind Konzepte der weiteren Dezentralisierung wie z.

B. PBW (Pädagogisch Betreutes Wohnen) und deren Weiterentwicklung erschwert. Auf der anderen Seite werden erste Praxisversuche unternommen, unter der Überschrift 'Persönliches Budget' alle einem behinderten Menschen zustehenden Ressourcen zu seiner persönlichen Verfügung zu bündeln, damit er wie ein 'normaler Kunde' sich die ihm passenden Angebote auf dem 'Pflege- und Betreuungsmarkt' einkaufen kann. Dieses dem neo-liberalen Umbau des Sozialstaates zuzuordnende Konzept ist höchst ambivalent. Auf der einen Seite wird (in vielen Fällen) die Eigenständigkeit tatsächlich gestärkt, wenn das persönliche Budget angemessen ausgestattet wird (was sich erst noch herausstellen muss). Auf der andern Seite sollen gerade die Menschen als 'kompetente, wählerische Kunden' auftreten, die nach Maßstäben einer Lohnarbeitergesellschaft nicht in der Lage sind, ihre Arbeitskraft zu verkaufen. Die Gefahr, dass hier neben 'normalen Monaden' nun 'behinderte Monaden' in die Konkurrenzgesellschaft einsteigen, ist groß. Außerdem steht der individuellen Nachfragemacht eines einzelnen Budget weiterhin die hochorganisierte Angebotsmacht der Kosten- und Dienstleistungsträger entgegen.

Anders könnte diese Entwicklung verlaufen, wenn sich Inhaber persönlicher Budgets zu Sozialgenossenschaften zusammenschlössen. Der genossenschaftliche Gedanke überschreitet die Figur des 'wählerischen individuellen Kunden' und entwickelt *statt individueller Nachfragemacht kollektive Teilhabemacht*. Konkret: Behinderten-Sozial-Genossenschaften wären Akteure und Subjekte in der Neuverteilung politischer Macht und materieller Ressourcen und würden gleichberechtigt Dienstleistungsträgern und Kostenträgern gegenüber auftreten. Diese würden Macht abgeben müssen. In der Entwicklung derartiger Sozialgenossenschaften müsste klar gestellt sein, dass zum persönlichen Budget auch ein entsprechender Genossenschaftsanteil gehört. Auf dieser Basis könnten z. B. Fachkräfte angestellt werden, die den 'Einkauf' von Case und Care bei entsprechenden Trägern organisierten. Aufsicht und Verfügung über die Ressourcen blieben aber bei der Genossenschaft bzw. deren Gremien.

Die umfassende und uneingeschränkte Realisierung von Bürgerrechten, gerade von denjenigen, die – aus welchen Gründen auch immer – nicht in der Lage sind ihre Arbeitskraft marktgängig zu machen, kann an vielfältige Initiativen und Ansätze in diese Richtung anknüpfen. So hat das die Situation in fünf europäischen Städten untersuchende Projekt STEPS auch die Betroffenen selbst zu Worte kommen lassen und deren Forderungen veröffentlicht. Ohne das Wort 'Genossenschaft' zu nennen, gehen die Forderungen gerade dieser Betroffenen in die Richtung kooperativer Unterstützung von Teilhaberechten „wie sie alle haben" (STEPS 2004).
Zu (2):

„Solidarische Sozialgenossenschaften greifen verstärkt auf die im Sozialbereich verbreitete Form des Ehrenamts zurück bzw. ihre Mitglieder bringen in größerem Maße unbezahlte Arbeit in die Genossenschaft ein. Das bedeutet, zumindest ein größerer Teil der innerhalb der Genossenschaft zur Verfügung gestellten Leistungen werden nicht bezahlt, sondern durch Arbeitsaustausch oder Arbeit zu Gunsten anderer ohne Entgelt eingebracht. Die soziale Hilfestellungen werden aus Gründen der Solidarität gegeben. Arbeit und Einkommen stellen insofern nicht die primäre Motivation der Mitglieder dar. Der Nutzen dieser Form von Kooperative kommt häufig ebenfalls Benachteiligten zugute, die nicht Mitglieder der Kooperative sind." (Flieger 1998: 139)

Bekannt und auch gut dokumentiert ist das Beispiel der Trierer Genossenschaft (Vorstand der Wohngenossenschaft Am Beutelweg, Trier 1999), in diese Richtung gehen aber auch Quartiersgenossenschaften wie die in Berlin-Wedding oder die in Hamburg-Lurup. Auch die meisten anderen Projekte, die als solidarische Sozialgenossenschaften zu charakterisieren wären, wollen in erster Linie Arbeitsplätze schaffen.

In Weiterentwicklung derartiger Ansätze haben Michael Langhanky, Michael Lindenberg und ich (2000) die Idee einer solidarischen Sozialgenossenschaft entworfen, die ‚treuhänderisch' die Interessen einer ganz anderen Gruppe wahrnimmt – die von Kindern. Die AutorInnen des Infrastruktur-Projektes bezeichnen diese Regelung im Anschluss an die US-amerikanische Diskussion als 'Grundvermögen' (im Unterschied zum Grundeinkommen). „Jede Person bekommt bei Geburt ein Guthaben zur Verfügung gestellt, das ab einem bestimmten Alter für bestimmte Zwecke (Haushalts-, Betriebsgründung) verwendet werden kann" (S.19). Unser Vorschlag ist es, auch hier von den Rechten der Kinder aus zu gehen und solange es diese als eigenständige Subjektrechte nicht gibt, die Eltern als Treuhänder dieser Rechte zu verstehen – das schränkt die elterliche 'Gewalt' zumindest konzeptionell ein. Entstanden ist der Vorschlag in der Diskussion im die 'kundenorientierte' Umsteuerung der (wie immer zu knappen) Ressourcen für die Kindertagesbetreuung in Hamburg. Statt institutioneller Förderung von Trägereinrichtungen durch das Jugendamt sollen die Eltern durch 'Berechtigungsgutscheine' in die Lage versetzt werden, den ihnen passenden Einrichtungsplatz im Stadtteil, in der Nähe des Arbeitsplatzes oder sonst wo zu 'kaufen'. Die (arbeitsplatzbesitzenden) Eltern werden also mit individueller Nachfragemacht ausgestattet, den Rechtsanspruch ihres 3-6-jährigen Kindes durchzusetzen. Aber auch hier verbleibt die bestehende organisierte Macht der Kosten- und Dienstleistungs-Träger unangetastet. Eher ist eine Verschiebung zu Gunsten der Kostenträger wahrscheinlich. Deshalb schlagen wir vor:

„Statt eines individuellen Betreuungsgutscheins müsste ein treuhänderisches Beteiligungsrecht für Kinder und deren Erziehungsberechtigte entwickelt werden.... (Es) wäre sogar zu überlegen, den Erziehungsberechtigten schon bei der Geburt ihres Kindes ein Beteiligungsrecht zu verleihen, da das Teilhaberecht nur umgesetzt werden kann, wenn frühzeitig darüber informiert wird. Dieses Beteiligungsrecht, niedergelegt in einem Beteiligungsgutschein, vergleichbar einem Genossenschaftsanteil oder einer Vereinsmitgliedschaft, kann dann in der Region eingebracht werden, in der das Kind eine Kindertageseinrichtung besuchen soll. Er verpflichtet die Eltern nicht, sondern ermöglicht ihnen eine frühzeitige Teilhabe an der Gestaltung ihrer Einrichtung. So könnten Eltern viele kleinräumige Vereine oder Genossenschaften gründen, in denen diejenigen, die ihr Beteiligungsrecht einlösen wollen, Mitglied werden. Aus einem derartigen regionalen Zusammenschluss werden dann Mitglieder in das Entscheidungsgremium für die Einrichtung gewählt. Damit muss der jeweilige Träger der Einrichtung einen Teil seiner Gestaltungsmacht an die organisierte Elternschaft abgeben. Die Leiterin oder Leiter der Einrichtung sind dann die Geschäftsführer und pädagogischen Experten des Entscheidungsgremiums... In diesem Modell würde die Macht der institutionellen Eigeninteressen sowohl der kommunalen als auch der freien Träger zu Gunsten der organisierten Teilhabemacht der Eltern begrenzt" (2000: 52/ 53).

Dieses Beispiel verknüpft mehrere Aspekte von sozialen und politischen Bürgerrechten. Die treuhänderische Wahrnehmung von Kinderrechten macht darauf aufmerksam, dass Kinder keine eigenständigen Subjektrechte haben, sondern bislang nur aus dem Elternrecht abgeleitete. Das führt gerade im Bereich der Kindertagesversorgung (welch schrecklicher Ausdruck!) zu einer Instrumentalisierung von Kinderinteressen zugunsten der von Erwachsenen, wenn z. B. Öffnungszeiten einseitig den Interessen der Arbeitgeber folgen. Auf die angedeutete Weise könnten sowohl die politischen als auch die sozialen Rechte von Kindern, Müttern und Vätern in einer neuen Weise diskutiert und die dabei notwendigerweise entstehenden Konflikte in produktiverer Weise als bisher geregelt werden.

Zu (3):

„Professionelle Sozialgenossenschaften gleichen am stärksten herkömmlichen Genossenschaften. Sie bieten ihr Leistungsspektrum am Markt wie jedes andere Unternehmen an. Das geschieht oftmals für öffentliche Einrichtungen, aber auch direkt für Klienten. Als Gegenwert erhalten sie dafür einen Marktpreis. Die Mitglieder bzw. Betreiber finden dadurch Arbeit und Einkommen. Insofern gehören die Mitglieder oder die Angestellten nicht selten zu einer bestimmten qualifizierten Berufsgruppe im Sozialbereich." (Flieger 1998: 40)

Vor dem Hintergrund weiterer Ökonomisierung durch prospektive Pflegesätze und/ oder Leistungsvereinbarungen bzw. Öffnung des Marktes für nicht-gemeinnützige Anbieter wird der neo-liberale Umbau des Sozialstaates zu einer Umstrukturierung des 'Dienstleister-Marktes' führen, in dem professionelle Genossenschaften eine interessante Rolle spielen könnten. So wäre z. B. zu fordern, große kommunale oder freie Träger in genossenschaftliches Eigentum der Professionellen zu überführen – in Hamburg stellt sich diese Frage z. B. für den Landesbetrieb Erziehung und Berufsbildung (LEB),den staatlich-kommunale Träger im Bereich der Hilfen zur Erziehung und der Berufsbildung.

Genossenschaftlich organisierte Professionelle würden auf der einen Seite vielen Anforderungen auch des 'Neuen Steuerungsmodells' entsprechen (z. B. flache Hierarchien, AKV-Prinzip, Teamarbeit usw.), würden diese eher als betriebwirtschaftliche Rationalisierung gedachten Instrumente allerdings mit demokratischen Strukturen verbinden, so wie sie heute schon als Elemente direkter Demokratie in vielen Vereinen zu finden ist. Versteht man Genossenschaft als die ökonomische Form des Vereins (vgl. Richter 2001), so könnte in vielen Bereichen überlegt werden, ob nicht bisherige Vereine in Genossenschaften überführt werden sollten. Die Genossenschaftsanteile der Professionellen und damit deren Beteiligungsrechte könnten genauso Gegenstand von Pflegesatzverhandlungen sein wie es heute die Kosten für Overhead, Immobilien usw. sind.

Von der Sache her sind fast alle Beispiele quartiersbezogen. Wo es um das Herausfinden gemeinsamer Interessen, um direkte Kommunikation und alltagsentlastendes Handeln geht, spielt die sozialräumliche Nähe immer eine zentrale Rolle. Deutlich wird in den bisher genannten Beispielen auch, dass es Mischformen von Sozialgenossenschaften gibt oder geben kann, die Elemente aller drei Typen in unterschiedlicher Weise gewichten. Dafür möchte ich ein letztes Beispiel anführen, das die Re-Interpretation eines gescheiterten 'Umbau-Projekts' versucht und das zugleich die enge Verwobenheit der zivilen, politischen und sozialen Bürgerrechte noch einmal deutlich macht.

1986 wurde im Hamburger Amt für Jugend (Landesjugend- und zentrales kommunales Jugendamt zugleich) ein Modell für die Verselbstständigung der offenen Kinder- und Jugendarbeit ausgearbeitet, das unter dem Titel 'Kopfgelddrucksache' eine kurzlebige Berühmtheit erlangte und dann sang- und klanglos unterging. Dabei war die Grundidee eigentlich sehr einleuchtend: In den sieben Hamburger Bezirken sollte jeweils eine GmbH gegründet werden, in der alle Personal- und Sachmittel zusammengefasst werden sollten, die in dem jeweiligen Bezirk der offenen Kinder- und Jugendarbeit in freier und kommunaler Trägerschaft zugerechnet werden konnten. Basierend auf einem gewichteten Anteil der Kinder und Jugendlichen in einem Bezirk sollten gesetzlich festgelegte Mittel in diese GmbHs fließen. So sollte es z. B. einer bezirklichen GmbH möglich sein, die teuren und z. T. nicht sehr frequentierten Häuser der Jugend ('Behördendenkmäler') zu verkaufen und das Geld z. B. in Personalstellen oder in kleinere gemietete Einheiten zu investieren. Das Ziel, das damit verfolgt wurde, war, die offene Kinder- und Jugendarbeit (auch damals schon fälschlicherweise als 'freiwillige Aufgabe' tituliert) so abzusichern, dass die in ihnen arbeitenden Professionellen nach fachlich-politischen Gesichtspunkten ihre Arbeit entwickeln, aber auch verändern könnten, ohne Arbeitsplatzverluste befürchten zu müssen. Außerdem wäre es auf dieser Basis möglich gewesen, die Versäulung auch der offenen

Versäulung auch der offenen Jugendarbeit aufzubrechen. Ein Wechsel zwischen Clubarbeit, Straßensozialarbeit, Elternschule und Abenteuerspielplatz wäre ohne weiteres denkbar gewesen. Diese Aspekte wurden damals jedoch nicht disku- tiert, sondern die Tatsache, dass der Anteil der Jugendlichen sich gegen Ende der 80er-Jahre verringern würde und sich so möglicherweise das Budget redu- zieren würde (daher: Kopfgelddrucksache), stand im Vordergrund. Dass es hier um die Frage der politischen Gewichtung gegangen wäre, war sicherlich richtig. Bevor es aber zu einer derartigen fachlichen Auseinandersetzung kommen konnte, wurde das Konzept zurückgezogen – ein Pyrrhussieg für die Fachbasis, wie sich heute herausstellt.

Nimmt man den Grundgedanken erneut unter dem Aspekt von Sozialge- nossenschaften auf, so könnte man sich vorstellen, dass jedem und jeder Jugend- lichen ab einem bestimmten Alter ein Recht auf einen Genossenschaftsanteil zusteht, der Stadtteil- und/ oder projektbezogen gültig ist. Über die in den Ge- nossenschaftssatzungen vorgesehenen Organe würden Kinder und Jugendliche direkt Einfluss auf die für sie gedachten Angebote nehmen können. Fachkräfte könnten entweder selbst Mitglied in diesen Genossenschaften sein oder eine eigene professionelle Sozialgenossenschaft gründen, um mit den Jugendlichen- Quartiers- oder Projektgenossenschaften entsprechende Verträge abzuschließen. Eine derartige Vision würde nicht mehr Geld kosten, sondern Geldströme an- ders verteilen. Allerdings wären derartige Genossenschaften mächtiger als iso- lierte einzelne Jugendliche oder jugendliche Cliquen. Sie wären Akteure in der 'Kampfarena' kommunaler Sozialpolitik. Welche Dynamiken das auslösen könnte, sei der Phantasie der Leserin und des Lesers überlassen.

4   Ausblick

Dieser Ausblick ist zugleich ein Rückblick. Er soll unterstreichen, dass die Idee der Sozialgenossenschaften nicht isoliert zu betrachten ist. Den Kontext zu den Widersprüchen kapitalistischer Vergesellschaftung habe ich zu Beginn dieses Beitrages skizziert. Abschließend möchte ich versuchen, Sozialgenossenschaf- ten als 'Vorschein' direkter Demokratie zu verstehen, der tiefe, wenn auch mi- noritäre Wurzeln hat und so darauf hinweisen, dass 'Sozialpolitik als Infrastruk- turpolitik' in einer radikal-reformerischen Tradition steht. Schon zu Beginn des 20.Jahrhunderts charakterisierte Paul Natorp Genossenschaften als „Aufbau der Menschengemeinschaft in Wirtschaft, Staat und Erziehung (1974/ 1899: 145), als „Aufbau auf dem Grund freier Selbstregulierung, also von unten nach oben" (a. a. O.: 146). In seiner Skizzierung eines ‚dritten Weges' zwischen Parlamen- tarismus und Räteorganisation entwirft er Umrisse einer Rätedemokratie, d. h.

eines vielgliederigen Systems wechselseitiger immer von ‚unten' kontrollierter Kooperation, ein System, das er beschreibt als „Genossenschaft von Genossenschaften und sofort, bis zum umfassenden Ganzen, dem Sozialstaat" (a. a. O.: 149) – und darüber hinaus: An anderer Stelle postuliert er die Genossenschaft als Grundlage der Weltwirtschaft – nur so könne die Dominanz westlichkapitalistischer Nationen aufgehoben werden (a. a. O.: 209). „Vergenossenschaftung (ist) in diesem Sinne, volle, unverkürzte Sozialisierung" (a. a. O.: 150) aller Bereiche, von der Ökonomie über die Politik bis hin zu Kultur, Erziehung und Bildung. Natorp arbeitete also an der Konkretisierung einer alternativen Vorstellung von Vergesellschaftung, die in den 20er-Jahren zu bedeutendem Einfluss gelangte. Erinnert sei nicht nur an die Praxen zahlreicher Genossenschaften (insbesondere Bau- und Wohngenossenschaften), sondern auch an die zeitgenössischen Autoren, die sich in wechselseitig beeinflussenden Diskussionszusammenhängen ähnliche Fragen stellten: Gustav Landauer, von dem Natorp offensichtlich vieles übernommen hat, und Martin Buber, mit dem Natorp intensiv kommunizierte. Aber auch Karl Korschs Anarchosyndikalismus und Rosa Luxemburgs rätedemokratische Vorstellung kamen Natorps Überlegungen sehr nahe. In der Nachfolge wurden viele Ideen von Hannah Arendt aufgegriffen und erlebten in den 70er-Jahren in der Diskussion um Basisdemokratie eine kurzzeitige Wiederbelebung. Es steht zu hoffen, dass nach oder in dem hegemonialen Diskurs um den neoliberalen Umbau des Sozialstaates ähnliche demokratie-theoretische Ansätze wieder an Einfluss gewinnen. Ein gutes Beispiel sind die Arbeiten von Christoph Spehr, insbesondere seine anregende 'Grundlegung Freier Kooperation' mit dem provozierenden Titel: „Gleicher als Andere" (2002), ein anderes die Interventionen von Michael May zu Selbstregulation und Selbstorganisation (2004; 2005).

Weitere Ansätze dazu bieten die in den letzten Jahren vorgestellten Konzepte wie die hier diskutierten, aber auch andere, auf die Wolfgang Völker in seinem Beitrag eingegangen ist. Die offensive Diskussion um Sozialgenossenschaften als eine alternative Form von Vergesellschaftung im Sozialstaat könnte insbesondere auf der Ebene der Städte und Gemeinden eine mobilisierende Rolle spielen. Wo steht eigentlich geschrieben, dass die Staatsapparate im Sozial-, Bildungs- und Gesundheitsbereich als bürokratische 'Abteilungen' des '2. Sektors' organisiert sein müssen und dass der '3. Sektor' nur subsidiär dazu denkbar ist? Warum nicht umgekehrt: Überall dort, wo es um zivile, politische und soziale Teilhabe- und Teilnahme-Rechte geht, könnten diese Bereiche auch genossenschaftlich organisiert werden: genossenschaftliche Kitas, Schulen, Stadtteilzentren, Jugendprojekte, Ambulanzen, Krankenhäuser, usw. Das würde z. B. die umfangreichen Ressourcen der bürokratischen 'Wasserköpfe' sinnvoll umverteilen.

Literatur

Arendt, H (1990): Macht und Gewalt. München.
Brumlik, M. (2001): Moralerziehung. In: Otto, H.-U./ Thiersch, H. (Hrsg.) (2001): S. 1236 ff
Elsen, S. (1998): Gemeinwesenökonomie. Neuwied/ Kriftel.
Falck, H. (1997): Membership. Eine Theorie der Sozialen Arbeit. Stuttgart.
Flieger, B. (1998): Sozialgenossenschaften: Neue Kooperativen zur Lösung gemeindenaher Aufgaben. In: Klöck (Hrsg.) (1998): S. 137 ff.
Flieger, B. (2003): Sozialgenossenschaften. Wege zu mehr Beschäftigung, bürgerschaftlichem Engagement und Arbeitsformen der Zukunft. München.
Gil, D. (2006): Gegen Ungerechtigkeit und Unterdrückung, Bielefeld.
Gil, D. (1992): Unravelling Social Policy. Rochester.
Ihmig, H. (Hrsg.) (2000): Weltmarkt und Wochenmarkt. Bielefeld.
Klöck, T. (Hrsg.) (1998): Solidarische Ökonomie und Empowerment. Gemeinwesenarbeit Jahrbuch 6. Neu-Ulm.
Kunstreich, T (2000): Grundkurs Soziale Arbeit. Bd. 1. Bielefeld.
Kunstreich, T (2001): Grundkurs Soziale Arbeit. Bd. 2. Bielefeld.
Kunstreich, T. (2000): Transversale Ökonomien. In: Ihmig, H. (Hrsg.) (2000): S. 116 ff
Kunstreich, T./ Langhanky, M./ Lindenberg, M. (2000): Teilhabemacht statt Nachfragemacht. In: Forum. Jahrgang 2000. Nr. 1. S. 48ff
Langhanky, M./ Frieß, C./ Hußmann, M./ Kunstreich, T. (2004): Erfolgreich sozialräumlich handeln, Bielefeld.
Marshall, T.H. (1972): Bürgerrechte und Soziale Klassen: zur Soziologie des Wohlfahrtstaates. Frankfurt/ M; New York.
Marx, K. (1974): Grundrisse der Kritik der Politischen Ökonomie. Berlin. (Rohentwurf 1857/ 58)
May, M. (2004): Selbstregulierung. Eine neue Sicht auf die Sozialisation. Gießen.
May, M. (2005): Wie in der sozialen Arbeit etwas zum Problem wird. Münster.
Müller,S./ Sünker, H./ Olk,, Th./ Böllert, K. (Hrsg.) (2000): Soziale Arbeit. Gesellschaftliche Bedingungen und professionelle Perspektiven. Neuwied/ Kriftel.
Natorp, P.(1974): Sozialpädagogik. Paderborn. (Erste Auflage 1899)
Oelerich,G., Schaarschuch, A. (Hrsg.) (2005): Soziale Dienstleistungen aus Nutzersicht. München.
Otto, H.-U., Thiersch, H. (Hrsg.) (2001): Handbuch Sozialarbeit/ Sozialpädagogik. Neuwied/ Kriftel.
Richter, H. (2001): Kommunalpädagogik. Hamburg.
Schaarschuch, A. (1996): Dienst-Leistung und Soziale Arbeit, in: Widersprüche. Jahrgang 1996. Heft 59. S. 87ff
Schaarschuch, A. (2000): Gesellschaftliche Perspektiven sozialer Dienstleistungen. In: Müller./ Sünker./ Olk/ Böllert (Hrsg.) (2000): S. 165 ff
Spehr, Ch. (2002): Gleicher als Andere. Eine Grundlegung Freier Kooperation. Berlin. (www.rosaluxemburgstiftung.de)

STEPS (Structures Towards Emancipation, Participation and Solidarity) (2004): Abschlussbericht 2004 und Kurzfassung. www.ev-fachhochschule-hamburg.de

Thompson, E.P. (1980): Plebejische Kultur und moralische Ökonomie. Frankfurt/ M./ Berlin/ Wien.

Vester, M. (1970): Die Entstehung des Proletariats als Lernprozess. Frankfurt/ M.

Vorstand der Wohnungsgenossenschaft am Beutelweg (Hrsg.): Die Genossenschaft am Beutelweg. Aus der Not geboren. Trier.

Widersprüche-Redaktion (1984): Verteidigen, kritisieren und überwinden zugleich. In: Widersprüche. Jahrgang 1984. Heft 11. S. 122-135

Widersprüche. Jahrgang 2005. Heft 88: Neo-Diagnostik.

Soziale Arbeit als angewandte Sozialpolitik – eine europäische Perspektive

Walter Lorenz

Angesichts der überall reklamierten Systemzwänge im Zuge der Transformation der Sozialstaaten in Europa bedarf das Verhältnis Soziale Arbeit – Sozialpolitik einer gründlichen Überprüfung, und dies sowohl im Interesse der Gestaltung einer klaren professionellen Identität auf der einen Seite, als auch im Interesse der Mitarbeit an einer verantwortlichen, langfristigen und dauerhaften Sozialpolitik auf der anderen. Gerade diese Reflexion scheint aber gegenwärtig auszubleiben, und wenn auch das Verhältnis der Sozialen Arbeit zur Sozialpolitik zu allen Zeiten nicht einfach war, gibt das Verschwinden dieser Thematik insgesamt Anlass zu grossen Befürchtungen (Böhnisch, Schröer und Thiersch 2005). Es könnte bedeuten, dass die Soziale Arbeit zu sehr versucht, sich mit den 'neuen Gegebenheiten' zu arrangieren, statt sich mit den Grundsätzen und den Auswirkungen der neuen Sozialpolitik nicht nur auf die Nutzerinnen sozialer Dienste, sondern auch auf die sozialen Professionen selbst auseinanderzusetzen. Sie zieht sich entweder auf die noch bleibenden (scheinbaren) Freiräume des Privaten zurück, um damit erst recht den sozialpolitischen Veränderungen eine Art Eigengesetzlichkeit einzugestehen und diesen ihren freien Lauf zu lassen, oder sie tendiert dazu, die neuen Rahmenbedingungen unkritisch zu übernehmen und in ihnen gar noch die Möglichkeit der Verwirklichung ureigenster professioneller Ambitionen zu sehen.

Die Nicht-Wahrnehmung der eigenen Verstrickung in Sozialpolitik und die Flucht in die Konzentration auf 'zwischenmenschliche Beziehungen' im Bereich des Privaten hat eine lange Geschichte in der Sozialen Arbeit. In vieler Hinsicht verdankt diese Professionsgruppe ihre Existenz und ihre Erfolgsgeschichte diesem Anpassungsvermögen, dieser Dienstleistung für den Nationalstaat (Sachße und Tennstedt 1991), zu dessen Stabilisierung sie dadurch beigetragen hatte, dass sie das Unstimmige an der nationalen Integrationsstrategie stimmig zu machen suchte. Sie nahm den Widersprüchen, die im Prozess der Rekonstruktion sozialer Solidarität auftreten, ihre soziale Explosivität und konnte sich damit ihr Brot verdienen und von einer ehrenamtlichen zu einer professionellen Tätigkeit werden. Diese Widersprüche bestanden im Wesentlichen darin, dass der Nationalstaat Gemeinschaft nach vormodernem Muster versprach, aber unter den Bedingungen einer anonymisierten, zweckrational gestalteten

Gesellschaft, die solche Gemeinschaften ständig aufspaltet. Soziale Arbeit übernahm diese Aufgabe, gemeinschaftliche Beziehungen zu fördern in Kompensation für den zunehmenden Verlust von Gemeinschaft, und damit auch implizit soziale Unterschiede zu legitimieren. Diese Leistung hatte sozialpolitische Bedeutung für die Konsolidierung der europäischen Nationalstaaten, deren Stabilität durch die von der industriellen Revolution ausgelösten sozialen Spannungen bedroht war.

Angesichts der Globalisierung im Zeichen der Wende zum digitalen Kapitalismus sind gegenwärtig die Rolle und der Charakter des Nationalstaats in einer weitreichenden Transformation begriffen ist, so dass auch Integrationsprozesse einen anderen Bezugsrahmen finden müssen, losgelöst von ihrer Dienlichkeit für den Nationalstaat (Kaufmann 2005). So ist es nicht verwunderlich, dass die Soziale Arbeit sich von ähnlichen Anpassungsstrategien an die Gegebenheiten transnationaler sozialpolitischer Zwänge, wie etwa die Anpassung an globales Marktverhalten und die Verpflichtung auf Eigenverantwortung, das Überleben und die erneute Anerkennung der Rolle und Bedeutung dieser Professionen verspricht. Soziale Arbeit hat die Chance, sich in die Globalisierung einzupassen, indem sie auch deren Widersprüche wiederum bewältigbar macht. Diese Widersprüche beziehen sich nunmehr auf die zentrale Frage der Wahlfreiheit, in Bezug auf Identitäten und auf die Verwirklichung von Lebenschancen, die einerseits als völlig beliebig und an keine Vorbedingungen gebunden präsentiert werden, deren Umsetzung andererseits aber immer stärker auf die Erbringung eigener Ressourcen angewiesen ist. Indem die Soziale Arbeit im Rahmen neuer sozialpolitischer Programme aufgefordert wird, die Eigenverantwortung von Klienten zu fördern und entsprechende Methoden zu entwickeln, arrangiert sie sich mit diesen sozialpolitischen Prämissen. Methodologisch betont sie hierbei das Primat kognitiver Fähigkeiten, also die Förderung von mentalen Konstrukten, zwischen denen klare Wahlmöglichkeiten bestehen, und lenkt damit potentiell vom sozialpolitischen Bezugsrahmen der Interventionen ab. Die materiellen und politischen Grundlagen der Neuordnung der sozialen Solidarität werden nicht thematisiert wenn es darum geht, Klienten zu Kleinunternehmern umzuschulen.

Dabei ist zu beachten, dass die Nicht-Wahrnehmung dieses Abhängigkeitsverhältnisses der Sozialen Arbeit von sozialpolitischen Strömungen dieses nicht ausser Kraft setzt, sondern im Gegenteil einem bestimmten sozialpolitischen Programm zur Durchsetzung verhilft (Dahme und Wohlfahrt 2003). Der Titel dieser Überlegungen, 'Soziale Arbeit als angewandte Sozialpolitik', beinhaltet also eine doppelte Aufgabenstellung. Einmal gilt es, herauszuarbeiten, dass Soziale Arbeit immer schon im Dienste der Sozialpolitik stand und daher, ob sie sich das eingesteht oder nicht, immer schon ihre professionelle Identität nicht losgelöst von sozialpolitischen Strukturen definieren konnte, wie etwa der Bereich der Medizin oder der Therapie, sondern zumindest indirekt immer angewandte Sozialpolitik war. Daran anschliessend muss jedoch dieses Praktizieren der Sozialpolitik kritisch hinterfragt werden um zu untersuchen, wie in der Gestaltung dieses Mandats professionelle Eigenständigkeit neu zum Tragen kommen kann, um am Prozess der Formulierung von Sozialpolitik aktiv und von autonomen Standpunkten aus teilzunehmen (Sünker 2001).

Um einem möglichen Missverständnis vorzubeugen, mit dieser Formulierung eines politischen Mandats für die Soziale Arbeit soll nicht das Programm einer Politisierung der Sozialen Arbeit reproduziert werden, das etwa unter dem Banner der 'radical social work' vor allem im englischsprachigen Raum in den 70-er Jahren entwickelt wurde (z.B. Corrigan und Leonard 1979, deutsch etwa Galper 1979). Dieses Projekt hatte es sich zur Aufgabe gemacht, Klienten sich der strukturellen Ursachen von Armut bewusst zu machen und entsprechend zu politischen Aktionen zu deren Bekämpfung zu motivieren, statt sie mit psychologischen Erklärungen ihrer mangelnden Ichstärke zu 'behandeln'. In der Anwendung einer stereotypischen Klassenanalyse scheiterte diese Methode an zwei grundsätzlichen konzeptionellen Schwachpunkten: einmal vernachlässigte diese unkritische Anwendung einer Hypothese der einheitlichen Klassenzugehörigkeit aller Klienten, Fragen der persönlichen und kollektiven Identität zu artikulieren, wie sie dann etwa von der Frauenbewegung und der Schwarzen Bürgerrechtsbewegung zum Ausdruck gebracht wurden auf eine Weise, die sich gegen die Zuschreibung von Identitäten sperrte. Zum anderen, und mit der Objektivierung von Identitäten verbunden, scheiterte die Methode daran, dass sie politisches Handeln rein auf der Makroebene von Kampagnen ansiedelte, die für die meisten Klienten jenseits ihrer unmittelbaren Problemerfahrung lagen, statt dieses auf der Ebene der 'Mikroprozesse' sozialer Interventionen auszuarbeiten, bei denen unterschiedliche Machtverhältnisse viel unmittelbarer erfahren und bewusst gemacht werden können in lebensweltlichen Kategorien. Angesichts dieser eklatanten Mängel jenes Methodenansatzes soll bei der Klärung des aktuellen Verhältnisses von Sozialer Arbeit und Sozialpolitik vor allem gezeigt werden, dass im Mikrobereich persönlichen 'Helfens' sozialpolitische Grundfragen unwillkürlich verhandelt werden und daher hier die effektivere Einflussnahme auf die Makroprozesse der Sozialpolitik ihren Ausgang nehmen muss.

Ausgewiesen werden kann die Notwendigkeit einer sozialpolitischen Perspektive der Interaktionen auf der Mikroebene durch Reflexionen darüber, wie in der unmittelbaren Praxiserfahrung das 'blosse Helfen' in der Moderne früher oder später an seine Grenzen stösst. Wie die Wegbereiterinnen der Sozialen Arbeit erfahren mussten, kommt man mit reiner, selbstloser Nächstenliebe schon deshalb nicht sehr weit, weil das moderne reflexive Bewusstsein die

Grundbedingungen, unter denen Helfen überhaupt erst möglich werden kann, ständig problematisiert. Sich helfen zu lassen, wie sich schon in der Reaktion eines 2-jährigen Kindes zeigt, stellt zwei Grundbedingungen menschlicher Beziehungen auf die Probe, die Grundbedingung des Vertrauens und die der Macht. Ein Kind, und umso mehr eine erwachsene Person, muss sich dagegen absichern, dass im Geholfenwerden das eigene Ich nicht ausgelöscht wird. Die in diesen psychologischen Prozessen enthaltene Dynamik kam in vormodernen Gesellschaften deshalb selten offen zum Ausdruck, weil der Zustand der Hilflosigkeit in eine als natürlich angesehene, aber letztlich metaphysisch legitimierte Machtstruktur eingebettet war, die zu hinterfragen die Gefahr sozialer Unordnung, im privaten wie im öffentlichen Bereich, und damit eine Bedrohung der Existenz ganzer Gemeinschaften heraufbeschworen hätte. Diese gegebene, nicht hinterfragbare Unterordnung des Hilfebedürftigen unter den Helfenden ist bezeichnend für die mechanische Solidarität, die Durkheim (1988) traditionellen Gemeinschaften zuschreibt als Grundlage für deren soziale Integration. Zu einer sozialpolitischen Reflexion und Organisation im eigentlichen Sinne konnte es damals noch nicht kommen, weil die Totalität der Macht- und Abhängigkeitsverhältnisse keine Wahlmöglichkeiten zuliess, sondern Hilfsbedürftigkeit mit Schicksalhaftigkeit gekoppelt war.

Mit der Schwächung der metaphysischen Erklärungssysteme sozialer Ordnung wurden sowohl die Vertrauensfrage, als auch die Machtfrage problematisiert und auf neue Legitimationsgründe zurückgeführt (Schröer 1999). Der Ausgangspunkt der modernen Sozialpolitik ist daher nicht nur, dass im Laufe der Industrialisierung soziale Probleme vermehrt auftraten (das Ausmass des Leidens in Pestepidemien oder den Katastrophen des 30-jährigen Kriegs war sicher ähnlich immens), sondern auch, dass Menschen sich nicht bedingungslos auf der persönlichen Ebene helfen liessen, bzw. dass das im Helfen enthaltene Machtpotential offen zutage trat und enormes zusätzliches Spaltungspotential für die Integration der modernen Gesellschaften lieferte, gerade wo diese Hilfsbereitschaft zeigten und neue Einrichtungen mobilisierten. Die Repräsentantinnen der frühen Sozialen Arbeit lernten sehr schnell, dass das unreflektierte Ausüben und Ausspielen von Macht dieses Spaltungspotential nur vergrösserte. Sie suchten daher z.B. in psychoanalytischen Theorien Anhaltspunkte für ein psychologisches Verstehen dieser Machtdynamik und gleichzeitig ein Mittel zur Wiedergewinnung des Vertrauens. In jeder helfenden Beziehung werden dieser Theorie gemäss frühe Kindheitsmuster des Ausbalancierens von Macht und Vertrauen neu aktiviert. Die psychologische Analyse des Hilfeprozesses ist aber immer nur ein Teil der notwendigen Gesamtanalyse und ruft nach der Ergänzung durch eine sozialpolitische Analyse, die die Komponenten der Macht greifbar und bewältigbar macht.

Soziale Arbeit liess sich berechtigter Weise auf diese lebensweltlichen Prozesse ein und weigerte sich zuweilen energisch, zu Handlangerdiensten des sozialpolitischen Systems degradiert und funktionalisiert zu werden. Aber in dem oft naiven Glauben, innerhalb der Moderne einen geschützten Raum von Gemeinschaft reproduzieren zu können, ohne auf die Notwendigkeit der Legitimation von Machtverhältnissen Bezug zu nehmen, förderte sie das Machtpotential der sich bildenden sozialpolitischen (National-) Staatssysteme, die gerade die Unterscheidung zwischen Volksgemeinschaft und Gesellschaft zu verwischen suchten. Unter diesem Gesichtspunkt wäre besonders die Geschichte des Gebrauchs von Konzepten der 'Gemeinschaft' in der professionellen Praxis in der Zeit des Nationalsozialismus als warnendes Beispiel immer wieder neu zu untersuchen (Otto und Sünker 1991).

Sozialpolitik beschränkt sich daher gar nicht auf den 'offiziellen', organisierten und institutionalisierten Teil sozialer Sicherheitsstrukturen, so zentral diese als Bezugspunkte sozialen Handelns auch sind. Vielmehr fliesst Sozialpolitik immer über in den Bereich der Lebenswelt, weil die Frage, 'wer ist mein Nächster', also, wem gegenüber ich eine Verantwortung zur sozialen Solidarität habe, und in welchem Machtverhältnis ich zu meinem Nächsten stehe, nicht ohne politische Diskussion zu beantworten ist (Bauman 2000). Wohlfahrt unter den Bedingungen der Moderne muss nicht nur irgendwie produziert, sondern dabei auch organisiert und strukturiert werden, genau wie Arbeit unter den Bedingungen des industriellen Kapitalismus organisiert werden muss und auf Arbeitsteilung angewiesen ist, auch wenn dabei spontane Leistungen mit eine Rolle spielen. Aber mehr noch, Familienverhältnisse, persönliche Beziehungen, informelle Hilfestrukturen müssen ebenfalls organisiert werden, vielfach mit Hilfe gesetzlicher Bestimmungen, da keine Art der Verpflichtung mehr als 'natürlich' und einfach gegeben angesehen werden kann.

Aber unter diesen modernen ökonomischen und gesellschaftlichen Bedingungen treten die Spannungen sowohl in sozialen als auch in persönlichen Beziehungen stärker auf und müssen auch entsprechend öffentlich bearbeitet werden unter Aufbietung neuer Machtmittel und Machtinstanzen, die sich der Nationalstaat schafft, was der progressiven Verrechtlichung sozialer Beziehungen in immer weiteren Bereichen des Privaten den Weg ebnet. Sowenig es gesellschaftspolitisch kritiklos hingenommen werden kann, dass es immer Arme und Reiche gab und daher geben wird und dass eben alle Menschen einen angeborenen Platz in der Gesellschaft haben, sowenig kann davon ausgegangen werden, dass z.B. Eltern natürlicherweise wissen, was für ihre Kinder gut ist, dass emotional starke Bindungen unter allen Umständen 'gesund' sind, dass Menschen mit Behinderungen vor den Anforderungen und Gefahren der Welt unter allen Umständen geschützt werden müssen. All diese Annahmen des 'gesunden Menschenverstands' müssen letztlich kritisch hinterfragt und wissenschaftlich aufgearbeitet werden, damit aus ihnen differenziertere sozialpolitische Kriterien entwickelt werden können, die tatsächlich zur Integration der Gesellschaft beitragen. Mikro- und Makroprozesse sind schon im Anfang mit einander eng verknüpft.

In all diesen Beziehungen tritt im Rahmen der Notwendigkeit der Organisation sozialer Solidarität in der Moderne eine dialektische Spannung zutage, die zum Grundmuster aller sozialpolitischen Massnahmen wurde und gleichzeitig zum Leitmotiv aller sozialarbeiterischen Methoden, nämlich die Spannung zwischen Emanzipation und Kontrolle, Selbstbestimmung und Fremdbestimmung, Individualisierung und Vergemeinschaftung. Diese anthropologische Grundspannung differenziert sich national und international gesehen in verschiedene Institutionen und Kompetenzbereiche. Es lässt sich spekulieren, dass die in der Tradition von Titmuss (1974) und Esping-Andersen (1990) in der sozialpolitischen Analyse geläufig angewandte Typologie von 'welfare regimes' einerseits historisch kontingente Organisationsmuster sichtbar macht, die sich in der Geschichte der europäischen Nationalstaaten und ihrer Beschäftigung mit der 'sozialen Frage' jeweils auf sehr unterschiedliche Art manifestierten, dass diese Regimes aber andererseits alle auf diese grundsätzliche dialektische Spannung Bezug nehmen und sozusagen um ein gemeinsames Grundthema oder um gemeinsame Grundlösungsmuster kreisen, die eine Entsprechung zwischen Mikro- und Makrobereich aufweisen.

Das Nützliche an der Regimetypologie ist, dass sie die prinzipiell möglichen Organisationsformen sozialer Solidarität unter den Bedingungen der Moderne systematisch und idealtypisierend durchdekliniert. Sie identifiziert die drei Institutionen, denen letztlich die Verantwortung für soziale Absicherung überantwortet werden kann, die Institutionen des Staats, der Zivilgesellschaft und des Individuums, die eben gerade im Rahmen der Organisationsnotwendigkeit von sozialer Sicherheit alle unter einem politischen, und nicht unter einem 'natürlichen', in Geschichte oder Biologie angelegten Gesichtspunkt in Aktion treten. In der Interaktion aller drei Institutionen wird die Grundspannung von Vertrauen und Macht, von Emanzipation und Unterdrückung, von Eigenverantwortung und Angewiesen-Sein auf andere ausgetragen, wenn auch mit jeweils unterschiedlichen Grundregeln. Jede der Institutionen hat ihre positiven und negativen Besonderheiten, die im gesamtpolitischen Machtgefüge entweder zu einer Solidarität schaffenden Bestimmung hin arrangiert und aktiviert, oder zur Verzerrung ebendieser Ideale missbraucht werden können. Es geht also nicht darum, die Vorteile und Nachteile einer oder der anderen dieser Institutionen im absoluten Sinne zu definieren, sondern diese werden erst im Vollzug ihrer Operationalisierung erkennbar und abschätzbar.

Ideologische Grund-komponente	Institution	Potential (+/ -)	Verzerrung	Emanzipa-tionspotential
Sozialismus	Staat	Bürokratie, Nivellierung von Identität / Sicherheitsnetz für alle	Bevormundung	Gleichheit
Konservatismus	Zivilgesell-schaft	Abhängigkeit, Rechtfertigung von Ungleichheit / kollektive Identitä-ten anerkannt	Segmentierung von Verantwortung	Anteilnahme/ Verpflichtung
Liberalismus	Individuum	Marktegoismus / Selbstorganisation	den letzten beissen die Hunde	Freiheitsechte

Tab. 3: Institutionelle Verankerungen, Potentiale und Emanzipationspo-tentiale

Die europäischen Wohlfahrtsstaaten der Zeit nach dem 2. Weltkrieg in Europa stellen den Versuch dar, soziale Solidarität jeweils nach einem in bestimmten politischen Kulturen bevorzugten Grundprinzip umfassend zu rekonstruieren und damit im Kontext des Kalten Krieges eine Alternative zum Sozialismus zu bieten. Dabei war nicht so sehr die 'Reinheit' eines Regimes bezeichnend, sondern die faktische Vermischung verschiedener Prinzipien in den unterschiedlichen sozialpolitischen Bereichen, die sich in vielen Fällen sozusagen gegenseitig korrigierten. Auch in den Nordischen Staaten z.b. waren die Aktivitäten der Zivilgesellschaft nicht gänzlich ausgeschaltet trotz der Dominanz staatlicher Einrichtungen, auch im Liberalismus spielte der Staat eine wichtige Rolle nicht nur in Bezug auf Kontrolle, sondern in der Form von grundsätzlichen Dienstleistung, und auch im Korporatismus wurde Subsidiarität oft zum Mittel, den Staat in vielen Aufgaben direkt zu involvieren, statt ihn aus dem Sozialbereich fern zu halten. Das führte teilweise zu Widersprüchen, brachte aber mehr Stabilität, wenn diese Widersprüche auf der Ebene persönlicher Beziehungen korrigiert und kompensiert werden konnten.

Unerkannt blieb für die Soziale Arbeit vielerorts, dass sie gerade an diesen Korrekturstrategien aktiv teilnahm und damit eine wichtige sozialpolitische

Funktion übernahm, nicht nur in der Umsetzung sozialpolitischer Massnahmen, sondern auch in der Schaffung von Mikrobeziehungen, die jeweils integrierende, aber auch legitimierende oder kontrollierende sozialpolitische Bedeutung hatten. Die Dienste nicht-öffentlicher Träger durften nicht willkürlich und unreflektiert wohltäterisch erscheinen, sondern mussten sich an Regeln halten und mit Gesamtzielen konform sein, sowenig die öffentlichen als kalt und unpersönlich erscheinen durften, sondern auf individuelle Lebenslagen eingehen mussten. Immer ging es sowohl um die Beseitigung akuter Notlagen und zugleich um die Repräsentation und Rekonstruktion von sozialpolitischen Beziehungen auf der Mikro-Ebene. Personenorientierte Zuwendung an Betroffene definiert letztlich deren Position im System sozialer Solidarität und die Bedingungen, unter denen diese Solidarität aktiviert werden kann. Es macht einen fundamentalen Unterschied, ob Sozialarbeiterinnen bei einer Familie an die Tür klopfen und einen Staat repräsentieren, der im Interesse der Gleichheit und Gerechtigkeit allen Bürgerinnen und Bürgern ein bedingungsloses Recht auf Hilfe einräumt, um ungleiche Lebenschancen zu überwinden, oder einen Staat, der Individuen in Notlagen grundsätzlich mit Argwohn betrachtet und zuerst überprüfen will, ob sie auch genügend zu ihrer eigenen Vorsorge getan haben oder jetzt zu tun bereit sind. Benutzer sozialer Dienste sind im allgemeinen sehr sensibel für solche Unterschiede, wenn sie diese Sensibilität auch meist nicht zu artikulieren wagen. Um auf diese sozialpolitischen Prozesse eingehen und sie in ihren Interventionsformen berücksichtigen zu können, müssen Sozialarbeiterinnen sich ihrer Interpretationsaufgabe daher erst einmal bewusst werden und die entsprechenden Reaktionen von Seiten der Klienten als konstruktiven Teil des methodischen Interventionsprozesses betrachten. Nur so kann der sozialpolitischen Entmündigung von Klientinnen entgegengewirkt werden, die als Gefahr immer hinter Sozialer Arbeit lauert. Das Bewusstwerden ändert nicht automatisch die sozialpolitischen Rahmenbedingungen, verhindert aber zumindest, dass die Soziale Arbeit zu Täuschungszwecken eingesetzt wird und dabei ihre eigentliche Professionalität und ihr Ansehen bei den Adressaten verspielt.

Neoliberalismus tritt nun gegenwärtig in allen europäischen Staaten auf als Verzerrung oder Spaltung der innerhalb der jeweiligen Regimes angelegten Integrationsdynamik (Mishra 1990): Statt grundsätzliche soziale Sicherheit zuzusichern operiert er bewusst mit Verunsicherung, statt ungleiche Bedingungen der Zugehörigkeit zur Gesellschaft abzubauen und den Bereich bedingungslos geltender sozialer Rechte zu erweitern pocht er auf strengere Vorbedingungen, an denen sich Antragsteller auf soziale Hilfen ausweisen müssen (Butterwegge 1999). Diese Umkehr ist schon daran zu erkennen, dass neoliberale Schlagwörter traditionelle sozialpolitische Konzepte in ihr Gegenteil zu verwandeln versuchen. Community, Aktivierung, Selbstbestimmung, Ich-Stärke,

Empowerment, Hilfe zur Selbsthilfe sind einige dieser Konzepte, die Kontinuität evozieren und dabei gerade Brüche schaffen. Kein Wunder daher, dass dies einen Schwund an Vertrauen unter NutzerInnen sozialer Dienste auslöst, der dann wiederum durch den gesteigerten Einsatz von Machtinstrumenten und Kontrollmassnahmen kompensiert werden muss, in die auch die Soziale Arbeit verstärkt einbezogen wird (Bauer 2001). Grundsätzlich treten unter dem Einfluss neoliberaler sozialpolitischer Programme die oben genannten Widersprüche, die jedem der klassischen Wohlfahrtsstaattypen zugrunde liegen, stärker zutage und die ausgehandelten Kompromisse zwischen Vertrauen und Macht werden Schritt um Schritt in Richtung der kennzeichnenden einseitigen Verzerrungen aufgelöst. Öffentliche Einrichtungen erwerben wieder den Ruf grösserer Bevormundung, vor allem in den Bereichen, die sie nicht delegiert und 'privatisiert' haben; Zivilgesellschaftliche Initiativen geraten in den Sog des Konkurrenzdenkens und der Betonung der Eigeninteressen der in ihnen jeweils vertretenen Interessen- oder Betroffenengruppen, und der im klassischen Liberalismus angelegte Stolz auf individuelle Verantwortung verschiebt sich allenthalben in Richtung auf Egoismus, des persönlichen Unternehmertums bis an die Grenze der Rücksichtslosigkeit (Thureau-Dangin 1998).

Diese Transformationsprozesse laufen nicht automatisch ab, vielmehr ist ihre Realisierung auch angewiesen auf die Umsetzung der neuen sozialpolitischen Rahmenbedingungen und Prinzipien in die lebensweltbezogene Mikropraxis sozialarbeiterischer Begegnungen und Interventionen, in denen es dann nach wie vor erhebliche Gestaltungsfreiräume gibt (Böhnisch, Schröer und Thiersch 2005). Um diese zu nützen, muss das professionelle Personal der sozialen Dienste sich zunächst einmal seiner sozialpolitischen Rolle voll bewusst werden, statt in therapeutische Scheinsicherheiten zu fliehen oder der scheinbar vielversprechenden Neutralität der Management Methoden aufzusitzen. Was in diesen Interaktionen auf dem Spiel steht und wie der Widerstand gegen den Machtdruck neuer Systemzwänge im Sinne einer Wiedergewinnung des Vertrauens mobilisiert werden könne, leitet sich am besten von einer umfassenden transnationalen analytischen Perspektive gegenwärtiger Reaktionen auf sozialpolitische Trends ab. Hier bieten der europäische Vergleich und die Kooperation mit Sozialarbeiterinnen und Sozialpädagoginnen in anderen europäischen Ländern die Gelegenheit, sowohl die länderübergreifenden politischen Tendenzen klarer zu erfassen, als auch die verschiedenen Phänomene der beharrlichen Kontinuität sozialpolitischer Kulturen zu erleben (Lorenz 2002). Denn trotz der Popularität der neoliberalen Ideologien ist in Bezug auf die Sozialsysteme in Europa durchaus keine Konvergenz festzustellen und die zentralen Merkmale der verschiedenen Traditionen erweisen sich als erstaunlich zäh. Es geht bei diesen Vergleichen also nicht um den nostalgischen Rückzug in vergangene

Modelle, sondern um die Konstruktion neuer Strukturen aus den gegebenen Komponenten unter gemeinsamer Abwägung der bestehenden Möglichkeiten der positiven Beeinflussung des Transformationsprozesses, die aus den in den jeweiligen Systemen angelegten Widersprüchlichkeiten erwachsen. Nur im Kontext dieser kritischen Überprüfung kann etwa das Prinzip 'empowerment' gegen neoliberale Verzerrungen verteidigt und praktiziert werden. Hier erweist sich Soziale Arbeit als praktizierte, kritische Sozialpolitik, die im Mikrobereich gemacht wird und die dort gemachten Erfahrungen in die sozialpolitischen Diskussionen der Makroebene einfliessen lässt.

Die Grundkomponenten europäischer Sozialstaatlichkeit besser auf einander zu beziehen heisst nicht, oberflächliche Kompromisse auszuhandeln und Konvergenzen einzuleiten, die die tatsächlich aufbrechenden Konflikte verschleiern würden. Vielmehr geht es darum, nach tragbaren Versionen menschlicher Solidarität zu suchen angesichts grundsätzlich veränderter politischer und gesellschaftlicher Bedingungen und diese auf die zu erwartenden Konflikte hin zu hinterfragen. Dies ist das Programm der Entwicklung einer europäischen Perspektive der Sozialen Arbeit, die nicht auf Harmonisierung und Konvergenz abzielt, sondern im Gegenteil auf die präzisere Ausarbeitung des Verhältnisses der sozialarbeiterischen Methodik zu politischen Prozessen (Lorenz 2004). Ein spezifisches Charakteristikum der europäischen Perspektive Sozialer Arbeit ist es, dass sie sich der Relativität verschiedener sozialpolitischer Systeme und daher der Praxis der Sozialen Arbeit in verschiedenen Kontexten bewusst wird, aber gerade deshalb die sozialpolitische Komponente aller Interventionen sowohl in der Einzelhilfe, als auch in Gruppen- und Gemeinschaftswesenmethoden zu verwirklichen vermag. Ihr aktuelles Ziel kann sein, den Widerständen, die ihr bei der Entpolitisierung privater persönlicher Hilfebeziehungen entgegentreten, auf deren sozialpolitisches Potential hin zu hinterfragen und damit die Grundsatzfragen sozialer Solidarität im gegenwärtigen Kontext geschwächter Nationalstaaten neu zu bearbeiten, sowohl auf theoretischer, als auch auf praktischer Ebene.

Literatur

Bauman, Z (2000): Am I my brother's keeper? In: European Journal of Social Work. Jahrgang 2000. 3; 1, S. 5 – 11

Bauer, R. (2001): Personenbezogene soziale Dienstleistungen. Wiesbaden.

Berg, C. (Hrsg.) (1991): Handbuch der deutschen Bildungsgeschichte. Band 4: 1870-1918: von der Reichsgründung bis zum Ende des Ersten Weltkriegs. München.

Böhnisch, L./ Schröer, W./ Thiersch, H. (2005): Sozialpädagogisches Denken – Wege zu einer Neubestimmung, Weinheim.

Butterwegge, C. (1999): Wohlfahrtsstaat im Wandel: Probleme und Perspektiven der Sozialpolitik. Opladen

Corrigan, P./ Leonard, P. (1979): Social work-practice under capitalism. A Marxist approach. London.

Dahme, H.-J./ Otto, H.-U./ Trube, A./ Wohlfahrt, N. (Hrsg.) (2003): Soziale Arbeit für den aktivierenden Staat. Opladen.

Dahme, H.-J./ Wohlfahrt, N. (2003): Aktivierungspolitik und der Umbau des Sozialstaates. Gesellschaftliche Modernisierung durch angebotsorientierte Sozialpolitik. In Dahme./ Otto./ Trube./ Wohlfahrt (Hrsg.) (2003): S. 75 – 100

Durkheim, E. (1988): Über soziale Arbeitsteilung, Eine Studie über die Organisation höherer Gesellschaften. Frankfurt/. M.

Esping–Andersen, G. (1990): The Three Worlds of Welfare Capitalism. Cambridge.

Galper, J. H. (1979): Soziale Dienste und politische Systeme. Freiburg im Breisgau.

Hamburger, F./ Eggert, A./ Heinen, A./ Luckas, H./ May, M./ Müller, H. (Hrsg.) (2002): Gestaltung des Sozialen – eine Herausforderung für Europa. Bundeskongress Soziale Arbeit 2001. Opladen.

Homfeldt, H.-K./ Brandhorst, K. (Hrsg.) (2004): International vergleichende Soziale Arbeit: Sozialpolitik – Kooperation – Forschung. Hohengehren.

Kaufmann, F.-X. (2005): Sozialpolitik und Sozialstaat: soziologische Analysen. Wiesbaden.

Lorenz, W. (2002): Europa – eine Herausforderung für die Soziale Arbeit. In: Hamburger/ Eggert/ Heinen/ Luckas/ May/ Müller (Hrsg.) (2002): S. 285 – 307

Lorenz, W. (2004): Soziale Arbeit und der Umgang mit Grenzen – Globalisierung als Herausforderung für soziapolitisch bewusstes Handeln. In Homfeldt/ Brandhorst (Hrsg.) (2004): S. 40 – 51

Merten, R. (Hrsg.): Hat Soziale Arbeit ein politisches Mandat? Positionen zu einem strittigen Thema. Opladen.

Mishra, R. (1990): The Welfare State in Capitalist Society. Policies of retrenchment and maintenance in Europe, North America and Australia. London.

Otto, H.-U./ Sünker, H. (Hrsg.) (1991): Politische Formierung und soziale Erziehung im Nationalsozialismus. Frankfurt/ M

Otto, H.-U./ Sünker, H. (1991): Volksgemeinschaft als Formierungsideologie des Nationalsozialismus. In: Otto/ Sünker (Hrsg.) (1991): S. 50 – 77

Sachße, C./ Tennstedt, F. (1991): Armenfürsorge, soziale Fürsorge, Sozialarbeit. In: Berg. (Hrsg.) (1991): S. 411 – 440

Schröer, W. (1999): Sozialpädagogik und die Soziale Frage. Weinheim.

Sünker, H. (2001): Soziale Arbeit und Gesellschaftspolitik. Politisches Mandat als konstitutives Moment moderner Sozialarbeit. In: Merten (Hrsg.): S. 71-86

Thureau-Dangin P. (1998): Die Ellenbogen-Gesellschaft. Vom zerstörischen Wesen der Konkurrenz. Frankfurt/ Main.

Titmuss, R. (1974): Social Policy: An Introduction (hrsg. von B. Abel-Smith and K. Titmuss). London.

Die Osterweiterung der Europäischen Union und die Soziale Arbeit

Danuta Urbaniak-Zając

Ich möchte mich bei den Organisatoren für die Einladung zur Tagung des ‚Sechsten Bundeskongresses Soziale Arbeit' bedanken. Am Anfang muss ich jedoch bemerken, dass mir das von Prof. Hamburger vorgeschlagene Thema meiner Ausführungen etwas Schwierigkeiten bereitet hat. Es ist normalerweise so – wenn ein Theoretiker ein Thema gründlich untersuchen will, so beginnt er seine Recherchen damit, das kennen zu lernen, was andere schon zu diesem Themenbereich geschrieben haben. Leider erwies es sich, dass die für mich relevante Problematik in der polnischen Fachliteratur noch nicht behandelt worden ist. Auf der Suche nach anderen Wegen, an Informationen und Inspirationen zu gelangen, habe ich meine (sich mehr oder weniger mit Sozialer Arbeit befassenden) Kolleginnen und Kollegen nach ihrer Meinung zu diesem Thema gefragt. Alle haben den politischen, also nicht wissenschaftlichen Charakter des Themas unterstrichen, was wohl auch die Perspektive der Diskussion bestimmt hat. Die Soziale Arbeit wird von ihnen als Instrument zur Realisierung von Zielen betrachtet, die ohne ihre Beteiligung gesetzt worden sind. Die Erwägungen werden auf dem Gebiet der sozialen Politik lokalisiert. Ich habe auch mit Sozialarbeitern gesprochen, sowohl in leitender Funktion als auch mit denen, die direkt mit der Klientel arbeiten. Die Praktiker reagierten bei der Frage nach dem Zusammenhang der Sozialen Arbeit mit der Erweiterung der EU meist mit Verwunderung, dass man überhaupt nach einer solchen Relation suchen kann. Sie betrachteten das Thema als eine akademische Erdichtung, ohne Widerspiegelung in ihrem eigenen beruflichen Alltag.

Dass ich hier über meine Suche nach Materialien zu diesem Referat erzähle, soll nicht so sehr meine diesbezüglichen Probleme zeigen (um damit beispielsweise die Schwäche meines Textes zu rechtfertigen), sondern Ihre Aufmerksamkeit darauf lenken, dass es in Polen an Interesse an diesem Thema fehlt. Laut Theoretikern relevant für die Veränderungen im Denken über die Soziale Arbeit war nicht selbst das Moment des Beitritts Polens in die EU. Auch für die Ausführenden (Akteure) in der Alltagspraxis der Sozialen Arbeit hat diese Frage keine größere Bedeutung, sie erkennen keinen Zusammenhang zwischen ihrer Arbeit und den politischen Feststellungen, die auf höchster

Machtebene gefasst werden. Jemand von Ihnen könnte jedoch bemerken, dass es den Sozialarbeitern nur so vorkommt, als ob ihr Berufsbereich gegen die aus der Integration Polens mit der EU resultierende Einflüsse unempfindlich wäre, in Wirklichkeit aber könnte man auf viele Konsequenzen dieser Tatsache hinweisen.

Überlegen wir nun, welche Argumente für die Richtigkeit einer solchen Annahme sprechen könnten, oder anders gesagt, ob es wirklich so ist, dass politische Entscheidungen, auf der höchsten Verwaltungsebene getroffen, Bedeutung dafür haben, auf welche Art und Weise die soziale Arbeit in der ,alten' und in der ,neuen' EU praktiziert wird? Meine Beantwortung dieser Frage macht die Struktur dieses Referats aus. Ich werde zuerst über manche Konsequenzen sprechen, welche der Beitritt Polens in die EU für die Bedingungen der Realisierung von Sozialer Arbeit in meinem Land hatte, folglich über die Zweifel, die auftreten, wenn wir die Soziale Arbeit zuerst als ein Instrument eines nationalen Staates betrachten, und dann über die Erweiterung dieser Perspektive auf eine überstaatliche Struktur, die ein gemeinsames Europa ist.[56]

Ich bemerke hier wiederholt, dass in Polen – sowohl für die Praxis der Sozialen Arbeit als auch für die theoretische Reflexion über diese – die gesellschaftlich-politische Wende vom 1989 und die einige Jahre dauernde Vorbereitungsperiode vor dem Beitritt in die EU bedeutsamer war als das Moment der EU-Erweiterung um die Länder Mittel- und Osteuropas selbst. Der erste Faktor ist kein Gegenstand unserer Tagung, ich gehe hier näher auf den zweiten ein. Schon 2003 unterschrieben in Brüssel die Vertreter der polnischen Regierung und der Europäischen Kommission ein *Gemeinsames Memorandum für die Soziale Integration*. Sein Ziel war „unseren Staat vom ersten Tag der Mitgliedschaft in der EU an auf die volle Beteiligung an der offenen Koordinierungsmethode vorzubereiten, im Bereich der Armut und der Ausschließung gegen zu arbeiten". Das Memorandum bestimmt die Hauptherausforderungen, vor denen Polen steht, stellt die unternommenen Maßnahmen für die Realisierung der von der Gemeinschaft festgesetzten Annahmen dar, bestimmt auch, welche Fragen dem Monitoring und der Evaluation unterliegen werden im Kontext der übernationalen Strategie der sozialen Integration, deren Priorität es ist, bis 2010 einen wesentlichen Fortschritt in der Eliminierung der Armut in Europa zu erreichen.[57]

Als ein Programmdokument für Polen wurde 2003 auch die *Equal-Initiative* bestätigt, realisiert im Rahmen der *Europäischen Beschäftigungsstrategie*,

---

[56] Ich bedanke mich für diesbezügliche Inspirationen bei meinem Kollegen Jacek Piekarski
[57] G. Spytek-Bandurska, Regulacje dotyczźce wykluczenia społecznego, „Praca socjalna" 2004, Nr 3, S. 76

„die zum Erreichen der sozialen Kohäsion im Bereich der übernationalen Zusammenarbeit zugunsten der Suche nach neuen Mitteln für Bekämpfung von Arbeitslosigkeit, Vorbeugung von jeglichen Diskriminierungsformen und ungleichen Chancen auf dem Arbeitsmarkt und der Gegenwirkung der sozialen Ausschließung dienen soll."[58]

Ein wesentliches Element der polnischen nationalen Strategie, die der Ausschließung entgegenarbeiten soll und die aus der europäischen sozialen Politik resultiert, ist das Gesetz über die soziale Beschäftigung. Die Regelungen dieses Gesetzes werden an 7 Empfängerkategorien adressiert, u.a. auch an Obdachlose, die ein individuelles Programm der Überwindung ihrer Obdachlosigkeit realisieren, Obdachlose mit Alkohol- oder Drogensuchtproblem, Arbeitslose, die mindestens seit 24 Monate keine Arbeit haben. Sie können psychologische Unterstützung bekommen in Klubs der sozialen Integration und 11 oder 17 Monate lang eine Arbeit im Zentrum der sozialen Integration ausüben, was ihnen er möglichen soll, Qualifikationen zu erreichen oder zu erweitern und auf den Arbeitsmarkt zurückzukehren.

Etwas früher wurden zwei andere Gesetze verabschiedet: über die Wohltätigkeits-Organisationen und über das Volontariat. Ich werde diese nicht besprechen, denn ich weiß, dass es in Deutschland schon seit vielen Jahren ähnliche gesetzliche Lösungen gibt.

Wie wir sehen, wurde die polnische soziale Gesetzgebung nicht nur an die in der Union geltenden Prinzipien angepasst, sondern sie überträgt auf unseren Boden konkrete Lösungsformen, wie z.B. die soziale Reintegration durch die Arbeit. Bei der Annahme von einer solchen juristisch-formalen Perspektive muss man die am Anfang gestellte Frage, ob der Beitritt Polens in die EU für die Organisation der Sozialen Arbeit Bedeutung hat, mit ‚ja' beantworten. Und das um so mehr, da man noch andere Beispiele der Übertragung von europäischen Lösungen auf polnischen Boden nennen kann, so z.B. die Regelung des Rechtsstatus des Sozialarbeiters, was in der Intention der Betroffenen zur Erhöhung des gesellschaftlichen Status dieses Berufes beitragen soll. Die Soziale Arbeit will den Weg der formalen Professionalisierung beschreiten: es wurde der ethische Kodex verabschiedet, im Gange sind die Maßnahmen, die zur Gründung einer beruflichen Selbstverwaltung (einer Berufskorporation) führen sollten, die die Berufsinteressen dieser Gruppe verteidigen wird.

Bei der Betrachtung der Sphäre von beruflichen Aktivitäten kann man auseinander gehende Tendenzen bemerken. Einerseits wollen die Sozialarbeiter den Expertenstatus ihrer Arbeit beibehalten, was beispielsweise Ausdruck fand im entschiedenen Protest gegen die Absicht, einen Teil ihrer mit der Auszahlung von Unterstützungsgeldern verbundenen Rechte auf die Arbeiter von Vereinen

---

[58] Ebd., S. 77

zu delegieren. Die Sozialarbeiter warfen den letzteren Mangel an Professionalität und an nötigen Berufskompetenzen vor, die man zum Entscheiden über die
Zustimmung von Unterstützung braucht. Andererseits aber, verpflichtet die
Novelle des Gesetzes die Sozialarbeiter dazu, mit Klienten einen Kontrakt abzuschließen, der die von beiden Seiten akzeptierte Arbeitsziele und Art und Weise
ihrer Realisierung bestimmt. So zwingen die Gesetzregelungen eine andere
Handlungsweise als die Expertenperspektive auf – sie bilden formale Bedingungen für aktives Einschalten des Kunden in den 'Prozess der Bewältigung von
Schwierigkeiten'.

Zusammenfassend, der Beitritt Polens in die EU verursachte die Anpassung des polnischen Sozialrechtes an die in Europa geltenden Regelungen. Offen bleibt dafür die Frage, inwieweit die angenommenen juristischen Lösungen
die Effektivität der Praxis der Sozialen Arbeit steigert, und eine allgemeinere
Frage: in welchem Bereich die Soziale Arbeit ein Instrument dafür sein kann,
die richtungsgesteuerten gesellschaftlichen Veränderungen hervorzurufen, deren
Initiator der Staat sein will. Um die erste dieser Fragen zu beantworten, müsste
man über empirische Daten verfügen. Bisher aber gibt es bei uns keine entsprechenden Untersuchungen, was vielleicht ein Resultat der zu kurzen Zeitspanne
sein kann, die seit dem Beitritt Polens in die EU vergangen ist. Übrigens, es ist
bemerkenswert, dass man die Indikatoren der Effektivität nicht aus der Empirie
selbst ableiten kann, sondern sie sind ein Resultat von angenommenen Behauptungen. Somit können die erreichten Ergebnisse immer zu einem Streitgegenstand werden, denn man kann ja die Auswahl von Indikatoren in Frage stellen.

Auf die zweite der gestellten Fragen gaben die deutschen Theoretiker der
Sozialarbeit und der Sozialpädagogik unterschiedliche Antworten. Ich werde sie
hier nicht vortragen, da ich denke, Sie kennen sie. Ich wollte damit nur sagen,
dass mir das Kennen lernen des Ertrages der deutschen Sozialpädagogik und der
Sozialarbeit das kritische Denken beigebracht und meinen Verdacht verstärkt
hat gegenüber dem Staat als Organisator des Lebens seiner Bürger, somit auch
als Organisator der Sozialen Arbeit. Eben in deutschen Bearbeitungen habe ich
zum erstenmal gelesen, dass in den Bereich der Sozialarbeit und der Sozialpädagogik diese sozialen Probleme verschoben werden, die man strukturell nicht
lösen kann. Also ist die Soziale Arbeit ein Instrument des Staates – und dazu ein
sehr unvollkommenes – und manchmal nimmt sie geradezu die Gestalt von
Scheinhandlungen an, die keine Bedeutung für ihre Adressaten haben und nur
zur Beruhigung der Öffentlichkeit dienen, um zu zeigen, dass ‚etwas gemacht
wird'. Eine die Veränderungen auslösende gesellschaftliche Energie wird in
Wirklichkeit von gesellschaftlichen und bürgerlichen Bewegungen her aktiviert.

Ein solches Wissen bestätigt meines Erachtens Zweifel um die Begründung
der Aufmerksamkeitskonzentration auf die – von staatlicher Sozialpolitik gelei-

tete – soziale Arbeit. Diese Zweifel wachsen noch bei der näheren Betrachtung der heutigen Wirklichkeit. Vielleicht ist die Situation in Polen besonders ausgeprägt, aber ich glaube nicht, dass sie qualitätsmäßig anders ist als in sonstigen europäischen Ländern. Es scheint, dass der Staat nicht mehr der Hauptakteur auf der sozialen Szene ist. Er ist nicht imstande, richtungsorientierte, gezielte Veränderungen hervorzurufen. Und diese Veränderungen, die überhaupt stattfinden, sind ein Resultat von nicht näher bekannten und beschriebenen Interessen und Strukturen – ökonomischen, politischen, parteilichen, militärischen, mafianahen, etc. Trotz alledem verhalten sich Politiker, die gerade zu diesem Zeitpunkt an der Macht im Staate sind, so, als wären sie imstande, die Lebensbedingungen der Menschen zu ordnen, ja sogar die Sphäre der individuellen Erfahrungen eigener Bürger vorzuprogrammieren. Die EU – Grundgesetzreferenden in Frankreich und Holland haben gezeigt, dass die Mehrheit der Bürger anders denkt als die herrschenden politischen Elitekreisen, und die bedeutende Anzahl von Bürgern *votum separatum* gegenüber der Politik demonstriert, indem sie nicht an den Wahlen teilnimmt. Es geht mir hier nicht darum, in diesem Moment darüber zu diskutieren, ob es richtig oder falsch ist, dem EU-Grundgesetz ‚ja' zu sagen oder aber es abzulehnen. Ich persönlich bin für eine weitere Erweiterung der Union, da ich glaube, dass die Zukunft dieses Kontinents eine (auf gemeinsame Abstimmungen gestützte) Zusammenarbeit von gleichberechtigten Partnern ist, die jedoch nicht die Staaten sein müssen.

Ich glaube, dass im globalen EU-Denken (in dem die angenommenen Indikatoren eine so große Rolle spielen, die mit der Objektivität der Beurteilung und der Möglichkeit täuschen, die Lage in verschiedenen Ländern vergleichen zu können) eine – in der Sozialen Arbeit so wichtige – Spezifik der lokalen Sozialprobleme verloren geht. Als Beispiel dafür: Sie wissen wohl, dass die Arbeitslosenrate in Polen sehr hoch ist, letztens ist sie auf 18 % gesunken, aber Sie wissen wohl nicht, dass eine Sozialunterstützung (in Polen werden keine Beiträge für die Versicherung der Arbeitslosigkeit bezahlt) für einen Arbeitslosen ohne irgendwelche Einnahmen 137 Zloty also rund 34 Euro (!) beträgt. Die Unterhaltskosten sind in Polen natürlich niedriger als in Deutschland (aber auch nicht so sehr viel), dieses Geld reicht also keineswegs zum Leben aus. Es ist ein öffentliches Geheimnis, dass eine bedeutende Zahl von Arbeitslosen mehr oder weniger regelmäßig 'schwarz arbeitet'. Sie brauchen keine gute Soziale Arbeit, sondern ein gutes Steuer- und Arbeitsrecht, die die Arbeitgeber dazu motivieren würden, sie legal einzustellen. Die Lage der 'schwarz' arbeitenden Arbeitslosen kann auch die soziale Beschäftigung, die ich vorhin schon erwähnt habe, nicht verbessern, denn nicht der Qualifikationsmangel macht es ihnen unmöglich, eine legale Arbeit anzunehmen. Da es aber in Europa eine starke Orientierung auf die Entwicklung von diversen kurzfristigen Formen der Qualifikationserlangung (oder deren Ergänzung) herrscht, hat man auch in Polen – was ich schon erwähnt habe – eine zeitbegrenzte ‚soziale Beschäftigung' eingeführt, die den Arbeitslosen helfen sollte, den Weg zum Arbeitsmarkt zu finden oder wieder zu finden. Es kann verwundern, dass die Annahme einer Lohnarbeit weiterhin als eine Grundform der sozialen Re- und Integration angesehen wird, wo es allgemein bekannt ist, dass es heute nicht genug Arbeit für alle Interessierten gibt.

Ich weiß nicht, ob in Deutschland die im Titel dieses Kongresses postulierte Aktivierung des Sozialen Staates möglich ist, auch nicht, welche Inhalte sich unter dieser Bezeichnung verstecken, aber ich weiß, dass mit diesem Begriff in Deutschland positive Erfahrungen und Erinnerungen verbunden sind noch aus der Zeit des Wirtschaftsbooms. In Polen sind die historischen Erfahrungen mit dem Staat, auch mit dem Sozialen Staat, ganz anders. Diese seine Form, die ich selbst erfahren habe, d.h. der Betreuungsstaat im sozialistischen System, brachte viel Schaden, obwohl er in vielen Sphären – in der Perspektive der staatlichen Ziele – sehr erfolgreich war. Trotz der Veränderung des politischen Systems ist das Verhältnis vieler Polen gegenüber dem Staate eher vertrauenslos. Es herrscht die Meinung, dass der Staat lediglich für seine Eliten und eigene Strukturen sorgt und die einfachen Leute im Stich lässt.[59] Die detaillierten Entscheidungen im Bereich der Sozialen Unterstützung in letzter Zeit (die Abschaffung des Alimentsfonds, die Reform der Familiengelder) bestätigen diese Meinung. Sicherlich kann der Staat nicht von der Organisation der sozialen Hilfe befreit werden, und in diesem Kreis ist natürlich ein Teil der Aktivitäten der Sozialarbeiter enthalten. Aber eine auf Erweckung der Produktivität des Sozialen orientierte Sozialarbeit kann nicht ausschließlich ein Instrument der Staatspolitik sein. Aus meinem Wissen resultiert, dass der Wirtschaftswachstum das allgemeinste Ziel der EU ist. In dieser Perspektive würde die Produktivität des Sozialen darin bestehen, unter den Menschen die Einstellungen der Akzeptanz gegenüber dem moralischen Sinn der Multiplikation von Gütern aufrecht zu erhalten, die die Position des Menschen in Abhängigkeit von der Qualität seiner Beteiligung am Produktionsprozess bestimmen.

Die Produktivität der sozialen Arbeit kann man aber auch anders verstehen. A. Giddens stellt in der Arbeit „Beyond left and Right: The Future of Radikal Politics" fest, dass das übergeordnete Ziel für die Menschen von heute, die in einer 'produzierten' Unsicherheit leben, nicht so sehr die konstante Produktionssteigerung ist, sondern die Erlangung des Glückes. Statt Glück könnte man hier die Erlangung der Selbstrealisation, Selbstverwirklichung sagen. Die Aufgabe der so zielmäßig georteten Sozialarbeit wäre die Erkennung von Bedin-

---

[59] M-Łasska, Rewolucja bez rewolucji, „Kultura i Społeczeństwo" 2005, Nr. 1, S. 177

gungen, die es ermöglichen würden, dieses Ziel zu erreichen. Eine solche Soziale Arbeit würde ihre disziplinierende Dimension einschränken zugunsten der Entwicklung sozial-pädagogischer Dimensionen. Ihr Interessensgegenstand wäre somit nicht die Armut oder andere Formen der sozialen Unanpassung, sondern die erfahrene Sinneskrise und die damit verbundene Handlungskrise, interpretiert als die Krise der Person in ihren sozialen Verwicklungen[60]. In einer solchen Gedankenperspektive ist die Aktivierung des Sozialen, der Wiederaufbau der Solidarität und des Verantwortungsgefühls für sich und für andere Menschen, oder aber – mit Worten von Giddens – der Aufbau aktiven Vertrauens unter den Menschen, auch zwischen den Menschen und Institutionen, ein Ansporn für die Befreiung von der in den gesellschaftlichen Relationen steckenden Effektivität.[61]

Bei der Betrachtung der Sozialen Arbeit kann man schon auf Exemplifikationen dieser allgemeinen Idee hinweisen. Eins der Zentren für die Soziale Unterstützung im Lodzer Stadtviertel Bałuty verwendet neben üblichen Maßnahmen wie Unterstützungsgeldereinteilung (der die Visitation der Lebensbedingungen des Klienten vorangeht) die Methode der Aktivisierung der lokalen Öffentlichkeit. Eine der Formen ist die Unterstützung von einsamen alten Menschen. Diese Hilfe wird ehrenamtlich von Gymnasialschülern geleistet. Sie besteht darin, kleinere Besorgungen zu machen, aufzuräumen, aber vor allem Begleitung zu leisten: Zuhören, Erzählen, Lesen u. ä. Interessant in diesem Beispiel ist, dass sich viele freiwillige Schüler melden, dafür aber wesentlich weniger interessierte alte Leute. Dies bedeutet jedoch nicht, dass es diese Menschen nicht gibt, oder dass sie keine Hilfe bräuchten. Aus der Aussage eines diese Aktivitäten organisierenden Sozialarbeiters erfolgt, dass viele alte Menschen Angst vor Jugendlichen haben. Sie sehen in ihnen potenzielle Aggressoren, Individuen ohne jeglichen Werte, die ausschließlich nach materiellen Vorteilen streben.

Die stufenweise Überwindung von Ängsten und Vorurteilen führt dazu, dass der alte Mensch nicht nur eine Dienstleistung bekommt, sondern auch sein Vertrauen in andere Menschen wiederaufbaut, was sicherlich seine Lebensqualität positiv beeinflussen kann.

Ein anderes Beispiel der Überwindung des Schemas ist der Bau von sog. lokalen Koalitionen, also Einrichtungsnetzen, die bereit sind, sich an Teamaktivitäten zu beteiligen. Man versucht, neue überinstitutionale Strukturen zu bil-

---

[60] Por. J. Surzykiewicz, Człowiek w sytuacjach kryzysowych w aspekcie zadań i granic pedagogiki społecznej i pracy socjalnej, „Problemy Opiekuńczo-Wychowcze" 2003, Nr. 4
[61] Es ist erwähnenswert, dass die Gründerin der polnischen Sozialpädagogik H. Radlińska, schon in der Zeit zwischen den Weltkriegen, über das Bedürfniss der Erweckung von menschlichen (sozialen) Kräften geschrieben hat. Diese verwandeln den heutigen Tag in eine bessere Zukunft.

den, neue Beziehungs- und Gesellschaftsebenen zu gründen, Vorbilder für die Teilnahme am öffentlichen Leben auf Maß der Bedürfnisse und der Möglichkeiten einer konkreten Umgebung zu schaffen. Diese Aktivitätsart wird von dem im Jahre 2000 entstandenen Verein *Zentrum für die Unterstützung lokaler Aktivitäten* inspiriert. Dieser Verein arbeitet zusammen mit nichtstaatlichen Organisationen aus vielen europäischen Ländern, u.a. Paritätischer Bundesakademie aus Berlin, Birmingham Council Educational Service, International Federation of Settlements and Neighbour Center, aber auch mit Organisationen aus Ungarn, Rumänien, Bulgarien, Russland, aus der Ukraine und Slowakei. Wie man sieht, geht diese Kooperation über die Grenzen der EU hinaus.

Zum Schluss kehre ich zu dem postulierten Model des Staates zurück. Wenn Giddens und andere ähnlich denkende Analytiker darin recht haben, dass das früher bestehende Modell eines Betreuungs-/ Sozialstaates ein Ausdruck eines sozialen Abkommens war, das in den heute nicht mehr gegebenen Verhältnissen abgeschlossen worden war, so muss das Model des gegenwärtigen Sozialen Staates aufs neue gedacht werden. Relativ oft wird das Konzept des aktivierenden Staates zitiert, in dem der Druck nicht nur auf die Rechte der Bürger gelegt wird, sondern auch auf ihre Pflichten. Das Problem liegt jedoch darin, dass der Statt nicht imstande ist, solche Bedingungen zu schaffen, die allen die Erfüllung von Pflichten ermöglichen würden. In der individuellen Perspektive noch wichtiger ist die Schaffung von Bedingungen, die dazu beitragen könnten, in den Individuen das Gefühl der eigenen Handlungsmacht aufzubauen. Laut Giddens soll der Staat solche Bedingungen schaffen, in den „Individuen und Gruppen Einfluss auf ihre Anliegen haben könnten, und nicht, dass ihnen diese Anliegen (im Kontext von allgemeinen sozialen Bestrebungen und Aufgaben) nur zustoßen sollten" (S. 24).[62] Der Beitrag der Sozialen Arbeit kann darin bestehen, die Veränderungen durch die Bildung von neuen Mustern der gegenseitigen Relationen zwischen den Menschen, Menschen und Institutionen und auch zwischen den Institutionen hervorzurufen.[63]

Literatur

Giddens, A.: Poza lewicź i prawicź. Przyszłoźź polityki radykalnej, Poznaź 2001
M-Łasska: Rewolucja bez rewolucji, „Kultura i Społeczeźstwo" 2005, Nr. 1, S. 177
Morawski, W.: Zmiana instytucjonalna. Społeczeźstwo. Gospodarka. Polityka, Warszawa 1998

---

[62] A Giddens, Poza lewicź i prawicź. Przyszłoźź polityki radykalnej, Poznaź 2001
[63] Siehe: W. Morawski, Zmiana instytucjonalna. Społeczeźstwo. Gospodarka. Polityka, Warszawa 1998

Spytek-Bandurska, G.: Regulacje dotyczźce wykluczenia społecznego, „Praca socjalna"
2004, Nr 3, S. 76
Surzykiewicz, Por. J.: Człowiek w sytuacjach kryzysowych w aspekcie zadaź i granic
pedagogiki społecznej i pracy socjalnej, „Problemy Opiekuźczo-Wychowawcze"
2003, Nr. 4

Die Zukunft der Sozialen Arbeit als Profession - eine bundesrepublikanische Suchbewegung

Hans-Uwe Otto

I.

Die Auseinandersetzung über die Zukunft der Sozialen Arbeit könnte für viele der dort Tätigen bereits beendet sein, bevor sie sich aktiv in die Diskussion eingemischt haben, wenn Selbstverständlichkeiten weiterhin mit Sicherheiten verwechselt werden und den klaren Blick dafür verstellen, dass das eigene berufliche Handlungsmodell schneller umgeformt und in neue gesellschaftliche Kontexte eingebaut wird als vollmundige Texte zu Beginn des 21. Jahrhunderts vermuten ließen. Statt einer kritischen Einmischung findet man weitflächig eine anpassungsbereite Soziale Arbeit, die nichts bzw. nur wenig davon spüren lässt, dass die Bundesrepublik einer in ihrer Nachkriegsgeschichte noch nie da gewesenen sozialen Spaltung entgegendriftet. Vorgaben und Handlungsroutinen der Sozialarbeit folgen nicht nur auf der institutionellen Ebene den Zwängen des gegenwärtigen gesellschaftlichen Umbaus, sondern stützen ihn auch durch eine Übernahme entsprechender normativer Prämissen in der Restrukturierung der eigenen Kernfigur. So könnte eine Beschreibung des Vorgangs aussehen, der täglich abläuft, sei es nun im Rahmen der Neugestaltung der Praxisfelder und der sie steuernden Organisationsformen, sei es in der programmatischen Definition handlungsleitender Konzepte, die immer stärker geprägt werden durch eine Rationalisierung als Imperativ der Machbarkeit, ohne dabei die Folgen für die Rationalität der eigenen Logik zu beachten. Genau in dieser Differenz liegt aber der Ansatz für die Beschreibung eines paradigmatischen Wandels, der sowohl die Praxis als auch die Theorie einholt, ohne dass die Akteure fähig – und was noch bedenklicher ist – willens sind, Gegenwehr zu leisten. So zumindest scheint es, gibt es doch genügend Beispiele, die einen systemimmanenten Schwenk deutlich werden lassen. Dieser Prozess der Funktionalisierung der Strukturen und der Rationalisierung der Organisation beeinflusst immer stärker auch die Interventionskonzepte einer Sozialen Arbeit, die in Gefahr stehen, sich von ihrer Basis einer professionsgesteuerten Diagnose zu einer indikatorengesteuerten Risikoabwehr zu wandeln.

Dieser Prozess, der gewissermaßen spiegelbildlich von der Umsetzung entsprechender Präventionsideologien begleitet wird, kann auch als eine Neuformierung des prinzipiell prekären Aushandlungsprozesses zwischen SozialarbeiterInnen und KlientInnen durch eine verfahrensmäßig geregelte, nach den

„What Works"-Prinzipien der Risikoanalyse teilweise bereits durch output-Garantien begleitete, Interaktion gesehen werden. Eine Entwicklung, die offensichtlich auf zunehmende Resonanz in der Praxis stößt, die sich dadurch in einer neuen Handlungssicherheit wähnt, ohne die langfristigen Folgen für den eigenen Kompetenzstatus dabei kritisch abzuschätzen. Die Soziale Arbeit der klassischen Wohlfahrtsstaatlichkeit ist dabei, die damit verbundene Form der Solidarität oftmals schneller hinter sich zu lassen, als das Konzept als solches erodiert. Die Schere im Kopf scheint hier oft wirkungsvoller zu sein, als es die Fakten vorgeben. Damit verbunden sind Übernahmen von so genannten modernen Bewertungspositionen in der Sozialen Arbeit, die nicht mehr widerspiegeln, was einmal gesellschaftlich erreicht werden sollte, sondern stattdessen mit einer breitflächigen Inanspruchnahme von Begriffen wie Aktivierung, Marktorientierung, Effizienz und Effektivität erweiterte Handlungsspielräume suggerieren, die zudem mit der Hoffnung auf eine zunehmend positive öffentliche Resonanz der eigenen Anstrengungen verbunden werden.

II.

Diese Anmerkungen erfolgen keineswegs aus einer resignativen Position heraus, sondern entlang der These, dass sich die Soziale Arbeit nach einem jahrelangen Prozess des sukzessiven inneren und äußeren Um- und Abbaus Sozialer Arbeit einer Situation nähert, die die Qualität einer Weichenstellung hat. Die Grundsätzlichkeit, die mit der hier beschriebenen Gleisänderung verbunden ist, spiegelt sich für die Soziale Arbeit sowohl in ihrer Praxis als auch in ihrem Ausbildungsbereich wieder. Managerialismus, input und output Bemessung, aber auch Substitution durch andere Berufsgruppen und marktregulative Pressionen im Anstellungsverhältnis sind nur einige Vorboten einer Entwicklung, der von Seiten der beruflichen Sozialen Arbeit nicht mit Entschiedenheit entgegengetreten wird, ja, vielleicht auch nicht entgegengetreten werden kann, solange die eigene professionelle Identität für die einen nicht mehr greifbar und für die anderen offensichtlich schon nicht mehr attraktiv genug erscheint. Funktionale Optimierungsstrategien der Organisationen sollen und können hier nicht wegdiskutiert werden, sondern müssen, und dieses ist nun wichtig, in einer genauer zu bestimmenden Relation zum Ansatzpunkt des professionellen Wissens und Könnens gestellt werden, um überhaupt einen Korrekturfaktor verfügbar zu haben. Es hat vielfach den Anschein, dass sich die hierzu notwendigen Bezugspunkte aber immer weniger im professionellen Handeln, sondern immer stärker in wettbewerbsorientierten Strategien eines marktgesteuerten Gesellschaftsmodells finden. Die seit einiger Zeit zu beobachtende Diskussion über eine neue allgemeine Qualifikation der Sozialen Arbeit im Kontext von Employability und Flexibilisierung wird nur auf den ersten Blick hiervon abweichend überformt von einer genauso theorie- und teilweise auch substanzlosen Form einer im Prinzip sich gerierenden künstlichen Welt eines Spezialistentums, das seine Legitimität einzig und allein in der Bestätigung eines Angebotsmarktes sieht, der sich aus einer angeblichen Kompatibilität mit der Praxis speist. Der Verrechtlichung der Sozialen Arbeit, die einerseits im Kontext einer wohlfahrtsstaatlichen Anspruchsicherung für betroffene Bürger zweifellos als Gewinn zu bezeichnen ist, andererseits aber als Leitlinie für eine professionalisierte Sozialarbeit in ihren gesellschaftskritischen Herausforderungen nur bedingt Gültigkeit haben kann, folgt seit einigen Jahren die Verbetriebswirtschaftlichung der Sozialen Arbeit in ihren verschiedenen Nuancen. Nach der organisatorischen und der bürokratischen Logik baut sich nun zunehmend eine managerialistische Logik und eine Marktlogik auf. Das soll hier erst einmal weniger beklagt, als vielmehr analytisch beschrieben werden, um überhaupt deutlich zu machen, wie und wodurch die Soziale Arbeit in unserer Gesellschaft gegenwärtig in ihrem Handlungsmodell geprägt wird. Damit verbunden ist eine neue Ausrichtung der Leistungsbemessung in Praxis und Ausbildung, die deutlich macht, wie verfügbare Ressourcen im Denk- und Handlungssystem der Sozialen Arbeit gegenwärtig nur sehr einseitig genutzt werden. Perspektivisch kann eine derartige Entwicklung zu einer weiteren Auflösung des Gesamtfeldes der Sozialen Arbeit führen und zu einer Indikatorenfixierung, die sich aus den Messregeln einer neuen Qualitätskultur im Rahmen einer zertifizierten Durchstrukturierung der Praxis ergeben, nicht aber aus inhaltlichen Prämissen und sachlichen Notwendigkeiten einer modernen Sozialen Arbeit als individuelle und gesellschaftliche Aufgabe. Gerade letztere fällt aus dem Bewertungsschema dieser neuen Zeit völlig heraus, das sich eben nicht mehr auf Prämissen beziehen läßt, die, seien es nun Strategien der Einmischung oder der advokatorischen Vertretung einer sozialarbeitspolitischen Positionierung zurechnen lassen. Die Wiederentdeckung eines professionell begründeten Aktionsfeldes ist für die gesamte Zunft und für jede(n) Einzelne(n), der/die in der Sozialen Arbeit tätig ist, daher heute wichtiger denn je.

III.

Ist Professionalität mehr als nur ein Phantombegriff, ist sie mehr als eine Schimäre, die gewendet und gedreht werden kann, wie es der sozialpolitische Wind erforderlich macht oder handelt es sich dabei doch um eine Grundlegung, die die inhaltlichen und praktischen Kategorien mit einem eindeutigen Grad an

Wissen und Können verbindet, der nicht unterschritten werden kann und eine moderne reflexive Soziale Arbeit gesellschaftlich so verortet und positioniert, dass sie für ihre Aufgabenermöglichung entsprechende Handlungsspielräume erkennt und die notwendigen öffentlichen Diskurse bestreiten kann? Reflexivität bedeutet im professionalisierten Handeln die Achtung des Anderen, die Stärkung seiner Stärken und die Erweiterung seines Ermöglichungsraumes durch die gemeinsame Entwicklung von Handlungsoptionen. Hier geht es nicht um die Sinnsuche im Kontext einer verkrusteten Expertokratie oder gar eines Anschmiegens an die so genannten alten Professionen. Es geht stattdessen um die demokratische zivilgesellschaftliche Durchsetzung einer akzeptablen und akzeptierten Lebensführung für die Bürgerinnen und Bürger, die aufgrund ihrer psychosozialen Probleme ihren lebensweltlichen Kontext nicht mehr allein bewältigen können und daher auf Beratung, Unterstützung und Vertretung ihrer legitimen Rechte und zivilgesellschaftlichen Interessen angewiesen sind. Professionalisierung heißt, ein Wissen verfügbar zu haben, das neben der Anwendung auf Probleme auch immer deren Ursachen in ihrer Mehrdimensionalität zwischen individuellen Fakten, kontextueller Ausprägung und struktureller Verankerung deutlich machen kann. Erst in dieser Zusammenführung der Aspekte kommt es zu einer angemessenen Bestimmung sozialarbeiterischer Qualität. Die Kompetenz des Fallverstehens würde zu einem verkürzten Maßstab professionalisierten Handelns werden, wenn damit im Endeffekt nur gemeint ist, dass sich ein konventionelles System von Lösungen auf der Suche nach passenden Problemen macht. Reflexivität bedeutet hingegen, die Definition des Problems des Anderen gerade nicht in der Verwaltung der vorgegebenen Routinen zu finden, sondern aus der Optionalität lebensweltlicher Alternativen und der Stärkung der Entscheidungsfreiheit der betroffenen bzw. nachfragenden BürgerInnen diesen ihren Status als selbstverantwortliche Akteure zuzugestehen und durchzusetzen. Professionalität wird in einem derartigen Handlungskontext beruflicher Sozialer Arbeit zu einer dritten Logik neben der bürokratischen und der rechtlichen Logik. Hier gilt es, eine entsprechende Programmatik und – auch dieses muss deutlich gesagt werden - ein Selbstbewusstsein zu entwickeln, das eine sozial- und gesellschaftspolitische Verankerung aufweist. Nun gibt es genügend Herausforderungen, die eine derartige Sichtweise erheblich erschweren. So ist zum einen festzustellen, dass sich in weiten Kreisen der Sozialen Arbeit eine Tendenz entwickelt, die sich die Funktionserfordernisse neoliberaler Vorgaben immer umfassender zu Eigen macht und sich dabei weitgehend fremden kategorialen Begrifflichkeiten und Deutungsversuchen sozialer Probleme anschließt. Die gesamte Auseinandersetzung über die Begründung, die Umsetzung und die Folgen von Hartz IV ist hierfür ein eindrucksvolles Lehrbeispiel. Hinweise aus der kritischen Theorieproduktion schaffen offensichtlich keine ausreichende

Aufklärung im Handlungskontext Sozialer Arbeit, um ihr Eingebundensein in rechtliche und bürokratische Entscheidungs- und Handlungszusammenhänge und die Legitimationsfallen der Effizienz- und Effektivitätskriterien in den modernisierten Verwaltungen als Regelungsmechanismen auch der eigenen Arbeitszusammenhänge zu überwinden. Die These, dass eine gute Praxis eine gute Theorie benötigt, hat immer noch einen weitgehenden Fremdheitscharakter, obwohl genau hier der Schlüssel für die Entwicklung von Voraussetzungen einer autonomeren und selbstbestimmten Praxis Sozialer Arbeit liegt. Der Kampf um die problembezogene Definitionsmacht, die Auseinandersetzung mit den Selbstansprüchen einer reflexiven Professionalität, alles dieses ist auch ein gesellschaftspolitischer Formierungsprozess, da die Folgen der angedeuteten Entwicklung gravierend für die Qualität der Lebensführung der BürgerInnen und für die Durchsetzung einer sozialen Demokratie mit den Leitbegriffen von Solidarität und Teilhabe sind. Der Abbau wohlfahrtsstaatlicher Daseinsqualität bei angeblich selbst zu verantwortende Krisenlagen des individuellen Scheiterns stellt sich einer derartigen Programmatik immer schärfer gegenüber, ist doch die Professionalisierung der Sozialen Arbeit in ihrem Entwicklungsprozess historisch gerade mit dem Ausbau dieser kollektiven Sicherungssysteme verbunden. Die gegenwärtige Veränderung wohlfahrtsstaatlicher Grundverhältnisse und der nicht nachlassende Versuch der Umgestaltung des Sozialen machen es notwendig, die bisherige Legitimation der Sozialen Arbeit auch theoretisch zu erneuern, um wieder einen Bewegungs- und Definitionsraum zu erhalten, der in der Analyse der aktuellen gesellschaftlichen Zuordnung der sozialen Problemlagen und der Forderung nach ihrer individuellen Bewältigung klarer die vorherrschende Mischung einer neokonservativen Interpretation und einer neubürgerlichen Wertebezug erkennt. Erst aus diesen notwendigen Klärungen erwächst das Profil einer professionalisierten Leistung, wie sie hier definiert worden ist. Die Qualität einer Sozialen Arbeit darüber hinaus auch gegen den Effizienzbias managerieller Dienstleistungsmechanismen zu erhalten ist die zentrale Aufgabe der fortgeschrittenen Praxis und insbesondere aber auch der Hochschulen. Gerade in ihrem Bereich gibt es genügend Gründe, die offene Diskussion zu suchen, da die Ausbildung die entscheidende Stellschraube für die zukünftige Entwicklung der Professionalität ist. Mit der gegenwärtig in den meisten Bundesländern regierungsamtlich eingeforderten Umstellung der Diplom-Studiengänge an Fachhochschulen und Universitäten in konsekutive Studiengänge mit BA und MA-Abschlüssen bis zum WS 2007/08 stellt sich sowohl für die Lehre als auch für die Praxis eine grundsätzlich neue Situation dar. Studieninhalte werden zeitlich und im Anforderungsprofil neu arrangiert. Der erste berufsbezogene Abschluss (BA) ist in 6 Semestern zu erreichen und stellt eine erhebliche Verkürzung der Studienzeit dar. Die Grundprämissen ‚Employability' und ,Flexibility' aus dem Arsenal anglo-amerikanischer Studienkonzepte gelten hier als Eckpfeiler für die Programmierung der neuen Studienpläne in der Sozialen Arbeit, d.h. Verwertbarkeit des Wissens bei Verzicht auf vertiefende Begründung, Ritualisierung des Lernens verbunden mit einer stärkeren Einbindung der Studierenden in ein Abfolgesystem von Seminaren und anderen Angebotsarrangements, die klarer als im traditionellen Studium den Studiengang fixieren. Kritiker sprechen in diesem Zusammenhang auch von einer Verschulung des Systems, zumindest im Bereich des BA. Mit dem ersten Abschluss soll einem Großteil der Studierenden die Möglichkeit gegeben werden, sich gewissermaßen zertifiziert auf den Arbeitsmarkt zu begeben. Verbunden mit dem neuen Tarifrecht im Öffentlichen Dienst entwickelt sich hier eine ,billige' Arbeitskraft, die, so scheint es zu werden, auf eine breite Resonanz im gesamten Organisationsspektrum der Sozialen Arbeit stoßen wird. Schließlich wird aufgrund der neuen tariflichen Einstufung der Verdienst erkennbar geringer ausfallen als unter gegenwärtig vergleichbaren Zuständen. Zudem kommt der BA einer neuen Mentalität der Praxis entgegen, die ganz offensichtlich Ausbildung und Studium in der Regel nur noch eine basale Grundfunktion zuschreibt und sich vorbehält, anhand eigener Bedürfnisse eine funktionsspezifische Positionierung und eine damit verbundene tarifrechtlihe Zuweisung nach organisationsspezifischem Ermessen vorzunehmen. Es scheint gegenwärtig so zu sein, dass die sich abzeichnenden Veränderungen zwar in weiten Bereichen unsichere Handlungsformen auf beiden Seiten produzieren. In der Tendenz wird jetzt schon deutlich, dass es zu einer einseitigen Einschätzung des Verhältnisses von Theorie und Praxis kommt, wie dieser komplexe Prozess immer noch vordergründig genannt wird. Von einer professionalisierten Sozialarbeit wird unter diesen Umständen und auf diesem Niveau nicht zu sprechen sein. Das ist umso bedenklicher, da begründet angenommen werden kann, dass sich die bisherige Normalausbildung mit Diplom an der FH von 8 und an den Universitäten von 10 Semestern weitgehend durch den BA-Abschluss abgelöst werden wird. Da ein breites Weiterstudium im Rahmen der nächsten Ausbildungsstufe zum MA wohl nicht erwartet werden kann, weil alleine schon die knappen Lehrkapazitäten eine Einschränkung der Übergangsquote erzwingen, bleibt für viele, die sich in ihrem Karriereweg weiterbewegen wollen, nur die Möglichkeit eines kostenpflichtigen, privat oder vom Arbeitgeber zu zahlenden Weiterbildungsstudiums. Der Boom auf diesem Sektor hat schon eingesetzt, bevor er überhaupt richtig durchgeplant war. Hier haben die Interessen der Hochschulen (insbesondere der Fachhochschulen) den Wünschen der anbietenden Lehrenden einen großen Freiraum gelassen, so dass von einem nahezu überhitzten Angebotsmarkt, weniger aber von einem seriösen Nachfragemarkt gesprochen werden kann. Ohne auf die sich damit stellenden komplizierten Anrechnungsbedingungen, z.B.

eines kreditierten Weiterbildungsstudiengangs, einzugehen, soll hier nur deutlich gemacht werden, wie die formalen Veränderungen in der Studienstruktur einen Einfluss auf die berufliche Entwicklung und damit verbunden auf die kompetenztheoretischen und praktischen Handlungspotentiale nehmen, über die sich im Endeffekt Leistungsfähigkeit und Funktionalität eines Berufes herausbilden. Inhaltlich zeigt sich diese Problematik in der zumindest gegenwärtig festzustellenden Dominanz in der Vermittlung strategischen gegenüber der Vermittlung analytischen Wissens. Auch hier wird ganz offensichtlich versucht, in Anlehnung an so genannte Praxiswünsche gleichzeitig dem Zeitgeist zu entsprechen und stärker die Ablaufmechanismen eines Handlungszusammenhangs im Kontext einer organisatorischen Einbindung sowie eine damit verbundene Routinierung der Anforderung wesentlich forcierter in den Mittelpunkt zu stellen, als die inhaltliche Auseinandersetzung über Ursache und Wirkung, über Analyse und Handlung und über Fallbezug und gesellschaftliche Orientierung.

IV.

Die Soziale Arbeit befindet sich in einer dilemmatischen Suchbewegung. Umso wichtiger ist es, sich aus den Erfahrungen der Vergangenheit und den Notwendigkeiten für die Zukunft über Modelle der professionalisierten Sozialen Arbeit zu verständigen, sowohl in den Rahmenvorgaben als auch in den strukturellen Bedingungen. In der dabei zweifellos notwendigen Kooperation mit der Praxis muss aber immer unterschieden werden zwischen der wissenschaftlichen Grundlegung, den gesellschaftlichen Bedingungen und ihren Auswirkungen auf die Rahmenbedingungen der Praxis. In dieser Situation ist die Professionalität in besonderer Weise herausgefordert, zu einem besseren wechselseitigen Verständnis von Gemeinsamkeiten und Verschiedenheiten beizutragen und entsprechende Handlungsmuster zu generieren, um die Potentialität der Sozialen Arbeit nicht nur als Erfahrungsobjekt, sondern auch in ihrem systematischen Klärungsmodus zu nutzen, um das, was heutzutage weitflächig im managerialistischen Ansatz als Systemqualität dargestellt wird, durch eine inhaltliche Transformation zu korrigieren. Hier ist Initiative erforderlich, aber auch Entschiedenheit, Positionen zu verteidigen und sie nicht vorschnell einem vordergründigen Modernisierungsgewinn zu opfern. Die Chancen für eine Weiterentwicklung des Professionalisierungsprozesses in der Sozialen Arbeit sind gegeben, sie werden aber nicht größer, wenn Beharrlichkeit mit Stillstand verwechselt und die Frage nach dem Verhältnis von Sozialer Arbeit und Gesellschaft nicht mehr unter wohlfahrtsstaatlichen Prämissen expliziert, sondern am Horizont der Marktrationalität durch den Zwang zur Ökonomisierung eingefärbt wird. Die Durchsetzung der Professionalität in der Sozialen Arbeit ist von daher auch immer eine politische Frage, der man sich stellen muss in einer Zeit, in der die Legitimationsmuster des institutionellen Handelns zunehmend gegen die Problemlagen von Individuen gestellt und darüber neu begründet werden.

Autorinnen und Autoren

Boeßenecker, Karl-Heinz, Prof. Dr., M.A., Sozialarbeiter grad., Lehrstuhl Sozialmanagement und Soziale Arbeit an der Hochschule im DRK Göttingen, Leiter des FSP Wohlfahrtsverbände/ Sozialwirtschaft, FH Düsseldorf und FH im DRK. Arbeitsschwerpunkte: Wohlfahrtsverbändeforschung, Organisationsentwicklung in Nonprofit-Organisationen. Homepage: www.wohlfahrtsverbaende.de, E-Mail: k-h.boessenecker@fh-duesseldorf.de

Böllert, Karin, Prof. Dr., Professorin an der Westfälischen Wilhelms-Universität Münster für Sozialpädagogik. Arbeitsschwerpunkte: Theorieentwicklung der Sozialpädagogik im Kontext gesellschaftlicher Modernisierungsprozesse; Mitglied der Sachverständigenkommission zur Erstellung des Elften Bundesjugendberichtes; Redaktionsmitglied der neuen praxis, Präsidiumsmitglied des IB, Mitglied des DJI.

Burdewick, Ingrid, Prof. Dr. phil., Professorin am Fachbereich Sozialwesen der Fachhochschule Oldenburg/ Ostfriesland/ Wilhelmshaven. Arbeitsschwerpunkte: Empirische Sozialforschung, gesellschaftstheoretische und sozialphilosophische Grundlagen der Sozialen Arbeit, Jugendarbeit und -forschung, Gender Studies, Partizipation von Kindern und Jugendlichen, Qualitätsentwicklung und Partizipation. E-Mail: burdewick@fho-emden.de.

Galuske, Michael, Prof. Dr. phil., Professor für Theorie und Geschichte der Sozialpädagogik am Fachbereich Sozialwesen der Universität Kassel, Arbeitsschwerpunkte: Modernisierung und Soziale Arbeit, Methoden der Sozialen Arbeit, Theorie und Theoriegeschichte der Sozialen Arbeit, Jugendsozialarbeit/ Jugendberufshilfe, Jugendarbeit. E-Mail: galuske@aol.com

Gschwandtner, Ulrike, Mag[a] phil., Sozialwissenschafterin und Trainerin, geschäftsführende Gesellschafterin der Fa. Solution, Sozialforschung & Entwicklung, gemeinsam mit Dr[in] Birgit Buchinger. Arbeitsschwerpunkte: Forschung, Evaluation und Beratung in den Bereichen Arbeitswelt, Frauen- und Genderforschung, politische Partizipation und soziale Infrastruktur. Sprecherin des Salzburg Social Forum und in der Vorbereitungsgruppe zum Austrian Social Forum, zentrales Interesse liegt dabei auf der Frage der Geschlechterdemokratie und der politischer Partizipation. E-Mail: gschwandtner@solution.co.at; www.solution.co.at.

Hansbauer, Peter Prof. Dr., an der Fachhochschule Münster, Fachbereich Sozialwesen, dort zuständig für Familiensoziologie und empirische Sozialforschung. Arbeitsschwerpunkt: Jugendhilfe

Hasenjürgen, Brigitte Dr., Professorin für Soziologie an der Kath. Fachhochschule NW, Abt. Münster, Schwerpunkte in Lehre und Forschung: Geschlechterverhältnisse, Migration und soziale Ungleichheit

Klein, Uta, Prof. Dr., Soziologin, Pädagogin, Professorin am Fachbereich Soziale Arbeit und Gesundheit an der Fachhochschule Kiel und Privatdozentin an der Westfälischen Wilhelms-Universität Münster. Gastprofessuren in Jerusalem (Israel) und Graz (Österreich). Schwerpunkte u.a.: Geschlechterforschung, Gleichstellungspolitik, Militär und Geschlecht. E-Mail: Uta.Klein@FH-Kiel.de; www.soziale-arbeit-und-gesundheit.fh-kiel.de/lehrende/hauptamtliche/daten_uklein/index.php

Kunstreich, Timm ist Professor an der Evangelischen Hochschule für Soziale Arbeit und Diakonie in Hamburg mit dem Schwerpunkt: Theorie und Methoden Sozialer Arbeit. E-Mail: timmkunstreich@aol.com

Lange, Dietrich, Professor für Sozialarbeitswissenschaft, Geschichte der Sozialen Arbeit, Theorien der Sozialarbeit und Sozialpädagogik, Sozialarbeitspolitik an der Evangelischen Fachhochschule Reutlingen-Ludwigsburg. Arbeitsschwerpunkte: Historische Entwicklungen der Profession Soziale Arbeit, Professionsethik, Case- und Care-Management, gesellschaftspolitische Implikationen Sozialer Arbeit, Möglichkeiten einer Sozialarbeitspolitik

Langenohl, Sabrina, Dipl.-Päd., wissenschaftliche Mitarbeiterin an der Westfälischen-Wilhelms Universität Münster. Mitglied im DFG-Graduiertenkolleg „Jugendhilfe im Wandel" der Universitäten Bielefeld und Dortmund, Standort Bielefeld.

Lenz Gaby, Prof. Dr., Professorin für Soziale Hilfen an der Fachhochschule Kiel, Fachbereich Soziale Arbeit und Gesundheit; Arbeitsschwerpunkte: Soziale Arbeit mit Alten Menschen und Familien, empirische Sozialforschung, Theorien der Sozialen Arbeit, Soziale Arbeit im europäischen Integrationsprozess.

Lorenz, Walter, Prof. Dr. ist Professor an der Freien Universität Bozen (Italien) für den Studiengang Sozialarbeit. Er arbeitet an zahlreichen Europäischen Projekten mit im Umfeld der Sozialen Arbeit und der Sozialpolitik. Forschungsschwerpunkte und Veröffentlichungen liegen auf dem Bereich der Europäischen Sozialarbeit und Sozialpolitik sowie der interkulturellen und antirassistischen Pädagogik. Er ist Mitherausgeber der Zeitschrift „Social Work and Society" (http://www.socwork.de/).

Maurer, Susanne, Professorin für Erziehungswissenschaft/Sozialpädagogik an der Philipps-Universität Marburg. Arbeitsgebiete: Theoriebildung und historische Forschung in der Sozialpädagogik, Gesellschaftsgeschichte der Sozialen Arbeit, Soziale Arbeit in feministisch-erkenntniskritischer und machtanalytischer Perspektive, Soziale Bewegungen und Soziale Arbeit, Soziale Arbeit in Ost und West. mail: maurer@staff.uni-marburg.dc

May, Michael, Prof. Dr. habil., Prodekan des Fachbereichs Sozialwesen der Fachhochschule Wiesbaden, Privatdozent am Fachbereich Erziehungswissenschaften der Universität Frankfurt, Arbeitsschwerpunkte: Politik und Pädagogik des Sozialen; Genderforschung, E-Mail: May@sozialwesen.fh-wiesbaden.de

Naegele, Gerhard, Prof. Dr., Geschäftsführendes Vorstandsmitglied der Forschungsgesellschaft für Gerontologie e. V., Direktor des Institutes für Gerontologie an der Universität Dortmund. Homepage: www.ffg.uni-dortmund.de

Otto, Hans-Uwe, Prof. Dr. Dr. hc., Professor für Sozialarbeit/ Sozialpädagogik der Fakultät für Pädagogik der Universität Bielefeld. Präsident der „International Social Work & Society Academy" (www.tissa.net), Herausgeber der neuen praxis und der Online-Zeitschrift Social Work and Society. Sprecher des DFG-Graduiertenkollegs „Jugendhilfe im Wandel" der Universitäten Bielefeld und Dortmund.

Otto, Ulrich, Prof. Dr., Professor für Sozialmanagement an der Universität Jena. Forschungsschwerpunkte: Sozialpädagogik der Lebensalter; Welfare mix in Jugend- und Altenhilfe; Soziale Netzwerkforschung; wiss. Begleitforschung von Innovationsprojekten; Organisationsentwicklung im Non-Profit-Bereich; Dritter Sektor; sozialpolitische und sozialadministrative Steuerung sozialer Dienste, E-Mail: ulrich.otto@uni-jena.de; Homepage: http://www2.uni-jena.de/erzwiss/ott/index.htm

Salustowicz, Piotr, Prof., Professor an der Fachhochschule Bielefeld, Arbeitsschwerpunkte: Sozialpolitik, Soziale Fragen, Sozialökonomie, Zivilgesellschaft und Empowerment, Internationale Soziale Arbeit, E-Mail: piotr.salustowicz@fh-bielefeld.de

Staub-Bernasconi, Silvia, Prof. Dr., Zürich und Berlin. Seit 2002 wissenschaftliche Leitung des Kooperationsstudienganges "Master of Social Work – Soziale Arbeit als Menschenrechtsprofession" der drei Berliner Fachhochschulen sowie des Instituts für Rehabilitationswissenschaften der Humboldt-Universität Berlin. Arbeitsschwerpunkte: Soziale Probleme, Theorien und Handlungstheorien Sozialer Arbeit, Menschenrechtsbildung/ -praxis, interkulturelle Konflikte; Internationalisierung Sozialer Arbeit. E-Mail: staubernasco@bluewin.ch

Stiehr, Karin, Dr., Dipl.-Sozialarbeiterin und Dipl.-Soziologin. Seit 1991 ist sie Gesellschafterin und Projektleiterin des Instituts für Soziale Infrastruktur (ISIS), Frankfurt am Main. Ihre Arbeitsschwerpunkte liegen in den Bereichen „Bürgerschaftliches Engagement" und „Sozialpolitik für ältere Menschen". E-Mail: stiehr@isis-sozialforschung.de. Homepage: www.isis-sozialforschung.de

Thiersch, Hans, Prof. Dr. Dr. hc., Professor em. für Erziehungswissenschaften und Sozialpädagogik an der Universität Tübingen. Arbeitsschwerpunkte: Theorie der Sozialpädagogik und der sozialen Arbeit, Sozialethik, alltags- und lebensweltorientierte Soziale Arbeit, Fragen der Handlungskompetenz und der Institutionalisierung in Arbeitsfeldern der Sozialen Arbeit, sozialpädagogische Jugendarbeit, Fragen der regionalen Struktur der Jugendhilfe. Ehrendoktor der Technischen Universität Dresden und der Universität Lüneburg.

Treibel, Annette, Prof. Dr., Professorin am Institut für Sozialwissenschaften (Abt. Soziologie) der Pädagogischen Hochschule Karlsruhe. Arbeits- und Forschungsschwerpunkte: Soziologische Theorien, Migrationsforschung, Geschlechterforschung, Zivilisationstheorie. E-Mail: treibelillian@ph-karlsruhe.de

Treptow, Rainer, Prof. Dr., Professor für Erziehungswissenschaft mit Schwerpunkt Sozialpädagogik an der Universität Tübingen. Seine Arbeitsschwerpunkte sind Theorie und Geschichte Sozialer Arbeit, Kulturelle Bildung und Internationalität Sozialer Arbeit. E-Mail: rainer.treptow@uni-tuebingen.de. Homepage: http://www.uni-tuebingen.de/uni/sei/a-sozp/mitarbeiter/treptow.htm

Urbaniak-Zajęc, Danuta, Dr. hab. ist beschäftigt an der Universität in Łódź, Fakultät für Erziehungswissenschaft, Lehrstuhl für Bildungsforschung. Ihre Arbeitsschwerpunkte sind Theorie der polnischen und deutschen Sozialpädagogik, Methoden der empirischen Forschung (qualitative und quantitative), Methoden sozialpädagogischer Diagnostik. E-Mail: urbaniak@uni.lodz.pl

Werthmanns-Reppekus, Ulrike, Fachgruppenleiterin für Kinder, Jugend, Familie, Frauen und Migration im Paritätischen Wohlfahrtsverband LV NRW e.V. E-Mail: Ulrike.werthmanns-reppekus@paritaet-nrw.org

Zimmer, Annette, Prof. Dr., Professorin für Sozialpolitik und vergleichende Politikwissenschaft am Institut für Politikwissenschaft der Westfälischen Wilhelms-Universität Münster; seit 2004 Gesellschafterin des Zentrum für Nonprofit-Management (www.npm-online.de). Forschungsschwerpunkte: gemeinnützige Organisationen (NPOs/ NGOs); New Public Management; Policy Analyse, insbesondere Sozial- und Kulturpolitik, Verbände- und Interessengruppenforschung.

Soziale Arbeit und Gesellschaft

Roland Anhorn / Frank Bettinger

Sozialer Ausschluss und Soziale Arbeit

Positionsbestimmungen einer kritischen Theorie und Praxis Sozialer Arbeit
2005. 400 S. Br. EUR 29,90
ISBN 3-8100-4072-X

Mit der Krise des Sozialstaats und der damit legitimierten neoliberalen Wende seit Mitte der 1970er Jahre lassen sich grundlegende Veränderungen in den sozialen, ökonomischen, politischen und kulturellen Rahmenbedingungen für Sozialpolitik und Soziale Arbeit erkennen. Damit werden Sozialpolitik und Soziale Arbeit nicht nur dem Primat der Ökonomie untergeordnet, sondern auch soziale Spaltungen und sich vergrößernde soziale Ungleichheiten, soziale Risiken, Armut und Arbeitslosigkeit in Kauf genommen. Vor diesem Hintergrund erfasst das Buch die tiefgreifenden strukturellen Veränderungen, ordnet sie ein und überprüft sie in Hinblick auf ihre theoretischen wie praktischen Implikationen für Sozialpolitik und Soziale Arbeit.

Fabian Kessl / Hans-Uwe Otto (Hrsg.)

Soziale Arbeit und Soziales Kapital

Zur Kritik lokaler Gemeinschaftlichkeit
2004. 292 S. Br. EUR 24,90
ISBN 3-8100-3870-9

Soziale Arbeit erfährt in den letzten Jahren eine systematische Neuprogrammierung als Teil aktivierender Sozialpolitik. Die Mobilisierung lokaler Gemeinschaftlichkeit wird in den Mittelpunkt sozialpolitischer Konzepte gerückt. Das Buch stellt Ergebnisse aus der internationalen Sozialkapitalforschung vor und ordnet die bundesrepublikanischen Entwicklungen in diesen Zusammenhang ein. Die AutorInnen diskutieren dabei Fragen, die innerhalb der deutschsprachigen Debatte um soziales Kapital und Soziale Arbeit bisher unterbelichtet geblieben sind.

Werne Thole / Peter Cloos / Friedrich Ortmann / Volkhardt Strutwolf (Hrsg.)

Soziale Arbeit im öffentlichen Raum

Soziale Gerechtigkeit in der Gestaltung des Sozialen
2005. 270 S. Br. EUR 24,90
ISBN 3-531-14240-2

Wo steht die Soziale Arbeit mit ihrem Leitbild der sozialen Gerechtigkeit in der heutigen Zeit? Welche Möglichkeiten bleiben der Sozialen Arbeit, wenn Umstrukturierung eine weitere Benachteiligung der Benachteiligten bedeutet und Soziale Arbeit von der öffentlichen Hand als „zu teuer" beurteilt wird? Das Buch gibt Antworten.

Erhältlich im Buchhandel oder beim Verlag.
Änderungen vorbehalten. Stand: Juli 2005.

www.vs-verlag.de

VS VERLAG FÜR SOZIALWISSENSCHAFTEN

Abraham-Lincoln-Straße 46
65189 Wiesbaden
Tel. 0611.7878-722
Fax 0611.7878-400